Correspondencia bajo el gobierno del Licenciado Diego de Carasa

Último Gobernador Letrado de Puerto Rico
(1555-1565)

Walter A. Cardona Bonet
Toa Alta, Puerto Rico

Copyright

© Walter A. Cardona Bonet   2015

Derechos Reservados

Absolutamente prohibida la reproducción de la obra por cualquier medio, moderno y futuro, sin la expresa autorización escrita del autor, su sucesión o por quienes posean el derecho sobre la misma.

Ejemplares disponibles a través de:

Lulu.com

Walter A. Cardona Bonet
e-mail: Bonet.Walter@gmail.com
Dirección Postal:
    Urb. Lomas Verdes
    F-34 Bellísima Street
    Bayamón, Puerto Rico 00956-3251

TABLA DE CONTENIDO

TABLA DE CONTENIDO 3

AGRADECIMIENTOS 8

PRÓLOGO 10

El gobernador letrado de Puerto Rico Licenciado Diego de Carasa (1555-1565) 12

    Un primer término inexistente 12

    Esa Real Cédula de 1547: raíz del supuesto término gubernamental. 13

    El periodo gubernamental 1546-1548 14

    Nombramiento de gobernador letrado 14

La Correspondencia 22

    Temas presentados en las cartas 24

    La Cuestión Caribe 25

    Desastres Naturales 25

    Trata Negrera 25

    Acciones Bélicas 26

    Fortificaciones y edificaciones 27

    La decadencia del comercio 28

Desglose de las Cartas 32

    Carta 1 32

    Carta 2 33

    Carta 3 33

    Carta 4 33

    Carta 5 33

    Carta 6 34

    Carta 7 34

    Carta 8 35

    Carta 9 35

    Carta 10 35

Carta 11 35
Carta 12 36
Carta 13 36
Carta 14 36
Carta 15 36
Carta 16 37
Carta 17 37
Carta 18 37
Carta 19 38
Carta 20 39
Carta 21 40
Carta 22 40
Carta 23 40
Carta 24 40
Carta 25 41
Carta 26 41
Carta 27 41
Carta 28 42
Carta 29 42
Carta 30 42
Carta 31 42
Carta 32 43
Carta 33 43
Carta 34 44
Carta 35 44
Carta 36 45
Carta 37 45
Carta 38 45
Carta 39 46
Carta 40 46
Carta 41 47
Carta 42 47

Carta 43 47

Carta 44 47

Carta 45 47

Carta 46 48

Carta 47 48

Carta 48 49

Anatomía de la correspondencia 49

LA CORRESPONDENCIA 50

Puerto Rico, 15 de octubre de 1555 51

Puerto Rico, 15 de octubre de 1555 54

Puerto Rico, 30 de junio de 1556 56

Puerto Rico, 5 de julio de 1556 57

San Juan de Puerto Rico, 5 de abril de 1557 64

San Juan de Puerto Rico, 10 de agosto de 1557 67

San Juan de Puerto Rico, 16 de agosto de 1557 69

[San Juan de Puerto Rico], (circa 20 junio 1558) 71

San Juan de Puerto Rico, 9 de julio de 1558 72

Puerto Rico, 9 de julio de 1558 73

San Juan de Puerto Rico, 9 de julio de 1558 76

Sevilla, 21 de febrero de 1559 78

San Juan de Puerto Rico, 14 de abril de 1559 79

San Juan de Puerto Rico, 15 de abril de 1559 82

Sevilla, 20 de junio de 1559 83

San Juan de Puerto Rico, 25 de junio de 1559 84

[Sevilla, 27 de junio de 1559] 89

San Juan de Puerto Rico, 8 de octubre de 1559 90

Sevilla, 14 de enero de 1560 97

San Juan de Puerto Rico, 13 de mayo de 1560 99

San Juan de Puerto Rico, 15 de mayo de 1560 104

San Juan de Puerto Rico, 13 de julio de 1560 105

San Juan de Puerto Rico, 13 de julio de 1560 107

Puerto Rico, 13 de julio de 1560 108

Sevilla, 15 de marzo de 1561 109

Sevilla, 28 de abril de 1561 111

Sevilla, 14 de marzo de 1562 112

Sevilla, 14 de marzo de 1562 113

San Juan de Puerto Rico, 20 de abril de 1562 114

Sevilla, 25 de febrero de 1563 118

San Juan de Puerto Rico, 25 de marzo de 1563 119

San Juan de Puerto Rico, 29 de marzo de 1563 123

San Juan de Puerto Rico, 29 de junio de 1563 125

Puerto Rico, 29 de junio de 1563 132

Puerto Rico, 1 de julio de 1563 134

Sevilla, 12 de octubre de 1563 135

[Sevilla], 26 de marzo de 1564 137

San Juan de Puerto Rico, 1 de julio de 1564 139

San Juan de Puerto Rico, 2 de julio de 1564 145

San Juan de Puerto Rico, 2 de julio de 1564 147

Puerto Rico, Isla de San Juan, 2 de julio de 1564 149

Sevilla, 14 de abril de 1565 151

Sevilla, 14 de abril de 1565 152

San Juan de Puerto Rico, 24 de abril de 1565 153

Sevilla, 14 de mayo de 1565 157

Sevilla, 12 de junio de 1565 158

San Juan de Puerto Rico, 21 de julio de 1565 159

San Juan de Puerto Rico, 15 de febrero de 1566 162

APENDICES DOCUMENTALES 166

APÉNDICE I 167

Adelanto sobre el sueldo de gobernador 167

y recogido de la partida en Sevilla 167

APÉNDICE II 168

Título de juez de residencia y gobernador de la isla de San Juan de Puerto Rico en el Licenciado Diego de Carasa 168

APÉNDICE III 172

Real Cédula pregonada en San Germán para que no 172

puedan contratar con franceses 172

APÉNDICE IV 173

Información hecha por el licenciado Carasa gobernador de la isla de San Juan sobre el salario que pide 173

APÉNDICE V 189

Información sobre la paga en mala moneda 189

APÉNDICE VI 199

Salario en buena moneda para el gobernador Diego de Carasa 199

APENDICE VII 200

Probanza de los servicios del licenciado Diego de Carasa 200

APÉNDICE VIII 225

Información ante el licenciado Carasa con parecer suyo 225

APÉNDICE IX 236

Parecer del gobernador sobre las necesidades y mercedes necesarias para la Isla 236

APÉNDICE X 240

1564. Probanza hecha por don Diego de Carasa, gobernador de Puerto Rico, de los servicios que hizo y gasto que se le ocasionó durante su gobierno por razón de los muchos corsarios franceses e ingleses que atacaron a esta Isla. 240

APÉNDICE XI 256

Nombramiento del Licenciado Núñez de la Cerda de fiscal en la Audiencia de Panamá por muerte del Licenciado Diego de Carasa 256

REFERENCIAS 272

    Primarias 272

    Secundarias 275

    Libros 275

    Artículos 277

AGRADECIMIENTOS

A través de los años he recibido la cooperación de muchas personas.   Pido disculpas si se me olvidó alguno.

En la localización e ideas en donde pudiera hallar documentos relacionados al estudio reconozco a la fenecida Doctora Aida R. Caro Costas (Q.E.P.D.) quien constantemente me motivó para continuar la búsqueda.   En ocasiones, con la taza de café y el cigarrillo en mano oía atentamente mis argumentos.   En otros instantes, al final de mi disertación ingenua, con la mano izquierda sosteniendo el codo derecho procedía a cuestionar, aclarar y ofrecía sugerencias y nuevas pistas a seguir   Fue, y continua siendo mi inspiración en el campo de la investigación histórica.   De igual manera me enseñó privadamente la paleográfica en su tiempo libre y me acomodó en cursos paleográficos ofrecidos por el Centro de Investigaciones Históricas, en la Universidad de Puerto Rico, que entonces presidía.   De quien dijera "tener devoción y madera de investigador", le presento póstumamente esta obra.   La extraño sobremanera.

Reconozco las ideas, observaciones y pistas dadas por la Doctora Elsa Gelpí Baíz una de las especialistas del siglo XVI borincano.

A mis amigos que de una forma u otra han dicho presente en éste y otras investigaciones que vengo realizando sobre la historia de Puerto Rico: Milagros Pepín Rivera, Doctor Genáro Rodríguez Morel, Dr. Fernando Serrano Mangas, Dr. Raúl Navarro García, Doctor Angel López Cantos, Dr. Fernando Picó entre otros.

A la Doctora Raquel Rosario Rivera quien desinteresadamente me ha animado al estudio de la historia.   De igual manera me ha preparado la portada del escrito.   Muchísimas gracias.

Al Doctor Ángel M. Nieves Rivera quien tomó la foto que adorna la contraportada del escrito. Gracias.

Finalmente, el Doctor José Cruz Arrigoitía que por muchos años ha estado pendiente de los adelantos investigativos que vengo realizando.   También me ha hecho el honor de leer, revisar y editar la obra.   Además, ha escrito el prólogo de este trabajo.   Mil gracias doctor.

Walter Ángel Cardona Bonet
Investigador Marítimo

Correspondencia bajo el gobierno del licenciado Diego de Carasa 1555-1565

PRÓLOGO

En este trabajo investigativo, Walter A. Cardona Bonet nos muestra, con una sólida base documental, el término político ocupado por el licenciado don Diego de Carasa, último gobernador letrado de la isla de Puerto Rico. De esta manera pretende poner fin a un desacuerdo historiográfico suscitado entre varios estudiosos de la historia colonial puertorriqueña del siglo dieciseis, en la que algunos han indicado en sus obras fechas erróneas a su nombramiento como primer mandatario del país y otros han acertado su periodo de mando sin ofrecer prueba alguna que acredite sus señalamientos. Cardona, aquí, va evidenciando la fecha exacta de su nombramiento, la presentación de su título de gobernador ante los miembros del cabildo de la ciudad de San Juan, y por último, la toma de posesión como primer ejecutivo de la Isla.

Por otra parte, Cardona enmarca su escrito en una de las áreas historiográficas muy poco estudiadas hasta el momento y nos referimos al gobierno de los gobernadores letrados. Sus esfuerzos van dirigidos a aportar nueva documentación al proceso político, social, militar y económico de la última década de este periodo gubernativo (1555-1565) representado por la figura emblemática del licenciado don Diego de Carasa. Asimismo, podemos observar, en esta colección documental, la transición de este sistema político hacia el establecimiento permanente de un gobierno militar en la Isla. Además, nos ofrece una biografía comentada sobre las funciones ejercidas por el licenciado Carasa en los territorios indianos, desde su nombramiento como gobernador de Puerto Rico hasta su nuevo cargo como juez fiscal de la Audiencia de Panamá.

Cardona no solo se limitó a hacer rectificaciones históricas en este trabajo sino que también realizó correcciones paleográficas y diplomáticas. En su estudio encontró un error paleográfico en la Colección de Manuscritos Inéditos de Juan Bautista Muñoz donde éste indicaba que en 1547 fue pregonada en San Germán, por mandado del gobernador Carasa, una real cédula que prohibía el trato y contrato con los franceses. Con evidencia documental, nos advierte la errata cometida por Muñoz siendo ésta pregonada en la villa sangermeña en 1557 y no en 1547. Esta errata sirvió como prueba fidedigna a varios autores que afirmaban que Diego de Carasa había ocupado la gobernación durante el dicho año de 1547.

La correspondencia del licenciado don Diego de Carasa, cuyo título lleva esta obra, abarca una década completa de gobierno y nos brinda unas líneas de investigación que resultan sumamente interesantes. Dentro de ellas, nos presenta una sociedad convulsa llena de conflictos, bandos y parcialidades que se registran durante la gobernación del licenciado Estévez. Según Carasa, este gobernador fue burlado y humillado por no poder controlar y someter a su autoridad a una población tan levantisca como la que le había tocado gobernar. Su falta de carácter se va reflejando en la deshonra que sufre por ser demasiado "blando" y dejarse manejar caprichosamente por las distintas facciones que lo utilizan con unos fines muy particulares en menoscabo del bien comunal. Esto como consecuencia de una etapa de transición de una economía minera a una agrícola, donde la inflación de la moneda y de los precios iba cada día empobreciendo a los vecinos, provocando inestabilidad y desesperación ante la realidad cotidiana. Ante esta situación, muchos decidieron abandonar a la Isla y marcharse a México y a Perú donde podían levantar cierta fortuna.

Por otro lado, los conflictos europeos se irán reflejando en el Caribe y Puerto Rico, por ser puerta de entrada al imperio americano, sufrirá las continuas agresiones de franceses e ingleses. Las guerras sostenidas por España contra sus enemigos, agudizará aún más las condiciones materiales de los isleños, debido al peligro que representaba para los buques comerciales desplazarse por la zona caribeña. La carestía de alimentos, vestuarios y medicinas será la orden del día. La iglesia se verá igualmente afectada ante la ausencia de vinos y de harinas para la elaboración del pan sagrado. Ante esta escasez, se tuvo que reducir el tamaño de las hostias a un real de a cuatro con el fin de poder efectuarse las ceremonias dedicadas a la eucaristía. A pesar de las prohibiciones comerciales decretadas por la Corona, los pobladores se vieron obligados a contravenir lo ordenado y mantener un comercio ilegal, en el cual obtenían una gran variedad de artículos manufacturados de excelente calidad y a muy buen precios.

Por ser el territorio insular una marca defensiva que combatiera las depredaciones de corsarios y piratas se fue levantando todo un proceso de fortificación en la ciudad capital. El Morro será el baluarte que impediría el desembarco de enemigos y, desde él, se destruiría toda embarcación que pretendiera entrar al puerto y bahía capitalina. En esta colección documental se muestran los trabajos defensivos llevados a cabo en la ciudad de San Juan por los vecinos y dirigidos por el gobernador Carasa. Asimismo, los rebatos y alardes efectuados durante su gobernación y el envío de armas y municiones con el fín de mantener a la población a punto ante cualquier agresión enemiga.

Otro tema que resalta en esta documentación son los desastres naturales, como la tormenta que sufrió la isla (1559) dejándola devastada, y las medidas que tomó el gobernador para proteger a los vecinos y moradores, en la búsqueda de refugios seguros y en la distribución de alimentos ante este estado de emergencia. Por último, la situación general de la Isla se ve reflejada a través de las cartas e informaciones que remite el gobernador a la Corona.

Quiero concluir felicitando a Walter A. Cardona Bonet por tan extraordinaria aportación historiográfica y que continúe con esta serie de publicaciones que van ampliando el proceso histórico puertorriqueño del siglo XVI. Todos los que hemos conocido a Walter reconocemos en él su entusiasmo y entrega a la investigación histórica. Esa entrega voluntaria lo ha llevado a ir acumulando una abultada e impresionante recopilación de documentos que ha ido localizando en archivos naciones e internacionales. En espera de que ese entusiasmo prosiga, como hasta ahora, estaremos atentos a una próxima publicación.

José Cruz de Arrigoitia, Ph. D.
Catedrático, Universidad de Puerto Rico

El gobernador letrado de Puerto Rico Licenciado Diego de Carasa (1555-1565)

Un primer término inexistente

Los historiadores han usado como base para argumentar una supuesta gobernación del licenciado Diego de Carasa, entre los años 1546 a 1548, un pregón llevado a cabo en la villa de San Germán en el año 1547 y el lapso de tiempo entre los gobernantes letrados Iñigo López de Cervantes y Loaíza y el licenciado Alonso de Estévez para el dicho periodo.

La primera alusión a ese primer término de gobernación atribuído nos lo ofreció don Juan Bautista Muñoz (1745-1799) cuando hizo referencia a un pregón que "por mandado del gobernador de la isla, el licenciado Diego de Carasa," se llevó a cabo en San Germán en 1547.[1]

A su vez, don Cayetano Coll y Toste en su artículo titulado *Rectificaciones históricas. Catálogo de los gobernadores de Puerto Rico*[2] repitió el particular señalando de Carasa que fue montañés y ejerció en la isla de 1546 a 1548, siendo nombrado por la Audiencia de Santo Domingo.[3] También anotó que ejerció por una segunda vez, desde el 12 de agosto de 1555 a 1561, refiriendo además que fue sustituído por el Dr. Vallejo por nombramiento de la Corona desde 1561 a 1564.[4] Otros autores han seguido citando estas aseveraciones asumiendo lo afirmado como hechos incuestionables, pero no substanciados

---

[1] Vicente Murga Sanz **Puerto Rico en los Manuscritos de Don Juan Bautista Muñoz.** (San Juan, Puerto Rico: Universidad de Puerto Rico, 1960), pág. 368, año 1547, entrada 696. Murga Sanz a su vez indicó que tal resumen había sido anteriormente publicado en la **Biblioteca Histórica de Puerto Rico** de Alejandro Tapia y Rivera, (San Juan de Puerto Rico, Instituto de Literatura Puertorriqueña, 1945), pág. 198. El original de donde parten todas estas afirmaciones está en el tomo 84, folio 214 de los *Manuscritos de Juan Bautista Muñoz* consultable en la Real Academia de la Historia, en Madrid, España.

[2] Cayetano Coll y Toste. "Rectificaciones Históricas: Catálogos de los Gobernadores de Puerto Rico." En: **Boletín Histórico de Puerto Rico**. (San Juan de Puerto Rico: Tipografía. Cantero y Fernández & Co., 1921) Tomo 8, pp. 135-141.

[3] Cayetano Coll y Toste, **Op. Cit.**, pág. 138. No fue nombrado por la Audiencia Real de Santo Domingo sino por la Corona.

[4] **Ibídem.** No fue sustituído por el doctor Luis de Vallejo, sino por Francisco Bahamón de Lugo en 1565.

documentalmente.[5]

Esa Real Cédula de 1547: raíz del supuesto término gubernamental.

Examinado este particular hago constatar haber encontrado la raíz del error. La afirmación de la referida primera gobernación del licenciado letrado don Diego de Carasa se debió a una interpretación paleográfica equivocada hecha por don Juan Bautista Muñoz con respecto a la fecha del documento pregonado en la villa de San Germán. Muñoz señaló[6] que en 1547 (sic) se anunció la real cédula por orden del entonces gobernador, el licenciado Diego de Carasa. Esta discordia cronológica la han repetido ciegamente otros autores a través del tiempo.[7] El historiador don Vicente Murga Sanz se lanzó a confirmar la aseveración con el documento primario, señalando en una de sus obras que trató infructuosamente de localizar la susodicha real cédula de 1547, afirmando que "No encontré el documento."[8]

Hoy, gracias a los adelantos tecnológicos, dí con la misma en el banco de datos e imágenes del Portal de Archivos Españoles en Red; mejor conocido como PARES. Confirmé que la real cédula fue redactada en la Villa de Valladolid, el 6 de junio de 1556 y pregonada en la villa de San Germán el 16 de mayo de 1557[9], no 1547. Para recalcar el particular busqué ejemplares de la misma cédula para otros destinos dando con una copia dirigida a la Audiencia Real de la ciudad de Méjico.[10]

---

[5] Gilberto R. Cabrera. **Puerto Rico y su Historia Intima, 1500-1996, Tomo I** (San Juan, Puerto Rico: Academia Puertorriqueña de la Historia y el Centro de Estudios Avanzados de Puerto Rico y el Caribe, 1997), pp. 137-140 y pp. 157-162. Este autor va aún más allá afirmando hechos y eventos cotidianos floridos, totalmente ficticios, asociados al gobernador Diego de Carasa y los funcionarios inexistentes para entonces.

[6] Juan Bautista Muñoz. *Colección de manuscritos de Juan Bautista Muñoz*, Tomo 84, folio 214 en la Real Academia de la Historia, en Madrid, España.

[7] Alejandro Tapia y Rivera. **Biblioteca Histórica de Puerto Rico**, pág. 198; Cayetano Coll y Toste "Rectificación Histórica. Catálogo de gobernadores de Puerto Rico"; en **Boletín Histórico de Puerto Rico**, Volúmen 8, pág. 138; Aurelio Tió y Arturo Ramos Llompart "Catálogo anotado de los gobernadores de Puerto Rico y de los alcaldes de San Juan y San Germán como cabezas de partidos." en ***Boletín de la Academia Puertorriqueña de la Historia***. 1988, Volúmen X, Número 40, pág. 23. Salvador Perea Roselló **Historia de Puerto Rico, 1537-1700**, pp. 30-31; Gilberto R. Cabrera. **Puerto Rico y su Historia Intima, 1500-1996, Tomo I** pp. 137-140 y 157-162.

[8] Vicente Murga Sanz. **Puerto Rico en los Manuscritos de Don Juan Bautista Muñoz.** (San Juan, Puerto Rico: Universidad de Puerto Rico, 1960), pág. 368, entrada 696, año 1547.

[9] Archivo General de Indias (en adelante AGI). Patronato 175, Ramo 31. **Testimonio del pregón de la cédula de Su Majestad para que no puedan contratar con franceses corsarios en la Nueva Villa de San Germán.** Ver Apéndice I.

[10] Archivo General de Indias. Indiferente General 427, Libro 30, folios 86v-87v. Consultable en PARES, imágenes 173-175. Excepto por dos palabras, la cédula incorporada es la misma llevando por título: **De oficio. Para que no se contrate con franceses.**

El periodo gubernamental 1546-1548

Para cerciorarnos de la inexistencia del primer término gubernamental del licenciado Diego de Carasa, se buscó el supuesto nombramiento por otras vías. Se examinó la correspondencia de la Real Audiencia de Santo Domingo desde 1540 hasta 1554[11] sin encontrar referencia en ellas a la existencia del licenciado Diego de Carasa en el eje político de La Española. En los fondos de contaduría de Santo Domingo se buscaron referencias al pago de salarios y honorarios para el mismo, nada.[12] Incluso, se examinaron las probanzas y cartas en donde el licenciado Diego de Carasa explicó sus servicios en las Indias En ellos indicó estar ejerciendo desde 1555. Pongo como evidencia, el pasaje de una de sus últimas cartas escrita desde Panamá en 1568:

"Yo ha que sirvo a Vuestra Majestad en estas partes desde el año de cincuenta y cinco, que son trece años, con el cuidado, diligencia y fidelidad que a mi ha sido posible, como los del Consejo de Indias de Vuestra Majestad están informados. Y de los trabajos que pasé en diez años y más tiempo que goberné la Isla de San Juan de Puerto Rico[13] y después que vine a este reino me hallo muy enfermo en él; que cierto no he tenido semana entera de salud y temo si aquí estoy se me ha de acrecentar el mal por ser esta tierra tan mal sana."[14]

Finalmente, estoy acorde con la observación dada por don Vicente Murga Sanz en 1960: "No consta en ningún documento de los que hemos revisado que Carasa estuviese anteriormente en Indias."[15] Recalco, en parte alguna se hizo el señalamiento a un previo término como gobernador o fiscal en las Américas. Concluyo, que el licenciado Diego de Carasa hizo su llegada a las Indias en 1555 pasando a ejercer como gobernador letrado de la Isla de Puerto Rico el 12 de agosto de ese año hasta el 28 de agosto de 1565.

Nombramiento de gobernador letrado

Los créditos y méritos del licenciado Diego de Carasa presentados ante el Monarca y su Consejo Real de Indias para proceder a su nombramiento como gobernador y justicia mayor para la Isla de San Juan de Puerto Rico hasta el presente no se han localizado. No obstante, sabemos que era hijo de Juan Saenz de Carasa y María Sánchez de Tejada, siendo natural de Vigueras, en la provincia de Logroño, área noreste de España.[16] Fue nombrado juez de residencia y gobernador de San Juan de Puerto Rico por real provisión dada en Valladolid a

---

[11] AGI, Santo Domingo 49. Todas las cartas fueron examinadas desde el ramo 11, número 70 (fechada 22 de mayo de 1540) hasta el ramo 24, número 151 (fechada 29 de agosto de 1554).

[12] AGI, Contaduría 1051. Caja de Santo Domingo. Cuentas de Real Hacienda, años 1536 a 1560.

[13] Gobernó en San Juan, Puerto Rico, diez años con diez días. Ver: AGI, Panamá 13, Ramo 7, Número 8. El fiscal de Su Majestad, Diego de Carasa, al Rey. Panamá 12 de febrero de 1567, folio 1.

[14] AGI, Panamá 13, Ramo 8, Número 11. El fiscal, Diego de Carasa, a Su Majestad. Panamá 17 de enero de 1568, folio 2v-3, capítulo 11.

[15] Vicente Murga Sanz. **Puerto Rico en los manuscritos de Don Juan Bautista Muñoz**, pág. 368, entrada 696.

[16] Cristóbal Bermúdez Plata. **Catálogo de Pasajeros a Indias durante los siglos XVI, XVII y XVIII.** (Sevilla, España: Imprenta de la Gavidia, 1946), Vol. III (1531-1559), pág. 170, entrada Núm. 2421.

13 de octubre del 1553.[17] Poco más de un mes, la Corona emitiría una provisión autorizando a los oficiales de la Casa de la Contratación a entregarle 300 ducados una vez pasase a recogerlos asentándose el recibo, tanto en sus libros como en la parte trasera del título de nombramiento, para constancia de los oficiales reales de Puerto Rico y su descuento del monto de salario.[18] Así Carasa inició sus gestiones de traslado, pero no fue hasta el 5 de septiembre de 1554 que se presentó la provisión en Sevilla para la disponibilidad de la partida monetaria señalada. Siete días después se le entregó el dinero equivalente a 112,500 maravedís.[19]

En el año de 1555 el licenciado Carasa se embarcó desde España rumbo a Puerto Rico a bordo de la armada de don Gonzalo de Carvajal. Le acompañaron su esposa doña Aldonza de Ontiveros, sus hijos y su sobrina, doña María de Carasa.[20] El capitán general de la armada tenía varias instrucciones; entre las cuales estaba, como primera prioridad, recoger el cargamento de los navíos abarrotados con tesoros indianos que arribaron a Puerto Rico tras sufrir tormenta en el tornaviaje a España.[21] Tenía don Gonzalo de Carvajal comisión para examinar las defensas de la isleta de San Juan y de ser necesario, dejar las piezas de artillería de las naves arribadas para su refuerzo.[22] Salió la armada de la costa gaditana a mediados del mes de julio compuesta de tres navíos[23]; dos de los cuales naufragaron a la vuelta con el rico cargamento que llevaban.[24]

---

[17] AGI, Justicia 82. **(1555) Residencia tomada a Alonso Estévez, gobernador que fue de la Isla de San Juan de Puerto Rico y a sus tenientes, por el licenciado Diego Carasa, gobernador de dicha isla, juez nombrado para este efecto. 1 pieza.** El nombramiento en folios 3-8v. Ver Apéndice II.

[18] AGI, Contratación 4678. Real Provisión dada en Valladolid, 17 de noviembre de 1553, folios 217v-218.

[19] AGI, Contratación 4678. Certificación de la entrega al licenciado Carasa, gobernador de la isla de San Juan, folio 11. Fechada: 11 de septiembre de 1554, firmada por Francisco Tello, Diego de Zarate y Francisco Duarte.

[20] AGI, Contratación 5537, Libro 1, folios 66v-67. También en Cristóbal Bermúdez Plata. **Op. Cit.**, pág. 170, entrada Núm. 2421.

[21] Museo Naval, Madrid. Colección Navarrete, Tomo XXI, folio 147, documento 45: **Instrucción de lo que el señor don Gonzalo de Caravajal ha de hazer en el viage que va a Puerto-Rico de la Ysla de San Juan con los tres Navíos que lleba de Armada para traer el oro y plata de su Magestad, y de particulares que está en la dicha Ysla de lo que traya en la Flota de que era Capitán General Cosme Rodríguez Farfán, y los Navíos en que benía arribaron con ello a la dicha Ysla.** Filmilla disponible en Centro de Investigaciones Históricas, UPR.

[22] Vicente Murga Sanz. **Puerto Rico en los Manuscritos de Don Juan Bautista Muñoz.** (Río Piedras, Puerto Rico: Universidad de Puerto Rico, 1960), pp. 399-400.

[23] Huguette y Pierre Chaunu. **Séville et l' Atlantique. Tomo II, Le trafic de 1504 a 1560** (Paris, Francia: SEVPEN, 1955), pág. 518. En esta fuente se refiere que salieron de Sanlúcar de Barrameda el 30 de mayo de 1555. Sin embargo, todavía para el 2 de julio estaban en el puerto de Santa María, en Cádiz, tomando carga. Los buques fueron: nao capitana ***Sant Salvador***, maestre Guillén de Lezo, vecino de Rentería; galeón ***San Salvador***, maestre Martín de Artalecu, vecino de Fuenterrabia; nao ***Sancta Catalina***, maestre Joanes de Anoeta, vecino del Pasaje de Fuenterrabía. (AGI, Contaduría 434, Número 2: **Cuenta de cargo y data de su justificación que Juan López de Zubiarrete tomó por comisión de Su Majestad al factor de la Casa de Contratación de Sevilla, Francisco Duarte, del caudal, bastimentos y municiones de guerra que sirvieron para los tres navíos que a costa de avería fueron a Puerto-Rico a cargo de Don Gonzalo de Caravajal**).

[24] Huguette y Pierre Chaunu. **Séville et l' Atlantique. Tomo II, Le trafic de 1504 a 1560** (Paris, SEVPEN, 1955), pág. 518. Para una relación de la armada y naufragios véase Walter A. Cardona Bonet. **Shipwrecks in Puerto Rico's History, Volume 1 (1502-1650).** (San Juan, Puerto Rico: Model Offset Printing, 1989), pp. 128-131.

Según refirió Vicente Murga Sanz[25] el licenciado Diego de Carasa presentó oficialmente el título de gobernador el 9 de agosto de 1555 siendo confirmado por el regimiento, cabildo y justicia el 12 del mes.[26] Inició el juicio de residencia de su antecesor, el licenciado Alonso de Estévez, el 14 de agosto de 1555.[27] En este intervalo cayó enfermo, junto a otros que vinieron en la armada; incluyendo al capitán general, don Gonzalo de Carvajal sirviendole Diego de Cuéllar como teniente a gobernador durante el periodo de su enfermedad.[28] Dijo el gobernador Diego de Carasa del particular:

> *"Llegué en 9 de agosto, pregoné residencia contra el licenciado Estévez. Luego caí malo y también cayó gravemente el general Carvajal que aún no ha tornado en fuerzas, por lo que se ha detenido el armada."*[29]

Don Diego de Carasa ejerció el cargo de gobernador letrado desde el 12 de agosto de 1555 hasta el 28 de agosto de 1565. Tomás Sarramía Roncero nos refirió que el 10 de enero de 1561 su término de gobernador fue prorrogado por dos años continuando en oficio hasta el nombramiento de su sucesor, don Francisco Bahamón de Lugo en 1564.[30] No obstante, no se ha podido confirmar tal prórroga.[31] Más aún, ni siquiera el mismo Diego de Carasa hizo referencia a ella en la correspondencia que aquí incluímos. No es hasta el primero de julio de 1564 que Carasa acusó recibo de la merced del oficio de fiscal de la Audiencia de Guatemala[32] la cual aceptó, aunque algo decepcionado.[33] Dos meses después el monarca emitió una cédula en donde se evidenció el nombramiento y asignación de la paga en buena moneda para Francisco Bahamón de Lugo, el próximo gobernador de Puerto Rico.[34]

---

[25] Vicente Murga Sanz. **Historia documental de Puerto Rico, Volúmen II: El moderador democrático: Juicio de Residencia del licenciado Sancho Velázquez, juez de residencia y justicia mayor de la isla de San Juan, Puerto Rico, por el Licenciado Antonio de la Gama, 1519-1520** (San Juan, Puerto Rico: Instituto de Cultura Puertorriqueña, 1957), pp. L-LIV.

[26] Fecha confirmada, ver carta fechada 15 de octubre de 1555.

[27] Fecha confirmada, ver carta fechada 5 de julio de 1556.

[28] AGI, Justicia 82. 1555. **Residencia de Alonso Estévez, gobernador de la Isla de Puerto Rico, y de sus tenientes y oficiales y Alonso de Aguilar, Alonso de Vargas y Alonso Domínguez, por el licenciado Diego de Carasa.** 1 pieza, folio 288v.

[29] Vicente Murga Sanz. **Puerto Rico en los manuscritos de Don Juan Bautista Muñoz** (Río Piedras, Puerto Rico: Universidad de Puerto Rico, 1960), pág. 399.

[30] Tomás Sarramía Roncero. **Los gobernadores de Puerto Rico** (San Juan, Puerto Rico: Publicaciones Puertorriqueñas, 1993), pág. 21.

[31] Tomás Sarramía Roncero. **Op. Cit.** no proveyó la fuente de este dato, pero examinando fuentes secundarias parece que procede del "Catálogo anotado de los gobernadores de Puerto Rico...", artículo publicado en el **Boletín de la Academia Puertorriqueña de la Historia**, Volúmen X, 1 de julio de 1988, número 40, pp. 17-45. En la pág. 24, entrada 35 que lee así: 'Licenciado Diego de Caraza, por segunda vez, del 12 de agosto de 1555 a 1561. El 10 de enero de 1561 se prorrogó su término por dos años, pero continuó hasta la llegada de su sucesor...'

[32] Para esta fecha estaba bajo estudio por la Corona el traslado de la Audiencia de Guatemala al entonces poblado de Panamá. Finalmente fue trasladada a Panamá: (Ver carta Número 37, capítulo 4). En carta subsiguiente (Carta Número 44, capítulo 6) Carasa señaló su destino verdadero.

[33] Ver carta fechada 1 de julio de 1564, capítulo 4.

[34] AGI. Santo Domingo 50, Ramo 5, Número 15. Real Cédula dada en Madrid, 21 de septiembre de 1564. **Sobre el pago del sueldo del gobernador Bahamonde de Lugo en buena moneda.**

Los antecedentes del nombramiento de Carasa como fiscal de la Audiencia de Panamá tienen sus raíces en eventos que se iniciaron a mediados del año 1561. El entonces fiscal, licenciado Juan Cavallón Arboleta, junto a don Juan de Estrada Rávago, habían concertado con el Rey, Felipe II, la conquista y población de Costa Rica. La empresa se inició con la salida por mar de Estrada mientras Cavallón atravesaría la región por tierra.[35] Mientras tanto, su plaza de fiscal en la Audiencia estaría vaca, pero garantizada, una vez completase el proceso:

> *"...hechos en ella los pueblos que os pareciere dejando en ella la orden y gobierno que viéredes convenir, podéis os volver cuando os pareciere a residir en la dicha audiencia para servir en ella el dicho cargo de fiscal de que ahora nuevamente os habemos provisto..."*[36]

Pero la hazaña se alargó y los gastos de la empresa fueron cuantiosos. Ésto, aunado con la resistencia indígena feroz, conllevó a que don Juan Cavallón abandonara estos intereses al haberle Su Majestad dado en merced por los gastos y esfuerzos, el oficio de fiscal en la Audiencia de Méjico en 1562. Cavallón salió a ocupar el cargo al año entrante, pero nunca recuperó sus finanzas y murió pobre teniendo su hija que solicitar limosna del Rey para subsistir. Es así como surgió el ofrecimiento de la plaza de fiscal de la Audiencia de Panamá en la persona de Diego de Carasa por estar vacante el puesto desde 1561.

Sarramía Roncero nos refirió el relevo de don Diego de Carasa el 4 de diciembre de 1564 cuando se le ordenó su traslado a la Audiencia.[37] No obstante, la documentación señala que el licenciado Diego de Carasa permaneció en su oficio hasta la llegada del nuevo gobernador Francisco Bahamón de Lugo el 18 de agosto de 1565, relevándose el 28 del mes e iniciándose después la residencia del mismo.[38] De su residencia informó el nuevo gobernador,

> *"Tomé a el licenciado Diego de Carasa la residencia despasionadamente, porque entendí haber tenido en su gobernar buen celo y en los que en ella lo perseguían conocí pasión y alguna malicia. En el buen tratamiento de su persona tuve cuidado y en sentenciar sus causas me desvelé porque no hallando aquí letrado ni yo siéndolo, ni tuve escribano que me pudiese ayudar, me fue forzado hacerme más leído en las Leyes de Romance de lo que pensé haber menester y así sentencié sus causas como en mi cristiandad y conciencia pensé mejor acertar. Las sentencias envío a Vuestra Majestad con la residencia. Las condenaciones ultra de haber hecho sus depósitos, ha dado fianzas*

---

[35] AGI. Panamá 245, Libro 1, folio 101vto-102vto. Real Cédula dada en Madrid, a 4 de agosto de 1561.

[36] AGI. Panamá 245, Libro 1, **Ibídem**, folio 102vto.

[37] Tomás Sarramía Roncero. **Los gobernadores de Puerto Rico**, pág. 21. En dicho escrito se comete el error de afirmar que fue nombrado Presidente de la Audiencia de Santo Domingo. Diego de Carasa fue nombrado **fiscal** para ejercer en la **Audiencia de Panamá** en sustitución del licenciado Juan Cavallón Arboleda. No se ha podido confirmar documentalmente esta fecha dada por Sarramía Roncero.

[38] Para el juicio de residencia del licenciado Diego de Carasa, véase AGI, Justicia 94. **Residencia tomada al licenciado don Diego de Carasa, gobernador que fue de Puerto Rico, por Francisco Bahamonde de Lugo, gobernador de la misma isla, juez nombrado para este efecto, años 1565-1566**, 5 piezas.

bastantes de pagar juzgado y sentenciado, porque algunos casos he remitido a Vuestra Majestad según que de todo ello va relación."[39]

Por su parte Diego de Carasa indicó del tema:

"Como yo había gobernado esta isla diez años y más aunque he procurado hacer el deber imitando cuanto he podido al doctor Escudero, mi tío, que sea en gloria, no ha podido ser menos en tanto tiempo haber dejado de tener émulos porque todos quieren justicia y ninguno por su casa y así se mostraron algunos contra mí en la dicha residencia y me pusieron capítulos inuminiosos, pero ninguna cosa contra mí probaron que perjudicase a mi honor como por la dicha residencia parecerá en la cual el dicho gobernador envía remitidos algunos capítulos a Vuestra Majestad y vistos mis descargos tengo entendido que Vuestra Majestad me ha de mandar remunerar de lo que aquí he servido."[40]

El pleito del juicio de residencia continuó en ultramar. Las diligencias para el traslado de los documentos al Consejo de Indias se efectuaron el 18 de febrero de 1566 y fue presentada ante la misma el 17 de agosto de 1566.[41] Todavía para el 30 de abril de 1569, no se habían concluído, pues el gobernador y oficiales reales de Su Majestad en Puerto Rico, informaban al monarca el no poder cumplir el cierre de los casos de deudas y demandas pendientes porque le faltaban las disposiciones finales del juicio gubernativo contra Carasa. *"...sólo están unas condenaciones, que fueron hechas en la residencia del licenciado Carasa, la cual está en ese Real Consejo, no podemos hacer otra diligencia."*[42]

Diego de Carasa, había gobernado diez años con diez días. En su última carta desde Puerto Rico, fechada 15 de febrero de 1566, el licenciado Diego de Carasa narró la odisea a Sur América para tomar posesión de su nuevo puesto como fiscal en Panamá.[43]

En su primera carta como funcionario de la Audiencia de Panamá dirigida a Su Majestad, fechada 12 de febrero de 1567, Diego de Carasa anotó el vía crucis del traslado en el folio 1, capítulo 1:

| *Cuenta el trabajo de su navegación* | *Por el mes de marzo del año pasado de .66. partí de la Isla de San Juan de Puerto Rico para venir a servir en esta audiencia el oficio de fiscal de que Vuestra Majestad me hizo merced después de haber dado residencia de diez años y diez días que había tenido en el gobierno de ella y por no* |

---

[39] AGI, Santo Domingo 155, Ramo 6, Número 32. **El gobernador de Puerto Rico, don Francisco Bahamon de Lugo, a Su Majestad.** San Juan de Puerto Rico, 10 de febrero de 1566, folio 1.

[40] AGI, Santo Domingo 155, Ramo 5, Número 30. **El licenciado Diego de Carasa a Su Majestad.** San Juan de Puerto Rico, 15 de febrero de 1566, folio 1v.

[41] AGI, Justicia 94. **Residencia y pesquisa general, capitán Francisco Bahamón de Lugo, governador de la ysla de San Juan de Puerto Rico, tomó al licenciado Diego de Carasa, governador que fue de la dicha ysla.** Pieza 2, folio 268-269.

[42] AGI, Santo Domingo 164. El gobernador y oficiales reales de Puerto Rico a Su Majestad, Puerto Rico 30 de abril de 1569.

[43] Ver carta número 48, fechada 15 de febrero de 1566, capítulos 3 y 5.

haber en la dicha isla navío que viniese a esta Tierra Firme tuve necesidad de venirlo a buscar a la Isla de Santo Domingo a donde hallé al licenciado Alonso de Herrera aprestándose para venir a servir el oficio de presidente a esta audiencia y en su compañía vine desde la dicha isla de Santo Domingo hasta la de Cartagena a donde para proseguir el viaje hasta el Nombre de Dios por hallarse enfermo se metió en una fragata, que es un bajel pequeño del trato de esta tierra, y llegó al Nombre de Dios en tres días. Y yo y mi mujer y casa proseguimos el viaje en el navío que habíamos venido y salimos el mismo día que el presidente y fue tal que habiéndonos provisto[44] para tres días o cuatro; que es lo que de ordinario se tarda en el dicho viaje, estuvimos en la mar veinte y ocho así por la ignorancia de los pilotos como por el tiempo contrario que tuvimos. Y estando ya sin esperanza alguna de escapar ni esperar otro remedio, sino el que Dios milagrosamente nos quisiese dar, así por estar sin ningunos mantenimientos como por no saber donde estábamos, día del Apóstol Santiago diciendo los pilotos que se hallaban cerca de Santa Marta nos hallamos a vista del puerto del Nombre de Dios[45] y aunque en el navío no murió más de un hombre del trabajo y fatiga recibida y de no haber comido salidos en tierra de ciento y ochenta y siete ánimas que en el navío venían se murieron[46] más de los noventa. Salido que fuí en tierra en el Nombre de Dios procuré pasar luego a Panamá que fue a 9 de agosto y había tres días que había muerto el presidente y hallé en la audiencia a los doctores Barros y Loarte los cuales me recibieron al oficio de fiscal y comencé a entender en lo que al servicio de Vuestra Majestad y Real Hacienda y ejecución de la justicia..."[47]

Desde que ejerció en Puerto Rico en 1555 hasta su arribo a Panamá en 1566, Diego de Carasa se quejaría constantemente de su salario e inflación en Indias.[48] En Panamá elevó súplica al Rey sobre el monto de su sueldo y gastos excesivos en el transporte a su destino.

Salario del fiscal

De los gastos que hice en el viaje desde San Juan de Puerto Rico hasta llegar a este reino llegué necesitado de dineros y con deuda de más de mil y quinientos pesos porque cierto y así parecerá por verdad que yo no traje sino esclavos para mi servicio. Y para pagar los fletes y otros dineros que debía pedí a los oficiales reales me diesen lo corrido del salario y habiéndoseme de pagar a

---

[44] Lee proveído, sustituido por provisto.

[45] AGI. Santo Domingo 50, Ramo 4, Número 1. **Carta del licenciado Alonso de Herrera a Su Majestad.** Cartagena, 5 de junio de 1566. 1 folio. El licenciado Herrera señaló que "llevo conmigo al fiscal [Diego de Carasa] y pienso de embarcarme luego de aquí e ir en seguimiento de mi viaje."

[46] Lee morieron.

[47] AGI. Panamá 13, Ramo 7, Número 8. **El fiscal de Su Majestad, Diego de Carasa, al Rey.** Panamá, 12 de febrero de 1567, folio 1.

[48] Inició sus pedidos de aumento de sueldo con su primera carta del 15 de octubre de 1555, 5 de mayo de 1557; 20 junio 1558 información sobre su paga en mala moneda; ayuda de costa, pago de salario en buena moneda el 14 de abril de 1559; ayuda de costa y pago de sueldo en buena moneda el 25 de junio de 1559; poco salario, inflación y merced y pago en buena moneda el 8 de octubre de 1559; ayuda de costa 13 de mayo de 1560 y ayuda de costa el 1 de julio de 1564. De igual manera sometió dos informaciones justificando el alto costo de vida e inflación, mala calidad de la moneda de cuartos que corría en las Indias y necesidad de paga en buena moneda. Sus reclamos acordes con los de los previos y futuros gobernadores y funcionarios de Puerto Rico, oficiales de la Real Audiencia de Santo Domingo y los prelados y Obispos de la Isla de Puerto Rico.

> *razón de setecientos y cincuenta mil maravedís, como se paga a los oídores de esta real audiencia, no me quisieron pagar más de a razón de quinientas mil como se pagaba en Guatemala porque dicen que la cédula que se dio para que se pagasen las dichas setecientas y cincuenta mil maravedís no hace mención del fiscal. A Vuestra Majestad suplico sea servido que, pues estando esta audiencia en Guatemala era igual el salario del fiscal con el de los oídores y donde ahora está la audiencia el fiscal tiene no menor trabajo antes mayor y los gastos de esta tierra excesivos. Mande se pague al fiscal lo mismo que a los dichos oídores y que con el se entienda la dicha cédula desde el tiempo que comenzó a correr el dicho salario."*[49]

El licenciado Diego de Carasa serviría escasamente cuatro años como fiscal en la Audiencia de Panamá. De su correspondencia en el cargo existen por lo menos cuatro cartas en el Archivo General de Indias.[50] El 31 de diciembre de 1570 la muerte le sorprendió, ocupando su puesto interinamente, don Gonzalo Núñez de la Cerda, hasta su nombramiento oficial el 30 de octubre de 1571.[51]

> *" El licenciado Carasa, fiscal de esta vuestra Real audiencia murió el postrero día del año de setenta y en su lugar, por la necesidad que hay, fue nombrado el licenciado Gonzalo Núñez de la Cerda, natural de Badajoz, con trescientos mil maravedís de salario entretanto que por Vuestra Majestad se provee el oficio. Es persona de letras y conciencia y que ha dado buena cuenta de algunos negocios de justicia que por esta Real audiencia se le han encomendado. Y siendo Vuestra Majestad de ello servido se lo podría hacer merced de él en propiedad."*[52]

Aún tras su muerte, los reclamos monetarios con respecto a sueldos y deudas cuantiosas continuaron. El Rey escuchó las plegarias de los familiares y les dio a sus herederos una merced de dinero para un somero alivio de las cargas económicas.

---

[49] AGI. Panamá 13, Ramo 7, Número 8, folio 2v, capítulo 3.

[50] Sus cartas escritas desde Panamá. Las localizadas, hasta ahora, todas en el legajo AGI, Panamá 13: Ramo 7, Número 8; Ramo 8, Número 11. La respuesta a esta carta en Panamá 236, Libro 10, folio 136-126v (en PARES, imágenes 278-279); Panamá 12, Ramo 9, Número 23 y Ramo 10, Número 30. Esta última fechada 31 de marzo de 1570. El monarca, el 21 de agosto de 1571, hace mención de la toma de cuentas realizada por Carasa como fiscal de la Audiencia en: AGI, Panamá 236, Libro 10, folio 238 (en PARES, imagen 485: **Al presidente de Panamá que acabe las cuentas que le están cometidas de los oficiales de la Real Hacienda**).

[51] Tomás Sarramía Roncero. **Los Gobernadores de Puerto Rico**, pág. 21, erróneamente confunde el nombre del fiscal sustituto del licenciado Diego de Carasa, o sea, don Gonzalo Núñez de la Cerda, con el de Muñoz de la Serda. Por ello, para clarificación, se transcribió la cédula. Ver Apéndice XI. AGI, Panamá 236, Libro 10, folios 261-262 (En PARES: AGI, Panamá 236, L.10, imágenes 531-533).

[52] AGI. Panamá 13, Ramo 11, Número 38. **Carta de la Audiencia de Panamá a Su Majestad**. Fechado: Panamá, 20 de febrero de 1571. 2 folios.

EL REY

Herederos del licenciado Carasa

*Nuestros oficiales de la ciudad de Panamá de la provincia de Tierra Firme, llamada Castilla del Oro, sabed que acatando lo que el licenciado Carasa, nuestro fiscal que fue de esa audiencia difunto, nos sirvió en el dicho oficio ya que falleció en el habiéndosenos consultado sobre ello por los del nuestro Consejo de las Indias, habemos tenido y tenemos por bien de le hacer merced, como por la **f273** presente lo hacemos de lo que montare la mitad del salario de un año que tenía con el dicho oficio y así os mando que de cualquier hacienda nuestra que fuere a cargo de vos, el nuestro tesorero, lo deis y pagueis a los herederos del dicho licenciado Carasa o a quien su poder hubiere sin poner en ello impedimento alguno que con esta mi cédula y su carta de pago mando se os reciba y pase en cuenta lo que en ello se montare. Fecha en Madrid a XIX de febrero de mil y quinientos y setenta y dos años. YO EL REY. Refrendada de Antonio de Eraso, señalada del presidente Juan de Ovando, don Gómez Zapata, doctor Aguilera, licenciado Botello, Gasca y Gamboa.*[53]

---

[53] AGI, Panamá 236, Libro 10, folio 272v. **Real provisión dada a los herederos de Carasa**. Madrid, 19 de febrero de 1572.

La Correspondencia

Esta compilación consta de cuarenta y ocho cartas que son del siguiente tipo: cartas del gobernador a Su Majestad; las comunicaciones entre el gobernador, las autoridades de la Isla y vecinos con la corona; los despachos del gobernador y oficiales reales con/entre, la Casa de Contratación en Sevilla y ésta a su vez con las autoridades de Puerto Rico. De igual manera la hemos enriquecido con un apéndice compuesto de once documentos en forma de memoriales, probanzas e informaciones sometidas durante su administración.

Para el proceso de evaluación de la correspondencia dentro del marco histórico de la gobernación del licenciado Diego de Carasa se han ordenado cronológicamente. Además, incluímos su última correspondencia desde la Isla de Puerto Rico, ya como licenciado, yendo rumbo a Sur América para tomar su cargo de fiscal en la Audiencia de Panamá.

Gran parte de la correspondencia que aquí presento; especialmente las cursadas entre el licenciado Diego de Carasa y el Monarca, en la actualidad se encuentran aglomeradas bajo la signatura Audiencia de Santo Domingo, Legajo 155, Ramo 5. Antes de la digitalización y actual ordenamiento a finales de la década de 1980, muchas de las cartas de los gobernadores de Puerto Rico fueron trasladadas por el personal del Archivo General de Indias de los diversos fondos en donde estaban ubicadas.[54] Las del siglo XVI fueron agrupadas en el legajo 155 y éstas a su vez en ramos de acuerdo al periodo de tiempo ejercido por el respectivo gobernador en la Isla. Así cada carta dentro del ramo está asignada un número cónsono con la cantidad de escritos de los respectivos gobernantes. El Ramo 5, por ejemplo, abarca la gobernación del licenciado Diego de Carasa en San Juan de Puerto Rico corriendo la correspondencia cronológicamente desde la carta número 15 hasta la número 30.[55] Algunas de ellas fueron publicadas en el año 2009 y 2010 por el señor Alvaro Huerga.[56] Lamentablemente, la signatura dada por él está errónea al describir cada carta como expediente. Además, el trabajo no denota foliación y algunos documentos transcritos carecen de folios completos[57] o están paleográficamente mal interpretados.

---

[54] Entre los legajos que contenían cartas de los gobernadores de Puerto Rico estaban Santo Domingo 155, 164, 166 y 168 e Indiferente General 1887.

[55] Se incluyó en la digitalización el duplicado de una de las cartas (número 27a) que excluímos en éste estudio.

[56] Alvaro Huerga. **Historia Documental de Puerto Rico, Tomo XVIII: La Familia Ponce de León** (San Juan, Puerto Rico: Academia Puertorriqueña de la Historia et. al., 2009), pp. 173-182 y 185-187; **Historia Documental de Puerto Rico, Tomo XIX: Cartas de los gobernadores, Vol. 1 (1550-1580)**, (San Juan, Puerto Rico: Academia Puertorriqueña de la Historia et. al), 2010, pp. 141-179.

[57] El error no es enteramente suyo. Por ejemplo, la carta del gobernador Diego de Carasa del 5 de julio de 1556 fue mal digitalizada careciendo de algunos folios. Por suerte Cardona tenía previa fotocopia del documento con el cual se percató del particular. A pesar del señalamiento hecho al personal del Archivo General de Indias, hasta esta fecha, todavía la misma no ha sido corregida. Por otro lado, se incluyó en la digitalización el duplicado de una de las cartas (la 27a) que excluímos de este estudio.

La compilación de la correspondencia que aquí ofrezco no se ha limitado a la signatura Santo Domingo 155, Ramo 5. El cotejo de otros fondos documentales dio buenos resultados. Se hallaron cuatro cartas más de Carasa al Rey y veintinueve adicionales entre el gobernador, o él mismo con los oficiales reales y vecinos de Puerto Rico dirigidas, tanto al Monarca como al presidente y jueces oficiales de la Casa de Contratación, que ayudarán a completar un cuadro bastante fehaciente de su gesta administrativa y período histórico. Aún así la misma correspondencia señaló la existencia de escritos aún por encontrar.

Se localizó la referencia de por lo menos diecinueve cartas que, a pesar de los esfuerzos, no se han hallado todavía. Hago la salvedad que es posible que algunas hayan sido redactadas por el licenciado Diego de Carasa de por sí o compartidas entre los oficiales reales y/o Cabildo y vecinos de San Juan. Las identificadas bajo tales conceptos son

Año 1557

Carasa a Su Majestad, mes de junio 1557.

Año 1559

A la Casa de Contratación, 28 junio 1559

Año 1560

14 abril 1560   25 junio 1560   22 septiembre 1560
31 septiembre 1560[58]   18 octubre 1560

Año 1561

8 julio 1561   13 julio 1561
Carasa a la Casa de la Contratación, 14 julio 1561   Carasa a Su Majestad, 14 julio 1561
Oficiales Reales a Su Majestad, 14 julio 1561   Carasa a Su Majestad, octubre 1561

Año 1562

Carasa a Su Majestad, agosto 1562

Año 1563

Casa de Contratación a Carasa, abril o mayo 1563
Casa de Contratación a Carasa, 12 de septiembre de 1563

Año 1564

Carasa a Su Majestad, 9 de abril 1564*

---

[58] Entendemos que debió corresponder al 30 de septiembre o primero de octubre.

Carasa a Su Majestad, 1 de junio 1564*
Oficiales reales a la Casa de la Contratación, 1 de octubre 1564

Año 1565

2 julio 1565   1 octubre 1565

Porque era costumbre hacer por lo menos tres copias de la correspondencia, el hallazgo de estas cartas espera por realizarse. Explico. Un ejemplar de la carta quedaba asentada en los libros del gobernador y de los oficiales reales de la isla; otra iba en uno de los navíos más seguros *"cerrada, sellada y liada"* embreada o envuelta en tela o cuero vacuno para su protección de la Mar. A su vez era colocada dentro de un cajoncito timbrado con una corona para evitar que fuesen leídas, marcadas por fuera a quién iban dirigidas, por ejemplo, **EL REY**.[59] Finalmente, la última copia del escrito iba en otro buque suelto o flotilla que saliese *a posteriori*.

En el caso de verse a punto de ser abordada la nave por enemigos, el encargado tenía instrucciones de arrojar los despachos al mar. Muchas veces se esperaba hasta el último instante por lo que las cartas caían en manos del rival con valiosísima información. Diego Menéndez de Valdés (1582-1592), por ejemplo, fue el gobernador que más correspondencia envió a España durante el siglo dieciseis. Dos de sus escritos relataban el hallazgo de nuevas vetas de oro en el país y explicaban las debilidades de las defensas isleñas y las zonas por donde fácilmente el enemigo la podía tomar en un ataque. A través de estas cartas, el inglés George Clifford, Conde de Cumberland, cuya escuadra naval había capturado las cartas muchos años antes de la invasión a Puerto Rico en 1598, pudo utilizarlas hábilmente. Primeramente, como propaganda para aunar combatientes augurando grandes riquezas mineras. Y finalmente, para planificar su exitoso asalto a la zona costera del Escambrón, siguiendo al pie de la letra la debilidad del paraje según lo descrito en las cartas, con el despacho de lanchas de desembarco y la consiguiente toma de la isleta de San Juan.

En el mayor número de casos, las fechas de la correspondencia están relacionadas con la entrada y salida de las respectivas flotas en las Indias. Otras, de igual manera con el despacho de las flotillas regionales zarpando del puerto de San Juan rumbo a España

Temas presentados en las cartas

Las cartas tocaron todos los temas y circunstancias posibles que un gobernador pudiera experimentar durante su administración en el siglo dieciseis.

---

* La Doctora Elsa Gelpí Baíz **Siglo en Blanco**, pág. 17 y 71 cita esta correspondencia, pero no se ha dado con ella.
[59] He encontrado un ejemplo del proceso. "…un pliego envío grande con un encerado que lleva un sobre escrito dirigido a Su Majestad de unas letras grandes, y debajo del sobre escrito, tres cruces y a los lados de cada una tienen un punto." En: Archivo General de Simancas, Guerra y Marina, legajo 142. Documento 151. Grabiel de Luxán, gobernador de la Habana, a la Casa de la Contratación. Habana, 5 de diciembre de 1582, folio 1.

La Cuestión Caribe

Entre los eventos más sobresalientes que observamos en la correspondencia del licenciado Diego de Carasa lo constituyó los argumentos a favor de la esclavitud de los indios caribes. Tanto en Santo Domingo, como en Puerto Rico, se prepararon diversas probanzas y memorias que resaltaron la ineficacia de las medidas reales que desalentaban el despacho de armadas contra los indígenas que asolaban y diezmaban las haciendas costeras. Se pidió una sobrecédula que permitiera tomarlos prisioneros y reducirlos a la esclavitud. No obstante, la Corona se mantuvo firme a sus despachos anteriores.

Desastres Naturales

En término de calamidades naturales ocurridas en el país, se mencionó el huracán del mes de septiembre 1559 y una plaga de gusanos que atacó las cosechas en 1563.

La isla fue impactada por un huracán, "víspera de Nuestra Señora", el doce de septiembre de 1559 "..que les llevó cuánto en el campo tenían, con que se entendían remediar, que no quedó qué comer y se padece mucha necesidad."[60] Este fenómeno fue tan destructivo que el licenciado Carasa salió a las estancias de campo a inventariar la yuca existente dando ordenes a la inmediata elaboración de casave para el sustento de los afligidos de la isleta de San Juan. De la misma forma inspeccionó su reparto ecuánime entre los necesitados.[61]

Casi cuatro años después una plaga de gusanos, descritos como "más dañoso que la langosta en España y mayor tormenta que la que acá llaman huracán"[62], atacó las cosechas precipitando el hambre entre los vecinos. Carasa resintió el particular señalando la escasez de alimentos, "ha faltado el común sustentamiento de la tierra, que es el cazabí, el cual destruyó un gusano que le dio...porque además de perderse el fruto, que son las raíces, queda tan corrompida sin función la planta que en mucho tiempo no se dará fruto."[63]

Trata Negrera

El tráfico de esclavos andaba rampante durante esta época. El contrabando en buques españoles, franceses, ingleses y principalmente portugueses era la orden del día. Gran cantidad de buques portugueses fueron tomados por perdidos al venir cargados con negros fuera de registro o sin licencias adecuadas. Una vez confiscados, los esclavos eran distribuídos o vendidos en pública almoneda a plazos de pago entre los vecinos en donde los más pudientes adquirieron el mayor número de piezas. Luego se procedía a las denuncias,

---

[60] AGI, Santo Domingo 155, Ramo 5, Número 22. Diego de Carasa a Su Majestad, San Juan de Puerto Rico, 8 de octubre de 1559.
[61] Ver en el Apéndice VII, las contestaciones a la pregunta número 20 de la probanza de servicios del licenciado Diego de Carasa.
[62] AGI, Santo Domingo 155, Ramo 5, Número 24. Diego de Carasa a Su Majestad, 25 de marzo de 1563.
[63] AGI, Santo Domingo 155, Ramo 5, Número 24. **Ibidem**, folio 2-2v.

toma de fianzas y pleitos legales entre armador, destinatario, cargador, fiador con el gobierno local y la Corona. Mientras tanto, por años a los vecinos se les dilataba el pago de lo debido por estar en litigación. O posteriormente, cuando el dictamen real no les era favorable a los acquisidores, se procedía a pedir prórrogas o mercedes para no realizar el pago por ellos. Los argumentos eran el deplorable estado del país, la ruina que tal acción de cobro conllevaría[64], el poco comercio trasatlántico y la devaluación de la miserable moneda de cuarto que corría, casi sin valor, en las Antillas. De esta manera la vecindad pudiente aunaba esclavos, recibían mercedes y préstamos que raras veces pagaban totalmente; ello, a costillas de las arcas del Estado.

Acciones Bélicas

En términos militares notamos la llegada o confiscación de armamento bélico para contrarrestar asaltos a la ciudad de San Juan. La amenaza extranjera; principalmente de los corsarios franceses armados por la hidalguía de su país, era una constante realidad indiana. Sobresaltaron los esfuerzos por lograr la captura de un portugués, diestro en la navegación del Nuevo Mundo, que venía desde muchos años causando destrucción y cuantiosas pérdidas económicas a España. Se trataba del piloto portugués Francisco Díaz Mimoso.[65] Éste estuvo en los ataques de las costas del Centro y Sur América (1558)[66], intentona en Puerto Rico (1559), toma de las flotillas mercantes de Santo Domingo en 1561[67] y 1564[68], piloto de expediciones poblacionarias a la Florida en 1564, y ataques rutinarios a las Islas Canarias al regreso e ida de sus incursiones.

De la toma de los cuatro navíos en 1564 la Corona dio órdenes de "castigos ejemplares" a los maestres y pilotos de las embarcaciones. La toma de ella conllevó la muerte de pasajeros y la violación de mujeres. El evento resonó en el Consejo de Indias por muchos años, pues en 1567 referían en una relación de los corsarios y daños causados en la Carrera de Indias,

---

[64] Igual argumento se utilizó cuando se llevaban a cabo los cobros de préstamos reales dados a los más pudientes para la edificación de ingenios de azúcar en el siglo 16. Con ello los vecinos obtuvieron una cédula real, dada en Toledo el 15 de enero de 1528, mediante la cual no se podía confiscar, ni extraer de las propiedades mano de obra ni maquinaria y enseres que pusieran en peligro su capacidad operativa. La primera vez que se utilizó fue en ese año para el ingenio **San Juan de las Palmas**, en Rincón, de los herederos de Tomás de Castellón y Blas de Villasante en 1527. Véase AGI, Patronato 175, Ramo 17. Real Provisión dada en Toledo, 15 de enero de 1529. **Los vecinos de la Isla de San Juan: Para que no se pueda hacer ejecución en los ingenios.** La práctica continuó hasta concluir la dominación española del país. Un ejemplo posterior de ello fue la quiebra de la central azucarera **San Vicente** del municipio de Vega Baja entrado el siglo 19.

[65] Sobre su persona véase: Leon Bourdon. "Francisco Dias Mimoso, le "pilote borgne (1559-1569)". En *Revista da Facultade de Letras de Lisboa*, 11ª serie, Tomo XXII, No. 1, 1956, pp. 88-171.

[66] AGI, Patronato 181, Ramo 35. **Ynformación hecha en el audiencia de los Confines sobre el robo que hicieron los franceses en el Puerto de Cavallos y Ciudad de Trugillo, los pilotos portugueses Francisco Diez Mimoso, en Faro, en Portugal y Joan Vaez**, folios 1098-1138v.

[67] AGI, Justicia 857, Número 1. **Gaspar Fernández, dueño y piloto de la nao "La Gallega", Baltasar Núñez, maestre de la nao "San Pablo"; Francisco Romero, piloto de ella, y otros oficiales…en el pleito que contra ellos ha seguido el licenciado Venegas, fiscal de la misma, sobre no haber defendido la carga de sus naos.** 5 piezas.

[68] AGI, Patronato 267, Número 1, Ramo 38. **Ciudad de Santo Domingo de la isla Española, 30 de agosto de 1564. Sobre la toma de navíos de Honduras, asentamiento francés en la Florida, ataque a la flota de Santo Domingo y otros.** En el folio 2 se describió a Francisco Díaz Mimoso como tuerto.

> "...partiendo...para estos reinos cargados de oro y plata y perlas y de azúcares y cueros junto a la Saona salieron a ellos, dos navíos de corsarios franceses... Los cuales mataron algunas personas ... y les robaron todo...Y lo peor es, que forzaron dos mujeres; la una casada y la otra viuda...y apalearon, y maltrataron al marido, porque demandaba justicia a Dios..."[69]

El licenciado Diego de Carasa insistió constantemente en la aprehensión de Francisco Díaz Mimoso y la del hermano de éste. De igual manera, en la toma y embargo de sus propiedades en Portugal, Francia y otras partes. Finalmente, en 1567 la Corona logró cumplir sus pedidos. Nos refirió Rumeo de Armas:

> "...1567, Francisco Díaz Mimoso residía en Burdeos, preparándose para salir con otros veintiséis navíos camino de las Indias Occidentales, cuando nuestro hábil embajador en París, don Francés de Alava, decidió hacerlo desaparecer misteriosamente. Para ello se valió de su influjo sobre el rey de Francia Carlos IX, y haciéndole ver los daños, contra todo derecho, cometidos por el pirata en tiempos de paz en Canarias y América, logró arrancarle una cédula secreta de muerte.
>
> En posesión don Francés de Alava de la condena del portugués y sabedor de que se hallaba por entonces en París, trabó inmediatas relaciones con un aventurero español, Juan de Olaegui, que había sido agente y espía del embajador de España en Lóndres don Alvaro de la Quadra. Puestos ambos de acuerdo, convinieron los detalles de la ejecución, y una noche Francisco Díaz Mimoso fué secuestrado en una calle parisiense y agarrotado con tal sigilo que nunca más supo nadie de su suerte..."[70]

El afrontamiento de los enemigos en las Indias llegó a niveles críticos en la década de 1560 al punto que los franceses intentaron poblar la América del Norte. Una poderosa flota saldría de España para destruirlos con cada una de las islas antillanas aportando barcos, hombres, caballos y bastimentos para la empresa. En el caso de Puerto Rico, se aunaron cerca de 50 hombres y se embargó una embarcación capitalina, ya cargada para España: gesta que no fue del agrado de la vecindad sanjuanera.

Fortificaciones y edificaciones

La defensa del puerto de San Germán, El Viejo, tan implorada por sus vecinos desde la quema inicial del poblado en 1528, nunca se materializó a pesar del resurgir del asunto en la década

---

[69] Archivo General de Simancas, Guerra y Marina, Legajo 71, documento 184: (1567) **Relación de lo que en el Consejo de Indias se tiene noticia de los corsarios que andan en la Carrera de las Indias y de las naos que en este viaje han robado**, folio 1vto. La odisea de esta flota no terminó ahí. Después, estando cerca de las Islas Azores les dieron caza otros dos navíos franceses que no las pudieron alcanzar. Más tarde llegando al Cabo de San Vicente, en Portugal, salieron a ellos dos navíos de corsarios logrando escabullirse con un cerrazón que hubo.

[70] Antonio Rumeo de Armas. **Piratería y Ataques Navales contra las Islas Canarias**. (Madrid, España: Instituto Jerónimo Zurita, 1947), pp. 252-253.

de 1560. Finalmente, éste sucumbió como poblado principal del área Oeste tras la quema del ingenio San Juan de las Palmas en 1558 y el traslado forzoso de sus oficiales reales a la costa Sur a raíz de los cambios económicos y nuevas rutas navegacionales que entraron en vigor.

La fortificación de San Juan vino a representar la única defensa del país. Por ello recibió toda la atención del gobernador Diego de Carasa. El área de la Caleta de Santa Catalina, por ejemplo, experimentó la construcción de murallas defensivas. De igual manera se hicieron trincheras en la costa Este de la isleta en la zona de La Puente de Aguilar y Caleta de Piñón. También se entablaron mejorías al sistema de acueducto. De particular interés fueron las referencias a grabados o pinturas que ilustraban tales defensas y construcciones que hasta la fecha no han sido localizadas.

La decadencia del comercio

La isla Española como eje del desarrollo y conquista del Nuevo Mundo mantuvo por muchos años el control del comercio caribeño. De sus puertos se trasladaban los bastimentos, esclavos, pobladores, tropas militares y armamento bélico. A su puerto principal, Santo Domingo, venían los ricos botines de las Américas. Los buques salían sueltos o en grupillos haciendo su éxodo del Mar Caribe por las vías antiguas de navegación, localizadas al extremo noreste de las Antillas Menores.

A medida que se experimentó con nuevas vías navales de salida, se fue prefiriendo la ruta del Canal de la Mona, entre Puerto Rico y La Española, barloventeando hasta ganar las corrientes que las llevarían rumbo a Las Azores e Islas Canarias.

Las islas de esta ruta, o sea, Santa Catalina, Saona y la Mona, junto a la costa occidental de Puerto Rico, les sirvieron a los maestres como puntos de recalada para el último abasto antes de emprender el precario cruce trasatlántico. La protección que naturalmente le daban las islas de los vientos alisios del Mar Atlántico se desvanecía una vez se alejaban de la isla de Saona. En ocasiones, los buques no podían ganar las corrientes oceánicas siéndoles forzoso regresar a La Española, entrar a la isla de Mona y/o los puertos occidentales de Puerto Rico para recondicionamiento y rebasto. De igual manera, en ocasiones, en la isla de Mona los maestres anclaban y junto a pasajeros bajaban a tierra para oir una última misa antes del peligroso éxodo caribeño.[71]

Con el tiempo se favoreció la desembocadura de la zona por vía del archipiélago de las Bahamas orientales, atravesando el pasaje entre las islas Turcas y Caicos. Finalmente, descubriéndose las corrientes del golfo occidental se aprovechó el curso marítimo del Canal de Bahamas, entre la Florida y ese archipiélago, iniciando el cruce trasatlántico hacia el

---

[71] Hubo un clérigo asignado al estanciero a cargo del poblado indígena antes de 1537. De acuerdo a los documentos, el estanciero abandonó la isla de Mona en 1543. No obstante, la correspondencia del Obispo de Puerto Rico señalaría la existencia de un lugar de culto rústico, a modo de iglesia, en sus comunicados al Rey del 1547 y 1548. Hasta ahora, la última referencia que se ha encontrado de la parada de navegantes en Isla de Mona para uso religioso data del 1549.

oriente por la zona costera inmediata a Carolina del Sur en los actuales Estados Unidos de América. En la década de 1540 las tendencias económicas fueron favoreciendo los puertos occidentales del Caribe, siendo la Bahía de Matanzas y La Habana en Cuba, los puntos de mayor encuentro para las naves abarrotadas con las riquezas del Nuevo Mundo.

Ya para mediados del siglo XVI, las colonias apartadas del imperio ibérico en las Indias habían alcanzado una madurez agrícola y económica que las hacían prácticamente autosuficientes. Un ejemplo fue Panamá y la zona de Nombre de Dios. La historiadora María del Carmen Mena, señaló:

> *"Hasta la primera mitad del siglo aproximadamente, las Antillas y sobre todo Santo Domingo ocupan un papel de primer orden en el abastecimiento suministrando azúcar, tasajos y ganado menor. Luego, las islas serán reemplazadas por Cartagena, que proporciona, conforme el papel desempeñado por las Antillas... a la terminal atlántica del itsmo."*[72]

A raíz de ello, la Española y Puerto Rico vieron una drástica reducción en la demanda de sus productos regionales y más aún, un desinterés en exportar el azúcar, cueros, perlas y la escasa remisión de metales preciosos.

Puerto Rico también vio una merma en la cantidad de naves trasatlánticas que tocaban en sus puertos. Principalmente, la isla fue sirviendo como punto de recalada para la aguada y reabstecimiento de alimentos frescos. Por otro lado, fue el primer punto ibérico en las Indias en donde adquirir inteligencia sobre la presencia de enemigos. De igual manera, como lugar para recondicionar las naves abatidas en la travesía. La mayoría de los barcos reportados en los documentos de la Real Hacienda entraban de picada haciendo escala lo suficiente para cumplir sus necesidades inmediatas, pero descargando lo mínimo, sino nada en absoluto, de sus cargamentos legales.[73]

Con las continuas y experimentadas disposiciones reales sobre la navegación en grupos, entiéndase la flota de Nueva España y La Armada de las Carreras de las Indias, el surcar los mares fuera de ellas fue condenado por la Corona. En el caso de La Española y Puerto Rico, se les hicieron concesiones especiales. Ambas islas podían despachar sus naves en flotillas independientes de la integración forzosa en las flotas principales reunidas en Cuba. Ésto fue así mientras tuviesen designados un capitán y un almirante que coordinase y protegiese la flotilla. Dichos puestos tenían que ser designados por la Real Audiencia de Santo Domingo o por las autoridades reales del país, usando como base para el escogido el armamento de los buques, la experiencia de sus maestres, pilotos y capitanes y la edad del navío.

---

[72] María del Carmen Mena. **La Sociedad de Panamá siglo XVI**, (Sevilla, España: Artes Gráficas Padura, S. A., 1984), pág. 159.
[73] Walter A. Cardona Bonet.   **Shipwrecks in Puerto Rico's History, Volume 1 (1502-1650)**, véase el capítulo V: *"San Juan's Strategic Position.   First Spanish-occupied territory encountered."*, pp. 118-127.

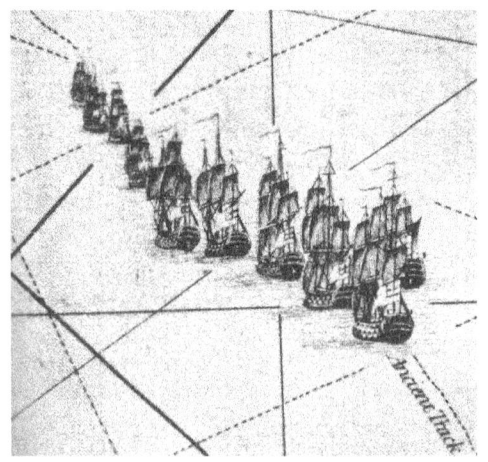
De las grandes divisiones navales que inicialmente salían de Santo Domingo, las mismas diezmaron a flotillas que por lo general consistían de tres a media docena de buques. Estas en ocasiones se reunían en Puerto Rico en el puerto de San Juan o San Germán; e inclusive en la mar para mayor defensa contra los enemigos que afloraban en la cercanía de las costas de Las Canarias, Las Azores y España.

Durante el gobierno del licenciado Diego de Carasa la economía de estas dos colonias se redujo en tales condiciones que fue necesario estipular el envío de una o dos naves en cada flota para abastecerlas. De igual manera se estimuló el trato con las islas Canarias. Mucho del comercio canario se hacia en buques de menor tonelaje cuyos maestres estaban dispuestos a cargar azúcar y cueros en intercambio por los productos del archipiélago canario. No obstante, lo esporádico del trato comercial peninsular trajo el encarecimiento de los abastos en la isla y el afloro de corsarios, mayores costos de flete, y seguros. Y finalmente, por el alto costo y riesgo de lo traído, la depresión económica.

En la década de 1560, la situación se agravaría con las nuevas disposiciones reales de navegación que desviaron las rutas septentrionales estipulando la travesía por la costa austral de Puerto Rico y La Española. Al fin al cabo, el poblado de San Germán, El Viejo, vio necesario establecer su villorrio principal en la costa Sur de Puerto Rico, en Guayanilla, mientras las zonas de Guayama y Patillas afloraron poblacionalmente en sus respectivas orillas.[74]

Para la década de 1580 la situación del abandono de La Española y Puerto Rico fue tal, que en varias instrucciones dadas en Sevilla al capitán general de la Flota y Armada, se estipulaba el despacho de algunos buques hacia Santo Domingo y Puerto Rico, tanto desde Méjico como Cartagena de Indias (Colombia), una vez sus maestres hubiesen descargado. De esta forma se tomarían para exportación sus mesquinos cargamentos

---

[74] Para una idea de las mismas véase Cayetano Coll y Toste. . "Por qué las naves que salían de Sevilla para las Indias en el siglo XVI, no tocan en Puerto Rico." En: **Boletín Histórico de Puerto Rico**, Tomo IX, (San. Juan, Puerto Rico: Tipografía Cantero Fernández & Co.), 1922, pp. 383-384.

Don Felipe II, bajo cuyo reinado ejerció en Puerto Rico, el gobernador letrado, licenciado don Diego de Carasa.

Desglose de las Cartas

Desglosamos a continuación los temas más sobresalientes de las cartas localizadas según señaladas en los párrafos, mejor conocidos como "capítulos," durante la época estudiada.

Carta 1

Cap. 1.   El licenciado Carasa informó haber llegado a la isla en la armada de Gonzalo de Carvajal.   Fue recibido como gobernador el 12 de agosto.   Pregonó residencia del Licenciado Estévez.   Cayó enfermo.   Tardanza en la toma del valioso cargamento existente en la isla por la armada.

Cap. 2.   Acusa recibo del compromiso de boda del Príncipe, Felipe II, con la Reina de Inglaterra.   La Príncesa de Portugal, doña Juana, encargada durante su ausencia del reino.

Cap. 3.   Sobre la toma de la artillería traída en las tres naves que arribaron de la flota de Cosme Rodríguez Farfán a raíz del parecer del capitán general, Gonzalo de Carvajal.

Cap. 4.   Las piezas de artillería a repartirse entre El Morro y la Fortaleza a ser pagadas en España.

Cap. 5.   Acusó recibo de una cédula pidiendo inventario de artillería y pertrechos existentes en la Fortaleza y en El Morro.

Cap. 6.   Descripción de lo hallado.   Pedido de otro artillero.

Cap. 7.   Sobre los alcaldes ordinarios que gobernaron por provisión dada en La Española a raíz de ocasiones que para ello dio el doctor Vallejo.   Pide que haya siempre gobernador y no otras justicias.

Cap. 8.   Refiere no poder informar del estado y disposición de la isla por su poca estadía en ella.   Sugirió que esas noticias las pudiera dar el Obispo de Panamá que estuvo cerca de un año en Puerto Rico.

Cap. 9.   La isla está fatigada y pobre.   Los mantenimientos se venden hasta tres veces más de lo que solían valer.

Cap. 10.   Pedido de ayuda de costa.   Salario que sea del valor monetario al de España.

Carta 2

Cap. 1.   Se acusa la notificación de la jornada del Príncipe a Inglaterra y las funciones encargadas a doña Juana, Princesa de Portugal.

Cap. 2.   Informan del nuevo gobernador Carasa, su llegada en la armada de Carvajal y toma del oficio desde el 12 de agosto.   Refieren que es conveniente su persona en el país para el bien y sosiego de los vecinos.

Cap. 3.   Comisión del general de la armada para evaluar las fuerzas y la disposición del puerto.   Dejó armamento de buques que arribaron por tormenta para la defensa del Morro y de la Fortaleza.

Cap. 4.   Pedido de pólvora vía la Casa de Contratación por los excesivos costos en estas partes.   Solicitaron dos piezas de artillería de mayor grosor.

Cap. 5.   Solicitaron que se proveyese artillería en las instrucciones y mercedes gestionadas a través del contador Luis Pérez de Lugo.

Carta 3

Sobre los bienes de difuntos en su posesión.   Pidieron que se enviase su valor en cueros y azúcar en vez de las monedas de cuartos existentes en las arcas de Su Majestad. Solicitaron licencia y comisión de Su Alteza para hacer las adquisiciones.

Carta 4

Los capítulos o párrafos 1 al 16 de esta carta tratan exclusivamente de los cargos puestos en el juicio de residencia del gobernador Alonso Estévez y las diez demandas en su contra.

Cap. 17.   Naufragios de los buques de Cosme Rodríguez Farfán en Portugal.

Cap. 18-19.   Fortificación y defensas.   Sobresale la creación de murallas de piedra en el desembarcadero de Santa Catalina.   De igual manera la creación de un plano o pintura ilustrando las fortificaciones.

Carta 5

Cap. 1.   Necesidad de los vecinos; escasez de oro, moneda de poco valor (el cuarto); y el envío de una información referente a la alta inflación y costos de los productos traídos a la Isla.   Se pidieron navíos de menor porte y la eliminación de derechos sobre el cuero y azúcares exportados.   También se gestionó licencia para conquistar indios caribes y que los cautivados puedan ser de cualquier edad y sexo.   Se envió un procurador para presentar pareceres sobre el tema de los caribes.

Cap. 2. La inutilidad de construir la Fortaleza en el área Oeste de Puerto Rico, en el Sitio Viejo de San Germán (zona Añasco-Rincón). Envío de una pintura de la Fortaleza y El Morro.

Cap. 3. El período de paz entre Francia y España y la visita realizada a través de la Isla.

Cap. 4. Toma de cuentas a los oficiales reales y la solicitud de un aumento de salario por el alto costo de vida.

Cap. 5. Pleito pendiente sobre la toma de esclavos sin licencia.

Cap. 6: Renuncia por parte de Diego Franquez de la escribanía pública en la persona de Alonso de Nogueras, escribano de Su Majestad.

Cap. 7: Corsarios franceses en Indias.

Cap. 8: La correspondencia que se enviaba en un aviso no llegó a sus manos por pasar de largo.

Carta 6

Cap. 1: Corsarios franceses en aguas de Puerto Rico y ataques perpetrados. Pedido de artillería gruesa y pertrechos para ella.

Cap. 2: Las necesidades de la Isla. Envío de un procurador a España.

Cap. 3: Pedido de vecinos/pobladores, como los otorgados a La Española, con igual cesión de incentivos y clausulas.

Cap. 4: Cobro de deudas de la Real Hacienda. Escasez y devaluación de la moneda de cuartos.

Carta 7

Cap. 1: Acuse del recibo de provisiones reales relacionadas a pedidos de esclavos. Recibo de otras cédulas y provisiones.

Cap. 2: Guerra con Francia.

Cap. 3: Acusó el recibo tardío –sobre siete meses después-- de la correspondencia oficial.

Carta 8

El gobernador solicitó que su salario fuese en buena moneda y no en cuartos.

Carta 9

Recibo de pertrechos de guerra y pólvora en la armada del general don Juan Tello de Guzmán.   Cobro y remisión de ellas en azúcar y cueros.   Envío de los bienes de difuntos en azúcar y cuero.   En los navíos de los maestres Francisco Burgalés y Esteban Gómez enviaron oro en guanines y plata.   Esperaban el acuse de recibo.

Carta 10

Cap. 1.   Deseaban que la armada guarda costa esté en Puerto Rico por ser "la puerta y paso" a las Indias.   Refirieron los constantes ataques costeros de corsarios por los cual los vecinos tenían que suplirles lo demandado o perecer a sus manos.

Cap. 2.   Indicaron la importancia estratégica de la isla como punto cómodo para proteger la isla Española y Tierra Firme.

Cap. 3.   Presencia de corsarios franceses.   Atentado contra el puerto de San Juan, el 16 de junio y la defensa realizada.   Pasaron los corsarios a San Germán, El Viejo. Quemado el ingenio azucarero San Juan de las Palmas.

Cap. 4.   Aviso de empezar el cerco de la ciudad de San Juan.   Pidieron oficiales de construcción, mantenimientos y hombres de servicio para realizar las obras.

Cap. 5.   Construcción en la Fortaleza.   Pedido del uso de los negros de Su Majestad para realizar otras obras.

Cap. 6.   Solicitud de dos pedreros y dos culebrinas de a 50 quintales para mejor defensa y ofensiva hacia los navíos enemigos.

Cap. 7.   Navíos de gran tonelaje casi no llegan.   Que se autorice la navegación a navíos pequeños para así cargar sus mercaderías.

Cap. 8.   Alto costo del flete de lo enviado a España. A veces es la mitad del valor de sus productos.   Pidieron se remedie.

Cap. 9   Por las grandes necesidades de la vecindad no pudieron costear un procurador. Pidieron el favor de la Corona.

Carta 11

Avisaron cómo se recibieron los pertrechos de guerra y pólvora en la armada del general Juan [Tello] de Guzmán.

Carta 12

Cap. 1. La Casa de Contratación acusó recibo de la carta del 9 de julio de 1558. Esperaban pago del envío de pertrechos de guerra en azúcar y cueros.

Cap. 2. Acusaron recibo de lo enviado en la nave del maestre Estévan Gómez. La de Francisco Burgalés fue tomada por corsarios franceses.

Cap. 3. Envío de dos cédulas reales. Una, para tomar por perdidos los navíos extranjeros sin licencia. La otra, que las personas que pasen a las Indias debían tener permiso de la Casa de Contratación o de los oficiales de Cádiz.

Carta 13

Cap. 1: Franceses en la zona. Quema de un pueblo en la isla Margarita. Preparada la Isla para su defensa.

Cap. 2 Armada para protección de las Indias y su ineficiencia para la Isla.

Cap. 3. Alarde militar, el Domingo 9 del mes. Pocas armas de fuego. Dio órdenes "...cómo se hagan de cueros de toros armaduras de cuerpo y cabeza..."

Cap. 4. Pedido armamento y pertrechos. Que la armada debía residir en el puerto de San Juan porque desde aquí puede tomar los pasos estratégicos.

Cap. 5. Envío de deudas y dinero de la Corona en cueros y azúcar.

Cap. 6. Carasa pidió ayuda de costa por la inflación y el pago del salario en buena moneda. Gestionó su traslado a otra parte.

Carta 14

Cap. 1. Pago de deudas y envíos de dinero al Rey en azúcar y cueros.

Cap. 2. Captura navío de Francisco Burgalés que salió en julio 1558.

Cap. 3. Aviso de corsarios franceses en Margarita. Necesidad de artillería y municiones.

Cap. 4. Cédula para tomar cuenta al tesorero Cristóbal de Salinas.

Carta 15

Sobre las treguas de paz entre Francia y España.

Carta 16

Cap. 1:   Los franceses en isla Margarita.

Cap. 2:   Envío de aviso a La Habana.

Cap. 3:   La armada de Juan Tello de Guzmán.   El nuevo poblado de San Germán en Guayanilla amenazado por corsarios franceses.

Cap. 4:   Pide Armada para el puerto de San Juan.

Cap. 5:   Gastos originados por la estadía de la Armada en San Juan.

Cap. 6:   Compra de cueros y azúcares con dinero de la Real Hacienda.

Cap. 7:   Venta de armas que Su Majestad había enviado para la defensa de los vecinos.

Cap. 8:   Vecinos y sus deudas.   Monto de dinero debido por Luis Pérez de Lugo a nombre de los herederos de Francisco de Espinosa.

Cap. 9:   Deuda de Alonso Pérez Martel.

Cap. 10:   Tesorero y sus deudas.   Derechos sobre el oro de minería.

Cap. 11:   Toma de cuentas a Cristóbal de Salinas.

Cap. 12:   Pedidos de procurador.

Cap. 13:   Los pertrechos de guerra y de defensa.

Cap. 14:   Sueldo; inflación, calidad de la moneda.   Pidió merced de ayuda de costa y paga en buena moneda como se hizo con el previo gobernador, el licenciado Alonso Estévez.

Carta 17

Cap. 1.   Acusaron recibo.   Informaron arribo de carabela de la Isla a Lisboa. Avisarán del recibo de lo cargado en ella.

Cap. 2.   Recibo de la fe de lo cargado en la nao de Francisco Burgalés capturada por los franceses.

Carta 18

Cap. 1:   Pedido de traslado.   Caso Juan [Troche] Ponce de León, alcaide, y su salida de Puerto Rico y eventos relacionados.

Cap. 2:   Salida de Juan [Troche] Ponce de León y necesidad de alcaide por amenaza de enemigos.   Nombramiento de: Gonzalo Mariño de Ribera como su interino.

Cap. 3:   Cristóbal de Salinas es acusado de crear sisañas.

Cap. 4:   Cristóbal de Salinas, la tesorería y Real Hacienda.   Sobre el caso de Jácome Fernández, esclavos tomados sin licencia.

Cap. 5:   Cobro de los debido a Alonso Pérez Martel.   Su ejecución hecha dos años atrás. Acusó confabulación en la Casa de Contratación y cortes contra su persona.

Cap. 6:   Pedido de investigación de la Casa de Contratación y corte por negligencia y falsas acusaciones.   Cristóbal de Salinas señalado como el promotor de ello.

Cap. 7:   Juan [Troche] Ponce de León, contratos y negocios en el Nuevo Reino de Granada (Colombia).   Pleito con Cristóbal de Salinas.

Cap. 8:   Cobro de deudas a vecinos y a Juan [Troche] Ponce de León.   Aviso de tormenta ocurrida el 12 de septiembre.

Cap. 9:   Aviso de salida de corsarios desde los puertos franceses de Bayona y San Juan de Luz.   Medidas tomadas para defensa, construcciones hechas para ello.

Cap. 10:   Costos relacionados a las medidas defensivas.

Cap. 11:   Luis Pérez de Lugo, contador.   Salida de la Isla por dos años.

Cap. 12:   Salidas de Cristóbal de Salinas y Juan [Troche] Ponce de León.

Cap. 13:   Las cuentas de Luis Pérez de Lugo y su salida de la Isla.

Cap. 14:   Cobro de deudas a estas personas.

Cap. 15:   Inflación y poco salario.

Cap. 16:   Merced de ayuda de costa y pago en buena moneda.

Cap. 17:   Solicitud de traslado.

Cap. 18:   Estado de la Isla.   Envío de cartas en junio.

Carta 19

Cap. 1.   La Casa de Contratación avisando haber respondido a las cartas del 14 de abril, 25 de junio y 18 de octubre de 1559.

Cap. 2. Quedan informados de lo enviado a Su Majestad a bordo del navío del maestre Francisco Burgalés tomado por corsarios franceses.

Cap. 3. Acusaron recibo del azúcar y cueros enviados en la carabela del maestre Melchior Velázquez. También se reconoció lo librado en azúcar a favor de Sancho de Arcas.

Cap. 4. Recibo de lo enviado en la nao del maestre Alonso Méndez y sin entregar lo enviado en la nao de Juan de Escobar por no saberse su paradero.

Cap. 5. Pérdida de lo enviado en el navío La Concepción, cerca de Lisboa, Portugal. Se ahogó toda la gente por naufragio durante tormenta.

Cap. 6. Diligenciaron a las autoridades locales del cobro de lo gastado en el envío del virrey y comisarios al Perú. Que se envíe lo cobrado con brevedad.

Carta 20

Cap. 1. Refirió el recibo del aviso de la paz entre Francia y España. El monarca se proponía a tomar en nupcias una de las hijas del emperador francés. Mención de fiestas por la tregua y trámites del matrimonio.

Cap. 2. Llegó Pedro de las Roelas desbaratado al puerto de San Juan. Evaluación de la carga y diligencias para el despacho del tesoro de Su Majestad y particulares.

Cap. 3. Arribo de una urca que será útil para trasbordar el cargamento de Pedro de las Roelas.

Cap. 4. Sobre confiscación de libros luteranos. Captura y castigo a judíos y moros si los hubiere en la Isla. Quema de libros prohibidos. Se refirió los daños del huracán de 1559.

Cap. 5: Muerte del deán de la iglesia catedral de San Juan. Nombramiento de sustituto interino en Diego García de Santana.

Cap. 6. Salida del Obispo hacia isla Margarita. Visita de la diócesis y transporte de religiosos.

Cap. 7 Estado de la iglesia catedral de San Juan

Cap. 8. Envío de azúcar y cueros.

Cap. 9. Carasa refirió su tiempo de servicios y sacrificios. Solicitó traslado.

Anexo: Poder para que le gestionen sus intereses en el Consejo de Indias y ante Su Majestad.

Carta 21

Cap. 1.   Avisaron el recibo de despachos de Su Majestad y la Casa de Contratación el 15 de abril.

Cap. 2.   Envío de azúcar a nombre de Su Majestad en la carabela del maestre Domingo de Freite, registrados por Sancho de Arcas a cuenta de Manuel de Illanes y Luis Pérez de Lugo por lo debido a Su Majestad.

Cap. 3.   Envío de azúcar para el pago de las armas enviadas a la Isla, registradas a nombre de Baltasar Esteban en la misma nave.

Cap. 4.   Enviaron también 126 cueros y 3 cajas de azúcar.

Cap. 5.   Registraron en el navío de Diego Camacho 4 cajas de azúcar a cuenta de Su Majestad por deudas debidas.

Cap. 6.   Enviaron cueros en la nave de Salvador Hernández.   No enviaron más por la rápida salida de la armada de Tierra Firme, general Pedro de las Roelas.

Carta 22

Cap. 1.   Acusaron el recibo de una cédula real y un memorial sobre la venta de escribanías de número.   Diligencias llevadas a cabo y el remate de una escribanía hecha por Gaspar Gallegos.

Cap. 2.   Enviaron a cuenta de la Real Hacienda azúcar y cueros.

Carta 23

Cap. 1.   Gobernador avisó llegada de navío portugués y la cédula sobre extranjeros.

Cap. 2.   Fianzas dadas por el oficial zapatero.

Cap. 3.   Sobre lo escrito con los oficiales reales con respecto a la Real Hacienda.

Carta 24

Cap. 1.   El gobernador y oficiales reales refirieron lo enviado en un navío que salió acompañando la flota del general Pedro de las Roelas.

Cap. 2.   El navío llevaba azúcar de diversos tipos en pago de las armas dejadas en el país por la armada de don Juan Tello de Guzmán.

Cap. 3. Cueros adquiridos con dinero de Su Majestad.

Cap. 4: Envío de azúcar con hacienda real.

Cap. 5. Recibieron pliegos por vía de Santo Domingo.

Cap. 6. 302 arrobas de azúcar y 20 cueros comprados con dinero de la Real Hacienda.

Carta 25

Cap. 1. La Casa de Contratación avisaron enviar contestación a las cartas recibidas hasta febrero 1561. Acusaron también el recibo de otras nuevas fechadas 15 de mayo, 8 y 13 de julio, que con ésta contestaron.

Cap. 2. Envío de los despachos que se remitieron a Su Majestad, rumbo al Real Consejo de Indias.

Cap. 3. Recibieron azúcar y cueros con los maestres Domingo Freites, a nombre de Sancho de Arcas y Baltasar de Esteban.

Cap. 4. Recibo de cueros y azúcar en la nao de Salvador Hernández.

Cap. 5. Contestaron a la carta del 15 de mayo respecto a la azúcar enviada en la nao del maestre Diego Camacho. Se creía había arribado a Santo Domingo.

Cap. 6. Contestación a carta del 13 de julio refiriendo el cobro de las averías de las mercaderías que llevó el Conde de Nieba.

Cap. 7. Recibo del azúcar y cueros en la nao de Hernando Diez de Villalobos libradas a nombre de Su Majestad por Sancho de Arcas.

Cap. 8. Azúcar y cueros en la nao de Gerónimo Marquez.

Carta 26

Refieren el envío de una provisión aplicable a los pasajeros que vayan sin licencia a la Isla al igual que aquellos que fallezcan en la travesía.

Carta 27

Cap. 1. Acusaron recibo de carta del 14 de julio 1561. Llegó el navío y hombres portugueses enviados. Salieron libres de las acusaciones.

Cap. 2. Refirió lo escrito el 15 de marzo de 1561 y el recibo de la hacienda enviada a nombre de Su Majestad.

Cap. 3.   Señalaron que la carta del gobernador fue enviada al Real Consejo de Indias.

Carta 28

Cap. 1.   La Casa de Contratación acusó el recibo de la carta del 14 de julio de 1561. Señalan haber llegado las arrobas de azúcar y cueros de la hacienda de Su Majestad en los navíos de Francisco Morales y Baltasar Barbosa.

Cap.2.   Acuse de recibo de todo lo enviado en 1560 en su carta del 15 de marzo de 1561, cuya copia envían con ésta.

Carta 29

Cap. 1:   Aviso sobre el tirano, Lope de Aguirre, daños causados en isla Margarita.   Envío de cartas en navío que salió en octubre 1561 y alarde militar del mes de octubre 1561.

Cap. 2:   Necesidad de municiones.

Cap. 3:   Pedido de pólvora, salitre, azufre y aviso de ataque a Yucatán.

Cap. 4:   Francisco Díaz Mimoso.

Cap. 5:   Recibo de pliegos y mercedes.

Cap. 6:   Estado de la Isla.   Altos costos suyos.   Pidió merced para las vecinos de 500 negros.

Cap. 7:   Mercedes sobre azúcares y cueros dadas a la isla Española y sobre los pobladores para Puerto Rico.

Cap. 8:   Sobre el Obispo.   Licencia de seis meses en Santo Domingo.

Cap. 9:   Envío de la Real Hacienda del Rey en azúcar y cueros.   Pidió traslado y promoción.

Carta 30

Refieren el envío de pertrechos de guerra y municiones en el navío de Rodrigo Sánchez de Santiago a quien se le deberá pagar el flete.

Carta 31

Cap. 1:   Avisó salida de tres navíos en agosto.   Relación del estado de la Isla.   Sobre la inflación. Invasión de gusanos.   Falta de brazos.   Falta comercio.   Indios son pocos y holgazanes.   Pedido de navíos de Islas Canarias, de menor porte y sin la artillería requerida.

Cap. 2:   Recibo de pliegos en el navío de Juan Agustín, por el mes de Julio.

Cap. 3:   La defensa del puerto y los pertrechos necesarios.

Cap. 4:   Caso de negros tomados por perdidos a Jácome Fernández.

Cap. 5:   Envío de azúcares en abril.

Cap. 6:   Franceses en San Germán, El Viejo.   Toma de buque en el Canal de Mona. Sobre Francisco Díaz Mimoso, portugués.

Cap. 7:   Muerte de Luis Pérez de Lugo en Nombre de Dios.

Cap. 8:   Sobre sus servicios y solicitud de traslado.

Carta 32

Cap. 1.   Avisó de una carta que escribió en agosto 1562 enviada en la flotilla regional; un navío portugués entre ellos.   También lo empleado de las arcas reales en azúcar y cueros.

Cap. 2.   Lo cargado en abril 1562 de azúcar del dinero debido por Sancho de Arcas. Próximo envío en azúcar y cueros que finalmente no se realizó.

Cap. 3.   Señaló el recibo de la comunicación real.   Pidió el envío de sus despachos al Real Consejo de Indias.

Carta 33

Cap. 1:   Recibo de pliegos de Su Majestad y de pertrechos.

Cap. 2:   Oficios de factor y veedor.   Contador Gonzalo Mariño de Ribera sustituyendo a Luis Pérez de Lugo.   Desistió el primero y tomó el puesto Juan [Troche] Ponce de León.

Cap. 3:   Carta de Su Majestad sobre avisos de guerra.

Cap. 4:   La seguridad del puerto.

Cap. 5:   Gente y navíos portugueses que pasaron de Canarias a estas partes, sin licencia y en gran número.

Cap. 6:   Envío de azúcares y cueros.

Cap. 7:   Estado de la Isla.

Cap. 8: Caso Jácome Hernández.

Cap. 9: El Arzobispo de Santo Domingo.

Cap. 10: Lope de Aguirre.

Cap. 11: Servicios de Carasa. Traslado.

ANEXO: Que los maestres que vinieren al puerto se pasen a su batel y vengan a ser reconocidos por el gobernador y oficiales reales.

Carta 34

Cap. 1. Acusó recibo de un pliego de Su Majestad en el navío del maestre Rodrigo Sánchez que entró el 23 de junio. De igual forma, avisó quedar informado por una carta de la Casa de Contratación de cómo venían en ese los pertrechos, municiones, salitre y azufre necesarios para la defensa de la Isla.

Cap. 2. Avisó haber escrito a la Casa de Contratación en marzo, dando relación de un navío portugués que con rumbo al Brasil arribó a San Juan. Se vendió en almoneda su carga y se enviaron dos portugueses en el navío del maestre Gaspar Jorge. Se remitió lo procedido en las naves de Gaspar Barbosa y Salvador Báez.

Cap. 3. Navío de las islas Canarias, maestre Gaspar Rodríguez, denunciado como de portugueses. Toma de fianza en Felipe de Luca, mercader sevillano.

Cap. 4. Que se proceda contra Felipe Luca por haber entrado a Lisboa el navío denunciado.

Cap. 5. Entrada de un navío de registro de Fuerteventura, isla de las Canarias, maestre Baltasar Rodríguez, con gente portuguesa. Había cargado azúcar y cueros en Puerto Rico.

Cap. 6. Envío como hacienda de Su Majestad de 268 arrobas de azúcar y 130 cueros; siendo a cuenta de lo debido por Sancho de Arcas y Manuel de Illanes.

Cap. 7. Envío de un pliego de Su Majestad y otro al secretario Ochoa de Luyando.

Carta 35

Informaron que en tres navíos enviaban azúcar y cueros, producto del cobro de lo debido a Su Majestad por Sancho de Arcas y Manuel de Illanes. Esperaban enviar más cantidad para el verano.

Carta 36

Cap. 1.   Acusó el recibo de las cartas enviadas a la Casa de Contratación, fechadas 29 de marzo, 29 de junio y 1 de julio, al igual que los pliegos que vinieron para Su Majestad.

Cap. 2.   Los portugueses enviados en la nao de Gaspar Jorge y lo procedido de las mercaderías descargado en Lisboa, Portugal.   Que se proceda contra los fiadores, aunque auguraban sería de poco provecho.

Cap. 3.   Felipe Lucas, fiador de otra nao portuguesa, estaba siendo procesado en la Casa de Contratación donde premanecía preso.

Cap. 4.   Los cajones de azúcar a bordo de la nao de Juan de Lerrazabal fueron recibidos.

Cap. 5.   Concordaron con las diligencias en la venta de la nao portuguesa.

Cap. 6.   El navío de Baltasar Rodríguez, junto al de Alonso Carrillo, descargaron en Lisboa.   Que se proceda contra los fiadores.

Cap. 7.   Lo recibido de los tres navíos en donde enviaban azúcar y cueros para Su Majestad.   Alonso Carrillo, maestre, se fue a Lisboa con su navío; la de Hernando de Avila no había llegado ni se sabía su paradero.   La de Pedro de la Rea llegó a Sevilla.   Que no se envíe lo de Su Majestad en navíos portugueses y si hubiese que hacerlo, se tomen fuertes abonos.

Cap. 8.   Envio de un pliego de Su Majestad y que acusen el recibo.

Carta 37

Refirieron haber escrito a mediados de noviembre 1563 contestando sus cartas.   Indicó la Casa de Contratación no haber recibido contestación a ellas.   Relataron el envío de una armadilla a cargo de Juan de Villa de Barrio para recoger el cargamento de cualquier nave de la Flota de Nueva España que venía a cargo de Juan Meléndez de Avilés y que la despachen rápidamente rumbo a Sevilla.

Carta 38

Cap. 1:   Estado de la Isla.

Cap. 2:   Navíos extranjeros.

Cap. 3:   Juan de Velasco, búsqueda de la capitana de Nueva España a cargo de don Juan Meléndez de Avilés.   Aviso corsarios en San Germán, El Viejo.

Cap. 4:   Recibo de provisión y merced del oficio de fiscal en la Real Audiencia de

Guatemala.

Cap. 5: Un navío sin licencia tomado por perdido en San Germán, El Nuevo.

Cap. 6: Toma de cuentas a los oficiales y solicitud de paga por la toma de cuentas.

Cap. 7: Carabela portuguesa. Toma de esclavos por venir fuera de registro, aunque tenía licencia para introducir cierto número en la Isla.

Cap. 8: Envío azúcar y cueros.

Cap. 9: Tesorero y cargos en su contra.

Cap. 10: Cuentas y caso de esclavos tomados por perdidos de Jácome Hernández.

Cap. 11: Caso de Felipe Luca. Fiador de buque portugués tomado por perdido.

Cap. 12: Discordia entre vecinos principales.

Cap. 13: Pedido de dinero como "ayuda de costa" para ir a su nuevo destino.

Carta 39

Cap. 1: Navíos franceses en Cuba, Jamaica y la Florida.

Cap. 2: Punta Santa Elena (entonces parte de la Florida/hoy parte Carolina del Sur), punto estratégico de la ruta indiana de la flotas.

Carta 40

Cap. 1. Acusaron recibo de una carta de la Casa de Contratación del 12 de septiembre de 1563 y un pliego de cartas de Su Majestad.

Cap. 2. Trata sobre el caso de la nao de Diego Sánchez. Venta de la ropa que traía Felipe de Luca en el navío de Melchior de Anaya. Indicaron que con el producto de cierta cantidad de armas que vendieron se compró azúcar que saldría en los navíos que estaban en el puerto.

Cap. 3. Envío de un navío portugués que regresó maltratado por la mar. Su venta regional. Envío de un navío de aviso a Santo Domingo notificando la presencia de dos navíos de corsarios en el Canal de la Mona. Adquirió azúcar y cueros a buen precio para enviar después de la salida de los buques existentes en la bahía.

Cap. 4. Sobre el navío de Baltasar Rodríguez. Relató no tener culpa de su desvío a Portugal por haber dado órdenes a los demás maestres para que lo llevasen en su compañía.

Cap. 5. No envió Real hacienda en un navío portugués que estaba a la carga en el puerto por así habérsele indicado. El navío había traído esclavos en virtud de una licencia expedida por la Casa de Contratación. Envío de azúcar y cueros.

Cap. 6. El navío llevó para Su Majestad cien cueros procedido de la hacienda debida por Manuel de Illanes.

Cap. 7. También transportó azúcar procedido de la deuda debida por Sancho de Arcas a Su Majestad.

Cap. 8. Que la carabela del maestre Luis Martín de Santana transportaba otra azúcar enviada por Sancho de Arcas a Su Majestad.

Carta 41

Cap. 1. Indicaron la salida de la nao Nuestra Señora de la Antigua con hacienda a riesgo de Su Majestad. Dieron detalles del cargamento que procedía de deudas de Sancho de Arcas, Manuel de Illanes y Juan de Castellanos. También lo cargado en la carabela del maestre Luis Martín de Santana.

Cap. 2. Recibieron noticias del procurador. Reafirmaron las ordenes de no cargar hacienda de Su Majestad en navíos de portugueses, si no dan fianzas bastantes.

Carta 42

La justicia de Guayanilla recibiría pliegos de la Casa de Contratación y Su Majestad que habría de dejarle el navío de aviso a cargo del maestre Juan Griego, para remitirlos luego al gobernador.

Carta 43

La Casa de Contratación informaba al gobernador que por vía de Guayanilla se le estaban dejando los despachos de Su Majestad. Que envíe aviso de su recibo.

Carta 44

Le advierten tener a punto la embarcación, caballos, municiones, bastimentos y hombres que han de salir a la Florida tan pronto lo avise el capitán general, Pedro Meléndez de Avilés.

Carta 45

Cap. 1: Refirió que su última carta fue en octubre 1564. Sobre la venta de oficio de depositario general en Diego Martín Marchena.

Cap. 2: Sobre poblados extranjeros en la Florida.

Correspondencia bajo el gobierno del licenciado Diego de Carasa 1555-1565

Cap. 3:   Navío portugués surto en la Nueva Villa de San Germán.

Cap. 4:   Nombramiento de fiscal de Panamá.   Refirió que se había ya nombrado un nuevo gobernador para la Isla, sin haberse recibido su respuesta sobre la oferta de fiscalía.

Carta 46

Cap. 1.   Acusaron el recibo de correspondencia fechada 2 de julio y 1 de octubre de 1564. Envío de pliegos a Su Majestad.

Cap. 2.   Venta de las mercaderías de Felipe Luca.

Cap. 3.   Aprobación de la venta del navío portugués que regresó averiado.

Cap. 4.   Lo procedido de la venta de esclavos tomados por perdidos del navío del asiento con Manuel Caldera.

Cap. 5.   Naufragio de la nao de Bartolomé López en Los Pilares.

Cap. 6.   Cobro del dinero librado en dos partidas de la nao de Bartolomé López y Luis Martín de Santana.

Cap. 7.   Llegada de la nao de Francisco Hernández Moreno a Cádiz.

Cap. 8.   Los oficiales reales avisaron de un navío portugués que no fue tomado por perdido por el gobernador.   Quedaron enterados.

Cap. 9.   Envío de pliegos de Su Majestad.

Cap. 10.   Despacho de pliego del licenciado Gerónimo de Ulloa, fiscal del Real Consejo de Indias, para el gobernador.

Carta 47

Cap. 1:   Preparación de navío y hombres para la expedición destinada al desalojo de la Florida por Pedro Meléndez de Avilés.

Cap. 2:   Pasada de armada francesa por la costa Sur de la Isla.

Cap. 3:   Sobre navío portugués tomado por perdido.

Cap. 4:   Azúcar y cueros hacia España.   Esperaba la llegada del nuevo gobernador.

Carta 48

Cap. 1:   Refirió carta escrita en julio 1565.

Cap. 2:   Gastos expedición de la Florida.

Cap. 3:   Llegada del nuevo gobernador el 18 de agosto de 1565.   Toma de residencia a su persona y condena en algunos casos.

Cap. 4:   Sobre su gobierno y descargos.

Cap. 5:   Su salida hacia Tierra Firme.   Recibió 500 ducados de merced por perder la vara de alguacil mayor.

Anatomía de la correspondencia

Explico la transcripción y el arreglo que he observado en las mismas.

Hay un patrón que resalta al inicio o cierre de cada documento.   De acuerdo al doblés final dado al tiempo de cerrarlas y sellarlas, éstas pueden contener lo siguiente en la portada o contraportada de la carta :

1)   El destinatario y remitente,
2)   Fecha de su recibo en el destino final, y
3)   La disposición, diligencias o comentarios acordados sobre el despacho recibido.

Para propósito de diferenciar estas partes, he ennegrecido la fecha del recibo y las disposiciones y comentarios subsiguientes emitidas por el destinatario.

LA CORRESPONDENCIA

[1]
Puerto Rico, 15 de octubre de 1555
El gobernador a Su Majestad

Signatura:
AGI, Santo Domingo 155
Ramo 5, Número 15

+

Puerto Rico/

A Su Majestad
Del licenciado Carasa, gobernador de la Isla de San[75]
Juan de 15[76] de octubre de 1555

+

Sacra Cesárea Católica Majestad

/El licenciado Carasa en (en blanco)[77] gobernador[78] de Vuestra Majestad[79] de San Juan de Puerto Rico/ Digo, que en cumplimiento de lo por Vuestra Majestad mandado, yo vine a esta isla en una de las tres naos de armada de que por mandado de Vuestra Majestad vino por general don Gonzalo de Carvajal y entramos en el puerto de ella a nueve de agosto y a los doce del dicho yo fui recibido de la justicia y regimiento de esta ciudad por gobernador, como Vuestra Majestad por su real provisión manda. Y comencé a ejercer el dicho oficio e hice pregonar residencia contra el licenciado Estévez al cual la Audiencia Real de la Española proveyó por juez de residencia para que la tomase al doctor Luis de Vallejo que estaba por gobernador. Y asi he proseguido la dicha residencia aunque con alguna interpolación porque a los veinte días que entré en la isla me dio una calentura continua que se tuvo por cierto no escapara de ella, pero en los días que quedan suplirá lo que la enfermedad ha estorvado y se acabará la residencia y con el primer navío que se ofreciere para España la enviaré a Vuestra Majestad con toda la más relación de esta isla que al real servicio de Vuestra Majestad viere convenir. Seis días después que la armada entró en este puerto el general de ella mostró una cédula de Vuestra Majestad por la cual manda a los oficiales de esta isla y a mi le demos y entreguemos el oro, plata y perlas que aquí descargaron las tres naos que aquí arribaron de la armada de que venía por general Cosme Rodríguez Farfán. Ello se hizo luego como Vuestra Majestad lo manda y al tiempo que ya estaba todo a punto, cayó malo el general de la armada que hasta ahora no ha podido volver[80] en sí ni tenido fuerzas para entrar en la mar y a esta causa se ha detenido aqui tanto tiempo la armada.

---

[75] Lee Sant.
[76] Lee XV.
[77] Tachadura.
[78] Lee goverdor.
[79] Entrelíneas: de Vuestra Majestad.
[80] Lee tornar.

f1v

Un pliego de cartas del Príncipe, Nuestro Señor, recibí; entre las cuales venía una para mí por la cual señala me da aviso de su casamiento con la Serenísima Reina de Inglaterra y como por ausencia de Vuestra Majestad de esos reinos y suya queda por gobernador por orden de Vuestra Majestad, la Serenísima Príncesa de Portugal, cuyos mandamientos manda yo y los demás vasallos de Vuestra Majestad obedezcamos. Tengo por merced la carta y aviso estoy pronto para cumplir los mandamientos de Vuestra Majestad como leal vasallo y lo mismo haré a los de la Serenísima Príncesa. Lo mismo responden los oficiales de Vuestra Majestad y regimiento de esta ciudad como por sus cartas Vuestra Majestad verá.

Otra cédula de Vuestra Majestad se presentó por la cual manda si a don Gonzalo de Carvajal, general que vino de esta armada, pareciere que la artillería que descargaron las naos que aquí arribaron de la armada de Cosme Rodríguez Farfán es necesaria para la guarda y seguridad de esta ciudad se tome y se pague a sus dueños de la Real Hacienda de Vuestra Majestad que a cargo de los oficiales de esta isla estuviere y pareciéndoles es tan conveniente y necesaria como lo es, deja en la Fortaleza y Morro de esta ciudad ocho piezas de bronce y en la Puente de Aguilar dos medios pasamuros de hierro. Las piezas de bronce se pesaron y los quintales y libras que cada una de ellas tuvo va declarado específicamente en un testimonio de escribano público que con esta va y los dos pasamuros se tasaron a veinte y cinco ducados cada uno de lo cual todo el alcaide de la Fortaleza de esta ciudad se le hizo cargo conforme a la cédula de Vuestra Majestad. Ninguna cosa de la artillería se pagó porque en la caja de tres llaves de Vuestra Majestad no se hallaron sino ciertos cuartos y hasta veinte pesos en reales como por la fe de escribano público que con esta va Vuestra Majestad verá. Y asi en ésto no hubo lugar de hacer lo que Vuestra Majestad por su cédula manda. Vuestra Majestad será servido mandar pagar a sus dueños su artillería conforme al peso que acá pesó y al valor que allá probaren y asimismo los cincuenta ducados en que acá fueron tasados los dos medio pasamuros, como todo parecerá por el peso y diligencias que sobre ello se hicieron que todo va con ésta.

Asimismo recibí otra cédula de Vuestra Majestad por la cual me manda que por ante un escribano público ponga por inventario la artillería, armas y munición y pertrechos que en la Fortaleza de esta ciudad hay. Yo lo hice como mejor pude como por el inventario que con esta va. Vuestra Majestad verá *f2* y allende de lo de la Fortaleza va inventariado todo lo que en el Morro se halló, asi lo que antes había como de lo que en él y en la Fortaleza ahora de nuevo queda, todo declarado y puesto apartado y dividido.

Como Vuestra Majestad por el inventario mandará ver quedan en la Fortaleza de esta ciudad ocho piezas de bronce y de hierro y cinco versos y para el gobierno y recaudo de ellos no hay más de un artillero y harto viejo, sino podía antes dar recaudo a las piezas que en la Fortaleza estaban, menos podrá ahora con tantas. Vuestra Majestad sea servido mandar proveer de otro artillero señalandole salario conveniente con que se sustente para que con el viejo que aqui está den buen recaudo en la artillería. Aquí está un Roberto, flamenco, que dicen entiende bien del oficio y es mancebo diligente, el cual está señalado para que ayude al viejo entretanto que Vuestra Majestad es servido proveer en ello. El se ha querido ir de esta isla y yo lo tengo detenido por ser tan necesario, como es, para el dicho oficio.

Esta ciudad ha estado mucho tiempo sin alcaldes ordinarios hasta de un año a esta parte porque por ocasiones[81] que a ello dio el doctor Vallejo, que al presente era gobernador, los oidores de Vuestra Majestad que residen en La Española, dieron una provisión para que los hubiese. Ello es cierto en grandísimo daño y perjuicio del pueblo, porque como todos andan en bandos y disensiones, como Vuestra Majestad estará informado, procuran cada uno por su provecho elegir a quien pueda mandar que haga daño y molestia a su contrario y no para otro efecto. Y ésto es público y ninguno puede negar que hasta que haya gobernador sin que haya otras justicias. Suplico a Vuestra Majestad mande proveer en ésto lo que a su real servicio convenga.

De la disposición y estado de las cosas de esta isla no podré certificadamente avisar a Vuestra Majestad por el poco tiempo que ha que en ella estoy y parte de él enfermo. El Reverendo, Padre Obispo de Panamá, va a dar noticia a Vuestra Majestad de cosas de Indias, de él enteramente podrá Vuestra Majestad ser informado de todo como de persona que ha estado cerca de un año en esta isla y ha visto muchas cosas de que Vuestra Majestad será servido ser informado.

Esta isla está tan fatigada y pobre que todos los que la habitan la dejarían de buena voluntad, si hallasen a quien vender sus haciendas, porque no pueden sufrir las grandes costas que hay, asi en lo que viene de España como de lo propio de la tierra, y asi están muchos para se ir y es cierto y notorio que las cosas de mantenimientos de la isla valen tres veces más de lo que solía.

f2v

Yo he procurado con pasar el salario que Vuestra Majestad me manda dar porque los derechos es todo nada y en verdad que no alcanza al gasto. Suplico a Vuestra Majestad me mande dar alguna ayuda de costa para que libremente sin me encargar de ninguna persona haga lo que soy obligado al servicio de Dios y de Vuestra Majestad y si ésto no hubiere lugar, mande a su tesorero de esta isla que los mil ducados que Vuestra Majestad me manda dar de salario sean y se cuenten como en España, de a once reales y cada real de a treinta y cuatro maravedis y con ésto podré sufrir la carestía de esta tierra y servir a Vuestra Majestad sin ser obligado a ninguno, en lo cual Vuestra Majestad me hará bien y merced. Y porque al presente no se ofrece otra cosa de que dar aviso a Vuestra Majestad ceso. Nuestro Señor guarde la Sacra y Real Persona de Vuestra Cesárea Majestad con aumento de mayores reinos y señoríos. De Puerto Rico y de octubre 15. de 1555.

Su Majestad
Besa la pies de Vuestra Majestad
Su menor vasallo
El licenciado
Carasa

---

[81] Lee ocsaciones.

f3

+

1555

A la Sacra Cesárea Católica Majestad del Em
[perador] y Rey, Nuestro Señor e[n su Re]
Al Consejo de In[dias].

Extracto en:

Alejandro Tapia y Rivera. **Biblioteca Histórica de Puerto Rico**, pág. 354.
Vicente Murga Sanz. **Puerto Rico en los manuscritos de don Juan Bautista Muñoz**, pág. 399, Número 745.

[2]

Puerto Rico, 15 de octubre de 1555
El gobernador y Cabildo de San Juan a Su Majestad

Signatura:
AGI, Santo Domingo 164
Documento Núm. 37

+

Sacra Cesárea Católica Majestad

La carta que el Príncipe escribió a este cabildo dandole aviso de su jornada a Inglaterra recibimos y como por ausencia de Su Alteza quedaba por gobernadora de esos reinos la Serenísima Infanta doña Juana, Princesa de Portugal, cuyos mandamientos obedeciésemos. Tuvimos por merced la carta y aviso. Estamos prontos para cumplir los mandamientos de Vuestra Majestad como sus leales vasallos y lo mismo haremos a los de la Serenísima Princesa.

El licenciado Carasa a quien Vuestra Majestad proveyó por gobernador de esta isla vino a esta ciudad en una de estas tres naos que Vuestra Majestad mandó aquí por el oro y plata que estaba detenido, a quien luego recibimos en este cabildo y así ejerce su oficio desde doce de agosto de este año. Tenemos entendido de él, según va dando las muestras en este poco de tiempo, que es tal persona cual conviene al servicio de Vuestra Majestad y al bien y sosiego de los vecinos de esta isla. Besamos las Reales manos de Vuestra Majestad por habernos enviado tal persona.

El general de esta armada trajo[82] comisión de Vuestra Majestad para que después de haber visto y mirado las fuerzas y disposición de este puerto si le pareciese ser cosa necesaria para la defensa de esta ciudad dejase en ella las piezas de artillería de bronce que aqui dejaron las naos de la armada de Farfán y pareciéndole ser cosa tan conveniente como lo es las deja en esta Fortaleza y Morro.[83] Besamos las reales manos de Vuestra Majestad por la merced y socorro que en ésto esta isla recibe.

Suplicamos a Vuestra Majestad pues esta ciudad tiene estas piezas mande a sus oficiales de la Casa de Contratación de Sevilla tengan cuidado de proveer de pólvora porque si aquí se ha de comprar vale a excesivos precios y todas veces no se halla. Y nos mande enviar otras dos piezas gruesas que alcancen porque estas son pequeñas, como por el peso parecerán, porque las que acá están no bastan para las dos fuerzas que aquí tenemos y convienen defenderse.

Recibiremos muy gran merced que Vuestra Majestad mande con brevedad proveer lo que por parte de este cabildo en su consejo se pidiere para lo cual llevó poder e instrucción, Luis Pérez de Lugo, contador de Vuestra Cesárea Majestad con aumento de mayores reinos y señoríos de Puerto Rico a 15[84] días de octubre de 1555 años.

De Vuestra Sacra Cesárea Católica Majestad
Humildes vasallos

El Licenciado Carasa   Alonso Pérez Martel   Diego Ramos   Juan Ponce de León

Pedro de Salvatierra   Francisco Alegre   Cristóbal de Salinas

Extracto en:

Alejandro Tapia y Rivera. **Biblioteca Histórica de Puerto Rico**, pág. 354.
Vicente Murga Sanz. **Puerto Rico en los manuscritos de don Juan Bautista Muñoz**, pág. 397, número 741.

---

[82] Lee truxo.
[83] Sobre el particular en AGI, Santo Domingo 11, Número 6 **Juan Ponce de León ante Alonso Estévez sobre las piezas de artillería de la naos de Cosme Rodríguez Farfán.** Fechada: San Juan de Puerto Rico, 11 de enero de 1555.
[84] Lee XV.

[3]
Puerto Rico, 30 de junio de 1556
El gobernador y los tenedores de bienes de difuntos a Su Majestad

Signatura:
AGI, Santo Domingo 168
Documento Núm. 201

+

Sacra Cesárea Majestad

Los tenedores de bienes de difuntos tenemos[85] más cantidad de trescientos pesos en cuartos los cuales por ser moneda que no vale en España no hemos enviado a Sevilla. Y si hemos de enviar oro o plata, no lo hay y cuando alguno se halla es que por un peso de oro piden más de dos pesos en cuartos. Y lo mejor sería enviarlo en cueros o azúcares porque en esto nos dicen que no se pierde tanto como en oro o que es la moneda buena. Para cualquier cosa de estas ha más menester licencia y comisión de Vuestra Alteza para lo poder comprar y enviar atentos de cuyo fuere. A Vuestra Majestad suplicamos sea servido de luego lo proveer. Nuestro Señor la Persona Real de Vuestra Majestad guarde y provea con aumento de mayores reinos e imperios de Puerto Rico postrero de junio [1]556.

De Vuestra Majestad
humillísimos servidores
que besamos sus Reales pies.

El Licenciado   Alonso de la Fuente   Hernán Pérez
Carasa

---

[85] Tachadura: al.

[4]
Puerto Rico, 5 de julio de 1556
El gobernador a Su Majestad

Signatura:
AGI, Santo Domingo 155
Ramo 5, Núm. 16

+

Sacra Cesárea Católica Majestad

El licenciado Carasa, gobernador de la Isla de San Juan de Puerto Rico por Vuestra Majestad, le hago saber que en la residencia que me mandó tomase al licenciado Alonso Estévez, gobernador que fue en la dicha isla, y a sus oficiales de que Vuestra Majestad me mandó hiciese relación ha pasado lo siguiente.

Yo comencé la dicha residencia desde catorce días del mes de agosto del año pasado de 1555 con término de noventa días que Vuestra Majestad por su provisión me mandó la cual residencia se pregonó en forma contra el dicho licenciado Estévez y sus oficiales para que los que algo les quisiesen pedir lo hiciesen en el dicho término y así se pregonó en la dicha isla en los lugares acostumbrados.

En lo que toca a la pesquisa secreta hice información y pesquisa contra quien se debió hacer y por lo que de ella resulta hice cargos al dicho licenciado el cual dio ciertos descargos e hizo probanza y en efecto yo di sentencia estando el proceso y causa de la dicha residencia en tal estado por la cual en algunos de los dichos cargos lo tuve por descargado y lo di por libre y en otros hice ciertas condenaciones y remisión a Vuestra Majestad como consta del proceso y sentencia a que me remito.

El dicho licenciado presentó cierta petición por la cual consintió lo que era en su favor y en cuanto la dicha sentencia es o puede ser contra él dijo que, salvo el derecho de la nulidad, apelaba y apeló de la dicha sentencia para ante Vuestra Majestad y para ante el presidente y los del Consejo Real de las Indias de Vuestra Majestad en el término que era obligado todo lo cual constara más largo por el proceso hecho sobre la pesquisa secreta que a Vuestra Majestad envío signada y firmada de escribano.

Otro sí, en la residencia pública contra el dicho licenciado Estévez se le pusieron diez demandas que son las siguientes.

f1v

Primeramente se querelló del dicho licenciado Estévez en 27 de agosto Juan Ruíz[86] de

---

[86] Pudiera ser Martínez.

Uzcarrate, platero, diciendo que habiéndose él concertado con un Sebastián Pérez para que le hiciese una cadena de oro de ciento y cincuenta pesos por otros cientos y cincuenta de hechura conforme a ciertas muestra que tenía, después de hecha la dicha cadena el dicho Sebastián Pérez no la quiso recibir ni pagar la hechura y sobre ello fueron ante el dicho licenciado Estévez y aunque en su presencia y del escribano confesó el concierto el dicho Sebastián Pérez no le quiso hacer justicia antes afeccionándose a la cadena el dicho licenciado le dijo que se la diese en cuarenta pesos de hechura y el Sebastián Pérez daría veinte y que perdiese noventa porque él no saldría con el pleito y así le hizo que perdiese noventa pesos y que le diese la cadena por los 40 pesos y 20 del otro.   Pidió fuese condenado en los dichos noventa pesos con el cuatro tanto sobre que pidió justicia el dicho licenciado alegó de su derecho hasta que la causa fue concluida y se recibió a prueba con el término de la ley.   Queda en este estado.

Este día, se querelló del dicho licenciado Juan Yáñez Osorio que habiendo mandado pregonar el dicho licenciado que todos saliesen a favorecer a la justicia con sus armas y saliendo él con una espada y una rodela en favor de la justicia se la quitó y le tiró ciertas estocadas.   Pidió que fuese castigado y le pagase la espada y rodela.   Mandé dar información y la dio y fue encarcelado el dicho licenciado mandé que para la primera audiencia le pusiese la acusación el dicho Juan Yáñez y la puso y quedó en este estado.

Este día, se querelló el dicho Juan Yáñez del dicho licenciado y de Alonso de Vargas porque en presencia del dicho licenciado le maltrató de palabras el dicho Alonso de Vargas y lo consintió y no lo castigó diose información y fue encarcelado, diose en fiado.   Está en este estado.

En 26 de octubre, puso demanda al dicho licenciado Alonso Pérez Martel en razón que siendo obligado a pagar a un Francisco de Herrera cierta cantidad de azúcar le hizo pagar en dinero y no azúcar como estaba obligado y antes del tiempo contenido en la obligación.   Estimó el daño que recibió en 400 pesos y pidió justicia de la sin justicia que el dicho licenciado le hizo. Fue respondido por el dicho licenciado Estévez.   Está en este estado.

El dicho día, puso otra demanda el dicho Alonso Pérez Martel al dicho licenciado en razón que habiendo pedido ejecución el tesorero de Vuestra Majestad de esta isla por cuantía de seis mil pesos, el alguacil mayor le llevó por los derechos de la ejecución a cinco por ciento no pudiendo llevar más de un peso de derechos por cualquiera cantidad que a la Real Hacienda de Vuestra Majestad se deba, pidió se condenase en el siete tanto pues lo había con sentido llevar.   Fue respondido por la otra parte y está en este estado.

Ibídem, este día, se querelló el dicho Alonso Pérez Martel del dicho licenciado que habiéndole librado un Alonso Melgarejo, vecino de Santo Domingo, cuarenta pesos de oro para que le comprase una mula teniéndola comprada dio mandamiento ejecutorio el dicho licenciado por los dichos 40 pesos y oponiéndose el dicho Alonso Pérez a la ejecución le mandó entregar la mula a la parte del dicho Melgarejo sin mandarle pagar la costa que la mula había hecho. Y además[87] de esto le mandó pagar las costas de la ejecución fue respondido por el dicho

---

[87]   Lee de más, sustituido por además.

licenciado. Está en este estado.

f2

En once de noviembre, le puso demanda al dicho licenciado, Diego Franquez en nombre de su hermano Rodrigo Franquez que habiendo salido a dar favor a la justicia le quitó la espada, fue respondido por el licenciado. Está en este estado.

Este día, le puso demanda Alonso de Noguera escribano ante quien pasó la residencia que se tomó al doctor Vallejo y la sacó en limpio y no le pagaba su trabajo ni quería. Fue respondido por el dicho licenciado y concluido y recibido a prueba con el término de la ley. Está en este estado.

Este día, le puso demanda al dicho licenciado Juan Pinto sobre una espada que le tomó habiendo salido en favor de la justicia. Fue respondido por la otra parte y concluso para prueba.

Este dicho día, el dicho Juan Pinto puso demanda al dicho licenciado que no debiendo de derechos de ejecución más de uno por cualquiera cantidad siendo deuda de Vuestra Majestad le llevó su alguacil mayor a cinco por ciento y lo consintió y no lo mandó volver. Fue respondido por la otra parte y concluso para prueba. Está en este estado.

Asimismo, tomé residencia a los demás oficiales en forma la cual envié a la Real Audiencia de la Española conforme a la real ordenanza de Vuestra Majestad hecha para la buena gobernación de las Indias.

Con las naos de armada que del puerto de esta ciudad salieron por el mes de octubre pasado avisé a Vuestra Majestad de todo lo hasta allí sucedido de cuya perdida y desgracia de dos de ellas que acá supimos me pesó cuánto es razón y para que Vuestra Majestad vea que no fue por mi culpa la demora que en este puerto las naos hicieron envío un testimonio de ello y cómo a 22 de agosto estaba todo para lo entregar al general aparejado.

Lo que después se ha seguido es que por el mes de diciembre siguiente tuve relación de la perdida de La Habana cuyas nuevas alteraron tanto la gente de esta ciudad que los más estaban para huir y desamparar la ciudad, yo como a quien incumbía poner el remedio, como era obligado al servicio de Vuestra Majestad, informándome por donde podía recibir más daño la ciudad. Hice una muralla de piedra y maciza fuerte en el desembarcadero principal de ella y muy gruesa con sus troneras, andenes, salteras y almenas, la cual no solamente fortifica la ciudad del puerto, pero aún la adorna mucho. La obra se comenzó a diez y seis días del mes de diciembre y se acabó a veinte y dos de febrero siguiente cosa que pareció imposible. Los vecinos lo contradijeron a principio con todas sus fuerzas vista la traza que llevaba la obra comenzada y vista la murmuración que todos traían diciendo que los hacia tributarios, hice juntar los más principales y les rogué me ayudasen con sus negros cada uno según su posibilidad por el mes de enero y febrero solamente y que lo que en este tiempo restase por hacer lo haría a mi costa; y vista la limitación de tiempo que ponía vinieron en ello aunque de mala voluntad *f2v* y salidos de allí decían que se contentarían que la obra se acabase en un año y más tiempo y aún con lo que era su provecho me cobraron enemistad muchos por parecerles que les hacía algo pesar con ser yo el primero que me ofrecía a contribuir.   No se puso piedra en toda la obra ni se hizo tapia que yo no estuviese presente al Sol, aire y agua como es notorio de cuyo trabajo caí en grave enfermedad y al mejor librar me dejó con una cuartana[88] que al presente tengo.   Visto el contento que el pueblo mostró de la obra hecha y en tan poco tiempo me atreví a rogarles me ayudasen a hacer un cubo que era necesario debajo del Morro antiguo junto a la lengua de la agua ofreciéndome yo[89] el primero a contribuir con dineros y mi persona y mi gente según había hecho en la otra obra y de pura vergüenza de toque con no irme a mi nada, pues no había de estar en esta isla me prefería de pagar mandaron cada uno lo que les pareció de su buena y espontánea voluntad y así se hizo la obra tan buena y provechosa como por una información que de ella va Vuestra Majestad verá juntamente con una pintura que hice sacar .   En todo esto no se ha gastado un maravedí de la Real Hacienda de Vuestra Majestad antes yo he quedado con deuda de más de doscientos y quince pesos de los jornales de los maestros y oficiales y herramientas para la obra necesarias, porque los vecinos dieron los peones y ayudaron a hacer un horno de cal para pagar mil y doscientas fanegas que en la obra se gastaron que las tomé a la iglesia mayor y monasterio de Santo Domingo y de otras personas particulares.   También puse el recaudo que convenía en la Fortaleza haciendo troneras y pertrechos y señalando las personas que habían de acudir a ella y metí en ella toda la provisión que fue necesaria.

Proveí de velas en todas las partes que eran necesarias visitándolas yo cada noche aunque estuviese con cuartana y también las sobrerrondas que tenía.   Di orden como en viendo navíos; que se ven cuatro leguas del puerto de esta ciudad, estuviese una carabela a punto para la atravesar en el canal del puerto con cuatro amarras dos a proa y dos a popa y con seis toesas[90] para el navío de enemigos que quisiere entrar le empachase[91] de manera que le pudiésemos echar a fondo.   Lo mismo proveí para la Puente de Aguilar, que es el otro paso por donde esta ciudad puede recibir daño, para que si viniesen por tierra estuviese allí otra carabela con doce toesas y gente para defender el paso.   Y así puse el recaudo que me pareció convenía en otras partes.   Lo cual visto por los vecinos decían que ya no temía a Francia con decir antes todos que no eran bastantes para se defender.   Yo envié en este tiempo todas las mujeres y niños al campo y la mía fue la primera.   Aunque yo estaba mal dispuesto, hice venir toda la gente a la ciudad quedando un cristiano en cada hacienda para amparo de las mujeres y gobierno de las haciendas.

f3

En el mes de marzo siguiente tuve relación que en el puerto de Guayama, diez y ocho leguas de esta ciudad, habían tomado franceses una carabela pequeña de un vecino de este pueblo. Di aviso de ello a la Real Audiencia de la Española y supe que allá estaban tan atemorizados que no se atrevieron a enviar a buscarlos.   Viernes, de *Dominica In Pacsione,* supe de las

---

[88] Calentura, casi siempre de origen palúdico, que entra con frío, de cuatro en cuatro días.   Rescatado en 23 febrero del 2010.   Real Academia de la Lengua Española, en: http://buscon.rae.es.
[89] Tachadura: yo.
[90] Lee tosos.   Del francés "toise", Antigua medida francesa de longitud, equivalente a 1.946 metros.   Recuperada el 23 de febrero del 2010.   Real Academia de la Lengua Española, en: http://buscon.rae.es.
[91] Impedir, estorbar.

atayalas que tenía en el término de San Germán cómo los mismos franceses habían saltado en tierra y en una estancia habían tomado un alcalde y un escribano de la Nueva Villa de San Germán, los cuales trajeron consigo ocho días al fin de los cuales los rescataron por carne y cosas de comer; y se fueron de allí a la Isla de La Mona de los cuales, alcalde y escribano, tomé entera relación qué tanta gente era y qué armas, pertrechos y municiones traían.   Y sabido, en dos días armé una carabela que estaba en el puerto de esta ciudad muy bien artillada y aderezada con cincuenta hombres de hecho y el Jueves Santo llegaron a La Mona y tomado lengua de los indios de ellas supieron cómo los franceses eran salidos a la mar a hacer salto y que tenían por cierto según habían dicho volvería allí en toda la Pascua y así aguardaron hasta el tercero de ella y como no vinieron se hicieron a la vela para los ir a buscar dejando encargado a los indios que si viniesen les hiciesen señas con ahumadas y hogueras y así fue que aquella noche vinieron allí los franceses y los indios hicieron dos hogueras muy concertadas la una grande y la otra pequeña [dan]do a entender los dos navíos que traían. Conocida por la carabela la seña se hicieron al puerto y no pudieron llegar hasta que fue de día y vista la carabela por los franceses y que sin temor se llegaban a ellos reconocieron que era de armada y todos ellos que eran hasta treinta y cinco metieron en la carabela que habían tomado la cual ya habían muy bien [es]quifado y a vela y remo dieron a huir y dejaron el patache que ellos ante[s] tenían con algunas armas y municiones que dentro estaban los nuestros por darles caza cargaron tanto de velas la carabela que se quebró el trinquete y cayó en la mar con cuatro hombres que encima de él estaban y por los socorrer que no se ahogasen se ocuparon y entre tanto los franceses tuvieron lugar de huir, lo cual se puede atribuir a su buena ventura que siempre tienen que dicen por acá que traen el tiempo en la manga.   En La Mona se quedaron tres de ellos en tierra, los cuales trajeron a esta isla en señal de lo que habían hecho y de ellos supe como eran de los que habían robado La Habana y que se les había perdido una carabela en que iban en La Bermuda y de lo que pudieron de ella hicieron aquel patache que traían túvelo a mala dicha no salir con la empresa comenzada habiendo costado mucho trabajo y a ligera costa pero todavía obró de mucho efecto, porque sabido por los franceses que no solamente Puerto Rico es para se defender, pero *f3v* aún para irlos a buscar no se atreverán en ningún tiempo acometer esta ciudad mayormente sabiendo la mucha fortificación de ella.   En esto no se gastó cosa alguna de la Real Hacienda de Vuestra Majestad antes me cupo a mi alguna parte de cosas menudas.   El gasto fue a costa de un gentil hombre de este pueblo hidalgo llamado Pedro de Eguiluz, natural de Orduña.

Los indios de La Mona son receptáculo de franceses y a la verdad si ellos no estuviesen allí no pararían franceses porque no tendrían quién les diese mantenimientos.   Yo, y siendo[92] importunado, los sacase todos de allí que son hasta treinta viendo el daño que causan y no me he atrevido hasta ver mandato de Vuestra Majestad.   A la Real Audiencia de la Española envié una información de cuán viciosos son.   Espero lo que allí se proveerá o lo que Vuestra Majestad será servido enviarme a mandar.

A 26 de abril llegó a cerca del puerto de esta ciudad una carabela esquifada y echó el batel fuera y preguntó   *"¿Por quién estaba la ciudad?"* y fue respondido que "Por Vuestra Majestad" y aún no lo creyó hasta que se le hicieron muchas muestras de ello salió en tierra el capitán de ella y me dio una cédula de Vuestra Majestad por la cual nos mandaba y daba

---

[92] Lee yo e seydo, transcrito a yo y siendo.   En PARES, imagen 2, pero en el original es el folio 3v.

aviso estuviésemos apercibidos y a punto de guerra por cuanto de Francia habían salido diez ó doce navíos para hacer mal y daño en estas partes y que también se estaba aprestando otra armada del rey de Francia de diez navíos para el dicho efecto y aunque estábamos apercibidos como tengo dicho todavía renové las velas hice llamamiento de la gente hice alardes y puse todo cuidado.

Cinco días después llegó otra carabela al puerto de esta ciudad la cual dijo que iba al mismo efecto que la otra primera. Diome un testimonio y fe de los oficios de Vuestra Majestad de la Casa de Contratación de Sevilla de las treguas asentadas por Vuestra Majestad y el rey de Francia por cinco años de que nos holgamos mucho aunque por ello no aflojé en lo tocante a la guerra entendiendo que la armada que había salido de Francia no volvería sin hacer salto que sacase la costa.

En fin del mes de mayo siguiente llegó otra carabela a este puerto y el capitán de ella salió a tierra y me dio otra cédula de Vuestra Majestad del mismo tenor y data que la primera y tomado el recado de cómo yo la había recibido se volvió[93] a salir y proseguir su viaje. Todas tres iban sin haberles acaecido desgracia todavía. Regresé[94] a rever todas las cosas pertenecientes a la defensa de esta ciudad y puerto. Esto es, Sacra Majestad, lo que se ha hecho en lo tocante a la guerra.

El fiscal de Vuestra Majestad de la Casa de Contratación de Sevilla me dio una cédula de Vuestra Majestad por la cual manda que llamadas y oídas las partes de el contador Luis Pérez de Lugo y del factor Manuel de Illanes y de Amador González y Sebastián González y Diego de Herrera, maestres sobre razón de ciertos negros que a esta isla trajeron contra la prohibición de Vuestra Majestad hiciese justicia de los cuales en esta ciudad no están sino el factor Manuel de Illanes y Amador González con el cual *f4* se ha concluido el proceso y lo envío remitido a Vuestra Majestad y a su Real Consejo de las Indias para que allá se vea y determine. Con Manuel de Illanes está el pleito concluido para prueba acabarse ahí enviaré la relación de ello a Vuestra Majestad. Los demás están en España al fiscal de la contratación escribo dándole aviso de ello.

Esta tierra hallé muy revuelta y la he pacificado aunque con trabajo, porque al principio no había en la cura del negocio algunos se quejan que quisieran antes pagar muchos dineros de pena que no ser reprehendidos con palabras esto ha cumplido al real servicio de Vuestra Majestad hasta ahora[95] de aquí adelante haré lo que el tiempo dijere y fuere servicio de Vuestra Majestad.

A mi me va mal de salud en esta tierra, pareceme serviría más en otra parte a Vuestra Majestad.

En la otra pasada supliqué a Vuestra Majestad me hiciese merced de alguna ayuda de costa atento el excesivo precio de todas las cosas de esta tierra y en verdad que todo va en tanto

---

[93] Lee tornó, sustituí por volvió.
[94] Lee torné, sustituído por regresé.
[95] Hasta ahora, entrelíneas.

aumento que el salario que Vuestra Majestad me da no basta aún para la sustentación de seis meses de mi casa, como constará por una información que sobre ello a Vuestra Majestad envío. Suplico a Vuestra Majestad sea servido mandarme hacer la merced para que con más libertad pueda ejercer mi oficio sin tener necesidad de ninguna persona y que Vuestra Majestad mande a su tesorero de esta isla y oficiales de la hacienda que los mil ducados que Vuestra Majestad me manda dar de salario en cada un año se cuente cada uno a once reales de plata de buena moneda. De mi parte certifico a Vuestra Majestad de hacer lo que soy obligado al servicio de Vuestra Majestad imitando en cuanto pudiere al doctor Escudero, mi tío, fiel criado de Vuestra Majestad.

Esta tierra está muy fatigada a causa de no haber oro ni plata ni otra moneda que corra sino cuartos y así no viene ningún navío de España ni hace escala en este puerto de donde se sigue gran carestía en todas las cosas. Y todo este trabajo procede de haber echado los negros a los ingenios y dejado las minas. Y si no fuera por unas carabelas que aquí han venido de las Islas de Canaria con vinos y harinas y otros mantenimientos lo hubiéramos pasado muy mal y hubiera muerto gente como se ha hecho otras veces. Hemos tenido relación que Vuestra Majestad prohibe que no venga ningún navío de las Islas. Yo, como fiel criado de Vuestra Majestad, aviso que si esta isla no quiere que se despueble no permita que la prohibición se entienda con ella porque si de allí no les vienen mantenimientos aunque no quieran la han de desamparar ahí se envía una información de ello a Vuestra Majestad. Mande proveer lo que más a su real servicio convenga que lo allí contenido es gran verdad.

f4v

De lo que más necesidad esta ciudad tiene para estar del todo fortificada es de un torrejón a la entrada de la misma Puente de Aguilar y cuatro falcones en él con dos medios pasamuros que allí al presente tengo en un baluartejo de empostado que allí se hizo y con esto habiendo el recaudo que es razón se puede decir esta ciudad inexpugnable. Vuestra Majestad tenga entendido que esta isla es cosa muy importante y llave de todas las Indias.

Por el cabildo de esta ciudad se suplica a Vuestra Majestad mande proveer el Morro y Fortaleza de esta ciudad de algunos tiros gruesos y pólvora y munición para toda la artillería. Vuestra Majestad le haga merced que yo tengo entendido la sabrán defender.

También escriben los tenedores de bienes de difuntos a Vuestra Majestad les mande dar orden cómo vayan allá los dichos bienes[96] pues en cuartos no se pueden enviar Vuestra Majestad mande proveer en ello lo que a su real servicio convenga.

Con las continuas ocupaciones de la guerra no he visitado la tierra ni tomado cuentas. Este mes lo comenzaré placiendo a Nuestro Señor y con el primer navío avisaré a Vuestra Majestad de todo.

Suplico a Vuestra Majestad persona mi prolijidad que el gran deseo que de servir a Vuestra Majestad tengo me compele a ello.

---

[96] Los dichos bienes, entrelíneas.

No se ofrece al presente otra cosa de que dar aviso a Vuestra Majestad. Nuestro Señor guarde la Sacra y Real Persona de Vuestra Majestad como sus leales vasallos deseamos. De Puerto Rico y de julio .5. de 1556 años

Sacra Majestad

Besa los pies de Vuestra Majestad su humilde vasallo

El licenciado
Carasa

f5

San Juan de Puerto Rico
+
A Su Majestad

del licenciado Carasa de 5 de julio 1556

[5]
San Juan de Puerto Rico, 5 de abril de 1557
El gobernador a Su Majestad

Signatura:
AGI, Santo Domingo 155
Ramo 5, Núm. 17

+
A Su Majestad
del gobernador de San Juan de V de
abril de 1557

+

Sacra Cesárea Católica Majestad

Por julio del año pasado de quinientos y cincuenta y seis di cuenta a Vuestra Majestad de todo lo hasta allí en esta isla sucedido. Y de lo que de presente hay de que dar aviso a Vuestra Majestad es que toda la tierra y vecinos de ella están en toda concordia y paz; aunque necesitados y afligidos, por estar como está la tierra muy perdida y alcanzada a causa de no se coger oro en ella y no haber otra moneda sino cuartos, que no corren sino en esta isla y La Española, y las granjerías de ella, que son azúcares y cueros, valer muy poco en Sevilla por cuya causa los navíos que en el puerto de esta ciudad entran venden las mercaderías que traen a más de quinientos por ciento de como les costó en España y muchas cosas a más de mil; como consta por la información que a Vuestra Majestad envío. Y aunque he procurado poner remedio en ello no ha sido tan bastante que todavía no vendan a excesivos precios porque dicen que si les dan oro o plata o reales se contentarán con moderada ganancia, pero que en cueros y azúcar pierden en Sevilla de tres partes las dos y que para hacer su moneda buena les conviene vender a tan excesivos precios. Muchas personas de pura necesidad de no se poder sustentar en esta isla están para la dejar. Yo los entretengo con buenas palabras y halagos diciéndoles que Vuestra Majestad *f1v* mandará proveer y dar orden como todo se remedie porque ya está de ello avisado. Esto se podrá remediar con dar Vuestra Majestad licencia para que puedan venir a esta isla con mantenimientos navíos de menos porte y que no se lleven más derechos en Sevilla de los cueros y azúcares de esta isla que se han llevado de los de la isla Española. Y el principal remedio será dando Vuestra Majestad licencia para conquistar los indios caribes y que todos sean cautivos de cualquier edad y sexo que sean. Con esto habrá gente harta para los ingenios y minas y se restaurará la tierra. Esta ciudad tiene determinado enviar a Vuestra Majestad un procurador en el otro primer navío que del puerto de esta ciudad saliere, el cual llevará informaciones ciertas de los grandes daños y males que los dichos caribes han hecho y hacen de cada día. [97] Vuestra Majestad debe mandar proveer en ello para que no desamparen los vecinos la isla porque aunque ella no sea tan provechosa a la Real Hacienda de Vuestra Majestad, como otras, es de mucha importancia para seguridad de todas las Indias como Vuestra Majestad estará informado.

Por relación de algunas personas he sabido que Vuestra Majestad manda hacer una fortaleza en el sitio viejo de San Germán. Aviso a Vuestra Majestad que la costa que en ella se hiciere será de ningún fruto por estar como está despoblado aquel término. Porque es cierto que si esta ciudad con la Fortaleza y Morro que tiene y estar en tan fuerte lugar, como a Vuestra Majestad tengo significado por una pintura que de ello envié, tiene harto que hacer en se defender. Claro está que aquella será receptáculo de corsarios enemigos porque no habrá ni puede haber suficiente copia de gente para la defender aunque se junten todos los otros vecinos que están en el nuevo San Germán y los demás que están por la isla. Si esta isla se ha de conservar por Fortaleza ha de ser por las que en esta ciudad están poniendo recaudo en ellas sin hacer otros nuevos gastos.

Después de ser certificado de las treguas entre Vuestra Majestad y el rey de Francia puse las cosas de esta ciudad en la mejor orden que pude. Yo me partí de ella a visitar toda la isla, la cual esta muy quieta y pacífica y limpia de malos hombres aunque con la misma necesidad o mayor que los de esta ciudad.

f2

Yo he comenzado a tomar la cuenta de los menores y van ya al cabo; las cuales son muy

---

[97] Ver AGI, Patronato 175, Ramo 32. **Consejo, año 1558. La Isla de San Juan de Puerto Rico sobre lo de los Indios Caribes.** Ciudad de San Juan de Puerto Rico, Isla de San Juan, 6 de junio de 1557.

trabajosas a causa de las muchas traspasas que entre los vecinos de esta isla hay. Dicen algunos vecinos antiguos que había cédula de Vuestra Majestad en esta ciudad para que el juez que tomase las tales cuentas llevase cierta cantidad conforme a lo multiplicado en las haciendas de los menores la cual yo no he visto, y así sin tratar de salario las prosigo hasta acabarlas. Si con otro se ha hecho suplico a Vuestra Majestad se haga conmigo de señalarme algún salario que es cierto que el salario que Vuestra Majestad me manda dar no me alcanza a medio año como por información que a Vuestra Majestad he enviado constará.

Un pleito de ciertos esclavos que vinieron al puerto de esta ciudad sin licencia de Vuestra Majestad en tiempo de mis predecesores se ha tratado ante mí el cual siguió el tesorero de Vuestra Majestad de esta isla por virtud de una cédula de Vuestra Majestad que ante mí presentó. El proceso se sentenció y se adjudicó para la cámara de Vuestra Majestad todo lo procedido de los dichos negros que fueron hasta quince mil pesos como por el proceso que allá va Vuestra Majestad mandará ver.

Por renunciación de un Diego Franquez, escribano público y vecino de esta ciudad, que hizo en un Alonso de Nogueras, escribano de Vuestra Majestad, fue recibido al oficio de escribano público por el cabildo de ella en el entretanto que Vuestra Majestad proveía otra cosa. Atento la falta que de oficiales había él envía los recaudos para que Vuestra Majestad le haga merced del dicho oficio. Certifico a Vuestra Majestad que es persona hábil y suficiente legal y fidedigno para ejercer y usar no solamente el oficio de escribano público de esta ciudad, pero de otras partes que mucho más sea.

El día de la fecha de ésta tuve nuevas cómo entre esta isla y la de Santo Domingo andan dos corsarios franceses con dos navíos gruesos los cuales han tomado ciertos barcos que salieron de Santo Domingo para esta isla y para otras partes. Aviso a Vuestra Majestad para que mande proveer lo que más convenga. En lo que toca a esta ciudad haré como hasta aquí con[98] la obligación que al servicio de Vuestra Majestad tengo.

Por cartas de Sevilla tuve aviso que Vuestra Majestad enviaba ciertos despachos para esta isla y el que los traía se pasó de largo para Nueva España sin darlos. Vuestra Majestad mande proveer que se envíen para que sepa lo que tengo que hacer.

f2v

No se ofrece al presente otra cosa de que dar aviso a Vuestra Majestad. Nuestro Señor la Real Persona de Vuestra Majestad guarde y prospere con aumento de mayores reinos y señoríos como los leales vasallos de Vuestra Majestad deseamos de San Juan de Puerto Rico y de abril 5 de 1557 años.

Su Majestad
Besa los pies de Vuestra Majestad su humilde vasallo

El Licenciado
Carasa

---

[98] Tachadura: por. Con, entrelíneas.

A la Sacra Cesárea Católica Majestad del emperador
Rey Nuestro Señor su Real Con[sejo de las]
Indias

[6]
San Juan de Puerto Rico, 10 de agosto de 1557
El gobernador a Su Majestad

Signatura:
AGI, Santo Domingo 155
Ramo 5, Núm. 18

+

A la Sacra Cesárea Real Majestad del
Rey Nuestro Señor en su Real [Consejo]
de las Indias

+

Sacra Cesárea Real Majestad

En una urca que del puerto de esta ciudad salió por el mes de junio próximo pasado di cuenta a Vuestra Majestad del estado de esta isla y cosas de ella y de cómo habían venido a ella ciertos corsarios franceses y habían tomado una carabela de un vecino de esta ciudad y se le había escapado otra huyendo. Lo que después sucedió fue que estando ellos entre esta isla y la de La Mona tomaron otras dos carabelas que venían; la una de La Española y la otra de La Margarita y no traían sino gente, a la cual no hicieron otro mal tratamiento más de tomarles lo poco que traían y algunas velas para sus navíos. Y como no hicieron presa a su voluntad se fueron adelante y según pareció por relación de un navío que entró en el puerto de esta ciudad a seis del presente que venía de la Nueva España, los encontró a los mismos al desembocar de la Canal de Bahamas y se les escapó porque calmó el viento y por ser su navío mejor de la vela. Y según la derrota que traían le pareció al piloto del dicho navío que el designio de los franceses era volver otra vez sobre estas islas a hacer alguna buena presa. Ellos son dos navíos; uno grande y un patache.[99] De éstos no se tiene ningún temor, pero podría ser venir otros *f1v* ladrones como suelen y juntarse con ellos y acometer esta ciudad. Tienese todo cuidado y vigilancia para que no seamos acometidos de improviso y a traición como los franceses suelen hacer. Vuestra Majestad mande proveer esta ciudad y fuerzas de ella de artillería gruesa aunque no sean más de cuatro piezas de cincuenta quintales y de la munición que para ellas y para la que acá está es menester. Yo tengo entendido los vecinos

---

[99] Lee patax.

tendrán[100] ánimo para la defender ya que al presente no haya disposición para la artillería. Suplico a Vuestra Majestad mande que con toda la brevedad posible se envíe de Sevilla pólvora, salitre y plomo porque hay de ello mucha necesidad, tanta que por no gastar una poca pólvora que hay para el tiempo de necesidad, no se ejercitan los arcabuceros en tirar las fustas que no es poco daño.

Por otras he dado aviso a Vuestra Majestad de como esta isla va de cada día en disminución si Vuestra Majestad no manda proveer de remedio con tiempo conforme al aviso que tengo dado y a lo que el procurador de esta ciudad pedirá, será después dificultoso de remediar.

Acá se ha tenido relación que Vuestra Majestad tiene hecha merced a la isla Española que todas las personas que a ella quisieren venir a vivir se les de pasaje libre y comida y flete de gracia. Si Vuestra Majestad de ello fuere servido sería bien se hiciese con esta isla lo mismo que tiene necesidad de gente y es no menos importante que aquella para la conservación de las Indias por ser, como es, el paso para todas ellas. Y no es de tan poco provecho que no renten a Vuestra Majestad los frutos de ella más de doce mil ducados un año con otro, como por los libros de los almojarifes de Sevilla se puede ver

En la cobranza de la Real Hacienda de Vuestra Majestad se pone toda diligencia y están algunos deudores ejecutados y presos y otros procuran allegar para pagar. Hay tan poca moneda en esta isla y la que hay tan mala que no se podrá hacer la cobranza sin mucho trabajo *f2* y daño de los vecinos. No se ofrece otra cosa al presente de que dar aviso a Vuestra Majestad, cuya Sacra y Cesárea y Real Majestad Nuestro Señor guarde por largos años con acrecentamiento de más reinos y señoríos, como por los leales vasallos de Vuestra Majestad es deseado. De San Juan de Puerto Rico y de agosto 10 de 1557 años.

Sacra Cesárea Real Majestad
humil[de] vasallo de Vuestra Majestad que
sus Reales manos besa

El licenciado
Carasa

+

A Su Majestad

Del licenciado Carasa gobernador de la isla de
San Juan de 10 de agosto 1557

Vista

---

[100] Lee ternan.

[7]
San Juan de Puerto Rico, 16 de agosto de 1557
El gobernador a Su Majestad

Signatura:
AGI, Santo Domingo 155
Ramo 5, Núm. 19

+

A la Sacra Cesárea Real Majestad
del Rey Nuestro Señor [en el]
Consejo de I[ndias]

+

Sacra Cesárea Real Majestad

Cuatro días después que salió un navío del puerto de esta ciudad, en el cual había escrito a Vuestra Majestad volvió[101] a arribar con necesidad de mástil a él; que fue víspera de la Asunción de Nuestra Señora. Y el mismo día recibí un pliego de Vuestra Majestad, por la vía de Santo Domingo, en la cual vino una provisión para que en las Indias valgan los esclavos a ciertos precios en ella contenidos. [102] Vino asimismo una carta por la cual Vuestra Majestad manda estén los vecinos apercibidos y sobre aviso porque se tienen por ciertas las guerras entre Vuestra Majestad y el rey de Francia, por haber hecho el dicho rey cosas en quebrantamiento de la tregua entre Vuestra Majestad y he la asentada. La provisión se pregonó el mismo día que la recibí como parece por el testimonio que de ello va.

En cuanto al aviso de la guerra y rompimiento de la tregua no hubo necesidad de hacerse nuevo apercibimiento, porque ya estaba todo puesto en la mejor orden que ser pudo, como a Vuestra Majestad por otras tengo escrito y parecerá por testimonio de las diligencias que en ello se hicieron; que con esta va, aunque con pesadumbre de los vecinos y trabajo mío en él es atraer por bien a hacerlo. Y así se prosiguen las velas, escuchas y sobre rondas en todos los lugares necesarios *f1v* y se hará y proseguirá hasta tanto que Vuestra Majestad envíe a mandar otra cosa.

La data de la carta de Vuestra Majestad fue a primero de febrero de este año y yo la recibí a catorce de agosto por donde parece que en la Casa de Contratación de Sevilla no se pone la diligencia que en tales casos conviene. Suplico a Vuestra Majestad lo mande remediar porque de no enviar semejantes avisos con tiempo podría suceder daño que fuese trabajoso

---

[101] Lee tornó. Sustituido por volvió.
[102] Ver, AGI, Patronato 175, Ramo 33. San Juan de Puerto Rico, 13 de agosto de 1557. **Sobre el valor de los negros.**

de restaurar.   Y porque en la otra que con esta va doy aviso a Vuestra Majestad de lo hasta ahora sucedido y de todo lo demás que de esta isla y de las cosas de ella conviene darse en esta no digo más.   Nuestro Señor la Sacra Cesárea Real Persona de Vuestra Majestad guarde por largos tiempos con acrecentamiento de más reinos y señoríos como los leales vasallos de Vuestra Majestad es deseado.   De San Juan de Puerto Rico 16 de agosto de 1557 años.

Sacra Cesárea Real Majestad

humil[de] vasallo de Vuestra Majestad
que sus Reales manos besa

El Licenciado
Carasa

+
A Su Majestad
del licenciado Carasa gobernador de San Juan
de 15 de agosto 1557

[8]
[San Juan de Puerto Rico], (circa 20 junio 1558)
El gobernador a Su Majestad

Signatura:
AGI, Indiferente General 1214

+

Sacra Cesárea Real Majestad

El licenciado Carasa digo, que yo fui provisto[103] por Vuestra Majestad de gobernador de la Isla de San Juan de Puerto Rico con salario de trescientas y setenta y cinco mil maravedís en cada un año. El cual dicho salario se ha pagado en oro fino y buena moneda a los gobernadores que antes me han[104] pagado en cuartos que es mala moneda y de tan poco valor que no valen las dichas trescientas y setenta y cinco mil maravedís pagados en cuartos, como se pagan, 150[105] maravedís de la moneda de Castilla de lo cual he recibido notorio daño, porque lo que comprara para sustentamiento de mi persona y casa por un peso de oro en reales de plata, de a treinta y cuatro maravedís, el real. Me ha costado y cuesta en cuartos dos pesos y dos tomines y más, como parece por esta información que ante Vuestra Majestad presento. Suplico a Vuestra Majestad mande con pena a los dichos oficiales me paguen el dicho salario de todo el tiempo que hubiere[106] servido el dicho oficio en oro fino o plata, o en reales de plata de 333[107] maravedís y en defecto de no haber el dicho oro, plata y reales, mande se me den tanta cantidad en cuartos que valgan y recompensen las dichas 375,000[108] maravedís de buena moneda, como por Vuestra Majestad me fue hecha merced con el dicho oficio.[109]

Otro sí, suplico a Vuestra Majestad sea servido de me hacer merced de alguna ayuda de costa, porque con el salario que se me da no me puedo sustentar por los excesivos precios que valen todas las cosas en esta isla, como asimismo consta por la información en lo cual todo recibiré bien y merced.

El Licenciado
Carasa

---

[103] Lee proveído.
[104] Lee mean.
[105] Lee CLU.
[106] Lee ovieren.
[107] Lee XXXIII.
[108] Lee XXXLXXVU.
[109] Ver Apéndice V para la información del particular. Por real cédula dirigida a los oficiales reales de Puerto Rico, dada en Toledo el 13 de diciembre de 1559, el Rey dispuso lo solicitado por el licenciado Carasa. Ver Apéndice VI.

[9]
San Juan de Puerto Rico, 9 de julio de 1558
El gobernador y oficiales reales a la Casa de Contratación

Signatura:
AGI, Contratación 5104

+

A los muy magníficos señores jueces oficiales
de Su Majestad de la
Contratación de las [Indias en la]
ciudad de Sevilla

Duplicada

+

1558

Muy magníficos señores

Ya tenemos avisado a vuestras mercedes cómo recibimos en la armada de que vino por general don Juan Tello de Guzmán las 150[110] picas con sus hierros y cuarenta y dos arcabuces con sus aderezos y doce quintales de pólvora en diez y seis barriles, conforme a la memoria de aviso que vuestras mercedes nos escribieron sobre ello, lo cual todo se repartió por los vecinos de esta ciudad conforme a lo que Su Majestad nos envió a mandar. El costo se cobrará y se enviará empleado en azúcar y cueros como Su Majestad nos lo ha enviado a mandar que se envíe. Los otros maravedís y pesos de oro que tiene en esta isla en moneda de cuartos y asimismo los bienes de los difuntos no se ha podido hacer en empleo en estos navíos por las causas que en la carta que a Su Majestad escribimos se contienen. Lo que se ha podido enviar en estos navíos son setecientos y cincuenta pesos en oro y plata y mil y ochocientos y cinco pesos de oro bajo en guanín; lo cual va consignado a vuestras mercedes en los registros de los dichos navíos; maestres Francisco Burgalés y Estéban Gómez vuestras mercedes los manden recibir y darnos de ello aviso a cuyas muy magníficas[111] personas Nuestro Señor guarde como desean. De San Juan de Puerto Rico y julio 9 de 1558 años.

Besan las manos de vuestras mercedes

| El Licenciado Carasa | Cristóbal de Salinas | Pedro de Salvatierra |

---

[110] 150, entrelíneas. Le sigue una tachadura que lee ochocientas.
[111] Lee manificas.

+

1558
A los oficiales
del gobernador y oficiales de Puerto Rico de
IX de julio de 1558

Recibida en VIII de octubre de él
/Avisan que envían con Francisco Burgalés y Esteban Gómez, maestres, DCCL pesos en
oro y plata /y IUCV pesos de oro bajo de guanín.

[10]
Puerto Rico, 9 de julio de 1558
El gobernador y vecinos a Su Majestad

Signatura:
AGI, Santo Domingo 168

+

Sacra Cesárea Real Majestad

El estado en que estamos es que habiendo sido cosa tan necesaria e importante para el servicio de estas partes el armada que Vuestra Majestad envió sino se derramara ni saliera de esta Isla y si aquí se estuviera de aquí pudiera haber tomado diez ó doce navíos franceses corsarios que por acá han pasado cada uno por sí en tiempos diversos y las razones que como esta isla es la puerta y paso por donde ir a todas las otras partes siempre pasan y tocan en ella así para tomar lengua de lo que acá hay, como agua y carne (que no les falta quién lo de por estar algunos hatos de vacas a vela mar) a donde no pueden hacer otras cosas los vaqueros, sino darles lo que les piden o pagar con la vida.

Su Majestad, esta isla está a barlovento de estas partes y estando aquí (o algo atrás) el armada en ninguna manera se les escapará navío y hubierase hecho un estrago notable en ellos y de haberse ido abajo ha resultado que los franceses sabiendo de la armada bandasean por esto en parte donde[112] ellos pueden ofender y no ser ofendido y ha acontecido que de junto a la armada han tomado en estas partes más navíos que antes que el armada viniese solían tomar y así somos informados que los mismos franceses burlan de ella y es lo peor que sabiendo que está acá el armada y viniendo preguntado por ella como los que lo saben osan venir

---
[112] Lee do.

tenemos entendido que los de Santo Domingo no han tenido ojo, sino a guardar su pueblo y de esta causa han procurado que el armada se esté allí o por allí en lo cual notoriamente han entrado y así ha parecido porque estando allí el armada o más abajo en la costa de Tierra Firme es imposible poder acertar a tomar ningún navío en mucho tiempo por ser más larga y estar el armada a sotavento, lo cual estando en esta isla o en el puerto o en la cabeza, que llaman de San Juan, que es donde todos vienen a parar no se puede escapar ningún navío sin ser visto y tomado. Conviene que Vuestra Majestad mande platicar sobre ello y proveer con tiempo lo que fuere servido.

Han pasado por aquí este año, diez ó doce navíos por la parte de la banda del Sur y otros por la del Norte y no han hecho en esta isla ningún daño. Y alba, 16[113] de junio, amanecieron sobre este puerto tres navíos; los dos muy grandes y el uno menor, y a dos horas del día que ellos reconocieron el puerto y estarían dos leguas de él, amainaron y esperanse unos a otros. Según nos pareció fue para tomar cuenta sobre lo que habían de hacer y después de haberse comunicado estuvieron dos horas amainados y parecionos que fue a fin de esperar que el tiempo abonanzase un poco, porque la mar andaba muy alterada para echar gente por tierra en esta ciudad, y plugo a Dios fue servido que el tiempo no les dio lugar. Y visto esto retornaron[114] a volver la vía de querer entrar en el puerto. En esta coyuntura, mujeres y muchachos y otros bien se debe creer andaban alterados. Y de nuestra parte se hizo el deber porque se les hizo muestra de alguna gente *f1v* y como ellos allegaron a vista del puerto y se les tiraron ciertos tiros y no les alcanzaron y visto que en él había ocho navíos vuelven su camino y pasan de largo. Iban a un ingenio que está en San Germán y saltaron en tierra hasta cien hombres bien armados con sus coseletes y arcabuces y queman el ingenio y molienda y cuanto en él había en el cual estaba un hombre, que se llama Bartolomé Buisa por mayordomo, al cual llamaron debajo de paz y habló con ellos y el capitán le preguntó la gente [que] había en Puerto Rico y qué artillería tenía, el cual lo mejor que pudo les dio a entender lo que convenía, y entonces uno de ellos dijo al capitán "Señor, yo no os he dicho que Puerto Rico no se puede tomar, sino por tierra o a traición" y diciéndole el dicho hombre que por qué quemaban y hacían tanto daño se le respondió "Vuestro Rey más nos ha dañado con fuego que con armas" y así se fueron y creemos que harán daño porque el armada está allá abajo según nos han dicho.

Su Majestad, visto cómo el fin de esto fue echar gente en tierra para que por allí tomar la tierra nos pareció que sería cosa muy importante cercar este pueblo de mar a mar por sola una parte que las otras tres cerca la mar con costa brava y hemos visto y medido lo que hay de travesía y son quinientas tapias y haciéndose esto sería cosa muy acertada e importante para la defensa de corsarios porque ellos no han de venir a batir con artillería y con cualquier cerca nos parece sería bastante para nuestra defensa para hacerla a poca costa nos parece bastarían cincuenta negros que Vuestra Majestad nos hiciese merced y después de hecha se volverían a Vuestra Majestad y ganase ya en ellos muchos y para las otras costas de oficiales y mantenimientos y hombres de servicio y lo demás que conviniere si Vuestra Majestad nos da luz echarse a sisa en los mantenimientos para que se pague y porque el más largo sobre esto y lo demás que conviene a la ciudad a él se puede dar crédito y a él nos referimos

---

[113] Lee XVI.
[114] Lee tornaron.

suplicando a Vuestra Majestad sea servido con gran presteza hacernos esta merced pedida, pues no se aventura a perder sino a mucho ganar y para seguridad de todo lo que Vuestra Majestad aquí tiene y bien de los vecinos los cuales certificamos y ponemos a Dios por testigo que están los más necesitados y trabajados y afligidos que nunca jamás han estado en esta isla de causa de estas guerra que ni tienen gente para sacar oro ni para otras granjerías ni para se sustentar y es causa de mucha disminución de vuestras reales rentas y de sus haciendas y tenemos entendido que el tiempo lo mostrará que si Vuestra Majestad no procuró ayudarnos que todo muy presto pereciera y para que seamos creidos informese Vuestra Majestad de todos los que de acá van.

Mucho tiempo ha que Su Majestad mandó hacer aquí una Fortaleza y de su Real Hacienda se gastaron las cuatro quintas partes y esta ciudad contribuyó con la quinta y al presente no pedimos a nuestro parecer tanto como entonces que Su Majestad nos dio porque después de haber acabado la obra como hemos dicho, los negros valen mucho más que costaron y así se interesará y no perderá por manera que no pedimos sino el servicio de ellos.

También serán menester dos tiros pedreros para el Morro y dos culebrinas de a cincuenta quintales para que alcancen porque si estos tuviéramos cuando los navíos pasaron junto al puerto no se fueran burlando como se fueron porque los tiros que les tiramos no alcanzaron los cuales Vuestra Majestad nos mandó antes de ahora de dar y que los oficiales de esta ciudad los comprasen y no hay de quien se compre. En todo conviene presteza salvo si Vuestra Majestad de otra cosa no fuere servido.

Hacemos a Vuestra Majestad saber que a esta isla no vienen navíos grandes a proveernos de lo necesario, porque no despachan aquí sus mercadería como en otros *f2* y como convienen navíos para en que los vecinos carguen sus cueros y azúcares, pierdénseles. Sería cosa conveniente y muy necesaria Vuestra Majestad fuese servido darlas a los vecinos de esta isla y aún otros que para ello pudiesen cargar y venir con navíos pequeños y en ellos cargar sus mercaderías de granjerías sin que por ser pequeños se les tomasen por perdidos a ellos ni a sus mercaderías ni parte ni cayesen[115] en otras penas y de esto tienen mucho provecho a esta isla y ningún daño a otros. A Vuestra Majestad suplicamos lo provea con brevedad.

Sepa Vuestra Majestad que los derechos que pagamos los de esta isla juntados con los fletes, es la mitad de todo el valor de lo que enviamos y de nuestras haciendas y al cabo del año venido a entender lo que pagamos es como hemos dicho. Y algunas veces lo que enviamos no vale para pagar flete ni derechos y lo dejamos perder antes que pagarlo porque no vale para pagar lo que dicho es. Cosa es justa que Vuestra Majestad mande verlo y entenderlo y proveer lo que fuere servido que los vecinos no lo pueden sufrir ni sostenerse.

Por ser grande la necesidad de los vecinos no tenemos posibilidad para enviar procurador a Vuestra Majestad. Suplicamos se acuerde con toda brevedad de enviarnos a mandar lo que fuere servido que en lo dicho se haga y nos de favor con que mejor podamos servir. Nuestro Señor la Sacra Real Persona de Vuestra Majestad guarde por largos tiempos con acrecentamiento de más reinos y señoríos como por los leales vasallos de Vuestra Majestad

---

[115] Lee caisen.

es deseado.   De Puerto Rico y de julio 9 de 1558 años.

Sacra Cesárea Católica Real Majestad
Humillísimos vasallos de Vuestra Majestad
que sus reales pies besamos.

El Licenciado Carasa   Alonso de la Fuente   Alonso Pérez Martel   Diego Ramos

Juan Ponce de León   Pedro de Salvatierra   Cristóbal de Salinas

[11]

San Juan de Puerto Rico, 9 de julio de 1558
El gobernador y los oficiales reales de Puerto Rico
a los oficiales de la Casa de la Contratación

Signatura:
AGI, Contratación 5104

+

1558

A los oficiales
Del gobernador y oficiales en Puerto Rico de IX de julio de

1558

Recibida en Valladolid octubre

Avisan que envían con Francisco Burgalés y Estevan Gómez, maestres, DCCL pesos en oro y plata, y IUCV pesos de oro bajo de guanín.

+

A los muy magníficos señores jueces oficiales de Su Majestad de la contratación de la ciudad de Sevilla

Duplicada

+

Muy magnífico señor

Ya tenemos avisado a vuestras mercedes cómo recibimos en la armada de que vino por general don Juan de Guzmán; las 150[116] picas con sus hierros y aderezos y doce quintales de pólvora en diez y seis barriles, conforme a la memoria de aviso que vuestras mercedes nos escribieron sobre ello lo cual todo se repartió por los vecinos de esta ciudad conforme a lo que Su Majestad nos envió a mandar y el costo se cobrará y enviará empleado en azúcar y cueros como Su Majestad nos lo ha enviado a mandar que se le envie los otros maravedís y pesos de oro que tiene en esta isla en moneda de quartos. Y asimismo, los bienes de los difuntos no se ha podido hacer empleo en estos navíos por las causas que en la carta que a Su Majestad escribimos [contienen.]   Lo que se ha podido enviar en estos navíos son setecientos y cincuenta pesos en oro y plata y mil y ciento y cinco pesos de oro bajo en guanín, lo cual va consignado a vuestras mercedes en los registros de los dichos navíos, maestres Francisco Burgalés y Esteban Gómez.   Vuestras mercedes los mandarán recibir y darnos de ello aviso, a cuyas muy magníficas personas Nuestro Señor guarde como deseamos.   De San Juan de Puerto Rico y de julio 9 de 1558 años.

Besa las manos de vuestras mercedes.

| Licenciado Carasa | Cristóbal de Salinas | Pedro de Salvatierra |

Recibiose en Esteban Gómez 375 pesos y lo demás que venía en la nao de Francisco Burgalés tomaron franceses.

---

[116] Tachadura: trescientos.

[12]
Sevilla, 21 de febrero de 1559
La Casa de Contratación al gobernador y oficiales reales de Puerto Rico

Signatura:
AGI, Contratación 5185
Libro 1, folio 18v

+

Magníficos Señores[117]

Para el gobernador y oficiales de Puertoi Rico La carta de vuestros señores de 9[118] de julio de 58. recibímos y a ello no hay que decir, sino que los dineros de la pólvora y arcabuces y picas que les enviamos para repartir entre los vecinos de ahí nos los envíen, pues estarán ya cobrados, en los primeros navíos que vinieren empleados en azúcares y cueros por la orden que Su Majestad tiene mandado.

Los setecientos y cincuenta pesos que dicen que enviaron para Su Majestad en oro y plata y más mil y ciento y cinco pesos de oro bajo de guanín[119] registrados en los registros de las naos, maestres Francisco Burgalés y Esteban Gómez, no hemos recibido de todo ello más de los trescientos y setenta y cinco pesos que trajo el dicho Esteban Gómez. Por lo que venía en Francisco Burgalés lo tomaron franceses y así será bien que lo pongamos por memoria para su descargo y tomen información de cómo lo tomaron franceses.

Con esta enviamos a vuestras mercedes dos cédulas originales de Su Majestad. La una, para que si pasaren navíos extranjeros sin licencia sean tomados por perdidos. Y la otra, para que ninguna persona pueda tratar ni pasar a esas partes sino fuere registrado y despachado por los jueces oficiales de esta casa o por el que reside en Cádiz. Del recibo de ellas nos darán aviso y las harán guardar y ejecutar como Su Majestad manda por ellas. Nuestro Señor etc. a 21. de febrero de 1559.

---

[117] Al inicio está tachado: Muy.
[118] Lee IX.
[119] Guanín--oro de baja ley.

[13]
San Juan de Puerto Rico, 14 de abril de 1559
El gobernador a Su Majestad

Signatura:
AGI, Santo Domingo 155
Ramo 5, Núm. 20

+

A la Sacra Cesárea Real Majestad del
Rey Nuestro Señor en su Real Con[sejo
de las] Indias

vista

+

Sacra Cesárea Real Majestad

De lo que al presente hay de que dar aviso a Vuestra Majestad de esta isla es, que a dos de este presente mes de abril llegó a la bahía de San Germán un barco de Santo Domingo por mandado de la Real Audiencia a dar aviso cómo en la isla Margarita estaban cuatro navíos franceses que habían destruido y quemado un pueblo de ella y que tenían nueva cierta venían sobre esta ciudad que estuviésemos apercibidos y a punto de guerra. Y parece que este aviso dio en Santo Domingo una carabela que a la sazón se halló en la dicha isla Margarita al tiempo que los franceses llegaron al puerto y se escapó huyendo. Y un hombre de aquellos de la carabela vino en el barco de aviso y certificó que con los cuatro navíos traían seis zabras y que era mucha gente; la cual nueva a puesto esta ciudad en harto temor y cuidado, mayormente que tenía aviso de la Nueva Villa de San Germán cómo entre aquel puerto y Cabo Rojo y Aguada andaban un navío y un patache de franceses desde el lunes de la Semana Santa y temo que están aguardando ajuntarse con aquella armada de La Margarita. Yo he hecho todos los apercibimientos necesarios para defender esta ciudad y puerto de ella y tengo en buena orden y concierto las cosas necesarias para la guerra y aunque la gente es poca viendo el cuidado y buen recaudo que hay muestran buen ánimo para se defender y así tengo entendido de ellos lo harán.

De la armada que por mandado de Vuestra Majestad anda en estas partes para guarda de ellas tenemos poco socorro o ninguno porque del mes de marzo del año pasado de cincuenta y ocho, que salió de este puerto, no ha vuelto a él ni la hemos visto hasta ahora.

En el alarde que hice el domingo pasado, que se contarán nueve del presente, hubo de pie y de caballo ciento y ochenta hombres; como parece por la memoria y testimonio que con ésta va.[120]   Estos, razonablemente armados de armas *f1v* ofensivas; aunque defensivas hay pocas, he comenzado a dar orden cómo se hagan de cueros de toros armaduras de cuerpo y cabeza que serán bien provechosas por la ocupación que tengo en hacer bastiones y pertrechar esta ciudad.   Y lo que conviene a la defensa de ella no hay más larga relación en esta a Vuestra Majestad más de que esta isla y vecinos de ella están en toda quietud, aunque afligidos con las guerras y alcanzados por los excesivos precios que valen todas las cosas a causa de ellas con otros navíos que están cargando para Sevilla que saldrán de este puerto en todo el mes de junio supliré lo que en esta falta.

Vuestra Majestad si fuere servido mande con toda brevedad proveer esta ciudad y fuerzas de ella del artillería y munición y otras cosas, que por otras el regimiento de esta ciudad y yo tenemos suplicado a Vuestra Majestad, y aunque al caso presente no aproveche será menester para adelante Vuestra Majestad mande al general de la dicha armada resida en el puerto de esta ciudad porque desde aquí tiene tomados todos los pasos y puede salir a tiempo que no se le escape ningún navío francés, porque con el recaudo que tengo puesto de velas por todas las partes dentro de dos días tengo aviso de cualquier navío que pase por la banda del Sur o del Norte.   Y pocos navíos franceses vienen a estas partes que no reconozcan a esta isla y es cierto que si ella hubiera estado en el puerto de esta ciudad, el año pasado hubiera tomado en veces más de doce navíos que por esta isla pasaron y se hubiera excusado el daño que se hizo en Trujillo y Puerto de Caballos, porque los que lo hicieron fueron los tres navíos que estuvieron cerca del puerto de esta ciudad el mes de junio pasado, de que tengo dado aviso Vuestra Majestad mande proveer en todo lo que más servido sea.

Del empleo que se ha hecho de cueros y azúcares van en esta navío sesenta piezas, porque es de poco porte.   Y así se hará en todos los navíos que de aquí salieren y de esto envían los oficiales de Vuestra Majestad relación a los de la Casa de Contratación de Sevilla.

Suplico a Vuestra Majestad sea servido de me hacer merced de alguna ayuda de costa porque el salario que Vuestra Majestad me manda dar con este oficio no me llega a los ocho meses; según todas las cosas valen a excesivos precios.   Y mande a sus oficiales de esta isla me paguen el salario en buena moneda como se ha hecho con los demás y últimamente con el licenciado Estévez a quien yo tomé residencia y siendo Vuestra Majestad informado que en mi hay algunos méritos y teniendo memoria de los servicios del doctor Escudero, mi tío, que sea en gloria a quien siempre he procurado imitar sea *f2* servido de me poner en otra parte donde mejor pueda servir a Vuestra Majestad y yo ser aprovechado en algo porque es cierto que estoy tan pobre que si de aquí hubiese de ir a España a dar cuenta a Vuestra Majestad tengo necesidad de vender lo poco que de allá traje.   Nuestro Señor la Santa, Ilustre, Real

---

[120] No he dado con dichos documentos.   Conozco de otros dos alardes realizados durante su gobernación.   Véase Elsa Gelpí Baíz "Las Familias Poderosas de San Juan en el Siglo XVI." ***Boletín de la Sociedad Puertorriqueña de Genealogía***. Vol. IV, No. 1. pp. 19-42, Apéndice II: Alarde 1561, pág. 49.   También publicado por Walter A. Cardona Bonet en "Los alardes militares, fuentes para el estudio genealógico".   Revista ***Hereditas*** de la Sociedad Puertorriqueña de Genealogía, Año 10 (2009), No. 2, pp. 3-11.   En realidad, consta de dos alardes: uno del año 1561 y el primero del año 1562, éste resumido por Cardona en dicho artículo. También aparece transcrito en su totalidad por Walter A. Cardona Bonet en http: //www.genealogiapr.com.   Puede consultarse el original en PARES: AGI, Patronato 175, Ramo 36.   En esta última fuente el banco de datos del Ministerio de Cultura y Deportes Español en PARES le adjudicó el año 1571 en la descripción, pero en realidad abarcan los años 1561 y 1562.

Persona de Vuestra Majestad guarde con aumento de mayores reinos por largos tiempos, como por los leales vasallos de Vuestra Majestad es deseado.   De San Juan de Puerto Rico y de abril 14 de 1559 años.

Sacra Cesárea Real Majestad

humillísimo criado de Vuestra Majestad
que sus Reales pies besa.

El licenciado
Carasa

A Su Majestad
del gobernador de San Juan de 14 de abril
1559

[14]
San Juan de Puerto Rico, 15 de abril de 1559
El gobernador y oficiales reales a Su Majestad

Signatura:
AGI, Santo Domingo 155
Ramo 5, Núm. 21

+

A la Sacra Cesárea Real Majestad del
Rey Nuestro Señor en su Real
Consejo de las Indias.-

vista

+

Sacra Cesárea Real Majestad

Por una cédula de Vuestra Majestad nos manda que la mala moneda que de Vuestra Majestad tuviéremos en esta isla la empleemos en azúcares y cueros y enviemos a los oficiales que por Vuestra Majestad residen en la ciudad de Sevilla lo cual habemos comenzado a hacer en estos primeros navíos que de este puerto han salido y así lo haremos siempre y en esta carabela, de que es maestre Melchior Velázquez, enviamos cuatrocientos y cinco ducados en libranza de azúcares que envía Sancho de Arcas y van más trescientas y dos arrobas y catorce libras de azúcar y doscientos cueros vacunos y en otros navíos que quedan cargando enviaremos la cantidad que nos pudieren llevar.

En una nao, de que fue por maestre Francisco Burgalés, que partió de este puerto por julio del año pasado enviamos a Vuestra Majestad ochenta y dos marcos y tres onzas de plata y mil y ciento y cinco pesos de oro de guanín[121] y sobre las islas de los Azores la tomaron corsarios franceses la fe de ello enviamos a los oficiales de la Casa de Contratación en Sevilla.

Principio de este mes de abril tuvo el gobernador de esta isla aviso de la Real Audiencia, que por Vuestra Majestad reside en la isla Española, diciendo había llegado allí un navío huyendo y a dar aviso como cuatro navíos gruesos de corsarios franceses quedaban surtos en la isla Margarita y le habían robado y tomado ciertas personas y entre ellos un piloto hábil en esta mar y que decían públicamente habían de venir sobre esta ciudad de San Juan y trabajar hacer lo mismo. Avisándonos estuviésemos apercibidos para lo cual el gobernador, conforme al posible, hace lo que puede, y se puede hacer conforme al aparejo que aquí tenemos aunque es tan flaco que si Vuestra Majestad no nos manda proveer de artillería y munición y otras cosas que el cabildo de esta ciudad han enviado a suplicar a Vuestra Majestad les provea con toda brevedad y de esta manera seremos parte con el favor de Dios para defendernos de cualesquier corsarios.

---

[121] Lee guaní.

Por una cédula de Vuestra Majestad nos manda tomemos cuenta al tesorero Cristóbal de Salinas; el cual la está dando.   Con lo sucedido daremos aviso a Vuestra Majestad de todo en los navíos que aquí quedan cargando para España que saldrán *f1v* de este puerto en todo el mes de junio que viene.   Nuestro Señor la Sacra y Real Persona de Vuestra Majestad guarde por largos tiempos con aumento de más reinos y señoríos, como los leales vasallos de Vuestra Majestad deseamos.   De San Juan de Puerto Rico y de abril 15 de 1559 años.

Sacra Cesárea Real Majestad

de Vuestra Majestad humildes criados
que sus Reales pies besamos

| El Licenciado Carasa | Cristóbal de Salinas | Manuel de Illanes | Gonzálo Mariño de Ribera |

+

A Su Majestad
del gobernador y oficiales de la Isla de
San Juan de 15 de abril 1559

[15]

Sevilla, 20 de junio de 1559
La Casa de Contratación al gobernador de Puerto Rico

**Signatura:
AGI, Contratación 5185
Libro 1, folio 25vto-26.**

+

Magnífico Señor

Los dos navíos de aviso de las nuevas de las paces.

Para el gobernador de Puerto Rico   Su Majestad nos envió el pliego de cartas que va con ésta para enviarle en que le avisa como Nuestro Señor ha sido servido de que las paces entre él y el cristianísimo rey de Francia se han asentado y concluido de la manera que por su carta le manda avisar de lo que todos estos reinos se han regocijado y alegrado como es razón y para que lo mismo haya en esas partes con tan buenas nuevas, envió a mandar que despachásemos esta carabela y para solo este efecto la enviamos de su llegada y recibo del despacho para aviso de Su Majestad y a nosotros de Sevilla y porque en la flota que partió de aquí por abril de que fue por general Pedro de las Roelas hemos respondido a sus cartas que nos escribió con él.   De Sevilla a 26 de junio de 1559[122] años.

---

[122]   Lee IUDLIX.   NOTA: Esta carta está compuesta de la dirigida al gobernador de Santa Marta, en el folio 25v, y el cierre de la misma dirigida al gobernador de San Juan en el folio 26 en donde se señala que "escribiósele otra

[16]
San Juan de Puerto Rico, 25 de junio de 1559
El gobernador a Su Majestad

Signatura:

AGI, Santo Domingo 115
Libro de Correspondencia, Isla de Cuba
Folio 35-38v

+

Sacra Cesárea Real Majestad

En una carabela que salió del puerto de esta ciudad por el mes de abril próximo pasado di relación a Vuestra Majestad de la nueva que se tenía de los franceses que estaban en la isla Margarita para venir sobre esta ciudad y aunque amenazaron aquí hicieron el salto en otra parte, porque fueron a Santa Marta. Y según se ha dicho la quemaron y no se sabe si han hecho otros daños.

Al tiempo que la nueva de los franceses vino de Santo Domingo se halló en esta ciudad un piloto, vecino de La Habana, al cual hice comprar un barco y di orden cómo con toda brevedad se aderezase y fuese a dar aviso a aquella isla para que estuviesen apercibidos. Ya hoy salió a tiempo que antes que los franceses pudiesen llegar estuviese allá el aviso, lo cual tengo por cierto habrá aprovechado. Y en esta diligencia no se gastó alguna de la Real Hacienda de Vuestra Majestad.

La armada de Vuestra Majestad, de que es general don Juan Tello de Guzmán, entró en el puerto de esta ciudad a 17[123] de mayo y estuvo en ella hasta 11[124] de junio que vino aviso de la Nueva Villa de San Germán cómo en la entrada de aquel puerto estaba un navío francés y que el patache de el entró en el puerto y habló con gente de la tierra y dijo que si no le daban carne echarían gente y quemarían el pueblo. El aviso llegó estando en misa el dicho día y la armada salió a la tarde en busca de ellos. No se sabe lo que sucedió. Luego otro día siguiente vino otro mensajero de la misma villa que dijo cómo el francés se había partido el mismo día que allí llegó la vía de Cabo Rojo sin llevar cosa de lo que pidió ni osar echar gente en tierra.

f35v

Por muy cierto tengo si la armada residiese en este puerto haría más fruto que en otra parte alguna y se evitarían muchos daños, como por otras tengo significado.

---

carta del tenor que se le escribió para el gobernador de Santa Marta y demás de aquella fue añadido lo siguiente…"
[123] Lee XVII.
[124] Lee XI.

El gasto que la armada hizo en 25[125] días que estuvo en esta ciudad fueron cuatro mil y setecientos y noventa y cinco pesos y dos tomines y tres granos. Los dos mil y quinientos se dieron de socorro a los soldados a cuenta de su sueldo y los demás se gastaron en bastimentos conforme a la cédula de Vuestra Majestad. Y la libranza que enviaban se cumpliera no se hiciera con veinte mil pesos, según todas las cosas valen a excesivos precios. En el proveer de la armada se tuvo todo cuidado y en moderar los precios de las cosas que para ella se compraron.

Los cuartos que Vuestra Majestad tiene en esta isla y los de los difuntos se van empleando como Vuestra Majestad lo tiene mandado. Y de algunos vecinos que deben dineros a Vuestra Majestad se les toma la cantidad en azúcar y cueros y se les da término de unos navíos a otros. Y de esta manera se compra a más moderado precio y ellos reciben buena obra y lo sienten menos. De cada día se va comprando azúcar y cueros y así se hará hasta enviar a Vuestra Majestad todo lo más que ser pudiere, aunque no se podrá hacer con la brevedad que yo quería y Vuestra Majestad manda, porque los navíos que aquí vienen son pocos y pequeños. De cada uno se toma el tercio para llevar la Real Hacienda de Vuestra Majestad, de que los vecinos se agravian, porque no pueden enviar sus haciendas y granjerías para aprovecharse de ellas. En estos navíos se envían mil y ciento y sesenta y cinco arrobas y media de azúcar y seiscientos cueros para Vuestra Majestad. Y de los difuntos van doscientas y cuatro arrobas de azúcar. Y así se irá enviando un pedazo en cada navío. De todo esto se envían las escrituras y recaudos a los oficiales de Sevilla.

Lo procedido de las armas que Vuestra Majestad mandó enviar a esta isla se ha cobrado en moneda corriente que son cuartos, por falta de otra y se emplea en azúcar para lo enviar a Sevilla lo cual se hará en los primeros navíos que después de estos salieren.

De los vecinos de esta ciudad se va cobrando lo que deben a Vuestra Majestad de la manera que he dicho. Solamente se ha cobrado con rigor de las personas que más cantidad debían que son de Alonso Pérez Martel los seis mil y doscientos y veinte y tres pesos tres tomines y cuatro granos y de Juan Ponce de León los siete mil y sesenta y tres pesos y seis tomines y once granos que se le había *f36* hecho de alcance del tiempo que tuvo a cargo la Real Hacienda de Vuestra Majestad y del contador Luis Pérez de Lugo los setecientos y cincuenta pesos de buena moneda que debía por los herederos de Francisco de Espinosa los cuales van en libranza sobre azúcar; en cuya cobranza he tenido no poco trabajo y hartos desabrimientos y aún siempre dura de los cuales se excusaron el doctor Vallejo y el licenciado Estévez, mis predecesores en esta gober[nación], que aunque ante ellos se pidieron estas deudas no las llevaron a debido efecto hasta que yo las he hecho cobrar, como parece por los procesos que sobre ello se han hecho.

Después de haber hecho pago a la Real Hacienda de Vuestra Majestad de la deuda que debía Alonso Pérez Martel como dicho es, apeló para la Real Audiencia de Santo Domingo donde se ha tratado pleito sobre la sentencia de remate que en la causa dio el licenciado Estévez en que en efecto mandó que los setecientos y cincuenta pesos se pagasen en oro fino y los demás a cumplimiento de la dicha deuda en reales de plata. Y después de haberse litigado se dio

---

[125] Lee XXV.

provisión en la dicha Real Audiencia por la cual se mandó que pagando el dicho Alonso Pérez Martel setecientos y cincuenta pesos en oro fino y setecientos y cincuenta en reales y lo demás a cumplimiento de la dicha deuda en la moneda corriente que corría, a la sazón que se le hizo el empréstito se le volviesen los negros que le fueron tomados por la dicha deuda. Y aunque el dicho licenciado Estévez asistió como fiscal en el dicho negocio y se pronunció auto contra lo sentenciado por él, no suplicó y así fue dada carta ejecutoria al dicho Alonso Pérez Martel; la cual presentó ante mí.   Y porque luego no le mandé volver los dichos negros y di traslado a los oficiales de Vuestra Majestad, para que alegasen lo que a la Real Hacienda convenía volvió[126] el dicho Alonso Pérez Martel otra vez a apelar y fue en persona a Santo Domingo a seguir la causa y a quejarse de mí y le dieron sobrecarta y provisión con mayores penas; cuyo traslado autorizado envío con esta para que Vuestra Majestad sea informado de lo que acerca de este negocio pasa.   Y aunque se le dio traslado al dicho licenciado Estévez, fiscal, no respondió, ni hizo diligencia alguna, como por ella parece.   La averiguación de la moneda que corría al tiempo que se le hizo el empréstito al dicho Alonso Pérez Martel se está haciendo conforme a lo que por la provisión Real se manda.   Procuraré, como siempre, que la dicha hacienda de Vuestra Majestad no sea damnificada.   Y sin embargo de lo arriba dicho van en estos navíos quinientos y cincuenta y seis arrobas de azúcar por parte de pago de los negros que se vendieron a Sancho de Arcas que eran *f36v* de los que se tomaron al dicho Alonso Pérez Martel por la dicha deuda.   Por el mes de julio pasado de [15]58 di relación a Vuestra Majestad cómo Cristóbal de Salinas, tesorero de esta isla, se le habían puesto ciertos capítulos de cosas que había hecho contra la Real Hacienda de Vuestra Majestad y que estaba dando sus descargos.   Y de lo que resultase dará aviso a Vuestra Majestad.   Y lo que acerca de ello es, que contra el dicho tesorero se presentaron 27[127] capítulos en que por ellos se dice haber usado más de su oficio y estar por el defraudada mucha cantidad de la Real Hacienda de Vuestra Majestad y otras cosas y para seguir este negocio se recibió fiscal el cual y el dicho tesorero fueron recibidos a prueba; después de haber presentado sus escritos y pasados todos los términos se hizo publicación.   Y está en este estado, como parecerá por la fe del proceso que el dicho fiscal pidió para avisar a Vuestra Majestad del estado en que el dicho negocio queda.

Después de haberse presentado ante mí la dicha denunciación contra el dicho tesorero procuré con más cuidado tener cuenta con la Real Hacienda de Vuestra Majestad y así haré llamar a los demás oficiales y un escribano público.   Y fuí a la posada del dicho tesorero, a donde está la Real Hacienda de Vuestra Majestad, y para saber el recaudo que en ella había hice sacar del arca de tres llaves el libro donde se asientan los dineros que se cobran y cuándo entran y cuándo salen.   Y en el dicho libro se halló que de ocho de marzo del año de cincuenta y cinco hasta dos de octubre de quinientos y cincuenta y siete no está asentada ninguna partida de dinero que haya entrado ni salido en las cajas de Vuestra Majestad con haberse cobrado mucha cantidad en este tiempo, como por las cuentas parece, y entre la partida que está asentada a ocho de marzo del dicho año de cincuenta y cinco hasta la otra que está asentada en dos de octubre del dicho año de cincuenta y siete, están dos hojas de papel del dicho libro en blanco como parece por fe del escribano público que con ésta va.   Y no he dado antes aviso de esto a Vuestra Majestad por lo dar junto con lo demás que en los

---

[126] Lee tornó, sustituido por volvió.
[127] Lee XXVII.

negocios del dicho tesorero se averiguare y para evitar que la Real Hacienda de Vuestra Majestad no recibiese daño y estuviese a buen recaudo y para saber cómo estaba tomé cuentas con los demás oficiales al dicho tesorero del tiempo que había tenido a su cargo la Real Hacienda en quinientos y veinte pesos y cuatro tomines *f37* y ocho granos, pero para estos reales quedan por averiguar ciertas partidas que montan tres mil y seiscientos y cuarenta y cuatro pesos cuatro tomines y diez granos que parece que el dicho tesorero recibió de Juan Ponce de León y las partidas dicen en oro corriente y reales de plata y cuartos. Y no está especificado qué cantidad fue de cada cosa, como parece por las dichas cuentas que el dicho tesorero pidió para enviar a Vuestra Majestad y sobre estas dichas partidas y declaración de ellas hay pleito entre el dicho Juan Ponce y el dicho tesorero y los demás oficiales tienen puestas adiciones a ellas; las cuales se determinarán en acabándose de tomar todas las cuentas, pero en las dichas cuentas alcanza la Real Hacienda al dicho tesorero en ciento y veinte y seis pesos y seis tomines de oro fino como por el capítulo final de ellas parece. Y en las cuentas que antes de estas los oficiales de por sí le habían tomado, le alcanzó la Real Hacienda al dicho tesorero en doscientos y siete pesos cuatro tomines y dos granos de oro fino dándole otros tantos en cuartos, como por ellas parece en el capítulo final y relación de ellas, que fueron las postreras que a Vuestra Majestad se enviaron por el mes de junio de [1]557[128] años. No se alcanza este secreto como se le puede hacer alcance de oro fino, pues es notorio que Vuestra Majestad no tiene en esta isla otro oro, sino lo que pertenece del dozavo, que es de lo que se coge en esta tierra. Y aquello cuando se funde van allí todos tres oficiales y lo meten en una cajita pequeña de tres llaves y no se puede sacar sin que estén todos presentes.

Por el mes de noviembre del año pasado de cincuenta y ocho se recibió por la vía de Santo Domingo una cédula de Vuestra Majestad por la cual manda se tome cuenta a Cristóbal de Salinas del tiempo que ha tenido a cargo la Real Hacienda; por cuanto Vuestra Majestad le había hecho merced del oficio de factor y veedor de Tierra Firme. Y en cumplimiento de ella se le tomó cuenta solamente del año de cincuenta y ocho, porque de los otros años se la había tomado como dicho es. Y en ellas no hubo alcance. Ahora se han comenzado a tomar las cuentas de todo el tiempo que el dicho tesorero ha tenido a su cargo la dicha Real Hacienda como Vuestra Majestad lo manda y se hacen todas un cuerpo para que acá y allá mejor se entiendan y acabadas se dará aviso a Vuestra Majestad de ellas y de lo demás que hubiere de que lo dar.

f37v

Esta ciudad envía a suplicar a Vuestra Majestad lo que para conservación de ella conviene Vuestra Majestad sea servido de mandar proveer en ello, porque es cierto tienen necesidad de ser socorrida para que no se acabe porque va en mucha disminución. Y Dios sabe el trabajo y desabrimiento que yo tengo en conservar los vecinos de ella, los cuales están en toda paz y quietud, aunque afligidos con las guerras y alcanzados con los excesivos precios que valen todas las cosas a causa de ellas. Y lo que más sienten es que, como son pocos, no les dejo residir en sus haciendas y se les pierden que les compelo a estar en esta ciudad. Y en esto de la paz solamente resta una cosa que decir, y es que entre el obispo de esta isla y el provisor de la Orden de Santo Domingo hubo ciertas pasiones en mi posada que acaso se

---

[128] Lee DLVII.

toparon allí y todo fue palabras y voces. Yo trabajé por los concordar y otro día siguiente les junté en la iglesia mayor de esta ciudad y se abrazaron y quedaron amigos. Y otro día el dicho provisor se partió para Santo Domingo porque ya estaba aderezado para el viaje. Y la causa de esta rencilla fue sobre a quién pertenecía cantar ciertas memorias y capellanías, que un vecino de esta ciudad dejó, y por patrón de ellas un fraile de Santo Domingo.

En lo que toca a la guerra tengo hechos los apercibimientos necesarios y todas las cosas concernientes a ella muy a punto, aunque la gente es poca como dicho tengo, y al tiempo que vino la nueva de los franceses hice en la playa del puerto de esta ciudad muchos bastiones[129] y reparos para que la gente pueda estar detrás de ellos sin poder ser ofendidos. Y ellos a su salvo ofender a los que quisieren tomar tierra cosa bien provechosa y que da grande ánimo a todos. Hice los bestiones con sus troneras y aunque en ellos se han gastado muchos peones no ha costado cosa alguna a la Real Hacienda de Vuestra Majestad.

Sacra Majestad, yo hace[130] cerca de cuatro años que sirvo en esta gobernación. Y en este tiempo no me han faltado trabajos, a causa de las guerras y aún necesidad, porque en verdad que el salario que Vuestra Majestad me manda dar en cada un año no me llega a los ocho meses; lo uno por ser poco y valer todas las cosas a excesivos precios, así las que vienen de España, como las que hay en la tierra, y lo otro por la mala moneda en que se me paga que es tal que las *f38* trescientas y setenta y cinco mil maravedís de los de Castilla, como parecerá por la información que ante Vuestra Majestad se presentará. Suplico a Vuestra Majestad sea servido de me hacer merced de alguna ayuda de costa y mande a sus oficiales de esta isla me paguen el salario en buena moneda de todo el tiempo que aquí he servido este oficio, como se ha hecho con los demás, y últimamente con el licenciado Estévez a quien yo tomé residencia. Y siendo Vuestra Majestad informado que en mí hay algunos méritos y teniendo memoria de los servicios del doctor Escudero, mi tío, que sea en gloria, en quien siempre procuro imitar, sea servido de me promover a otra parte donde mejor pueda servir a Vuestra Majestad y yo ser aprovechado en algo. Y es cierto que estoy tan necesitado, que si de aquí hubiese de ir a España a dar cuenta a Vuestra Majestad sin que se me hiciese alguna merced habría de vender lo poco que de allá traje. Nuestro Señor la Sacra, Ilustre, Real Persona de Vuestra Majestad guarde por largos tiempos con aumento de más reinos y señoríos como por los leales vasallos de Vuestra Majestad es deseado. De San Juan de Puerto Rico y de junio 25 de 1559 años.

                    Sacra Cesárea Real Majestad
          Humillísimo criado de Vuestra Majestad que sus Reales pies beso

                            El licenciado
                            Carasa

---

[129] Lee bestiones.
[130] Lee ha. Sustituido por hace.

f38v

\+

A Su Majestad
del licenciado Carasa
Gobernador de Cuba (sic) de
25 de junio 1559

Recibida en Valladolid a XI de[131] octubre 1559

[17]

[Sevilla, 27 de junio de 1559]
La Casa de Contratación al gobernador y oficiales reales de Puerto Rico

Signatura: AGI, Contratación 5185
Libro 1, folio 28

\+

Magníficos Señores

Al gobernador y oficiales de Puerto Rico}   Después de escrita la que va con esta recibimos su carta de 14 de abril de este año y el pliego que con ella vino para Su Majestad se envió luego a[132] recaudo y la carabela en que vino aportó a Lisboa[133] y en viniendo se recibirá el azúcar y cueros y dineros que envían para Su Majestad y se les avisará del recibo.

Asimismo recibimos la fe del oro y plata que enviaban para Su Majestad en la nao [de] Francisco Burgalés que tomaron franceses.   Nuestro Señor guarde sus magníficas personas y casas como desean.   De Sevilla a 27 de junio 1559 años.

---

[131] Hay una tachadura.
[132] Lee ha.
[133] Lee Lisbona.

[18]
San Juan de Puerto Rico, 8 de octubre de 1559
El gobernador de Puerto Rico a Su Majestad

Signatura:
AGI, Santo Domingo 155
Ramo 5, Núm. 22

+

A la Sacra Cesárea Real Majestad del Rey
don Felipe, Nuestro Señor, en su Consejo
de Indias

Duplicada

+

Sacra Cesárea Real Majestad

Yo he servido a Vuestra Majestad en gobernar esta isla más de cuatro años. No tanto por interés, porque no lo hay ni aún para poderme sustentar, como por dar a conocer la voluntad que tengo a su real servicio para si de mi se quisiere servir en otra cosa de más calidad. Y para esto, he procurado hacer el deber tanto y más que otro teniendo principal respeto a que soy cristiano y después, a lo que toca al servicio de Vuestra Majestad y buen recaudo de su Real Hacienda. Y así en lo que toca a paz como en lo que ha convenido en tiempo de guerra he tenido todos los avisos necesarios; todos a costa de mi persona y hacienda. Y como cosa muy importante he dado muchas veces aviso a Vuestra Majestad de lo que acá se hacía y de lo que allá convenía proveerse. Y al tiempo que esperaba respuesta y alguna remuneración de mis trabajos, recibí una carta de Vuestra Majestad por donde parece que no se ha recibido ningún aviso de los que he enviado y en lugar de remuneración soy reprehendido de algunas cosas que no sólo no tengo culpa, pero merezco gracias. Y esta reprehensión ha sido[134] para mí muy gran merced, porque será ocasión de que Vuestra Majestad sea informado de cosas que convienen a su servicio pues los avisos que tengo enviados los han tomado y que yo sea descargado de la culpa que se me pone estando en él sin ella. Y lo que en hecho pasa es que Juan Ponce de León, alcaide La Fortaleza de esta ciudad, presentó ante mí una cédula de Vuestra Majestad por la cual le da licencia para que por tiempo de dos años pueda estar ausente de ella. Y por virtud de la dicha cédula le deje ir dando, como dio, por cuenta, por inventario de las cosas de la dicha Fortaleza las cuales se entregaron al alcaide que él nombró y él se dio por entregado de ellas. Y habiendo pagado el alcance que se le había hecho del tiempo que tuvo a cargo la Real Hacienda de Vuestra Majestad y habiendo dado fianzas abonadas de mancomún para que si pareciese deber en otra moneda y lo había pagado lo

---

[134] Lee seydo.

pagaba a Vuestra Majestad como todo consta y parece por fe y testimonios de escribanos públicos que con ésta van, que son la licencia de Vuestra Majestad dio al dicho Juan Ponce y el entrego que hizo por inventario de las cosas de La Fortaleza, y fe de cómo había pagado el alcance que de la Real Hacienda de Vuestra Majestad se le había hecho, y dé las fianzas de mancomún, que dio para el efecto susodicho, por donde claramente parece ser falsa la relación que a Vuestra Majestad se hizo.

f1v

Y si en dejar ir al dicho Juan Ponce erré, no fue por quererlo hacer, sino por obedecer lo que Vuestra Majestad por su Real cédula manda. Y de no hacerlo así me pareció iba contra lo que Vuestra Majestad mandaba y si fue en tiempo de rompimiento de guerras con Francia, asimismo la sabía al tiempo que Vuestra Majestad le hizo merced de la dicha licencia como por la data de ella parece. La falta que el podía hacer había otras personas que la supliesen. Y así el dicho Juan Ponce por virtud de la dicha cédula nombró a Gonzalo Mariño de Ribera y yo le admití por ser, como es, hidalgo y en quien concurren las calidades que para tal oficio se requieren y en tal posesión es tenido como parece por la información que con esta va.

Y tan siniestra relación como a Vuestra Majestad se hizo no pudo salir sino de Cristóbal de Salinas, tesorero de Vuestra Majestad que ha sido en esta isla; el cual pospuesto el temor de Dios y la fidelidad que a Vuestra Majestad debe, con pasión que ha tenido y que le a ido a la mano y puesto recaudo en la Real Hacienda de Vuestra Majestad y no le he dejado aprovechar de ella como hacía en tiempo del licenciado Estévez que gobernó esta isla, que es su pariente e íntimo amigo, procura con falsas relaciones inmacular las famas de los fieles criados de Vuestra Majestad, porque con esto piensa encubrir sus defectos y suplir lo que a faltado en el servicio de Vuestra Majestad y cometido contra su Real Hacienda que ha tenido a cargo, como parece por el proceso que contra él se trata, que está en estado de publicación más de seis meses, el cual dilata por todas las vías que puede y dice que es Vuestra Majestad le ha hecho merced del oficio de factor y veedor de Tierra Firme se ha de ir a servirlo y que allá se ha de acabar y fenecer este pleito; lo cual hace a fin que el proceso no sea sentenciado ni él castigado de lo que ha cometido.

Ya siendo tanta superflua y contumacia en se querer aprovechar de la Real Hacienda, que aunque le fue notificado guardase y cumpliese la real provisión de Vuestra Majestad que manda que no cobre sólo el tesorero de por sí jamás lo ha querido hacer. Antes, teniendo carta de Vuestra Majestad en que le manda que guarde y cumpla la dicha provisión, de la cual el dicho tesorero presentó un capítulo en un pleito que ante mí se trató con un Jácome Fernández sobre ciertos negocios que aquí había traído sin licencia de Vuestra Majestad, tampoco lo quiso hacer. Y mandándole que exhibiese la dicha carta, no lo hizo, dando a ello algunas excusas no razonables. Y mandándole algunos días después que la exhibiese para el dicho efecto, dijo que la había roto,[135] como todo parece por fe y testimonio de escribano público de los autos que sobre la dicha provisión y carta de Vuestra Majestad hice con el dicho tesorero Salinas que va con ésta.

---

[135] Lee rompido, sustituido por roto.

Y aunque de todo lo dicho he dado aviso a Vuestra Majestad, por dos veces no parece que mis cartas se han leído en el Real Consejo de Indias; lo cual consta por una carta que recibí juntamente con la de Vuestra Majestad del doctor Francisco Hernández de Lizana[136], fiscal de Vuestra Majestad, en 24 de agosto de este año de 59; que la fecha es a 7. de marzo de este dicho año, por lo cual dice que no ha recibido respuesta de lo que he hecho en cumplimiento de la provisión Real que me fue enviada por septiembre del año pasado de [15]57 para que Alonso Pérez Martel fuese ejecutado de los seis mil y tantos pesos, que a Vuestra Majestad debía. Habiendo como hace[137] dos años que le ejecuté y saqué treinta y *f2* ocho piezas de esclavos con que se hizo pago a la Real Hacienda por defecto de no haber dineros en esta isla. Y de estos, los dos se vendieron por cierta cantidad que debía en cuartos como consta por el proceso que de ello se hizo y por fe de escribano que con ésta va; de lo cual por tres veces tengo dado aviso a Vuestra Majestad y a su fiscal. Y de lo procedido de ellos se enviaron por julio del año pasado de [15]58. 750[138] pesos en oro y plata y después acá se ha enviado cantidad de arrobas de azúcar de cuyo recibo he tenido aviso de los oficiales de la Casa de Contratación de Sevilla por donde parece que, pues los dichos oficiales recibieron la Real Hacienda de Vuestra Majestad recibirían asimismo mis pliegos para Vuestra Majestad que iban registrados en el registro real con[139] la demás hacienda y los habrán enviado a la corte de Vuestra Majestad y que allí ha habido mañas y cautelas para que no se vean. Y estas no pueden salir, sino de personas que han servido a Vuestra Majestad y procuran por todas las suyas que pueden que no haya aviso de ello. En lo cual Vuestra Majestad ha sido[140] deservido, porque en las cartas que en este tiempo he enviado he dado aviso de cosas importantes al servicio de Vuestra Majestad, así de lo que tocaba a la guerra y defensa de esta ciudad, como de lo que convenía para el bien aumento y conservación de esta isla, y vecinos de ella y pro de la Real Hacienda.

Vuestra Majestad sea servido de lo mandar remediar, porque de otra manera se dará ocasión que Vuestra Majestad no sea avisado de cosas que a su real servicio convienen y que los que acá gobernamos seamos imputados de remisos y negligentes en el servicio de Vuestra Majestad sin tener culpa. Y[141] el no leerse mis cartas en el Real Consejo de Vuestra Majestad sospecho que es la causa el dicho Cristóbal de Salinas, porque Vuestra Majestad no sea avisado de sus deméritos. Y no es mucho que tenga modos y maneras para ello, pues los obtuvo para haber en su poder una carta que el doctor Luis de Vallejo, siendo gobernador de esta isla envió a Vuestra Majestad, a su Real Concejo la cual después de leída allí, la hubo en su poder y la presentó originalmente en esta isla ante el dicho licenciado Estévez al tiempo que tomaba la residencia a el dicho doctor Vallejo, como parece por testimonio de los autos que sobre ello pasaron, que con ésta van. Y, aunque el dicho doctor pidió que la dicha carta original estuviese en poder del escribano de la causa, el dicho licenciado mandó que se volviese a el dicho Salinas quedando un traslado[142] corregido con el original en el proceso.

---

[136] Lee Liciana.
[137] Lee a.
[138] Lee DCCL.
[139] Con, repetido.
[140] Lee seydo, sustituido por sido.
[141] Tachadura: A.
[142] Lee treslado.

Y pidiendo el dicho doctor que el dicho Salinas declarase dónde había habido la dicha carta declara por su confesión que la hubo a la puerta del Real Consejo de Vuestra Majestad a vueltas de otros papeles que le dieron y que no se acuerda quién más de que encima de la carta decía vista y que le parece que la letra era de Ochoa de Luyando, como todo parece por los dichos autos y testimonios.

En lo que a Vuestra Majestad se hizo relación que el dicho Juan Ponce fue al Nuevo Reino[143] y llevó mulas y esclavos en compañía de Luis Pérez de Lugo y otras personas *f2v* lo contrario parece por verdad, porque no fue sino a Cartagena para allí hacer dineros de su hacienda y de allí ir en la flota a Castilla. Y como era ya partida la armada de Vuestra Majestad, de que era general Pedro de las Roelas, se volvió a esta isla al cabo de[144] seis meses, como parece de la información que de ello dio que con ésta va. Y si llevó mulas o esclavos en compañía de Luis Pérez de Lugo o de otras personas yo no lo supe. Y la licencia se le dio conforme a la cédula de Vuestra Majestad, como por ella parece, pero a lo menos no parecerá con verdad que yo con él, ni con otra persona alguna, haya tenido a trato ni compañía en todo el tiempo que he aquí gobernado. Lo cual contrario ha hecho el dicho Salinas, que no solamente ha tratado con la Real Hacienda de Vuestra Majestad y hecho compañías con mercaderes, pero para efectuarlas porque faltaban dineros a ellos para aquel efecto sacó ciertas barras de plata que tenía en la Real Hacienda y las emprestó para la dicha compañía. Lo cual hice yo cobrar viniendo a mi noticia, bien dos años después que las emprestó y ha hecho otros fraudes para aprovecharse en ella, como más largamente por el dicho proceso que contra él se trata parece.

En lo demás que Vuestra Majestad manda por su real cédula que se cobre lo que el dicho Juan Ponce y los demás vecinos deben. Digo que lo que el dicho Juan Ponce debía está ya cobrado, según dicho es, y en la dicha fe se contiene, y lo que deben los demás vecinos se cobrará con la más brevedad que ser pudiere; aunque no se puede hacer sin mucho daño de ellos, porque allende de los trabajos que han tenido a causa de las guerras pasadas, en doce de septiembre próximo pasado vino una tormenta que les llevó cuánto en el campo tenían, con que se entendían remediar, que no quedó qué comer y se padece mucha necesidad. Y esto les ha quitado la esperanza de su remedio y si Vuestra Majestad no les hace alguna merced, que les conceda lo que han enviado a suplicar, tengo por cierto que esta isla no se ha de poder conservar, porque no solamente trabajan dese ir de ella los que no tienen raíces, pero los señores de los ingenios y de los hatos dicen que lo quieren dejar todo y no estar donde tanta necesidad padecen. Vuestra Majestad mande proveer en ello lo que más su servicio sea. Y en lo de la cobranza de la Real Hacienda de Vuestra Majestad no ha habido en esta isla ningún juez ni otra persona que más recaudo haya puesto en ella, porque yo he hecho cobrar deudas antiguas que algunas de ellas se pidieron en tiempo del licenciado Cervantes y del doctor Vallejo y del licenciado Estévez y ninguna se cobró; entre las cuales fue la de Alonso Pérez Martel de los seis mil y tantos pesos que debía a Vuestra Majestad y del contador Luis Pérez otros setecientos y cincuenta y de Juan Ponce de León el alcance que le fue hecho y de otras personas, como todo consta y parece por los procesos que sobre las dichas cobranzas se han hecho.

---

[143] Se trata del Nuevo Reino de Granada, hoy Colombia.
[144] Lee dende a, sustituido por al cabo de.

Con la dicha carta recibí otra de Vuestra Majestad por la cual manda que estemos apercibidos y a punto de guerra por cuanto que en los puertos de Bayona, Burdeos *f3* y San Juan de Luz se había armado 8. galeazas con hasta mil y cuatrocientos hombres para venir a hacer daños a estas partes. Y es cierto si hubiera aguardado los avisos y los enemigos hubieran venido y a esta ciudad estuviera asolada, porque ninguno he tenido. Que de la data de el recibo no hayan pasado más de diez meses, como por otras tengo dado aviso a Vuestra Majestad, pero después que fue avisado del rompimiento de las guerras con Francia siempre he tenido cuidado y vigilancia en guardar esta isla y pertrechar esta ciudad. Y en las partes que ha sido más necesario he hecho reparos y defensas y porque tengo entendido han tomado las cartas donde daba de ello[145] aviso a Vuestra Majestad lo referiré en ésta que son las siguientes:

En el desembarcadero principal que corre desde la Fortaleza hacia el Morro un lienzo de cerca que tiene trescientos pasos de largo y seis ladrillos de ancho con sus troneras por bajo y salteras[146] por arriba con sus andenes y almenas.

Dos Morros; el uno, a la entrada del puerto de esta ciudad por [de]bajo del otro viejo que allí estaba de cal y canto con siete troneras.

Otro debajo del monasterio de Santo Domingo donde hay un desembarcadero con bonanza.

En la playa y surgidero de los navíos siete bastiones[147] tan anchos que no los podrá pasar una culebrina, puestos a trechos que ocupan mucho espacio de la playa con sus troneras.

Y en una punta que se hace dentro del puerto un bastión grande a modo de morro en que pueden estar amparados doscientos hombres.

En La Puente, por donde entran a esta ciudad, un colgadizo cubierto a teja y otro bastión delante con sus troneras. Por manera, que todos los pasos por donde podía ser ofendida esta ciudad los he fortificado lo cual ha dado ánimo a los vecinos para la defender y ha acobardado a los enemigos para la acometer por la noticia que de ello han tenido. Y además[148] de estos, he abierto caminos y rompido peñas en las partes convenientes para que los de a caballo pudiesen pasar para ir a velar y hacer la sobre ronda; lo cual ha sido de mucha importancia para la defensa de esta ciudad.

Y en todo esto, aunque ha habido mucha costa, no se ha gastado cosa alguna de la Real Hacienda de Vuestra Majestad, sino con dineros y negros de algunos vecinos que los tenían. Que lo han dado de su propia voluntad, lo cual han hecho a mi ruego y persuasión viendo que yo era siempre el primero que de mi casa más gastaba y el que antes que otro ponía las manos en la obra que se hacía, como en esta ciudad e isla es público y notorio. Y lo demás de estos reparos he hecho en días de fiestas con licencia del obispo con los negros que podía haber

---

[145] De ello, entrelíneas.
[146] Salteras o saleteras, se refiere a una especie de barricada militar; quizás de estacas puntiagudas.
[147] Lee bestiones, del latín bestione. Sustituido por bastiones.
[148] Lee de más.

f3v sin que los vecinos recibiesen daño ni dejasen de hacer sus haciendas en todo lo cual me he hallado siempre presente sin excusarme de ningún trabajo.

Luis Pérez de Lugo, contador de Vuestra Majestad de esta isla, presentó ante mí una cédula real por la cual Vuestra Majestad le da licencia para salir de esta isla por tiempo de dos años. Y presentada mande notificar a los demás oficiales que si tenían que decir contra la dicha licencia, lo dijesen y el factor dijo que no tenía qué decir, sino que se cumpliese lo que Vuestra Majestad mandaba. Y el tesorero Salinas lo contradijo, diciendo que debía dineros a Vuestra Majestad, aunque el tiempo de la paga no era llegado y otras cosas. En conclusión pronuncié un auto en que en efecto mandé que el dicho Luis Pérez de Lugo saliese conforme a la cédula y merced de Vuestra Majestad, con tanto que él y su mujer ratificasen las escrituras de obligaciones que con su poder estando ausente el dicho Luis Pérez de Lugo se habían hecho del empréstido que Vuestra Majestad le había hecho merced y con que diese otro fiador abonador para toda la dicha cantidad que se pagaría al tiempo según, como por Vuestra Majestad estaba mandado como más largamente en el dicho auto se contiene. La fe del cual y de las obligaciones que se hicieron va con ésta y de esto doy relación a Vuestra Majestad para que esté informado de lo que pasa y si otra relación, como en lo de la licencia del dicho Juan Ponce de León se hiciere, se sepa la verdad y yo no sea culpado. Y aunque el dicho Luis Pérez no tuviera licencia de Vuestra Majestad, se la diera yo dando la seguridad que dio y estando tan abonada la deuda que debía, porque en ello hacía servicio a Vuestra Majestad y así convenía a buena gobernación, como parecerá por la información que aquí hizo el licenciado Estévez y la llevó original un Luis Gómez, por mandado de la Real Audiencia de La Española, el año de cincuenta y cinco y se envió al Real Consejo por junio del dicho año, la cual Vuestra Majestad sea servido mandar ver para el dicho efecto y se hallará ser verdad lo que digo.

Y es cierto, y así parecerá por verdad, que la contradicción que el dicho Salinas a puesto a las licencias del dicho Juan Ponce y Luis Pérez no ha sido[149] por celo del servicio de Vuestra Majestad, sino por seguir su propio interés y por odio que a los susodichos tiene a el dicho Juan Ponce, porque denunció contra él de las cosas que en deservicio de Vuestra Majestad había hecho. Y por estorbar que no fuese a España y diese noticia de ello a Vuestra Majestad y a los del su Real Consejo.

Y a el dicho contador Luis Pérez por que pidió se le tomasen las cuentas de la Real Hacienda, en las cuales él le aprestó y dio aviso de cosas que en ellas estaban solapadas, como parece por las adiciones que él puso a las dichas cuentas; las cuales irán con las demás en el propio navío que de aquí saliere y no van con ésta porque no están conclusas para se sentenciar. Y que el dicho tesorero Salinas lo haya hecho por esta causa parece claro, porque otros vecinos que debían dineros a Vuestra Majestad en cantidad y de plazo pasado se han ido de aquí sin que el dicho Salinas hablase ni impidiese su partida ni pidiese *f4* seguridad entre los cuales fueron un Pedro de Salvatierra y Rodrigo Franquez; el cual sin le pedir seguridad, ni tener más de un conocimiento simple le dejó ir.

Lo cual ha parecido ahora al tiempo que se le tomaron las cuentas por mandado de Vuestra

---

[149] Lee seydo.

Majestad y lo mismo ha hecho con otros vecinos. Y en la cobranza de la Real Hacienda aún no ha destruido hasta los perseguir y destruir y con otros ha disimulado. Y con deberse el alcance que se hizo al tesorero Juan de Castellanos del tiempo que no había mala moneda cobró lo que le quisieron dar en cuartos, por ser sus amigos y fiadores, los que lo debían habiendo seguido a otros para que pagasen en buena moneda, lo cual habían recibido en tiempo que corría mala como parece por los procesos que sobre ello se han hecho. Y aunque después de venido a mi noticia le mande que cobrase el dicho alcance en buena moneda, jamás lo hizo dilatándolo de día en día por la dicha razón. Y aún hoy día se debe parte de ello por no haber querido averiguar el dicho Salinas lo que fue en buena moneda no se ha cobrado.

En esta gobernación yo he servido a Vuestra Majestad con toda felicidad y he trabajado cuanto un hombre ha sido posible, como a todos es público y notorio, y así es verdad parecerá cuando Vuestra Majestad fuere servido de me mandar tomar cuenta. Lo cual ha sido causa de estar pobre necesitado y por los excesivos precios que valen todas las cosas. Y asimismo ser poco el salario que se me da que pagándose en mala moneda, como se paga las trescientas y setenta y cinco mil maravedís, que se me dan pagadas en la dicha moneda. No pasa el valor de ella de ciento y cincuenta mil maravedís de los de Castilla, como parece por las informaciones que a Vuestra Majestad he enviado a su Real Consejo de Indias.

A Vuestra Majestad suplico sea servido de me mandar hacer merced de alguna ayuda de costa y mandar a sus oficiales de esta isla me paguen el salario en buena moneda de todo el tiempo que aquí he servido este oficio, como se ha hecho con los demás y últimamente con el licenciado Estévez, a quien yo tomé residencia. Y en defecto, con no haber la buena moneda les mande me den la equivalencia de ella o me mande librar el dicho salario en Tierra Firme, como se hace con el gobernador de la isla de Cuba.

Y siendo Vuestra Majestad informado que en mí hay algunos méritos y teniendo memoria de los servicios del doctor Escudero, mi tío, que sea en gloria, fiel criado de Vuestra Majestad a quien yo siempre procuro imitar, sea servido de me promover a otra parte donde mejor pueda servir a Vuestra Majestad y yo ser en algo aprovechado. Y es cierto estoy tan pobre que si de aquí hubiese de ir a España a dar cuenta a Vuestra Majestad sin que se me hiciese alguna merced, he de vender forzosamente lo poco que de allá mi mujer y yo trajimos.

Esta ciudad e isla aunque necesitada según arriba dicho está en paz *f4v* y quietud y sin haber recibido daño de los enemigos. Y porque en los navíos que salieron de aquí por el mes de junio de este año di relación a Vuestra Majestad del estado de esta isla y de lo tocante a la Real Hacienda, en ésta no la refiero. Nuestro Señor la Sacra Real Persona de Vuestra Majestad guarde por largos tiempos con aumento de más reinos y señoríos como por los leales vasallos de Vuestra Majestad es deseado de San Juan de Puerto Rico y de octubre 8 de 1559 años

Sacra Cesárea Real Majestad
humildísimo criado de Vuestra Majestad que sus
Reales pies besa
El Licenciado
Carasa

+

A Su Majestad
Licenciado Carasa de la Isla de San Juan
8 de octubre 1559

Vista

Transcrita en:

Alvaro Huerga ***Historia Documental Tomo XVIII: La Familia Ponce de León,*** doc. 7, pp. 173-182, con signatura errónea.

[19]
Sevilla, 14 de enero de 1560
La Casa de Contratación al gobernador y oficiales reales

Signatura:
AGI, Contratación 5185
Libro 1, folios 34v-35

+

Magníficos Señores[150]

Al gobernador y oficiales de Puerto Rico.-

En la flota pasada que partió .X. abril, de que fue por general Pedro de las Roelas, respondimos a sus cartas que hasta entonces habíamos recibido. Y después en la carabela de aviso que despachamos con las nuevas de las paces les avisamos de lo que de acá había que decir. Y así lo que en esta tenemos que les avisar es que después hemos recibido en las naos que de esa isla han venido tres cartas suyas; la una de 14 de abril en 28 de junio y las otras dos; que la una es duplicada de la otra, de 25 de junio en 22 de septiembre y 18 de octubre a los cuales satisfacemos aquí.

Las cartas que con ellas vinieron para Su Majestad se enviaron luego a recaudo a su Consejo de las Indias y también recibimos la fe y testimonio de lo que enviaron para Su Majestad en el navío, maestre Francisco Burgalés, que tomaron franceses.

El azúcar y cueros que enviaron para Su Majestad en la carabela nombrada El Espíritu Santo, maestre Melchior Velázquez, recibimos conforme al registro y lo mismo los 405 ducados que vinieron librados en el azúcar de Sancho de Arcas, según nos avisaron y de ello se dio aviso a Su Majestad y lo demás que valió se entregó a Francisco Martínez Caro.

---

[150] Al inicio lee Muy, tachado.

Asimismo recibimos todo lo que nos enviaron en la nao, maestre Alonso Méndez, en azúcares y cueros y de su valor se hizo cargo a mí, el tesorero, en los libros de esta casa y se dio aviso a Su Majestad. Los 100 cueros que traía la nao de Juan de Escobar[151] hasta ahora no los hemos recibido, ni sabemos que la haya hecho si se ha perdido o no.

El navío nombrado La Concepción, maestre Ximón de Mondragón se perdió con todo lo que traía en la costa de Portugal, cerca del puerto de Lisboa[152] y se ahogó toda la gente que en ella venía, víspera de Nuestra Señora de septiembre, con tormenta de que nos ha desplacido. Y alguna hacienda parece que se va sacando y lo que cabe de ella a Su Majestad se nos entregó y se cargó a mí, el dicho tesorero.

Su Majestad nos ha enviado a mandar que se cobre en las Indias la mitad de la costa que se ha hecho [153] en el despacho de esta armada en que va el señor Virrey[154] y comisarios que Su Majestad envía al Perú, como verán por el mandamiento que con esta va y porque es cosa que conviene al servicio de Su Majestad que en la cobranza de ello, *f35* haya toda diligencia y cuidado les pedimos por merced que así lo hagan y cumplan y cobrando de las mercaderías y otras cosas que en esa provincia se descargaron de ellas conforme al dicho mandamiento y lo que se cobrare enviarán con toda brevedad en las primeras naos que ahí vinieren. Nuestro Señor etc. de Sevilla a 14[155] de Enero de 1560 años.

---

[151] Lee descobar.
[152] Lee Lisbona.
[153] Tachadura: de su hacienda.
[154] Lee visorrey.
[155] Lee XIIII.

[20]
San Juan de Puerto Rico, 13 de mayo de 1560
El gobernador a Su Majestad

Signatura:
AGI, Santo Domingo 11
Número 25, folios 25-26v
En PARES: imgs. 45-48, 51-52

+

Sacra Católica Real Majestad

Por el mes de octubre pasado de cincuenta y nueve, dí cuenta a Vuestra Majestad del estado de esta isla y de lo que convenía para la conservación de ella; especialmente de lo tocante a la guerra. Después recibí por la vía de Santo Domingo una carta de Vuestra Majestad por la cual me manda dar aviso de las paces hechas entre Vuestra Majestad y el cristianísimo Rey de Francia y concertado casamiento de Vuestra Majestad con hija suya, el cual sea tan felicísimo como los fieles criados de Vuestra Majestad deseamos. Toda esta isla y vecinos de ella recibieron grande regocijo y contentamiento, lo cual mostraron bien por obra en las fiestas que se hicieron; que para esta tierra y su esterilidad fue harto y sobre todo hice el contentamiento posible. Y tuve por merced señalada la que Vuestra Majestad me hizo con el aviso. Yo hice pregonar el mandato de Vuestra Majestad y tendré cuidado que los navíos que de aquí salieren vayan por la orden que cuando había guerra porque no reciban daño, como Vuestra Majestad lo manda.

Pedro de las Roelas, general de la armada, que el año pasado vino a Tierra Firme, entró en el puerto de esta ciudad a veinte y nueve de marzo en la nao capitana quebrados los mástiles[156] y desaparejado, la cual el no estar para navegar ni se poder remediar en esta ciudad, la envió a Santo Domingo. Yo me informé luego de lo que en ella había venido de Vuestra Majestad y por el registro pareció que venían doscientas y cincuenta barras de plata que dieron en Tierra Firme y cinco cajones de oro del Reino[157] que se dieron en Cartagena, que serán hasta veinte y tres mil castellanos, y un cofrecito de esmeraldas. Que todo ello viene a ser hasta cien mil ducados, sin lo de particulares. Y traté con el general se diese orden para que este dinero fuese a Vuestra Majestad y asi los demás y habiéndose platicado sobre el negocio pareció a todos que se armase una carabela de un vecino, que aquí estaba en compañía de otros cuatro navíos medianos, y con ellos se fuese el general a España. Y aunque hubo pareceres de algunos que decían se diese aviso a Vuestra Majestad para que enviase armada por el dinero, a mi me pareció que habiendoe la disposición que había de todo el año para navegar a España y no habiendo guerras con Francia, convenía al servicio de Vuestra Majestad que el dinero se enviase en los dichos navíos. Por que haber de aguardar armada para que llevase el dinero había de pasar un año y se había de hacer mucha costa y Vuestra

---
[156] Lee másteles.
[157] Se trata del Nuevo Reino de Granada.

Majestad dejaba de ser socorrido en este tiempo de su dinero y asi se concluyó. Y estando aderezando la dicha carabela en quince del mes de abril pasado entró aquí una urca cargada de mercaderías de España y pareciendo que aquella era más conveniente para el efecto se descargó y fortaleció[158] y armó en veinte y ocho días; diligencia que para esta tierra se ha de tener en mucho por la poca comodidad que en esta tierra se halla para semejantes cosas. Y en aprestar la dicha nao y en hacer aparejar las demás que con ella van, el general y yo pusimos la diligencia posible.

f25v

En la urca recibí otra cédula de Vuestra Majestad por la cual encarga a los perlados tengan todo cuidado y vigilancia de saber si han pasado a estas partes algunos luteranos o que sean de casta de moros o de judíos que quieran vivir en su reino y que habiéndolos, los castiguen ejemplarmente y si han pasado algunos libros luteranos o de los prohibidos, las tomen y recojan y envíen a España y requerí con ella al Obispo de esta isla y el la obedeció y cumplirá con toda diligencia. Y antes que viniese la cédula tenía el todo cuidado en ello y había hecho quemar muchos libros de los reprobados contenidos en el catálogo que por mandado del Consejo de Inquisición se había enviado a estas partes y yo asimismo he tenido cuidado y vigilancia en saber las personas que venían y los libros que traían cuando iban a visitar los navíos y lo tendré[159] de aquí adelante y daré a ello todo el favor y calor que de mi parte fuere necesario, como Vuestra Majestad lo manda.

Recibimos asimismo los oficiales de esta isla y yo un pliego de Vuestra Majestad y en él una carta e instrucción firmada de Ochoa de Luyando en que se manda se aumenten escribanías del número y de la gobernación y se vendan por lo más que pudieres y otras cartas en blanco para que los vecinos que estuvieran posibles socorran a Vuestra Majestad con algún dinero y en lo que toca a los oficios de escribano se pregonó públicamente y hasta ahora no ha parecido persona alguna que quisiese comprar ninguno de ellos, antes, algunos de los que los tienen los quieren dejar, porque no se pueden sustentar con ellos. Pero, si alguno hubiere que quiera comprar alguna escribanía se le venderá como Vuestra Majestad lo manda. Y en lo que toca al empréstito y las mandas, a algunas persona que entendíamos tenían más posibilidades y les dímos las cédulas de Vuestra Majestad, puestos allí sus nombres y ninguno de ellos hubo que diese un real y asi con juramento lo afirmaron que no lo tenían. Y cierto, los que pensamos que tienen más están más adeudados y tienese bien entendido que no hay en todas las Indias tierra donde tan poca posibilidad haya para servir con dinero a Vuestra Majestad porque aliende de los trabajos que tenían, vino una tormenta por el mes de septiembre, que acá llaman huracán, que asoló y destruyó todas las haciendas de esta isla y hubo tanta necesidad de comida que, sino fuera por la mucha diligencia que puse hubiera perecido mucha gente, como es público y notorio, y han estado los vecinos tan afligidos que no pudiendo sufrir tanta miseria se han procurado ir de aquí los más; lo cual yo he estorbado cuánto he podido y los entretengo con decirles que Vuestra Majestad ha de hacer merced a esta isla con que se restaure. Y platicándose en el regimiento de esta ciudad del remedio que podría haber para que esta isla no se acabase de perder les ha parecido enviar a suplicar a Vuestra Majestad haga merced a los vecinos de enviar a esta isla mil

---

[158] Lee forneció, se sustituyó por fortaleció.
[159] Lee terné.

negros para que se echen a las minas y los vecinos los paguen en un cierto tiempo del oro que sacaren y asi lo escriben a Vuestra Majestad y lo que de ello entiendo es, que haciendoles Vuestra Majestad la merced esta isla se podrá sustentar y de ello resulta provecho a la Real Hacienda porque por los negros se dará acá doblado de lo que allá costaren y será mucho el provecho de los dineros que a Vuestra Majestad se han de dar porque es cierto que los ingenios son de tan poco provecho que no hay señor de ellos que no deba más que tiene y ésto es lo que entiendo de este negocio. Vuestra Majestad mande hacer lo que su real servicio sea. También a Vuestra Majestad envíamos a suplicar les haga merced de que esta ciudad se cerque. Ello es cosa muy importante para la población de ella y así lo tengo significado a Vuestra Majestad por otras cartas. Tienese entendido de los oficiales que con poca costa se podrá hacer y no se envía la información de ello porque el general no se ha detenido una hora. Enviarse con el primero navíos que de aquí saliere.

Por otras he dado aviso a Vuestra Majestad como ante mí se ha tratado pleito contra Cristóbal de *f26* Salinas, tesorero que ha sido de esta isla, sobre cosas que parece haber hecho en fraude de la Real Hacienda de Vuestra Majestad en el tiempo que la tuvo a su cargo y estando el proceso con el uso para definitiva. una noche tomó un barco de un vecino y se fue fugitivamente a Santo Domingo y según ha parecido fue a favorecerse del licenciado Estévez, fiscal de aquel audiencia, el cual ha constado porque en lugar de acusarle, como era obligado, lo procuró sacar de la cárcel donde aquellos señores le tenían preso por carta requisitoria mía y lo llevó a su casa, como es notorio y se averiguará. Los oidores han enviado por el proceso y se ha llevado allá. Vuestra Majestad envie a mandar lo que sea servido Yo de mi parte hice lo que era obligado.

El deán de la iglesia de esta ciudad falleció por el mes de febrero y el Obispo desea que se proveyese aquella dignidad a persona que lo mereciese y habiendo comunicado conmigo el negocio. me dijo que el quería que el arciprestazgo se proyesese como se ha hecho el de Santo Domingo y de la Vega cosa que le parece sería acertada y que el deanazgo se diese a don Diego García de Santa Ana, arcipreste que ha que lo es, según dicen, treinta años y ha sido provisor casi otros tántos del obispo pasado y del presente persona benemérita para la dicha dignidad al cual el obispo ha persuadido acepte la merced si Vuestra Majestad fuese servido de se la hacer porque como el arciprestazgo es de más interés y no ha estado en ello.

Esta iglesia se sirve de ordinario muy bien; especialmente estando aquí el Obispo el cual con celo del servicio de Dios y por cumplir con su conciencia se partió a 28. del pasado a visitar la isla Margarita a donde entiende que hará mucho fruto con su persona y con religiosos que lleva.

El edificio de esta iglesia se sustenta con mucho trabajo y si se dejará un día por no tener posibilidad para lo proseguir que es gran lástima, por los buenos principios que tiene. Vuestra Majestad sea servido de mandar continuar la limosna que Su Majestad del Emperador, Nuestro Señor, que está en gloria le hacía.

En estos navíos se envía a la contratación de Sevilla alguna cantidad de azúcar y cueros y por despachar con brevedad al general y los navíos que llevan la moneda de Vuestra Majestad, no se envía más. En los navíos que fuesen se procurará enviar lo más que ser pueda.

Su Majestad, yo he servido en esta gobernación cerca de cinco años y he trabajado cuánto a un hombre ha sido posible, así en tener pacífica esta tierra, que la hallé alborotada, y en guardar la Real Hacienda de Vuestra Majestad, como en defenderla que no fuese destruída de franceses como la han sido los otros pueblos marítimos que tenían más posibilidad de gente para se defender que no ésta. Y ésto he hecho a costa de mi persona y hacienda como a todos es notorio y parecerá por informaciones que al Real Consejo de Indias envío lo cual ha sido causa de estar pobre y necesitado. A Vuestra Majestad suplico sea servido de me hacer merced de alguna ayuda de costa y darme recompensa de la vara de alguacil mayor, que se me ha quitado, y siendo Vuestra Majestad informado que en mi hay algunos méritos teniendo en memoria los servicios del doctor Escudero, mi tío, fiel criado de Vuestra Majestad, a quien yo siempre he procurado imitir, sea servido de me promover a otra parte donde mejor pueda mostrar el deseo que de servir a Vuestra Majestad tengo y es cierto que si de aquí hubiese de ir a dar cuenta a Vuestra Majestad de que se me hiciese alguna merced tengo necesidad de vender lo poco que de allá traje.

f26v

Nuestro Señor la Sacra Real Persona de Vuestra Majestad guarde por largos tiempos con aumentos de más reinos y señoríos, como por los leales vasallos de Vuestra Majestad es deseado. De San Juan de Puerto Rico, a 13 de mayo de 1560 años.

Sacra Católica Real Majestad
Humillísimo criado de Vuestra Majestad que sus reales pies besa

El licenciado Carasa

+
A la Sacra Católica Real Majestad del Rey, don Felipe[160],
Nuestro Señor en su Real Consejo de Indias

Anexo:
+
Poder del licenciado Diego de Carasa, gobernador de San Juan de Puerto Rico para Juan de Tejada.

Sepan cuántos esta carta de poder vieren como yo, el licenciado Diego de Carasa, gobernador y justicia mayor en esta isla de San Juan por Su Majestad, otorgo y conozco por esta presente carta que doy y otorgo todo mi poder cumplido cuán bastante le tengo y de derecho más pueda y debe [ ] al muy magnífico señor, el licenciado Gaspar Escudero, y a Juan de Tejada, alguacil mayor de esta ciudad de Puerto Rico, y a Sebastián Rodríguez, solicitador en la corte de Su Majestad en el su Real Consejo de Indias, y a cada uno de ellos por insolidum; especialmente para que por mí y en mi nombre y como yo mismo podía de parecer y parezcades ante Su Majestad y señores de su Real Consejo de Indias y presentar en mi nombre cualesquier peticiones, probanzas e

---
[160] Lee Philippi.

informaciones y testimonios y otras escrituras que a mi derecho convenga y sacar y ganar de Su Majestad cualesquier provisiones y cédulas de la merced o mercedes que Su Majestad fuere servido de me hacer y las sacar de poder de cualesquier secretarios y oficiales de Su Majestad en cuyo poder estuviere despachadas y me las enviar a esta ciudad a mi consignadas, duplicadas como les pareciere, y bien visto les fuere y sobre ello y cada una cosa y asuntos y diligencias judiciales y extrajudiciales de se hacer y que yo haría y hacer podría presente siendo y cuán cumplido y bastante poder como yo otorgo para lo que dicho es otro tal y ese mismo doy y otorgo al dicho señor licenciado Gaspar Escudero y Juan de Tejada, alguacil mayor y Sebas*1v*tián Rodríguez solicitador, y a cada uno, como dicho es, con sus incidencias y dependencias, anexidades y conexidades y con libre y general administración en firmeza. De lo cual lo otorgué ante el escribano público y testigos de yusoescritos que fue fecha y otorgada en la dicha ciudad de San Juan de Puerto Rico, a diez días del mes de mayo de mil y quinientos y sesenta años. Testigos que fueron presentes a lo que dicho es, Diego Maldonado, escribano, y Juan de Bustillo y Luis Castán, vecinos de esta ciudad y el dicho señor gobernador lo firmó de su nombre y dijo que daba el dicho poder para que sustitutos. Dijo que daba el dicho poder. El licenciado Carasa. Y yo, Pedro Maldonado, escribano de Su Majestad, y escribano público en la dicha ciudad de San Juan de Puerto Rico presente fui a lo que dicho es y lo escribí según que ante mí pasó y por ende hice aquí este mi signo a tal

        [signo] en testimonio de verdad
        Pedro Maldonado
        escribano público

Nos, los escribanos públicos y de Su Majestad que aquí abajo firmamos nuestros nombres damos fe y hacemos saber a los señores que la presente vieren, como Pedro Maldonado, escribano, de quien la escritura arriba contenida la escribió y va signada y firmada, es escribano de Su Majestad y escribano público en la dicha ciudad de San Juan de Puerto Rico y las escrituras y autos judiciales y extrajudiciales que ante dicho Pedro Maldonado han pasado y pasan se ha dado y da entera fe y crédito en juicio y fuera de el y en fe de ello dimos la presente que es fecha en Puerto Rico a trece de mayo de mil y quinientos y sesenta años.

Hernán Pérez	Diego Franquez
escribano público	escribano de Su Majestad

        Diego Maldonado
        escribano público

[21]
San Juan de Puerto Rico, 15 de mayo de 1560
El gobernador y oficiales reales a la Casa de Contratación

Signatura:
AGI, Contratación 5104

+

1560

Muy Ilustre y muy magníficos señores

A quince de abril del presente año recibimos ciertos despachos de Su Majestad a los cuales respondemos y suplicamos a vuestra señoría y mercedes se les envíe y también recibimos los de vuestra señoría y mercedes.

En la carabela, maestre Domingo de Freites[161] enviamos a Su Majestad catorce cajas de azúcar que llevan de leal dado doscientos y noventa arrobas y trece libras que registró Sancho de Arcas en nombre de Manuel de Illanes y Luis Pérez de Lugo que las debían sobre las cuales van librados doscientos y ochenta y cinco pesos con que se acaba de pagar cierta libranza que los susodichos debían a Su Majestad como parece por la fe del registro.

También van en el dicho navío ocho cajas que tienen ciento y sesenta y dos arrobas de buen azúcar que registró Baltasar Esteban que proceden de las armas que trajo[162] don Juan Tello. Van librados sobre las dichas ocho cajas setenta y dos mil y setecientos y seis maravedís que montaron las dichas armas y pólvora sacada la que se tomó para la Fortaleza y Morro.

También van en el dicho navío ciento y veinte y seis cueros y otras tres cajas que tienen sesenta arrobas todo lo cual parecerá por el registro a que nos referimos.

f1v

En el navío, maestre Diego Camacho, enviamos cuatro cajas de azúcar: dos de moscabado y dos de entero que tienen de buen azúcar setenta y cuatro arrobas para en cuenta de lo que a Su Majestad se debe como parecerá por la fe del registro./[163]

También enviamos en Salvador Hernández veinte y seis cueros. No se ha podido enviar más a causa de que Pedro de las Roelas, general de la armada de Tierra Firme, se dio mucha prisa en despacharse. Tendremos especial cuidado enviar todo lo posible en los navíos que de aquí adelante partieren como Su Majestad nos manda. Nuestro Señor la Ilustre Persona

---

[161] Lee Freita.
[162] Lee truxo.
[163] Al margen izquierdo en el comentario de la Casa de Contratación está tachado lo siguiente: " Diz de que está en los Azores".

de Vuestra Señoría y mercedes guarde y estado acreciente por largos tiempos como por sus servidores es deseado.   De San Juan de Puerto Rico y de mayo 15 de 1560 años.

Muy ilustre y muy magníficos señores
Besan las manos de vuestra señoría y mercedes

El Licenciado Carasa	Gonzalo Mariño de Ribera	Martín Aceituno	Francisco Alegre

[22]

**San Juan de Puerto Rico, 13 de julio de 1560
El gobernador y regidores a Su Majestad**

**Signatura:
AGI, Santo Domingo 168
Folios 239-240**

+

A la Sacra Cesárea Real Majestad del Rey
Don Felipe, Nuestro Señor, en el
Su Real Consejo de Indias/

+

Sacra Cesárea Real Majestad

En el mes de abril recibimos un pliego en que venía una cédula de Vuestra Majestad y un memorial firmado de Ochoa[164] de Luyando por la cual se nos envía a mandar que ciertos oficios en el dicho memorial contenidos se vendan y que se acrecienten y vendan en esta isla escribanías del número y gobernación y del consejo.   En cumplimiento de lo cual con todo cuidado y diligencia lo hicimos pregonar y al cabo de algunos días salieron dos mancebos que ate más; el uno del otro, vinieron a dar cuatrocientos pesos por una escribanía pública,

---

[164] Lee Uchoa.

cosa que en esta isla nunca se ha visto valer arriba de ciento o ciento y cincuenta pesos. No se puso en pregón más de la dicha escribanía porque hay otras tres públicas sin ella y porque tuvimos entendido que siendo una se vendería mejor que no dando a cada uno la suya como por la obra pareció. Y es cierto que para la tierra y los negocios que en ella hay de las tres que había sobre la una y visto se había vendido tan bien después del remate se apregonó si había otra persona que diese otros cuatrocientos pesos por otra que se le daría y no ha salido nadie a ella porque en él a verdad la tierra está tan necesitada y afligida cual jamás no se ha visto y con poca esperanza de remedio si de Dios y de Vuestra Majestad no le viene. Según más largo en otras hemos escrito a Vuestra Majestad. La persona en quien fue rematada la dicha escribanía se llama Gaspar Gallegos y es hijo de vecino el cual dio información de su habilidad y no ser de los prohibidos. Vuestra Majestad sea servido de mandarle enviar la aprobación del dicho oficio. No dejaremos de hacer nuestras diligencias adelante aunque tenemos *f1v* entendido será por demás. Suplicamos a Vuestra Majestad se informe del estado en que esta isla está para que se remedie.

En este navío se envían de la Real Hacienda de Vuestra Majestad quinientas y sesenta y dos arrobas de buen azúcar y veinte cueros de lo cual por menudo damos aviso a los oficiales de Vuestra Majestad de la Casa de Contratación de Sevilla. En todos los navíos que fueren procuraremos de enviar toda la demás cantidad que ser pueda. Nuestro Señor la Sacra Real Persona de Vuestra Majestad guarde y prospere largos tiempos con aumento de más reinos y señoríos como por los leales vasallos de Vuestra Majestad es deseado. De San Juan de Puerto Rico a 13 de julio 1560[165] años.

Sacra Cesárea Real Majestad
Humillísimos criados de Vuestra Majestad
que sus Reales pies besamos

El Licenciado	Gonzalo Mariño	Martín
Carasa	de Ribera	Aceituno

+

A Su Majestad　　　　　　　*respondida/*
del gobernador y oficiales de la Isla de San Juan de
23[166] de julio de 1560

*vista y respondase
y dese la confirmación*

+

A Su Majestad
de la Justicia y regimiento de

---

[165] Lee IUDLX.
[166] Lee XXIII.

[23]

San Juan de Puerto Rico, 13 de julio de 1560
El gobernador de Puerto Rico a los oficiales de la Casa de la Contratación

Signatura:
AGI. Contratación 5104

+

Muy magníficos señores

Por el mes de mayo próximo pasado dí aviso a vuestras mercedes cómo a esta isla había venido una carabela portuguesa desgarrada y que, aunque por la información que dieron y por las cosas que en ella traían, no parecía haber de ello ni cautela en su venida, aquí todavía, por cumplir lo que Su Majestad manda acerca de los extranjeros, los enviaba ante vuestras mercedes. Y asi fueron algunos de ellos con lo procedido de lo que trajeron y los autos que sobre ello se hicieron. Y asimismo escribí cómo tres de ellos quedaban aquí a acabar de despachar ciertas cosas que tenían por vender, que fueron: un Diego Caldera, que vino por patrón de la dicha carabela y otro, Pedro Rama, y otro zapatero. Y al Diego Caldera es hallado por información que lo llevó de aquí escondidamente un Francisco Martínez que llevó un barco cargado de ropa a Puerto de Plata donde él es vecino, el cual me dicen es sobrino o deudo de un Diego Martínez, vecino de esa ciudad, que es mercader. Si por allá el negocio y castigar a quien fuere culpado porque otro no se atreva a llevar personas sin mandamiento de la justicia. El Pedro Rama va en este navío con lo procedido de lo que aquí trajo; el cual entregará a vuestras mercedes Hernando Díaz de Villalobos, maestre del dicho navío. Hagan en el caso lo que fuere servicio de Su Majestad.

El zapatero se queda aquí al presente por haber falta de oficiales de aquel oficio hasta que venga otro tiene dadas fianzas que no se ausentará. No siendo necesario lo enviaré como a los demás.

f1v

Y porque en la que los oficiales y yo escribimos a vuestras mercedes damos relación de lo que toca a la real hacienda de Su Majestad y de lo que al presente se envía en esta no lo refiero. Nuestro Señor las muy magníficas personas de vuestras mercedes guarde por largos años con todo aumento como vuestras mercedes desean. De San Juan de Puerto Rico y de julio 13 de 1560 años.

Muy magníficos señores
Besa a vuestras mercedes las manos

Su servidor

El Llicenciado Carasa

[24]
Puerto Rico, 13 de julio de 1560
El gobernador y oficiales reales de Puerto Rico a los oficiales de la Casa de la Contratación

Signatura:
AGI, Contratación 5104

+

Muy magníficos señores

1560

En la armada que de este puerto partió a diez y seis de mayo de este año, de que fue por general Pedro López de las Roelas, envíamos a vuestras mercedes para Su Majestad en la carabela Santi Espíritus, maestre Domingo de Freites, doscientas y noventa arrobas y tres libras de azúcar lealdado en catorce cajas sobre las cuales fueron librados doscientos y ochenta y cinco pesos de a diez reales y diez maravedís, el peso de a treinta y cuatro maravedís real, con las cuales se acabaron de pagar los setecientos y cincuenta pesos que Francisco de Espinosa debía a Su Majestad.

En el dicho navío enviamos otras ocho cajas que tuvieron ciento y sesenta y dos arrobas de buen azúcar. Fue librado sobre ellas setenta y dos mil y seiscientos y seis maravedís de lo que valieron las armas que Su Majestad mandó enviar a esta isla en la armada de que vino por general don Juan Tello de Guzmán. En el dicho navío ciento y veinte y seis cueros y más tres cajas de azúcar que tuvieron sesenta arrobas de lealdado que se mezclaron de la real hacienda de Su Majestad.

En el navío, maestre Salvador Hernández, veinte y nueve cueros que se compraron de la dicha real hacienda.

En el navío San Bartolomé, maestre Diego Camacho, enviamos cuatro cajas de azúcar que tuvieron setenta y cuatro arrobas de lealdado que se compraron asimismo de la real hacienda de Su Majestad.

Por la vía de Santo Domingo recibimos un pliego de cartas en que venía un mandamiento de vuestras mercedes inserto en él un capítulo de una carta de Su Majestad por el cual se nos manda que de todas las mercadurías y otras cosas que vinieren en las naos de la armada en que vino el señor Conde de Nieba, visorrey del Perú, se cobre avería de las dichas mer*fɪv*cadurías a razón de a dos tercios de maravedí por cien maravedís, como más largamente en el dicho mandamiento se contiene, en cumplimiento de lo cual de una urca que vino a esta isla en conserva de la dicha armada se repartió el avería en las mercadurías que en ella vinieron como se tazaron para cobrar los derechos de Su Majestad pertenecientes y porque cuando los dichos recaudos vinieron era partida la dicha urca, que es en que fue Pedro de las Roelas, y asimismo algunas personas que en ella habían venido, no se ha cobrado toda la dicha avería. En otros dos navíos que partirán de este puerto se enviarán la resolución de todo y lo procedido de la dicha avería se empleará para que vaya en los dichos navíos porque la moneda en que se se cobra son quartos.

Vendiose el azúcar y lo mismo los cueros que fueron XXI porque así vienen registrados.

En este navío, nombrado Santa Lucía, maestre Hernando Díaz de Villalobos, envíamos trescientas y dos arrobas de buen azúcar y veinte cueros que asímismo se compró de la real hacienda de Su Majestad y más doscientas y sesenta arrobas de buena azúcar que envía Sancho de Arcas[167] en libranzas sobre ellas doscientos y sesenta ducados de a once reales, de a treinta y cuatro maravedís real, son para en cuenta de los negros que compró de Su Majestad según parece por el registro del dicho navío a que nos referimos. Vuestras mercedes lo manden recibir y avisarnos de ello y de lo que hubiere acá en que podamos servir. Nuestro Señor las muy magníficas personas de vuestras mercedes guarde y prospere como desean de Puerto Rico a trece de julio de IUDLX años.

Besan las manos de vuestras mercedes

El licenciado
Carasa

Gonzalo Mariño
de Ribera

Martín
Aceituno

[25]
Sevilla, 15 de marzo de 1561
La Casa de Contratación al gobernador y oficiales reales

Signatura:
AGI, Contratación 5185
Libro 1, folio 69v-70v

Magníficos Señores

Para el gobernador y oficiales de Puerto Rico por vía de Santo Domingo en la nao de Cristóbal Enrríquez

En la flota que partió de aquí por febrero de este año pasado donde fue el Virrey[168] del Perú escribimos a vuestras mercedes y respondimos a sus cartas que hasta entonces habíamos recibido y así lo que en esta tenemos que decir es que después hemos recibido en las naos que de esa isla han venido dos cartas cuyas fechas es[169] de 15 de mayo; duplicada la una de *f70* la otra en 8 de

---

[167] Lee Darcas,. Expandido a de Arcas.
[168] Lee Visorrey.
[169] Entrelíneas, es.

julio; y la otra de 13 del dicho mes de julio; en 31 de septiembre del dicho año de [15]60, a las cuales satisfacemos aquí.

Los despachos que vinieron para Su Majestad se enviaron luego a recaudo al Consejo de Indias.

Los 285[170] pesos y 72,706[171] maravedís que vinieron librados para Su Majestad en la nao de Domingo Freites sobre 14[172] cajas de azúcar de Sancho de Arcas y sobre otras 8[173] cajas de Baltasar de Esteban se recibieron y se dio de ello aviso a Su Majestad.

Asimismo recibimos los 126 cueros y tres cajas de azúcar que vinieron en la dicha nao y los 76 cueros que vinieron en Salvador Hernández y del valor de ellos está hecho cargo al tesorero de esta casa.

En la de 15 de mayo nos avisan vuestras mercedes que envían para Su Majestad en la nao, maestre Diego Camacho, cuatro cajas de azúcar, los cuales no se han recibido porque no se sabe de la nao; antes dicen que arribó a Santo Domingo y que descargó allí. Vuestras mercedes harán la diligencia que convenga para que se cobren.

En la de 13 de julio nos avisan vuestras mercedes que por vía de Santo Domingo recibieron un despacho nuestro con un mandamiento para que de las mercaderías que fuesen a esa isla en las naos que fueron en la flota y armada que llevó el Conde de Nieba[174] se cobrase el avería de las dichas mercaderías a razón de dos tercios de maravedís por ciento y que en cumplimiento del dicho mandamiento las mercaderías[175] que fueron a esa isla en una urca que iba en conserva de la dicha armada se repartió la dicha avería y no se enviará lo procedido de ello en azúcares en unas dos naos que quedaban a ir con la relación de todo por extenso si para cuando esta recibieren no lo hubieren hecho suplicamos a vuestras mercedes lo envíen con brevedad con relación particular de ello porque haya el recado que conviene.

El azúcar y cueros que vinieron para Su Majestad en la nao de Hernando Diez de Villalobos se recibieron y lo mismo los doscientos y sesenta *f70v* ducados que vinieron librados sobre doscientas y sesenta arrobas de azúcar de Sancho de Arcas y del valor de todo está hecho cargo al tesorero de esta casa.

Asimismo hemos recibido en la nao de Gerónimo Márquez que vino de esa isla once cajas de azúcar y doscientas y cincuenta y dos cueros que vienen registradas por hacienda de Su Majestad y no tenemos aviso de ello de vuestras mercedes. Manden nos la dar y lo mismo hagan siempre que enviaren hacienda de Su Majestad para que acá haya la cuenta y razón

---

[170] Lee CCLXXXV.
[171] Lee 72U706.
[172] Pudiera ser 19.
[173] Lee VIII.
[174] AGI, Contratación 5537, Libro 4, entrada 1265. Diego López de Zúñiga y de Velasco, Conde de Nieba, pasó al Perú el 26 de marzo de 1561. Natural de Salamanca.
[175] Lee mercadurías, sustituido por mercaderías.

que convenga.   Con esta va un pliego de cartas de Su Majestad para vuestra merced, señor licenciado Carasa, del recibo nos darán aviso.   Fecha en Sevilla, 15 de marzo de 1561 años.

{26]
Sevilla, 28 de abril de 1561
La Casa de Contratación al gobernador

Signatura:
AGI, Contratación 5185
Libro 1, folio 82-82v

+

Muy Magnifico Señor

Al gobernador de Puerto Rico, licenciado Carasa por via de Santo Domingo.

Con esta va una provisión de Su Majestad en que da la orden que es servido que se ponga con las personas que pasaren a esa isla sin licencia y con los bienes que dejaren los que de éstos allá murieren y nos ha enviado a mandar se guarde y cumpla como por ella Su Majestad lo manda.   Vuestra merced nos mande avisar del *f82v* recibo de ella que para dar cuenta a Su Majestad de como habemos cumplido su mandado lo habremos menester.   Nuestro Señor &   28 de abril de 1561 años.

No se duplicó

Con esta van dos pliegos de Su Majestad para vuestra merced y esos señores oficiales.   El uno duplicado de otro que envíamos por vía de Santo Domingo en la nao de Cristóbal Enríquez y el otro que Su Majestad nos mandó enviar ahora.

[27]
Sevilla, 14 de marzo de 1562
La Casa de Contratación al gobernador

Signatura:
AGI, Justicia 94
Pieza 5, folios 119v-120.
AGI, Contratación 5185
Libro 1, folio 125

+

Muy Magnífico Señor

Para el licenciado Carasa gobernador en Puerto Rico en la dicha flota/

La carta de vuestra merced de 14 de julio del año pasado de 1561 años recibimos y el navío y hombres portugueses que vuestra merced escribe que envió a esta casa con Pedro de las Roelas que aportaron a esa isla diciendo que iban a Cabo Verde los entregó en ella y se procedió contra ellos y dieron tan buenos descargos que fueron dados por libres.

A los 15 de marzo del año pasado de 1561 escribimos a vuestra merced y a esos señores oficiales en las naos que entonces salieron lo que se había recibido en esta casa de lo que a ella se envió por hacienda de Su Majestad de esa isla y la copia de aquella carta después acá se ha recibido.

La carta que vuestra merced envió para Su Majestad se llevó a su Real Consejo de Indias y así se hará todo lo demás que nos quisiere mandar. Cuya muy magnífica persona y casa de vuestra merced guarde Nuestro Señor como desea. De Sevilla, a 14[176] de marzo 1562 años. Besa las manos de vuestra merced sus servidores. Sancho de Paz, Gabriel de Santa Gadea, Pedro Luis Torregrosa.

---

[176] Lee XIIII.

[28]
Sevilla, 14 de marzo de 1562
La Casa de Contratación a los oficiales reales

Signatura:
AGI, Contratación 5185
Libro 1, folio 125-125v

+

Magníficos Señores

Para los oficiales de Puerto Rico en la otra flota/

Su carta de 14 de julio del año pasado de 1561 recibimos y las 460[177] arrobas 8[178] libras de buen azúcar y 144[179] cueros que nos avisan enviaban de la hacienda de Su Majestad en los navíos, maestres Francisco de Morales y Baltasar Barbosa, nos entregaron los dichos maestres. Y será bien que de aquí adelante cuando se enviare algún azúcar de Su Majestad venga razón particular de lo que trae cada caja declarando la calidad y peso de cada cosa para que haya la cuenta y razón que es necesaria en la hacienda de Su Majestad.

De todo lo demás que se envió el año pasado habemos ya dado aviso a vuestras mercedes por nuestra carta de .15 de marzo del año pasado de 1561. La copia de la cual va con ésta *f125v* y no ofreciéndose otra cosa que decir no alargamos más. De que Nuestro Señor etcétera de Sevilla en 14[180] de marzo de 1562 años.

Con esta van tres pliegos de Su Majestad./

---

[177] Lee CCCCLX.
[178] Lee VIII.
[179] Lee CXLIIII.
[180] Lee XIIII.

[29]
San Juan de Puerto Rico, 20 de abril de 1562
El gobernador a Su Majestad

Signatura:
AGI, Santo Domingo 155
Ramo 5, Núm. 23

+

Sacra Cesárea Real Majestad

Por otras que escribí en un navío que salió de este puerto por el mes de octubre del año pasado di aviso a Vuestra Majestad de la venida del tirano Lope de Aguirre a la isla de La Margarita y de los daños que allí había hecho, según que por la Real Audiencia de Santo Domingo, se me había escrito. Y cómo para saber lo que allí el dicho tirano hacía y el designio que tenía, envié de esta isla una carabela con hombres diestros en aquella tierra los cuales trajeron información hecha ante la justicia de todo lo sucedido y lo envié a la dicha Real Audiencia la cual me han escrito de allí enviaron a Vuestra Majestad y no fui yo el primero que la enviase por no haber aquí navíos para España. Y de lo demás que sucedió en la Borburata a donde el dicho tirano aportó desde La Margarita hasta que padeció muerte tan merecida por sus obras. Primero que a otro ninguno me envió el aviso por información Diego García de Paredes, vecino de aquella tierra a quien se atribuye la gloria de su vencimiento, con una carta suya como a persona que más incumbía saberlo por tener mayor trabajo en guardar y defender esta ciudad como ello dice por la dicha carta original que con esta envío. Y aunque la nueva del dicho tirano puso gran temor y espanto en todos los vecinos de esta isla, porque se publicó traer quinientos hombres españoles arcabuceros y setecientos indios flecheros y otros tantos negros, por la buena diligencia que puse y apercibimientos que hice así en ajuntar gentes como en poner guardas velas y centinelas en todos los puertos de esta isla se animaron de tal manera que mostraban desear su venida y así lo decían y yo no dejo de recibir alguna alteración con la dicha nueva y la recibiera mayor si no me hallara apercibido de ochenta arcabuces los cuales había ocho días había hecho aderezar y poner en concierto por el aviso que Vuestra Majestad me mandó enviar de los luteranos que contra la voluntad de su rey armaban en Dieppe[181] para venir a hacer daño a estas partes que fue para mí grande alivio porque ya con la paz habían *ef1v*chado las armas al rincón y tuve necesidad de por mí persona los juntar y estar presente en casa del herrero hasta que todos se acabaren de aderezar lo cual hice porque fuesen como habían de ir y también por no me confiar del maestro que los aderezaba, que es navarro, hijo de padre francés y en esta isla no había otro que lo entendiese y sin duda se puede creer que si como el dicho tirano fue desde La Margarita a Borburata viniera a esta isla recibiera Vuestra Majestad el servicio de su muerte y desbarate de él de los vecinos de esta ciudad como por

---

[181] Lee Diepa.

la cantidad de gente porque en todo el dicho tiempo tuve esta ciudad al pie de doscientos hombres de guerra que los ochenta de ellos eran arcabuceros ejercitados en el tirar y más de cincuenta de a caballo y los demás ballesteros, piqueros y rodeleros, como parece por los alardes que en el dicho tiempo hice que van con ésta y en la Fortaleza de Vuestra Majestad de esta ciudad estaban cantidad de arcabuces y ballestas aderezados y puestos a punto.

Y si como tengo la voluntad de servir a Vuestra Majestad tuviera la posibilidad hubiera estorbado la salida del tirano de La Margarita y se hubieran los daños que después hizo el aviso de cuya muerte y desbarato yo asimismo envié a la dicha Audiencia con la información original que el dicho Diego García de Paredes me envió. Y si yo no soy el primero que a Vuestra Majestad lo doy es por falta de navíos que no han podido salir de aquí hasta ahora de que he tenido mucha pena. Y pues se me manda esté a punto de guerra suplico a Vuestra Majestad sea servido de mandar proveer de lo necesario para ella. Y lo que al presente conviene proveerse es de tres piezas de artillería de bronce; las dos culebrinas de a cada cincuenta quintales y un pedrero grueso para el Morro que está a la entrada del puerto de esta ciudad que con estas tres piezas y otras seis medianas que tiene se podrá resistir a todos los navíos que quisieren entrar. Y esto por la comodidad del puerto y edificio del dicho Morro que no pueden entrar dos navíos juntos y el que entra al emparejar con la dicha fuerza descubre la quilla y le pueden dar por donde quisieren y echarlo a fondo.

Y aunque esta isla no es tanto provecho como otra certifico a Vuestra Majestad es de mucha importancia para la segura navegación de todas las otras partes de Indias como por otras he significado. Y así Vuestra Majestad debe ser servido de mandarla abastecer de lo necesario a la guerra. Y porque la pólvora no falte conviene se envíe una pipa de salitre y un quintal de piedra azufre que con estos materiales se podrá hacer acá.

Tengo provisto[182] que para que con cautela o engaño no sea tomada esta ciudad como lo han sido otras de no dejar entrar navíos por el puerto hasta tanto que allá fuera en la mar echen los bateles y vengan canteros a tierra los maestres y señores de ellos con los despachos que trajeren y para que *f2* sepan lo que los maestres han de hacer y no reciban daño ni los vecinos alteración Vuestra Majestad mande a sus oficiales de Sevilla lo den a los dichos maestres por instrucción. Allende de lo que Vuestra Majestad me tiene mandado esté apercibido por causa de los luteranos me ha puesto en mayor cuidado lo sucedido en Yucatán que, según trajo por nueva un navío que vino aquí de Tierra Firme, ciertos luteranos que serían hasta cuarenta personas una mañana al cuarto del alba dieron sobre Campeche y lo quemaron y robaron, aunque no en todo les fue la fortuna favorable porque llevando la dicha presa en una chalupa los diez y siete de ellos fueron tomados por ciertos soldados que desde La Florida habían aportado a La Habana que iban a aquella provincia de Yucatán.

Por otras he dado aviso a Vuestra Majestad como convenía se pusiese toda diligencia en que se prendiese un Francisco Díaz Mimoso, portugués, que fue causa de la destrucción de Trujillo y Puerto de Caballos en Honduras y de los cuatro navíos que los franceses tomaron de los de Santo Domingo[183] del año pasado y de otros. Y temo será causa de mayores

---

[182] Lee proveído.
[183] Sobre el particular véase: AGI, Justicia 857, Número 1. **(1561)** **Gaspar Hernández, vecino de la ciudad de**

males, sino se le acortan los pasos vuelvo[184] acordar en ésta porque es negocio muy importante al servicio de Vuestra Majestad.

Por la vía de Santo Domingo recibí un pliego de Vuestra Majestad en que venía una cédula en que manda cumpla lo que está mandado sobre los navíos extranjeros que pasaren a estas partes. En el dicho pliego recibí otra carta de Vuestra Majestad y con él la soberana merced en decir se tiene por bien servido de mí que otra mayor no pudiera ser para mí. Y aunque por obra no haya hecho a Vuestra Majestad todo el servicio que soy obligado en mi voluntad no ha habido no habrá en ningún tiempo falta y éste tan grande favor y merced será causa para que ningún trabajo por grande que sea me canse en el servicio de Vuestra Majestad. Por lo cual y por las otras mercedes que Vuestra Majestad me ha hecho y espero me hará beso muchas veces los Reales Pies de Vuestra Majestad y en lo que se manda acerca de los navíos extranjeros tendré el cuidado que soy obligado y en cumplimiento de ello he tomado aquí un navío portugués que arribó aquí desde el Brasil y aunque por las cosas que traía y despachos e informaciones que ha mostrado parece no traer malicia todavía por hacer lo que Vuestra Majestad manda y por no haber aquí quien de la mitad de lo que justamente vale lo envío cargado a la Casa de Contratación de Sevilla con oficiales vecinos de esta ciudad para que dé más valor del navío que se venderá mejor se aproveche la Real Hacienda de los fletes con lo procedido de las cosas que trajo y la gente presa saldrá de aquí en compañía de otro por San Juan de lo cual aviso a los oficiales de Vuestra Majestad de la contratación de Sevilla.

De lo que de esta isla hay que avisar a Vuestra Majestad es que los vecinos de esta ciudad están afligidos adeudados y trapazados que si no fuese por el buen tratamiento que se les hace y esperanza que se les da que Vuestra Majestad reme*f2v*diará esta isla ya los más se habrían ido de ella y cierto en esto yo tengo mucho trabajo porque viendo sus necesidades muchas veces les dejo de compeler ha que residan en esta ciudad por lo tocante a la guerra y lo suplo con mi hacienda que en verdad por esta causa tengo de continuo cinco caballos en la caballeriza que para sustentarlos he menester la mitad del salario que Vuestra Majestad me manda dar porque demás de seis años a esta parte la fanega de maíz, que es su ordinario mantenimiento, no ha bajado de novecientos maravedís como es público y notorio. Y con lo que al presente los vecinos se podrían remediar sería siendo Vuestra Majestad servido enviar a esta isla a lo menos quinientos negros para que se repartiesen en ellos con cargo que los echen a las minas y los paguen en un cierto tiempo del oro que sacaren cuando vengan a fundir de lo cual, allende de remediarse esta isla, la Real Hacienda recibirá provecho porque por los negros se dará acá doblado de lo que allá costaren quitas costas y sería muchos los derechos que a Vuestra Majestad vendían del dicho oro que así se cogiere. Vuestra Majestad sea servido de lo mandar consultar

Acá se ha sabido como Vuestra Majestad ha hecho merced a la isla Española de la mitad de los derechos que solían pagar de los azúcares y cueros y otras mercaderías y aunque por

---

Sevilla, capitán nombrado por el Audiencia de Santo Domingo, para venir en conserva de 4 naos que venían para estos reinos, y otros consortes, maestres y dueños de dichas naos que venían con ellas con el fiscal de Su Majestad sobre no haberse defendido bien de dos corsarios franceses que les acometió [y] no haber librado la plata, oro, y otras cosas que en sus naos venían.

[184] Lee tornolo, sustituido por vuelvo.

parte de esta ciudad e isla se pidió en el Real Concejo de las Indias lo mismo y fue respondido que no había lugar y cierto no alcanzo la causa pues esta isla tiene más necesidad que aquella y los vecinos de esta en su cantidad sirven a Vuestra Majestad tanto como los de aquella. Por no tener con qué este cabildo nombra persona propia a suplicarlo a Vuestra Majestad y enviarlo encargado a personas que residen en esa corte. Vuestra Majestad sea servido de se lo conceder pues ellos son tan leales vasallos como otros. También se ha dicho que Vuestra Majestad hizo merced a la dicha isla de cierta cantidad de vecinos y la mitad de ellos portugueses y de ellos han pasado por aquí dos navíos despachados en La Palma por virtud del nombramiento que allí de ellos hizo Baltasar García, procurador general de Santo Domingo, por virtud de la cédula real de Vuestra Majestad. Tengo entendido que debajo de estas licencias irán a otros aunque los que por aquí vienen yo los examino bien. Vuestra Majestad mande proveer en ello a lo que su real servicio conviene.

El Obispo de esta isla se anda por ir a Santo Domingo, dice que por virtud de una cédula de Vuestra Majestad en que le da licencia por seis meses. Tienese entendido la tomará por más tiempo, porque dice que aquí no tiene qué comer y ha gastado su patrimonio. Es cierto hará mucha falta en la iglesia. Vuestra Majestad lo mande volver pasados los seis meses.

f3

En la Real Hacienda de Vuestra Majestad he puesto la diligencia posible y se ha más que doblado el valor de ella después que yo aquí estoy en el empleo que de los cuartos se ha hecho en azúcares y cueros. Y en todos los navíos se envía parte de ello en éste que al presente va en compañía de otro que arribó de Santo Domingo se envían cuatrocientas y treinta y dos arrobas de buen azúcar de lo cual por extenso los oficiales de Vuestra Majestad y yo damos a los de la Contratación de Sevilla. En otros dos navíos que quedan a la carga y saldrán por San Juan se enviará lo que más ser pudiere con las cuentas y relación de la hacienda que Vuestra Majestad en esta isla tiene no se ofrece al presente otra cosa más de suplicar a Vuestra Majestad que teniendo memoria de los servicios del doctor Escudero, mi tío, a quien siempre procuro imitar y siendo informado que en mí hay algunos méritos sea servido de me promover a otra parte donde pueda mostrar el deseo que al servicio de Vuestra Majestad tengo lo cual aquí no puede hacer por ser todo tan poco. Nuestro Señor la Sacra y Real Persona de Vuestra Majestad guarde por largos y felices años como por los leales vasallos de Vuestra Majestad es deseado de San Juan de Puerto Rico a veinte de abril de 1562.

Sacra Cesárea Real Majestad

humillísimo criado de Vuestra Majestad que sus Reales
Pies besa

El licenciado
Carasa

[30]
Sevilla, 25 de febrero de 1563
La casa de contratación al gobernador

Signatura:

AGI, Contratación 5185
Libro 1, folio 182v-183

Muy Magnífico Señor

Para el licenciado Carasa, gobernador de Puerto Rico con un pliego de Su Majestad en Rodrigo Sánchez, maestre.

Su Majestad por una cédula, fecha en Madrid a veinte y siete de agosto de mil y quinientos y sesenta y dos, nos envió a mandar que enviásemos a esa ciudad tres piezas de artillería *f183* de culebrinas y una media culebrina con cien pelotas para ello y doce quintales y medio de salitre y uno de piedra azúfre. Y así lo envíamos todo con Rodrigo Sánchez de Santiago, maestre, que va con su navío derecho a ese puerto, como vuestra merced lo verá más particularmente. Vuestra merced lo mandará recibir y pagar al dicho maestre su flete conforme al dicho registro y a Su Majestad y a nosotros[185] nos mandará avisar del recaudo[186] de todo. Nuestro Señor, etcétera. De Sevilla 25[187] de febrero de 1563[188] años. Con esta va un pliego de Su Majestad para vuestra merced, del recibo nos dará aviso. Francisco Duarte, Pedro Vaca Cabeza de Vaca, el licenciado Martín Alonso.

---

[185] Lee nos otros.
[186] Lee recaldo.
[187] Lee XXV.
[188] Lee IUDLXIII.

[31]
San Juan de Puerto Rico, 25 de marzo de 1563
El gobernador a Su Majestad

Signatura:
AGI, Santo Domingo 155
Ramo 5, Núm. 24

A la Sacra Cesárea Real Majestad del Rey don Fe[lipe][189]
[Nuestro] Señor en su Real Consejo de [Indias] //

+

Sacra Cesárea Real Majestad

En tres navíos que salieron de este puerto a 21 de agosto del año pasado di relación a Vuestra Majestad del estado de esta isla. Y porque no tengo certidumbre si las cartas fueron a España a causa de una tormenta que les dio cerca de la Bermuda, según dijo el uno de ellos que volvió[190] a arribar a esta isla desbaratado y sin mástiles, referiré en ésta lo que en aquellas decía con lo demás que después se ha ofrecido de que dar aviso a Vuestra Majestad. Y es, que esta isla va muy de caída y la miseria tan grande, que si no son diez señores de ingenios que en ella hay y hasta veinte de vacas, los demás no se pueden sustentar porque de más de valer todas las cosas de España a excesivos precios, ha faltado el común sustentamiento que es el cazabí; el cual destruyó totalmente un gusano, que es más dañoso que la langosta en España y mayor tormenta que la que acá llaman huracán. Asimismo falta ya la carne a causa que todos los pastos se han cerrado de montes de manera que la mayor parte del ganado se ha alzado y no se pueden recoger ni traer a corrales y solamente se aprovechan de los cueros con dejarretarlos a donde pueden haber el ganado. De más de lo dicho la causa porque esta isla ha venido a tanta disminución es por haber faltado la gente de trabajo, porque los pocos indios que hay no sirven y están más sobre si que en todas las Indias y aunque les pagan bien su jornal quieren más holgar. Y los negros se van acabando, que en ocho años que hace[191] que estoy en esta isla, no se ha descargado navío de negros, ni se espera que aquí vendrá, si Vuestra Majestad no es servido de hacer merced de algunas licencias a los vecinos a pagarlas a cierto tiempo con que no se puedan sacar de aquí los tales negros que por virtud de ellas vinieren, como por otras he dado aviso a Vuestra Majestad. También hay otro daño y es que, como por falta de gente las granjerías de esta isla van faltando, no hay mercaderes que para aquí quieran cargar. Y así se pasa dos y tres años que no viene navío de Sevilla. Y es así, que uno que vino en la flota por el mes de julio del año pasado tardó en cargar y despacharse dos años y medio y por las costas ser muchas y no venir otros navíos venden los mercaderes a excesivos precios como parece por un memorial

---

[189] Lee Phelipe.
[190] Lee tornó, sustituido por volvió.
[191] Lee ha, sustituído por hace.

que con esta envío que es cierto y lo que verdaderamente pasa. Y para remedio de esto envía esta ciudad a suplicar a Vuestra Majestad permita que de Sevilla pueda venir cada un año un navío a esta isla sin que aguarde flota aunque no sea de porte ni tenga la artillería que Vuestra Majestad tiene mandado y que pueda salir a media carga *f1v* para acabar de cargar de vinos en las islas de Canaria lo cual es cosa muy necesaria para que esta isla no se despueble que aunque es poca cosa es muy importante para la segura navegación de todas las Indias como por otras he significado. Vuestra Majestad sea servido proveer en ello lo que a su real servicio convenga.

En el dicho navío que vino, como dicho tengo, por el mes de julio, maestre Juan Agustín, vecino de Sevilla, recibí un pliego de Vuestra Majestad en que venían los despachos siguientes:

Una sobrecédula para que no se deje pasar de esta isla a persona alguna al Perú.

Otra cédula de Vuestra Majestad sobre la orden que se ha de dar en la venta de los esclavos negros que a esta isla se vinieren a vender de los reinos de Vuestra Majestad.

Otra cédula por la cual Vuestra Majestad revoca las provisiones que están dadas sobre la tasa de los negros.

Otra para que las justicias de estas partes no dejen ir a esos reinos a ningún prelado si no tuviere licencia expresa de Vuestra Majestad.

Otra cédula en que manda dar la orden que se ha de tener en las islas de Canaria, Tenerife y la Palma y Fuerteventura para cargar de allí las cosas que está permitido que se carguen para estas partes.

Otra cédula para que las justicias de estas partes cada y cuando que tomaren cuenta a los oficiales de sus cargos al tiempo que las enviaren al Consejo haga notificar a las personas que las tomaren que vayan o envíen poderes bastantes a personas que se hallen presentes a lo que en el dicho Consejo se hiciere apercibiéndoles que no lo haciendo se harán en su rebeldía.

Las cuales dichas cédulas se guardarán y cumplirán según en ellas se contiene como Vuestra Majestad lo manda.

En el dicho pliego venían asimismo dos cartas de Vuestra Majestad por las cuales me manda tenga apercibidos y a punto de guerra a los vecinos de esta isla por cuanto se tenía aviso que de Francia del puerto de Dieppe[192] y de Inglaterra del puerto de Portsmouth[193] habían salido ciertos navíos y podría ser venir a hacer daño a estas partes a las cuales no tengo más que decir sino que desde el primer mandato que de Vuestra Majestad recibí no he dejado de estar apercibido con todo cuidado y solicitud de lo cual estoy certificado se tiene noticia en Francia y en Inglaterra de personas que aquí han venido que los corsarios han llevado presos

---

[192] Lee Diepa.
[193] Lee Portsemua.

tomándolos en la mar.

En el dicho pliego venía una cédula de Vuestra Majestad general para todos los oficiales de Indias sobre la orden que han de tener sobre el avaluar las mercaderías que se trajeren a estas partes la cual luego les di y ellos dan aviso a Vuestra Majestad del recibo de ella.

Por otras he dado aviso como para la defensa del puerto de esta ciudad convenía se enviasen dos culebrinas de a cincuenta quintales y un pedrero grueso y munición para ellos y hasta ahora no se ha provisto[194] de cosa alguna. Antes, de veinte y cinco quintales de pólvora que Vuestra Majestad manda a sus oficiales de Sevilla para la artillería de esta ciudad, quitaron diez que no enviaron más de quince y estos dieron con grande pesadumbre y tarde. Vuestra Majestad sea servido de mandar proveer en ello que yo no puedo hacer más de avisar de lo que conviene.

De lo que más hay que dar aviso a Vuestra Majestad es que antes que yo viniese a esta isla un Jácome Fernández, portugués, trajo a ella cierta cantidad de esclavos negros que eran de un Pedro *f2* Cayado vecino de Lisboa los cuales metió en esta isla so color de ciertas licencias de que Vuestra Majestad había hecho merced a los vecinos de ella, y por parecer a la justicia que los recaudos que traía no eran bastantes hizo depósito de lo procedido de los dichos esclavos que fue cantidad de quince mil pesos pocos menos hasta tanto que por Vuestra Majestad fuese mandado lo que sobre ello se había de hacer. Y sobre este negocio parece se trató pleito ante los jueces oficiales de la Contratación de Sevilla y de allí fue por apelación e irremisión al Real Consejo de Indias. Y hasta ahora no sea sabido lo que se ha determinado sobre ello y aunque las escrituras de obligaciones de lo procedido de los dichos negros las hice poner en la arca de las tres llaves de Vuestra Majestad donde al presente están no se ejecutan contra las personas que compraron los dichos negros y deben lo procedido de ello por no tener mandado de Vuestra Majestad ni saber si se han de cobrar por de Vuestra Majestad o por los dueños de los dichos esclavos. Vuestra Majestad sea servido mandar a su fiscal concluya la causa y me de aviso de lo que tengo de hacer que yo en particular le doy aviso de este negocio.

En un navío que salió de este puerto por el mes de abril se enviaron de la Real Hacienda de Vuestra Majestad cuatrocientos y treinta y dos arrobas de buen azúcar. Y escribí que en otros navíos que saldrían por San Juan se enviaría más cantidad, lo cual no se hizo, porque por falta de carga los dichos navíos no pudieron salir hasta 21 de agosto y por ser tiempo peligroso acordamos los oficiales de Vuestra Majestad y yo de no enviar ninguna en ellos y fue acertado según el suceso que tuvieron como arriba tengo dicho. En dos navíos muy buenos y bien artillados que quedan a la carga, que vinieron de Tierra Firme, los cuales saldrán en el mes de junio, se enviará la mayor parte del azúcar y cueros que aquí Vuestra Majestad tiene.

En seis de enero próximo pasado tuve aviso cómo en el puerto de San Germán, El Viejo, estaba un navío y un patache de franceses que había tomado dos carabelas; una, de un vecino de esta ciudad y otra de un vecino de la Margarita, luego a la hora despaché un barco de aviso

---

[194] Lee proveido.

a la Real Audiencia de la Española así para que los navíos que estaban para salir se detuviesen como para que si hubiese comodidad armasen contra ellos lo cual yo no hice por no tenerla. Y el día que envié el aviso tomó el francés junto a La Mona otro navío de vecinos de esta ciudad que traía cantidad de moneda y otras mercaderías el cual había salido de Santo Domingo para esta ciudad y según se ha sabido de los que tomaron son naturales de Abra Nova que está rebelada contra su rey y luteranos los cuales procuraban inducir a los que tomaron a su mala secta y hacían grandes desacatos a las imágenes como parece por una información que el obispo de esta isla envía que va con ésta.[195] Traen por lengua un hijo de un Francisco Díaz Mimoso, portugués, natural de Faro; que es el que vino de propósito a tomar esta ciudad y no saliéndole bien su designio llevó los franceses a Honduras a donde destruyó aquellos pueblos, del cual por otras he dado aviso a Vuestra Majestad que convenía se prendiese porque era el más pernicioso corsario que ha venido a estas partes y su hijo dijo que tenía nueva quedaba armando tres navíos para venir a estas partes al cual verdaderamente temía más que a otro que de allá pueda venir porque sabe todos los rincones de esta isla. Y tiene fama con este pueblo porque al tiempo que aquí trajo los franceses como no les dio la entrada de la ciudad como había dicho le tuvieron para ahorcar y se escapó con decirles les daría a Honduras como en efecto se la dio.

f2v

Aquí se ha sabido que Luis Pérez de Lugo, contador de Vuestra Majestad de esta isla, es muerto en el Nombre de Dios a donde se había ido por virtud de la licencia de Vuestra Majestad que para ello le dio, sino se ha hecho merced de su oficio la pueda hacer Vuestra Majestad a Juan Ponce de León alcaide y factor en esta isla el cual, a lo que tengo entendido, ejercerá el oficio con más diligencia y cuidado que otro. Y este aviso doy por lo que toca al servicio de Vuestra Majestad y no por otro respeto alguno.

Sacra Majestad yo hace[196] ocho años que sirvo a Vuestra Majestad en esta gobernación y del trabajo que he tenido en guardar esta ciudad y de las malas noches que continuamente paso en la velar me han sucedido enfermedades las cuales a tiempos me fatigan que son de frialdades. A Vuestra Majestad humil[de]mente suplico sea servido de me mandar promover a otra parte donde pueda mostrar el deseo que al servicio de Vuestra Majestad tengo y yo me pueda sustentar porque verdaderamente aquí no lo puedo hacer a causa de los excesivos precios que valen todas las cosas como tengo dicho. Y si mis méritos no fueren suficientes para que me sea hecha esta merced lo suplan los servicios del doctor Escudero, mi tío, que está en gloria a quien siempre procuro imitar. Nuestro Señor la Sacra y Real Persona de Vuestra Majestad guarde por largos y felicísimos tiempos con aumento de más reinos y señoríos como por los leales vasallos de Vuestra Majestad es deseado. De San Juan de Puerto Rico a 25 días del mes de marzo de 1563 años.

Sacra Cesárea Real Majestad
humil[de] criado de Vuestra Majestad que sus Reales Pies

---

[195] Para el particular consúltese AGI, Patronato 267, Núm. 1, Ramo 36 (1563) **Captura de un navío de corsarios franceses en San Germán, ciudad de Puerto Rico de esta Isla de San Juan, 5 de febrero de 1563.**
[196] Lee ha, sustituido por hace.

beso
El Licenciado
Carasa
+

A Su Majestad
del licenciado Carasa gobernador de la isla de
San Juan 25 de marzo 1563

[32]
San Juan de Puerto Rico, 29 de marzo de 1563
El gobernador a los oficiales de la Casa de la Contratación

Signatura:
AGI, Contratación 5104

+

Muy magníficos señores

1563

En tres navíos que salieron de este puerto por el mes de agosto del año pasado escribí a vuestras mercedes en respuesta de las que escribí en el navío nombrado, Los Tres Reyes, maestre Juan Agustín. Y el uno de ellos de que iba por maestre Juan Beltrán, que era de unos portugueses que aquí habían arribado yendo al Brasil, que enviaba a esa casa con las personas y procedido de lo que habían traído volvió[197] a arribar a este puerto sin mástiles de una tormenta que dicen les dio cerca de la Bermuda y tan destrozado que aquí no se pudo aderezar, ni hay recaudo para ello. Y visto ésto y que el que vino por maestre no tiene con qué, aunque quiera, lo he mandado vender y a la partida de estos navíos queda en almoneda. Lo que de él procediere enviaré a vuestras mercedes. Y al presente van en el navío nombrado San Cristóbal, maestre Gaspar Jorge, dos mancebos que trajeron dos negros y ciertas mercaderías con lo procedido de todo ello empleado en azúcar y cueros del cual tomé fianzas que los entregaría en esa casa a vuestras mercedes con el dicho procedido y las escrituras de ellos van en el registro y asimismo va otra copia con esta el proceso que se ha hecho lleva el maestre para que por vuestras mercedes visto hagan en el caso justicia. Y porque de la venida de estos navíos portugueses he dado por otros avisos a vuestras mercedes en ésto no diré más de que de que de esa gente de la mar se han muerto algunos de ellos. Los otros iré enviando en los navíos que de aquí salieren. Los otros dos navíos que con el dicho salieron se ha dicho aportaron a Lisboa con el dicho tiempo al uno de los cuales que vino con registro cargado de La Palma, maestre Gaspar Rodríguez, vecino de ella

---

[197] Lee tornó.

el año pasado se le puso pleito diciendo que era de un Juan Marino, portugués, y por escritura que en el pleito se presentaron parece ser el dicho navío de Diego Sánchez de Ortega, vecino de la dicha isla de La Palma, las cuales el denunciador dijo ser fingidas y simuladas, lo cual no pudo averiguar y por esta causa remití el negocio a vuestras mercedes para que allá se averiguase y verificase el dicho negocio con tanto que la parte del dicho Diego Sánchez diese fianzas de tres mil ducados que se presentaría con el navío y mercaderías ante vuestras mercedes demás y allende de las que el dicho maestre pareció tener dadas en La Palma de cantidad de cinco mil ducados, las cuales dichas fianzas dio en forma y a ello se obligó un mercader de esta ciudad y vecino de ella que en el dicho navío fue como todo consta y parece por el auto y obligación que con esta envío lo cual vuestras mercedes manden ver y proveer en el caso lo que al servicio de Su Majestad convenga y sea justicia.

El año pasado para Su Majestad CCCCXXXII arrobas de azúcar

En un navío que salió de este puerto por el mes de abril del año pasado, maestre Juan de Larrazabal, los oficiales y yo enviamos para Su Majestad *f1v* cuatrocientas y treinta y dos arrobas de buen azúcar que procede de la deuda [de Sancho] de Arcas que en él se hizo. Y entonces escribimos que en los navíos que quedaban, [que] habían de salir por San Juan siguiente, se enviará más azúcar y cueros [roto: ¿no se?] hizo por que los navíos se detuvieron hasta la boca de invierno y no nos pareció ser cosa conveniente. La dicha cantidad se enviará en dos navíos que aquí están a la carga muy bien artillados que partirán en todo junio.

Del recibo del pliego de Su Majestad que vuestras mercedes me enviaron le doy aviso por el que as[...roto...] estaba del cual suplico a vuestras mercedes mande enviar luego a su real consejo [roto] mi en lo que puedo servir a vuestras mercedes cuyas muy magníficas personas Nuestro Señor guarde y estado acreciente como sus servidores deseamos. De San Juan de Puerto Rico a 29 de marzo de 1563 años.

Besa las manos de vuestras mercedes
Su servidor
El licenciado Carasa

[33]
San Juan de Puerto Rico, 29 de junio de 1563
El gobernador a Su Majestad

Signatura:
AGI, Santo Domingo 155
Ramo 5, Núm. 25

+

A la Sacra Cesárea Real Majestad del Rey don
Felipe,[198] Nuestro Señor en su Real Consejo
de Indias /

+

Sacra Cesárea Real Majestad

En un navío de los de la flota de que vino por capitán Pedro de las Roelas que entró en el puerto de esta ciudad a 23 del presente recibí un pliego de Vuestra Majestad en que venía una carta por la cual Vuestra Majestad da aviso como manda enviar las dos culebrinas y la media culebrina de que yo he dado aviso eran necesarias para la entrada del puerto y defensa de esta ciudad y una pipa de salitre y un quintal de piedra azufre para hacer pólvora lo cual todo los oficiales de Vuestra Majestad de la Casa de Contratación de Sevilla han enviado en el dicho navío y cien pelotas; las cincuenta para las culebrinas y la cincuenta para la media, por la merced que a esta ciudad Vuestra Majestad en ello ha hecho la cual tengo yo por propia por se haber hecho a mi suplicación y por la que Vuestra Majestad me hace en se acordar de mi que es mayor de lo que en esta podré significar beso los Reales Pies de Vuestra Majestad y aunque por obra no haya hecho el servicio que soy obligado en mi voluntad no ha habido[199] ni habrá falta imitando en cuanto pueda el doctor Escudero, mi tío, que está en gloria, fiel criado de Vuestra Majestad y ésta tan grande merced y favor con las demás recibidas será causa que ningún trabajo por grande que sea me canse en el servicio de Vuestra Majestad.

En el dicho pliego venía una provisión en que Vuestra Majestad manda se consuman los oficios de factor y veedor de esta isla y de otras provincias en ella contenidas. Y al tiempo que la recibí servía el oficio de contador un Gonzalo Mariño por ausencia de Luis Pérez de Lugo contador el cual salió de esta isla para Tierra Firme con licencia de Vuestra Majestad y por virtud de ella se nombró por contador al dicho Gonzalo Mariño. Y por haber esperado el tiempo contenido en la licencia de Vuestra Majestad y no venir el dicho contador se volvió[200] a nombrar nuevamente por contador el dicho Gonzalo Mariño por virtud de un

---

[198] Lee Philipe.
[199] Leía no a vido.
[200] Lee tornó.

capítulo de una instrucción que aquí hay.   Y habiendo venido nueva que el dicho Luis Pérez contador era muerto en el Nombre de Dios, recibida la dicha real provisión la hice notificar al dicho Gonzalo Mariño, el cual se desistió del dicho oficio y se encargó con los libros y demás escrituras del dicho oficio a Juan Ponce de León factor y veedor conforme a la dicha Real provisión de Vuestra Majestad y haciéndosele merced del dicho oficio de contador al dicho Juan Ponce de León el cual es capaz para ello quedarán desde luego consumidos los oficios de factor y veedor como Vuestra Majestad lo manda.

Asimismo vino otra carta por la cual Vuestra Majestad manda tenga los vecinos apercibidos a punto de guerra para que no reciban daño por cuanto se tiene aviso que ciertos franceses luteranos se han juntado con algunos ingleses para venir a hacer daño a estas partes *f1v* y que se ha dicho que traen siete navíos en que pueden venir seiscientos o setecientos hombres y que ponga las velas y centinelas y atalayas que conviniere.   A lo cual no tengo que responder, sino que desde principio que Vuestra Majestad me mandó dar aviso estuviese apercibido, he tenido el cuidado y recaudo que conviene conforme a la posibilidad de la tierra y así lo tendré de aquí adelante como Vuestra Majestad lo manda.

Otra cédula recibí en que Vuestra Majestad manda que los oficiales justicia y regimiento y yo enviemos parecer sobre si convendrá que mande que los maestres que vinieren a entrar a este puerto echen los bateles en la mar y vengan en ellos los señores de los tales navíos y escribanos con los registros y otros recaudos para que ellos no reciban daño ni los vecinos alteración.   Y en cumplimiento de lo por Vuestra Majestad mandó hice juntar los dichos oficiales y regimiento y dieron el parecer que con esta va, que es aprobar lo que yo tenía escrito a Vuestra Majestad con cierta limitación.

También recibí otra cédula en que Vuestra Majestad manda me informe acerca de los navíos y gente portuguesa que pasa de las Islas de Canarias a estas partes y que si hallare haber pasado algunos proceda contra ellos con todo rigor y que tenga mucho cuidado que se ejecute lo que está mandado sobre lo tocante a los dichos portugueses y otros extranjeros en cumplimiento de las dichas cédulas reales enviado a la Casa de Contratación de Sevilla.   En los dos años pasados dos navíos portugueses con la gente y procedido de lo que trajeron; que el uno iba a Cabo Verde y el otro al Brasil, los cuales arribaron a esta ciudad contra su voluntad según parecía por las diligencias que se hicieron.   Y al primero que envié dieron por libre con la gente y hacienda los oficiales de la Contratación.   Y el otro envié el año pasado por el mes de agosto a la dicha casa el cual con una tormenta que le dio al paraje de la Bermuda volvió[201] a arribar a este puerto abierto y destrozado y quebrado los mástiles y tan mal parado que no tubo remedio de se aderezar y así lo mandé vender en pública almoneda y después de haber andado muchos días en ella se remató en cuatrocientos y ochenta pesos fiado por cuatro meses y de la gente que en él vino envié en los navíos que salieron de este puerto por marzo de este año a la Casa de Contratación.   Dos mancebos con lo procedido de las mercaderías que aquí habían traído para que los oficiales vistos los despachos que llevaban los aplicasen a quien perteneciese porque a la verdad en su venida a esta isla no pareció haberlo tampoco.   En el otro proceso que dieron los oficiales procedió por libre algunos de los marineros del dicho navío he enviado en los navíos que de aquí han

---

[201]   Lee tornó.

salido para España y otros tres se han muerto y los que quedan irán en los otros primeros navíos que salieren con lo procedido del casco del dicho navío y no van ahora porque no está cumplido el tiempo de la paga ni empleado en azúcar y cueros.

Asimismo, por el mes de enero del año pasado de sesenta y dos entró en este puerto un navío que cargó en la Palma, maestre Gaspar Rodríguez, vecino de ella y en el dicho navío vino un Juan Mariño, portugués, asentado en el registro por marinero y por sospecha que se tuvo que el dicho navío era del dicho portugués o que tenía parte en él de servicio de él y se prosiguió la causa hasta la conclusión. Y el denunciador no pudo averiguar ser del dicho portugués y el maestre probó por escrituras y testigos ser el dicho navío de un vecino de La Palma, llamado Diego Sánchez de Ortega. Y sin embargo de lo dicho, por no poderse averiguar si las dichas escrituras eran simulados, como el denunciador propuso, pronuncié un auto *f2* en que remití la causa a los jueces y oficiales de Vuestra Majestad de la Casa de Contratación de Sevilla para que allí se averiguase atento que en ella ocurre mucha gente de la dicha isla de La Palma y mandé que el dicho navío que estaba ya cargado, porque no recibiesen daño las mercaderías y vecinos que las tenían cargadas, saliese con la dicha carga con tanto que el dicho maestre, demás de las fianzas que habían dado en La Palma de cinco mil doblones, diese otras en esta ciudad de tres mil ducados que el dicho navío gente y mercaderías irían y se presentarían con el proceso ante los jueces oficiales de la dicha casa. Y en cumplimiento del dicho auto el dicho maestre Gaspar Rodríguez dio por fiador de los dichos tres mil ducados a Felipe de Luca, mercader vecino de esta ciudad y según se tiene relación el dicho navío fue a tener a Lisboa y por no estar para navegar dicen se le echaron las mercaderías en otro navío y se llevaron a la Casa de Contratación de Sevilla y que el navío y gente se quedó en Portugal y porque si el dicho proceso se perdiese o no le quisiesen presentar envié en otro navío que salió con el dicho una fe del auto y fianza que se hizo para que contase a los dichos oficiales de la dicha casa y la misma fe y testimonio volví[202] a enviar en los navíos que de aquí salieron por el mes de marzo y lo mismo hago al presente para que no habiendo cumplido con lo mandado los jueces y oficiales ejecuten con el dicho maestre y sus fiadores las penas que se les pusieron.

En el mes de abril próximo pasado entró en este puerto un navío de las islas de Gran Canaria, maestre Baltasar Rodríguez, vecino de Puerto de Plata, que es en la isla Española y porque la mayor parte de la gente es portuguesa en cumplimiento de lo que Vuestra Majestad manda porque no vayan a descargar a Portugal puse maestre y piloto naturales de los reinos de Vuestra Majestad y saqué toda la gente portuguesa y los puse en otros dos navíos que de aquí salen cargados de mercaderías y de ellos saqué la gente necesaria para el dicho navío y mandé a los maestres de ellos lleven consigo el dicho navío y la gente presenten ante los dichos oficiales a los cuales doy aviso.

En los dichos tres navíos se envían de la Real Hacienda de Vuestra Majestad 268[203] arrobas de buena azúcar y ciento y treinta cueros vacunos de lo cual más particular doy aviso a los oficiales de la Casa de Contratación y tendré cuidado envíen lo demás que acá queda en los navíos que de aquí salieren con las cuentas de la Real Hacienda las cuales al presente no van

---

[202] Lee torné.
[203] Lee CCLXVIII.

porque habiéndose comenzado a tomar el tesorero cayó enfermo y por no detener los navíos que estaban cargados que recibirían mucho daño en la dilación.

Por otras que he escrito antes que esta he dado aviso a Vuestra Majestad y a su Real Consejo de Indias como esta isla va en mucha disminución lo mismo acordar en esta y decir que es tanta la miseria y carestía de ella que si no son los señores de ingenios y de vacas y algunos mercaderes los demás no se pueden sustentar porque demás de valer todas las cosas de España a excesivos precios ha faltado el común sustentamiento de la tierra que es el cazabí el cual destruyó un gusano que le dio que es más pernicioso que la langosta en España porque demás de perderse el fruto que son las raíces *f2v* queda tan corrompida sin función la planta que en mucho tiempo no se dará fruto por efecto que es causa que la carga del cazabí que valía antes dos pesos vale al presente cinco y aún no se puede haber y Dios sabe sino fuera por la mucha diligencia que en proveer los pobres he puesto hubieren padecidos algunos. También falta la carne a causa que todos los pastos se han cerrado de montes de manera que la mayor parte del ganado se ha alzado y no se puede recoger ni traer a corrales y solamente se aprovechan de los cueros dejarretando las reses donde las pueden haber de más de lo dicho la causa porque esta tierra ha venido a tanta disminución es haber faltado la gente de trabajo porque los pocos indios que hay no sirven y están más sobre si que en todas las Indias y los negros se van acabando que en ocho años que ha que aquí estoy en esta isla no se ha descargado navío de negros ni se espera que aquí vengan si Vuestra Majestad no es servido hacer merced a los vecinos de algunas licencias de esclavos y que las paguen en un tiempo conveniente. También hay otro daño y es que como aquí no hay moneda que corre en España y las granjerías de la tierra valen a excesivos precios por haber pocos negros y los que hay muy caros no hay mercaderes que para aquí quieran cargar y así se pasan dos años y más que no viene navío de Sevilla con derecha descarga y los que vienen por ser las costas muchas venden los mercaderes las mercaderías a excesivos precios y para el remedio de esto esta ciudad ha enviado a suplicar a Vuestra Majestad permita que de Sevilla pueda venir en cada un año un navío a esta isla sin que aguarde flota ni venga por la orden que Vuestra Majestad tiene mandado con lo cual y con que Vuestra Majestad les haga la merced que a la ciudad de Santo Domingo en que no paguen más de siete y medio por ciento de los azúcares y cueros que de aquí fueren se podrán entretener los vecinos y aún restaurarse y aunque esta isla es poca cosa es muy importante para la segura navegación de todas las Indias como por otras muchas he significado.

Y de lo que más hay que dar aviso a Vuestra Majestad es que antes que yo viniese a esta isla un Jácome Hernández, portugués, trajo a ella cierta cantidad de esclavos negros, que eran de un Juan Cayado, vecino de Lisboa, los cuales metió en esta isla so color de ciertas licencias de que Vuestra Majestad había hecho merced a los vecinos de ella y por parecer a la justicia que los recaudos que traía no eran bastantes hizo depósito de lo procedido de los dichos esclavos que fueron cantidad de quince mil pesos doscientos marcos hasta tanto que por Vuestra Majestad fuese mandado lo que sobre ello se había de hacer y sobre este negocio parece se trató pleito ante los jueces oficiales de Vuestra Majestad de la Casa de Contratación de Sevilla y de allí fue por apelación o remisión al Real Consejo de Indias y hasta ahora no se ha sabido lo que se ha determinado sobre ello y aunque las escrituras de obligaciones de lo procedido de los dichos negros las hice poner en la arca de las tres llaves de Vuestra Majestad donde al presente están no se ejecutan contra las personas que compraron los dichos negros y deben lo procedido de ellos por no tener mandado de Vuestra Majestad ni saber si se han de cobrar por de Vuestra Majestad o por los dueños de los dichos esclavos. Vuestra Majestad sea servido mandar a su fiscal concluya la causa sino lo esta y me de aviso de lo que tengo de hacer que yo en particular le doy aviso de este negocio.

f3

En el dicho navío que aquí entró en este presente mes recibí una carta del dicho Pedro de las Roelas, capitán de la flota, fecha en La Dominica, a donde dice que el arzobispo de Santo Domingo que venía en ella de achaque de un golpe que se dio en una pierna estaba pasmado y que el cirujano decía que no llegaría vivo a Santo Domingo y así afirmaron otras personas que lo vieron doy aviso a Vuestra Majestad.

Después de la muerte de Aguirre, el tirano, los que quedaron que bajaron con el del Río Marañón abajo, unos le desampararon en La Margarita y otros en Borburata y otros le siguieron hasta su muerte y estos se han derramado por diversas partes de los cuales algunos aportaron a la ciudad de Santo Domingo y de estos han venido y están en esta isla tres que el uno se llama Juan de Vargas Zapata[204] y éste después que vino casó con una mujer que tiene mediana posada y fue de los que se quedaron en La Margarita. El otro, se llama Juan Aceituno de Estrada y es hermano de Martín Aceituno, tesorero de esta isla, y está en su casa el cual dejó al tirano, según dice, en la Borburata. El otro, es un mozo que fue paje de Pedro de Orsúa[205] el cual le dejó en La Margarita y anda enfermo pidiendo por las calles por amor de Dios, y todos estuvieron en la ciudad de Santo Domingo públicamente. Y sabiendo ésto tengo escrito dos veces a la Audiencia Real que por Vuestra Majestad allí reside me hagan saber de que manera se hubieron con estos y que es lo que hacen de otros que allí están para que conforme a lo que ellos hubieren hecho me haya yo con estos porque de otra manera habría confusión en la administración de la justicia y hasta ahora no me han hecho saber nada parecióme en el entretanto dar aviso de ello a Vuestra Majestad para que mande lo que cerca de ello se debe hacer y a lugar esta dilación porque de más de estar ellos seguros estoy advertido que no salgan de la isla y así lo estaré hasta ver lo que Vuestra Majestad manda sobre ello o lo que por su Real Audiencia se provee dicenme que en La Margarita y en Venezuela dieron sus descargos. y que los condenaron solamente en destierro de aquellas partes. y de los reinos de Perú. lo cual yo esta ahora no he procurado ver hasta saber lo que en el caso se debe hacer como tengo dicho.

Su Majestad, yo aquí sirvo en esta gobernación ocho años y he trabajado lo que he podido, así en lo tocante a la guerra y defensa de esta ciudad, como en lo tocante a la gobernación y administración de la justicia, con el cuidado que a mi ha sido posible a Vuestra Majestad. Suplico humildemente sea servido de me mandar promover a otra parte donde sea mejorado y pueda mostrar por obra el deseo que al servicio de Vuestra Majestad tengo. Y si mis

---

[204] Sobre su experiencia en la expedición de Pedro de Orsúa véase: AGI, Patronato 29, Ramo 18. **Carta de Juan de Zapata a don Diego de Vargas, regidor de Madrid, contándole el alzamiento del tirano Lope de Aguirre con el Perú y de sus secuaces, de la muerte que dieron a don Pedro de Orsúa, y de otros varios desaciertos que cometieron en aquellas partes. Puerto Rico, 1 de agosto de 1562.**

[205] Lee Osúa.

méritos no fueren suficientes para ello lo suplan los servicios del doctor Escudero, mi tío, que está en gloria, a quien siempre procuré imitar.   Nuestro Señor la Sacra y Real Persona de Vuestra Majestad guarde por largos y felices tiempos con aumento de más reinos *f3v* y señoríos como por los leales vasallos de Vuestra Majestad es deseado de San Juan de Puerto Rico a 29 de junio de 1563.

Sacra Cesárea Real Majestad

humillísimo criado de Vuestra Majestad
que sus Reales pies besa

El Licenciado
Carasa

+

A Su Majestad
del licenciado Carasa Gobernador de Puerto Rico
29 de Junio 1563 /

Anexo:

f1

En la ciudad de Puerto Rico de esta Isla de San Juan de las Indias del Mar Océano en veinte y cinco días del mes de junio de mil y quinientos y sesenta y tres años el muy magnífico señor licenciado Diego de Carasa gobernador y justicia mayor en esta dicha ciudad e isla por Su Majestad Real dijo que por cuanto su merced escribió el año pasado a Su Majestad y le dio aviso de cosas que convenían para la sustentación y gobierno de esta dicha isla y entre ellas dio aviso de que convenía para que esta ciudad no fuese tomada con engaño de enemigos como lo han sido otros pueblos marítimos que Su Majestad mandase a sus oficiales de la Casa de Contratación de Sevilla diesen por instrucción a los maestres que en este puerto hubiesen de entrar echasen los bateles con el maestre y capitán y escribano para que quedando el navío en la mar viniese con el registro y los demás recaudos que trajesen y entrasen porque por aquella vía no podía haber dolo ni engaño y habiendo Su Majestad recibido su carta mando dar su cédula real para que sus oficiales de esta isla y concejo gobernador y regimiento de esta ciudad platicado entre ellos diesen sus pareceres para los enviar a Su Majestad para lo que acerca de este negocio conviene proveerse por tanto que mandaba y mando a los dichos oficiales justicia y regimiento se junten y platiquen sobre lo susodicho y platicado den sus pareceres para que se envíen a Su Majestad y él sea servido conforme a ellos hacer lo que en el caso convenga.

Y luego incontinenti en este dicho día mes y año susodicho estando presentes ante el dicho señor gobernador, Martín Aceituno, tesorero y Juan Ponce de León, factor y veedor, oficiales de Su Majestad y Pedro Pantoja de Monrroy y el licenciado Pedro Ruíz Delgado, alcaldes ordinarios y Alonso Pérez Martel y Francisco Alegre, regidores habiendo visto oído y entendido lo por su merced propuesto y la cédula real de Su Majestad que le fue mostrada y leída y habiendo platicado sobre ello dijeron que les parece ser cosa muy necesaria hacerse lo que el señor gobernador tiene informado a Su Majestad que es de que los navíos que vinieren a entrar en este puerto echen en llegando al paraje de la ermita de Santa Bárbara el batel con el capitán y maestre y escribano y con el registro y otros despachos que trajeren y haciéndose de esta manera esta ciudad estará segura y no podrá ser tomada por engaño aunque entregue la pena que Su Majestad fuere servido de mandar y poner *f1v* a los navíos que hicieren lo contrario no se entienda en los navíos que vinieren con tormenta y sin barca por causa de haberla perdido y esto se quede al arbitrio de la justicia de Su Majestad de esta ciudad si lo pudo echar o no porque como personas que lo han de ver les podrán llevar la pena que tuvieren o reservarles de ella y esto dieron por su parecer y lo firmaron de sus nombres el licenciado Ruíz, Pedro Pantoja de Monrroy, Martín Aceituno, Juan Ponce de León, Alonso Pérez Martel, Francisco de Alegre.

Y yo, Rodrigo Ramírez, escribano público de esta dicha ciudad de Puerto Rico, lo escribí según que ante mí pasó e hice aquí este mi signo a tal [signo] en testimonio de verdad

   (firmado) Rodrigo Ramírez
   escribano público

Un parecer del gobernador de San Juan de
Puerto Rico /

Transcrito en:

Alvaro Huerga, **Historia Documental de Puerto Rico, Tomo XVIII: La Familia Ponce de León**, doc. 9, pp. 185-186, con signatura errónea. También puso el anexo como correspondencia. La carta en sí en Alvaro Huerga **Op. Cit**. doc. 10, pp. 186-187, pero con signatura errónea.

Alvaro Huerga, **Historia Documental de Puerto Rico, Tomo XIX: Cartas de los Gobernadores, Volúment 1 (1550-1580)**, doc. 14, pp. 161-163, lista el anexo como correspondencia y con signatura errónea. La carta en sí en Huerga **Cartas**, doc. 15, pp. 163-169, pero con signatura errónea.

[34]
Puerto Rico, 29 de junio de 1563
El gobernador a la Casa de Contratación

Signatura:
AGI, Contratación 5104

+

A los muy magníficos señores jueces oficiales de Su Majestad
de la Casa de Contratación de Sevilla
etc mis señores
　　Timbrada

+

　　　　　　　　　　　　　　　　　　　　　　　　　　　　　　1563
　　　　　　Muy magníficos señores

En 23 del presente entró en este puerto el navío nombrado San Salvador, maestre Rodrigo Sánchez, con el cual recibí un pliego de Su Majestad y una carta de vuestras mercedes en que me dan aviso cómo en el dicho navío vienen tres piezas de artillería de bronce; dos culebrinas y una media culebrina, con cien pelotas para ellas y doce quintales y medio de salitre y uno de piedra azufre. Pero, haber llegado el dicho navío al tiempo que estaban para se hacer a la vela estos tres que ahora van, no ha habido lugar de se sacar peso. Yo he enviado a visitar el dicho navío y el dicho maestre trae todo el recaudo como vuestras mercedes por la suya dicen y aunque Su Majestad me da aviso manda a vuestras mercedes se me envíe la dicha artillería y munición por el cuidado que se ha tenido de lo enviar con brevedad beso a vuestra señoría las manos muchas veces.

En un navío que salió de este puerto, maestre Juan Agustín, vecino de Sevilla el último de marzo de este presente año escribí a vuestras mercedes a donde di relación cómo un navío que había arribado a este puerto de portugueses que iban al Brasil; el cual enviaba cargado a esa casa y con tormenta había retornado[206] arriba andaba en el almoneda porque del trabajo que había pasado venía tan malparado que no tenía remedio aderezarse y que lo procedido de él se enviaría con parte de la gente que aquí quedaba y entonces envié en un navío, maestre Gaspar Jorge, dos mancebos que en el dicho navío portugués[207] habían vendido con lo procedido de lo que aquí trajeron que el uno se llamaba Gaspar Barbosa y el otro Salvador Báez y lo que cerca del dicho navío al presente hay que escribir a vuestras mercedes es que después de haber andado muchos días en el almoneda se remató en cuatrocientos ochenta pesos fiado por cuatro meses el cual plazo se cumple a diez de agosto que viene y vendiose fiado porque andando en el almoneda se trastornó y dio al través y por esta causa no se envía lo procedido ni enviase sea se ha con los que aquí quedan en el

---

[206] Lee tornado
[207] Lee portuges.

primer[208] navío que hubiere porque la mayor parte de gente tengo enviada en diversos navíos.

Asimismo en la dicha carta di aviso cómo había salido de aquí un navío de La Palma, maestre Gaspar Rodríguez, vecino de ella y porque se denunció que el dicho navío era de un portugués[209] que en él venía llamado Juan Mariño y por no se poder averiguar si el dicho navío era del dicho portugués[210] por *f1v* haber escrituras y poderes de un Diego Sánchez de Ortega, vecino de La Palma, en que parecía ser suyo remití la causa a vuestras mercedes con tanto que de más de las fianzas que el maestre tenía dadas diesen otras en cantidad de tres mil ducados que se presentarían en esa casa ante vuestras mercedes con el navío, gente y mercaderías y así dio por fiador de la dicha cantidad a Felipe de Luca, mercader vecino de esta ciudad.

Ha se dicho que el navío fue a tener a Lisboa y no sé si se ha cumplido lo por mi mandado. Vuestras mercedes se informen de ello y no habiéndose presentado por el proceso de la causa manden ejecutar la sentencia y pena que les fue puesta que el fiador que es el dicho Felipe de Lucas que al presente está en esa ciudad y asimismo en los fiadores que el dicho maestre Gaspar Rodríguez dio en La Palma cuando allí fue nombrado por maestre y porque si acaso no se hubieren presentado con el dicho proceso envié una fe del auto de remisión y fianza con el dicho Juan Agustín y otra fe envío ahora que va con ésta. Y si como tengo dicho no hubieren cumplido y si el fiador que se dio no estuviere ahí me manden vuestras mercedes avisar de ello para que yo haga acá lo que en el caso conviniere.

Por el mes de abril próximo pasado entró en este puerto un navío con registro de Fuerteventura de que vino por maestre Baltasar Rodríguez, vecino de Puerto de Plata, y la mayor parte de toda la gente eran portugueses[211] el cual ha cargado aquí de azúcares y cueros de lo procedido de ciertos vinos y otras cosas [roto] que aquí trajeron y por ser como digo la mayor parte de portugueses[212] y no se vayan con la carga a Lisboa, como han hecho otros en tiempos pasados, y porque se averigua cómo despacharon el dicho navío en la dicha Isla de Fuerteventura saqué la mayor parte de la gente castellana de los dichos dos navíos para que lleven en el dicho navío al río de Sevilla. Por los demás y así lo tengo mandado al capitán de estos tres navíos, que es Alonso Carrillo y que presente ante vuestras mercedes la gente que en él vino.

De la Real Hacienda de Su Majestad se llevan doscientas y sesenta y ocho arrobas y ocho libras de buen azúcar y ciento y treinta cueros vacunos que las doscientas y cuarenta y nueve arrobas y los dichos cueros proceden del empleo que se hizo en Sancho de Arcas, vecino de esta ciudad, y las diez y nueve de Manuel de Illanes de lo cual más por extenso damos aviso a vuestras mercedes los oficiales de esta isla y yo.

---

[208] Lee primero.
[209] Lee portuges.
[210] Lee portuges.
[211] Lee portugeses.
[212] Lee portugeses.

Con esta va un pliego para Su Majestad y junto con el otro para el señor secretario Ochoa de Luyando.   A vuestras mercedes suplico lo manden luego enviar y darme aviso *f2* del recibo y de lo que hubiere en que yo sirva a vuestras mercedes cuyas muy magníficas personas de vuestras mercedes Nuestro Señor guarde con el acrecentamiento de mayor estado como vuestras mercedes desean.   De Puerto Rico a 29 de junio 1563 años.

Muy Magníficos Señores
Besa las manos de vuestras mercedes su servidor

El Licenciado Carasa

+

Fecho   1563
       /del Licenciado Carasa de Puerto Rico
           de 29 de junio de 1563

Recibida en V de octubre
Respondida

[35]
Puerto Rico, 1 de julio de 1563
El gobernador y oficiales reales a la Casa de Contratación

Signatura:
AGI, Contratación 5104

+

[Muy Magníficos Señores]213

1563/

En tres navíos que de este puerto al presente van se envía a Su Majestad doscientas y sesenta y ocho arrobas y ocho libras de azúcar resumido y ciento y treinta cueros vacunos que se a cobrado de lo que a Su Majestad se debe en esta isla.   Las doscientas y cuarenta y nueve arrobas y ocho libras y los ciento y treinta cueros proceden de empresto que se hizo en Sancho de Arcas y las diez y nueve arrobas que se cobraron de Manuel de Illanes vecinos de esta ciudad. Va repartido en los dichos tres navíos, en esta manera: En la nao de Alonso

---

213   El documento carece de encabezamiento, pero toda la correspondencia de este legajo va dirigida al presidente y jueces de la Casa de Contratación de las Indias, en Sevilla.

Carrillo una caja de entero que lleva diez y seis arrobas y media.   En el navío de Pedro de Larea cuatro cajas de entero que llevan sesenta y ocho arrobas y media y los ciento y treinta cueros.   Y en el navío de que va por maestre Hernando de Ávila ocho cajas y un cajón en que van ciento y ochenta y tres arrobas y ocho libras que todas montan lo dicho.   Para el verano que viene se procurará de enviar mucha más cantidad.   Vuestras mercedes nos la hagan de avisarnos del recibo y de si hay en que podamos servir. Nuestro Señor las muy magníficas personas de vuestras mercedes guarde con todo acrecentamiento. De Puerto Rico primero de julio de 1563 años.

Muy magníficos señores
besan las manos de vuestras mercedes

Licenciado Carasa   Martin Aceituno   Juan Ponce de León[214]

[36]
Sevilla, 12 de octubre de 1563
La Casa de Contratación al gobernador

Signatura:
AGI, Contratación 5185
Libro 1, folio 222v-223

+

Muy Magnífico Señor

Para el licenciado Carasa, gobernador de Puerto Rico. En la nao maestre Pedro Sánchez

Recibimos la de vuestra merced de 29 [215] de marzo y 29 [216] de junio y primero de julio y los pliegos que con ellos vinieron para Su Majestad se enviarán luego.

En lo que toca los portugueses que vuestra merced enviaba en la nao de Gaspar Jorge con lo procedido de sus mercaderías para que aquí se hiciese justicia, la dicha nao no vino a este río y tenemos aviso que fue a descargar a Lisboa.   Ni el traslado se ha traído a esta casa a cuya

---

[214]   Agradezco la transcripción y noticia de esta carta a la Dra. Elsa Gelpí Baíz.   Confirmada tras consulta del legajo en el Archivo Geeneral de Indias en septiembre del 2011.
[215]   Lee XXIX.
[216]   Lee XXIX.

causa no pudiesen ser castigados.   Vuestra merced hará sus diligencias con los fiadores que dio el dicho Gaspar Jorge y de lo que se hiciere nos dará aviso en los primeros navíos y con Juan Agustín, que parece que es uno de los fiadores, que está aquí se seguirá la causa, aunque según él está pobre con la larga prisión que en esta casa tiene de otras causas que aquí se siguen contra él.   Entendemos que se sacará poco fruto de las diligencias que acá se hicieren con él y así vuestra merced las hará con los demás fiadores que ahí están.

En el negocio de la nao de Diego Sánchez, maestre Gaspar Rodríguez, acá recibimos las fianzas que vuestra merced envió y Felipe Lucas[217] está preso en esta casa y el fiscal sigue la causa contra él y en ello se hará justicia.

> *Duplicóse.   Por vía de Santo Domingo un pliego de Su Majestad que no lo hubo.*

El azúcar que vuestra merced y esos señores oficiales enviaron para Su Majestad en la nao de Juan de Lerrazabal se recibió, como a vuestras mercedes les está dado aviso, en la flota de Pedro de las Roelas.

En lo que vuestra merced dice haber recibido el artillería y municiones de Su Majestad que enviamos con Rodrigo Sánchez, hemos holgado mucho que haya llegado en salvamento.

En cuanto haber vendido la nao de los portugueses, está muy bien la diligencia que vuestra merced hizo.   Lo procedido de ella con la demás hacienda que hubiere enviará vuestra merced a esta casa con los recaudos y autos que sobre todo se hubiera hecho para que en ella se siga la causa con las personas a quien tocare y se haga justicia.

f223

La diligencia que vuestra merced hizo de la gente y mercaderías y navío de Baltasar Rodríguez para que viniese a este río está muy bien haberla hecho, aunque la dicha nao no ha venido aquí.   Antes tenemos aviso que se fue a Portugal, juntamente con la de Alonso Carrillo, donde nos dicen descargan.   Si los maestres dieron fianzas o seguridad, vuestra merced haga hacer diligencias y proceda en el negocio conforme a justicia, porque es de calidad que requiere cualquier rigor que en él se hiciere.   Y de lo que hubiere nos dará vuestra merced aviso.

De los tres navíos en que vuestra merced y esos señores oficiales envían para Su Majestad doscientas y sesenta y ocho arrobas y ocho libras de azúcar y ciento y treinta cueros vacunos, no ha llegado más que Pedro de la Rea; el cual está en Cádiz y venido que sea aquí se recibirá lo que trae conforme a su registro.   Y Alonso Carrillo fue a Lisboa y Hernando Dávila[218] no

---

[217] En gran parte de la documentación aparecerá como Felipe de Luca.   Para este particular véase: AGI, Justicia 863, Número 1.   (1564)   **Felipe de Luca, vecino de San Juan de Puerto Rico y preso en Sevilla en la cárcel de la Contratación, apela al Consejo la sentencia dictada por los jueces de la Contratación en el pleito que el licenciado Venegas, fiscal de la Contratación le puso por no haberse presentado en la Contratación de Sevilla con el navío La Victoria con la gente y mercancías que se le encargaron en San Juan de Puerto Rico como está obligado Felipe de Luca según una fianza otorgada por Juan Mariño.**   Piezas 1 y 4.
[218] Pudiera ser Hernando de Ávila.

ha llegado hasta ahora, ni sabemos donde están.   Luego como sean venidos se cobrará de ellos lo que traen para Su Majestad y se dará aviso a vuestra merced.   Y de aquí adelante tendrá[219] vuestra merced cuenta de procurar que lo que hubieren de enviar a esta casa no venga en navíos de portugueses y si lo fueren sea tomando de ellos en esa ciudad seguridad muy bastante de manera que no haya riesgo ni incertidumbre en lo que se enviare.   Y si en esta ciudad se ofreciere algo en que a vuestra merced y a esos señores avisándonos se cumplirá de muy entera voluntad.

Con esta va un pliego de Su Majestad para vuestra merced.   Del recibo de él nos mandará avisar.   Nuestro Señor guarde y acreciente la muy magnífica persona de vuestra merced como de[seamos] &   De Sevilla a 12[220] de octubre de 1563[221] años, servidores de vuestra merced Juan Gutiérrez Tello, Pedro Vaca Cabeza de Vaca.

[37]
[Sevilla], 26 de marzo de 1564
Casa de Contratación al gobernador y oficiales de Puerto Rico

Signatura:

AGI, Contratación 5185
Libro 1, folio 242v-243

+

Muy magníficos señores

Para el gobernador y oficiales de Puerto Rico   En las naos de Pero Sánchez y Baltasar Núñez que partieron de aquí mediado noviembre pasado escribimos a vuestras mercedes en respuesta de sus cartas.   Y por no haber después recibido ninguna, ésta sólo servirá para aviso de que Su Majestad ha mandado que se armen aquí dos naos y un patax para que vayan a esa ciudad y a la de Santo Domingo a traer el oro y plata y cochinilla que hubiere de las naos que a esas islas se entiende que han arribado de la flota que traía de la Nueva España a su cargo don Juan Menéndez y ha proveído por general de la dicha armada a Juan de Villa de Barrio portador de ésta.   El cual lleva instrucción de lo que ha de hacer en el dicho viaje conforme a lo que Su Majestad nos envió a mandar.   Y, entre otras cosas, se le ordena que luego que llegue sobre el puerto de esa ciudad envíe su patax dentro a saber si ahí está la nao capitana y alguna otra de la dicha flota.   Y estando, entre con sus naos dentro y en ellas reciba todo el oro y plata y cochinilla que hubiere sin dejar de ello cosa ninguna, aunque algunas personas lo pidan por poderes de sus dueños o

---

[219]   Lee terna, abreviado trna, sustituido por tendrá.
[220]   Lee XII.
[221]   Lee IUDLXIII.

se les haya cuidado. Y habiéndolo hecho pase a la ciudad de Santo Domingo a hacer la misma diligencia con lo que allí estuviere y vuelva a salir con toda brevedad para venir a estos reinos antes que le alcancen los huracanes de esa tierra y antes que entre el invierno.[222] Y para que vuestras mercedes entiendan mejor lo que Su Majestad cerca de este negocio tiene proveído *f243* lleva el dicho Juan de Velasco el traslado de las cédulas que ha mandado dar el presidente y oidores de la Audiencia de Santo Domingo por donde entenderán cómo manda que se haga la cuenta de los gastos que se hubieren hecho en el oro y plata y cochinilla que allí hubiere arribado con gran moderación y que haga la misma en los derechos de depósito de todo ello en caso que se deban algunos. Vuestros señores cumplirán lo mismo como si aquellas cédulas hablase con ellos y procurará que el dicho Juan de Velasco salga del puerto de esa ciudad con su armada con toda la brevedad posible y para ello le den todo el favor y ayuda que convenga y porque de ello será Su Majestad muy servido y nosotros recibiremos merced. Nuestro Señor &c en 26 de marzo de 1564 años.

Con Juan de Velasco un pliego de Su Majestad.
Con Diego Felipe otro pliego de Su Majesad.

Con esta van un pliego de Su Majestad para vuestra merced. Señor gobernador.del recibo mande vuestra merced darnos aviso.

---

[222] Tachadura: "y no lleva cédula particular de Su Majestad para vuestras mercedes porque no sabe que a ese puerto haya arribado ninguna nao y porque nos tiene a nosotros remitido que provean para la ejecución del registro lo que conviene".

[38]
San Juan de Puerto Rico, 1 de julio de 1564
El gobernador a Su Majestad

Signatura:
AGI, Santo Domingo 155
Ramo 5, Núm. 26

+

A la Sacra Cesárea y Real Majestad del
don Felipe Nuestro Señor en el
Consejo de Indias./

+

Sacra Cesárea Real Majestad

Por otras que tengo escritas he dado aviso a Vuestra Majestad del estado de esta isla y de algunas cosas que convenían proveerse para la conservación de ella. Y de lo mismo ha enviado relación por su parte el regimiento de esta ciudad y a suplicar a Vuestra Majestad les haga merced. Y en respuesta de ello, Vuestra Majestad mandó dar su cédula fecha en Madrid a 18 de julio de [15]63 años, por la cual manda que el presidente y oidores de Santo Domingo y yo informemos de la necesidad que esta isla y vecinos de ella tienen y con qué se podrá remediar. Y porque en el parecer que doy en cumplimiento de la real cédula de Vuestra Majestad doy razón p[or] extenso[223] de lo que conviene para la conservación de esta isla, en ésta no lo refiero más de remitirme a lo que allí digo que irá con ésta.[224]

Por el mes de marzo próximo pasado recibí un pliego de Vuestra Majestad en que vino una cédula real en que se manda que los navíos extranjeros que pasaren a estas partes sin licencia sean tomados por perdidos y que ningunas personas contraten sin ser despachadas por los oficiales de la Casa de Contratación de Sevilla; lo cual todo se cumplirá como Vuestra Majestad lo manda. Dentro del dicho pliego vino otro para el obispo de esta isla, el cual luego le envié a Santo Domingo donde había [un] año que está; el cual habrá dado aviso del recibo.

Dos naos de armada de Vuestra Majestad, de que vino por capitán Juan de Velasco de Barrio, llegaron[225] a vista de este puerto a 19 de mayo próximo pasado y de allí envió una chalupa

---
[223] Lee intenso, sustituido por extenso.
[224] Sobre el particular véase Apéndice VIII: **Parecer del gobernador sobre las necesidades y mercedes necesarias para la Isla.**
[225] Lee llegó, sustituido por llegaron.

y una carta en que decía cómo venía por la moneda que estaba en Santo Domingo de las naos que allí habían arribado de la flota de Nueva España y que si aquí había aportado la nao capitana en que venía don Juan Meléndez u otra alguna con oro o plata entraría a recibirla y que sino se pasaría de largo para Santo Domingo, como por Vuestra Majestad le era mandado. Y como aquí no había venido la dicha nao, ni otra alguna con oro ni plata, le envié certificación de ello y dentro de dos horas prosiguió su viaje.   Y asimismo me escribió cómo habrá tres días que el patache que traían no había seguido el farol y que si aquí viniese le enviase en su seguimiento; el cual hasta ahora no ha venido, ni ha aportado a Santo Domingo, según se ha hecho relación.   Día de San Juan, a la mañana, tuve aviso cómo en el Puerto de San Germán, El Viejo, estaban dos navíos de corsarios y delante de los de la tierra tomaron un barco grande de los indios de la isla de La Mona que venía a entrar en el puerto y de allí se fueron la vía de Santo Domingo.   Y entendiendo que la dicha armada estaba ya para salir de Santo Domingo, el mismo día que tuve el aviso despaché un barco para dar noticia al presidente y oidores de la Real Audiencia de Santo Domingo y al dicho capitán para que no hubiese descuido al doblar de la Saona porque ha acontecido a algunos navíos no poder doblar y otros que son mejores de la vela doblar aquella punta y ser tomados de corsarios que están aguardando a hacer presa entre aquella isla y la de La Mona.

En la dicha armada recibí una provisión de Vuestra Majestad en que me hace merced del oficio de fiscal de la Real Audiencia de Guatemala, por lo cual besó los Reales Pies de Vuestra Majestad, *f1v* y aunque la merced es muy grande no dejo de quedar con escrúpulo, pues habiendo en Indias cosas de más calidad no ha sido Vuestra Majestad servido de darme otra cosa; cierto debe proceder de no estar Vuestra Majestad bien informado de lo mucho que he servido con voluntad y con obra, mayormente en el tiempo de las guerras, en el cual siempre he velado y trasnochado y gastado lo que ganaría en cosas pertenecientes a la guerra que no se pueden excusar.   Yo acepto la merced y la tengo en mucho, así por ser cosa en que pueda servir a Vuestra Majestad, como por habermela mandado enviar y quedo presto para ir a residir en el dicho cargo y servir en el a Vuestra Majestad todo el tiempo que no me mandare servir en otra cosa. A Vuestra Majestad suplico se informe de mis servicios porque la mayor merced que pretendo es estar cierto que Vuestra Majestad sabe lo que tiene en mi.

En el mes de octubre del año pasado vino al puerto de la Nueva Villa de San Germán un navío cargado de negros de Guinea sin licencia de Vuestra Majestad y por capitán de él un Pedro Rodríguez, vecino de Tenerife, el cual con cautela pretendió despacharlos por los tenientes de contador y oficiales que allí residen de lo cual yo y los oficiales tuvimos aviso.   Y entendido lo que pasaba acordamos que los dichos oficiales fuesen a la dicha villa de San Germán para tomar el dicho navío y negros y aunque el dicho capitán estaba en parte con su navío donde no podía recibir daño, se puso tan buena diligencia que fueron tomados por ciertas promesas que se les hicieron.   Hallaronse en el dicho navío ciento y cuarenta y dos piezas de esclavos los cuales todos, con el navío, se tomaron por perdidos para Vuestra Majestad.   Y porque en la dicha villa no había quien los comprase, acordé con los dichos oficiales se trajesen a esta ciudad y se comenzaron a vender en pública almoneda y se vendieron 49 piezas de contado en diez y ocho mil y ciento y diez y nueve pesos,   Y como en esta isla hay muy poca moneda, aunque se volvieron[226] los demás a la almoneda no hubo

---

[226] Lee tornaron, sustituido por volvieron.

quien pusiese negros de contado y por esta causa los oficiales y yo acordamos se vendiesen de fiado, a pagar de seis en seis meses, con entera seguridad. Y de causa de se vender así, subieron los que quedaban un tercio más al respecto, porque noventa y una piezas que quedaban de los dichos esclavos valieron 39,060[227] pesos de más de lo en que fue vendido el dicho navío y cuatro dientes de marfil y otras cosillas, que todo en el dicho navío y negros y lo demás que venía en él montó cincuenta y nueve mil y cuatrocientos y cincuenta y cinco pesos y cuatro tomines como todo consta y parece por las cuentas de la Real Hacienda de Vuestra Majestad, que a ese Real Consejo envío; las cuales he tomado a Martín Aceituno, tesorero de la Real Hacienda desde que fue recibido al dicho oficio hasta quince del presente mes de junio. Y en ellas se hizo de alcance trece mil y quinientos y veinte y cuatro pesos cinco tomines y tres granos que los siete pesos y un tomín dos granos fueron de oro fino de esta isla; los cuales pagó luego. Y asimismo se metieron en la caja de tres llaves cinco mil y ciento y sesenta y un pesos en cuartos, por manera que faltan a cumplimiento del dicho alcance por meter en las arcas de las tres llaves ocho mil y trescientos y cincuenta y seis pesos cuatro tomines y un grano. Y por defecto de no los dar el dicho tesorero, según que es obligado, lo mandé prender y traer los negros que tiene en un ingenio tanta cantidad de esclavos negros cuanta fuese necesario para cumplir o pagar el dicho alcance y así él queda preso y los dichos negros en el almoneda, aunque como dicho tengo hay tan poca moneda que no se quién los ha de comprar y en defecto de ello habré de proseguir conforme a derecho. Yo hice notificar al dicho tesorero para que fuese o enviase poderes bastantes a personas que se hallan presentes a lo que en ese Real Consejo se hiciere acerca de las dichas cuentas con apercibimiento que no lo haciendo se harían en su ausencia y rebeldía la cual dicha notificación va al fin de las dichas cuentas.

En el tomar de las dichas cuentas yo he puesto la diligencia posible y puesto mucho trabajo para todos en las acabar y declarar que; aunque la cantidad no es tanta como en otras partes, son dificultosas de hacer y entender por los empleos de cueros y azúcares y libranzas y diferencias de monedas que en ellas hay. Suplico a Vuestra Majestad sea servido de mandar a sus oficiales de esta isla me paguen lo que Vuestra Majestad tiene ordenado a las justicias que tomaren cuentas de la Real Hacienda, que son veinte y cinco mil maravedís por cada vez y se me *f2* paguen por el modo y en la moneda que Vuestra Majestad me manda pagar el salario principal; las cuales he tomado en el tiempo que aquí he estado tres veces, como parece por fe y testimonio que de ello envío. Y si Vuestra Majestad no lo manda, tengo entendido no me lo pagarán. Yo no les he de compeler a ello.

A este puerto vino una carabela de portugueses con treinta piezas de esclavos con licencia de Vuestra Majestad despachados por los oficiales de la Casa de Contratación de Sevilla, que son de los de la merced que Vuestra Majestad tiene hecha a Manuel Caldera, portugués. Y parece que al tiempo que fue visitado el dicho navío no se hallaron más de las dichas treinta piezas que venían con licencia. Y después de algunos días vino a mi noticia que habían venido otros fuera de las licencias e inquirí sobre el negocio todo lo que ser pudo haciendo dar pregones, con graves penas, a los que los tuviesen y con estas diligencias hallé que habían vendido a ciertos vecinos diez y nueve piezas de esclavos; los cuales por temor de los

---

[227] Lee 39U060.

pregones los manifestaron y trajeron ante mí y parecida los tomé luego por perdidos para Vuestra Majestad y los hice sacar en almoneda pública; a la cual mandé estuviese presentes los oficiales de Vuestra Majestad y otros dos regidores, en la cual anduvieron tres días; en los cuales por el más aventajado de todos no dieron si no doscientos y treinta pesos y los demás a mucho menos. Y la causa de haber bajado tanto se entendió ser lo uno, por haberse vendido los negros que se tomaron en la Nueva Villa de San Germán, y la falta de dinero que aquí hay. Y visto los bajos precios en que andaban, se acordó por mí y los oficiales de Vuestra Majestad que, pues está mandado se emplee en azúcar y cueros el dinero que aquí hay, se vendiesen los dichos negros a trueco de azúcar y cueros para enviar a la Casa de Contratación en los primeros navíos que salieren después de los que están en el puerto; que saldrán de aquí a tres días, y así por cosa más conveniente a la Real Hacienda de Vuestra Majestad se vendieron 18 piezas de esclavos de los que así tomé por perdidos en ochocientas y cuarenta y nueve arrobas de azúcar y doscientos y cincuenta y cinco cueros, que al valor que al presente tienen, valen lo que montaron los dichos negros cinco mil y ochocientos pesos y más el cual dicho azúcar y cueros enviaré apartadamente de lo demás que se ha de enviar a Vuestra Majestad y la razón de ello a los oficiales de la Contratación de Sevilla.

En dos navíos de tres que salen para Sevilla se envían a Vuestra Majestad novecientas y dos arrobas y cuatro libras y media de buen azúcar y doscientos y cuarenta y dos cueros vacunos que proceden de la Real Hacienda. Van asimismo en libranza quinientos y treinta o nueve ducados y medio de a 375 maravedis y por otra parte ochenta y ocho pesos y siete tomines de a 450 maravedis cada peso. Que todo procede de la Real Hacienda de Vuestra Majestad de lo cual doy en particular y por extenso[228] aviso a los oficiales de la Contratación de Sevilla y siempre procuraré de enviar la cantidad que pudiere en los navíos que de aquí salieren. Costó cada arroba de azúcar de las que se envían una con otra a peso y ducado y los cueros a un peso y al presente vale el azúcar a seis pesos y los cueros a cinco pesos.

El nuevo cargo que al tesorero se le hace de lo que resulta de las cuentas que le he tomado de más de los 13,517[229] pesos 4 tomines 1 grano que se le hizo de alcance, monta sesenta y seis mil y cuatrocientos y nueve pesos y un tomín y ocho granos en moneda de cuartos, que con el alcance viene a ser lo que aquí tiene Vuestra Majestad en su Real Hacienda setenta y nueve mil y novecientos y veinte y seis pesos cinco tomines nueve granos de los cuales demás del dicho alcance los 46,364[230] pesos 1 tomín 8 granos son de plazos pasados, como todo consta y parece por la sentencia de las dichas cuentas, los cuales mando que luego se cobren; aunque de cobrarse con rigor es cierto que los vecinos han de recibir mucho daño por la poca moneda que hay, porque a lo que tengo entendido no pasarán de veinte mil pesos en cuartos toda la moneda que en esta isla hay.

Por estar en tan subidos precios el azúcar y cueros no me he determinado a hacer empleo en ello de los dineros de las ciento y cuarenta y dos piezas de esclavos que se tomaron por perdidos hasta que Vuestra Majestad mande en ello lo que sea servido.

---

[228] Lee intenso.
[229] Lee 13U517.
[230] Lee 46U364.

En aprovechar y cobrar la Real Hacienda de Vuestra Majestad yo he puesto la diligencia posible y he cobrado todas las deudas antiguas y recargadas que aunque de todos los tesoreros pasados no quedan por cobrar sino mil y doscientos y setenta pesos siete tomines y dos granos *f2v* como por las cuentas de la Real Hacienda parece; excepto la partida de un Jácome Fernández de 13,443[231] pesos 5[232] tomines, la cobranza de lo cual está suspensa, porque sobre ello hay *litis pendencia* en ese Real Consejo. Y de ello he dado aviso por otras a Vuestra Majestad y a su fiscal y lo que acerca de este negocio pasa es que antes que yo viniese a esta isla, un Jácome Fernández, portugués, trajo a ella cierta cantidad de esclavos negros que eran de un Juan Cayado, vecino de Lisboa, las cuales metió en esta isla so color de ciertas licencias de que Vuestra Majestad había hecho merced a los vecinos de ella. Y por parecer a la justicia que los recaudos[233] que traía no eran bastantes hizo depósito de lo procedido de los dichos esclavos que fueron los dichos 13,443[234] pesos 5[235] tomines hasta tanto que por Vuestra Majestad fuese mandado lo que sobre ello se habrá de hacer. Y sobre este negocio parece se trató pleito ante los jueces oficiales de la Casa de Contratación[236] de Sevilla y de allí fue por apelación o remisión al Real Consejo de Indias y hasta ahora no se ha sabido lo que se ha determinado sobre ello. Y aunque las escrituras de obligaciones y otros recaudos de lo procedido de los dichos negros las hice poner en la caja de las tres llaves, donde al presente están, no se han ejecutado por no tener mandado de Vuestra Majestad, ni saber lo que en ello se ha de hacer. Vuestra Majestad sea servido de mandar a su fiscal concluya la causa, sino lo esté y se determine y me de aviso de lo que tengo de hacer; al cual en particular doy aviso de este negocio.

Las cajas del tesorero de Vuestra Majestad han tenido hasta ahora tres llaves; las cuales han tenido el tesorero, contador y factor y como el oficio de factor se consumió, no quedan si no dos. Por cosa conveniente y acertada tendría que Vuestra Majestad mande que el juez que aquí viniere tenga la otra; el cual suplico a Vuestra Majestad sea servido mandar que venga para que tome cuenta, y yo pueda ir a servir el oficio de fiscal o en otro que Vuestra Majestad sea servido.

A 8 de mayo entró en este puerto el licenciado Briceño, que va por visitador de la Audiencia de Guatemala, y se detuvo en esta ciudad tres semanas, bien contra su voluntad. Y la causa fue, que en el navío que el vino se trajo cierta hacienda y ropa de un Felipe de Luca, que se había de vender en esta ciudad, por mandado de los jueces oficiales de la contratación de Sevilla y lo procedido enviarse a la dicha Casa para pagar tres mil ducados de pena en que el dicho Felipe de Luca fue condenado por una fianza que hizo por mi mandado que llevaría el navío que aquí estaba a la dicha Casa de Contratación y no lo cumplió, como de todo consta en ese Real consejo. Y aunque yo trabajé de acortar negocios, no se pudo hacer con más brevedad porque la cuenta y razón de la dicha ropa venía muy marañada.

---

[231] Lee XIIIUCCCCXLIII.
[232] Lee V.
[233] Lee recabdos.
[234] Lee XIIIUCCCCXLIII.
[235] Lee V.
[236] de la Casa, repetido.

Entre cuatro o cinco vecinos de los principales de esta ciudad hay algunas pasiones, las cuales yo he procurado atajar unas veces con reprehender otras con disimular, que algunos llaman remisión, porque en todas ellas no ha habido, sino dijome y no me dijo, y como no han hallado en mi el aparejo que quisieran para hacerse mal los unos a los otros, se han ido a la Real Audiencia de Santo Domingo a seguirlas. Y el presidente y oidores de ella han dado algunas provisiones, a gusto de los que las piden, aunque justas, de que se han seguido inconvenientes y venidose a encender en sus pasiones. Y si a mi se me hubiera remitido sus negocios, como a persona que entiendo y conozco a las personas que las tratan, y sé de qué humor pecan, ello hubiera todo cesado y porque yo, por la razón que a ello me obliga, aviso a los dichos presidente y oidores de esto y de otras cosas que convienen con toda humildad y como súbdito he sentado; que no lo han tomado con la voluntad que yo lo escribo de que tengo pendencia penosa, porque se ofrecen cosas que no se pueden dejar de decir y escribir. Y es mejor que sean avisados de mi, que no murmurados de otros, no tengo de dejar de hacerlo en tanto que aquí estuviere, porque es hacer el deber.

f3

No se ofrece otra cosa más de suplicar a Vuestra Majestad sea servido de me hacer merced de alguna ayuda de costa para asentar mi casa a donde Vuestra Majestad me manda ir a servirle en lo cual recibiré bien y merced. Nuestro Señor la Sacra Real Persona de Vuestra Majestad guarde por largos y felices tiempos como por los leales vasallos de Vuestra Majestad es deseado con aumento de más reinos y señoríos. De San Juan de Puerto Rico a primero de julio de 1564 años.

Sacra Cesárea Real Majestad

humillísimo criado de Vuestra Majestad que sus Reales
pies besa
(firmado) El Licenciado
Carasa

+
A Su Majestad
del licenciado Carasa gobernador de Puerto Rico /
primero de junio (sic) <u>1569 (sic)</u>

**& vista y en un capítulo
sólo hay que responder**

[39]
San Juan de Puerto Rico, 2 de julio de 1564
El gobernador a Su Majestad

Signatura:
AGI, Santo Domingo 155
Ramo 5, Núm. 27

+

A la Sacra Cesárea y Real Majestad del
don Felipe nuestro señor en el Consejo de Indias.

Es de aviso.

+

Sacra Cesárea Real Majestad

Hoy día de la fecha de ésta estando para salir tres navíos cargados de azúcares y cueros para el río de Sevilla entró en este puerto una carabela de la isla de Cuba la cual vino en 23 días a este puerto. Y el maestre de ella me dio relación cómo un fulano Carvajal, maestre de un navío de La Habana salió de Cabo de Cruz, que es un puerto de la dicha isla de Cuba 80 leguas de La Habana, poco más o menos, y en el Cabo de San Antón topó tres navíos franceses y por capitán y piloto de ellos un Francisco Díaz Mimoso, natural de Faro, que es en el Algarve. Y le dijo que él había salido de Francia con siete navíos y que los tres y un patache había enviado a la Punta de Santa Elena, que es en la costa de La Florida, a poblar. Y que ya sabía que estaba poblada y había enviado un navío a Francia a dar aviso y hacer saber cómo la tenía poblada para que enviasen gente y otras cosas que eran menester para la población y conservación de ella. Y estando el dicho Carvajal con los dichos franceses en el Cabo de San Antón, llegó allí un navío de Honduras con pasajeros y delante de él lo tomaron con diez y seis mil pesos que traían en oro. El dicho maestre que dio esta nueva es un Vicente Martín, vecino de esta ciudad, y dijo que el 8 de junio viniendo del puerto de La Habana para éste desembocó la Canal de Bahamas y que estando Noroeste-Sureste con la Punta de Santa Elena halló en 28 grados tres naos y un patache franceses los cuales le siguieron y estuvieron casi abordados diciéndole que amainase. Y como la carabela en que venía era de buen gobierno y vela, se le escapó por debajo de la proa de la capitana y le tiraron artillería y Dios fue servido que no le dañase. Pareciome ser negocio de que se debía dar noticia y aviso a Vuestra Majestad y si a mis cartas que he enviado al Real Consejo de Vuestra Majestad acerca de los corsarios que por estas partes han venido se hubiera dado crédito, hubiera cesado este inconveniente y otros muchos que han sucedido, porque por tres veces tengo dado aviso que el más pernicioso corsario que ha venido a estas partes. Es el dicho Francisco Díaz Mimoso y he dado las señas que es bermejo y tuerto de un ojo y natural de Faro, que se pusiese diligencia en prenderlo a donde el acudía, así en Francia como en Portugal. Y éste es el que quemó y robó los pueblos de Honduras y otra vez cinco navíos que salieron de Santo Domingo. Y es el corsario a quien yo más he temido en los tiempos que aquí he estado como a hombre que sabía todos los rincones de esta isla, porque habiendo hecho salir tres navíos de Francia con determinación de tomar esta ciudad y prometido a los franceses que se la daría en las manos queriendo acometer el puerto vista la resistencia y aparato de guerra que había no se atrevieron a entrar y por parecer a los franceses que les había burlado diciendo que no había resistencia, le tuvieron para ahorcar de una entena *f1v* y se libró diciendo que él les daría otra mejor presa en Honduras y si no lo hiciese que entonces lo ahorcasen y así lo dejaron. Y fueron a Honduras donde se siguió la destrucción de aquellos pueblos, como tengo dicho, y entonces juró que, aunque le costase la vida, se había de vengar de mí y destruir esta ciudad, porque había sido causa dese haber visto en tal trance; lo cual se ha sabido de muchas personas que ha tomado por la mar, las cuales se lo han oído.

Y siendo así, como ello lo es, que la Punta de Santa Elena está poblada de franceses, es negocio muy importante porque todos los navíos que vienen de Nueva España y Nombre de Dios en desembocando la Canal de Bahamas de fuerza han de venir allí y conviene con mucha presteza proveer sobre ello porque ahora será ligera cosa estorbarles la población y si les dan lugar a arraigarse de propósito será dificultoso echarlos de allí.

Y porque en otras que tengo escritas doy larga relación de lo que al servicio de Vuestra Majestad conviene y a la conservación de esta isla en ésta no diré más. Nuestro Señor la Sacra Real Persona de Vuestra Majestad guarde por largos y felices tiempos con aumento de más reinos y señoríos como por los leales vasallos de Vuestra Majestad es deseado. De San Juan de Puerto Rico a 2 de Julio de 1564 años.[237]

Sacra Cesárea Real Majestad

Humillísimo criado de Vuestra Majestad
que sus Reales pies besa

El Licenciado
Carasa

+

San Juan a Su Majestad
del licenciado Carasa dos de junio <u>1564</u>

visto y provisto[238]

---

[237] La carta está duplicada: AGI, Santo Domingo 155, Ramo 5, Número 27ª. No incluyo la copia, pero es fiel a ésta.
[238] Lee proveido.

[40]
San Juan de Puerto Rico, 2 de julio de 1564
El gobernador a la Casa de Contratación

Signatura:
AGI, Contratación 5104

+

Muy Magníficos Señores

1564

Una de vuestras mercedes recibí de doce de septiembre del año pasado y con ella un pliego de cartas de Su Majestad; el recibo del cual doy aviso en el pliego que con ésta va en que van las cuentas de la Real Hacienda de Su Majestad y otros despachos el cual suplico a vuestras mercedes manden enviar con la brevedad que suelen.

En el negocio de la nao de Diego Sánchez me parece que después de escrita la carta se mandó por vuestras mercedes se vendiese la ropa que Felipe de Lucas, fiador, tenía cargada en el navío de Melchior de Anaya en las partes y a donde iba consignada. Y así en esta ciudad se vendieron cierta cantidad de armas que para aquí venían y del procedido del dicho Anaya compró cierto azúcar que va en estos navíos consignado a vuestras mercedes como por el registro parecerá. Detúvose la dicha nao en este puerto tres semanas contra la voluntad del señor licenciado Briceño, visitador de Guatemala, aunque yo procuré de acortar todo lo que pude porque todo venía marañado. Salió de este puerto para Honduras a dos días del mes de junio.

En la última que escribí a vuestras mercedes cómo por haber dado al través un navío portugués que allá enviaba y que con tiempo había retornado[239] a arribar y no se había podido remediar ni había habido aquí aparejo para ello, se había vendido en cuatrocientos y ochenta pesos de la moneda de la tierra y que enviaré lo procedido en los navíos que ahora fuesen con el maestre y los demás que aquí estaban lo cual al presente no va por no se haber cobrado todo el azúcar y cueros de lo procedido del dicho navío y haber estado el dicho maestre mucho tiempo enfermo de cámaras de sangre que no se pensó escapara. El cual, día de San Juan, por ser persona hábil y no haber otro que lo supiese hacer envié con un barco a la ciudad de Santo Domingo a dar aviso a la armada de Su Majestad que vino por el oro y plata que allí estaba para salir de dos navíos de corsarios que estaban entre esta isla y La Mona para que saliesen apercibidos de manera que no recibiesen daño de ellos. El empleo de los dineros del dicho navío está hecho en azúcar a 9[240] pesos y los cueros a 3, que es buen precio; según la carestía tienen ahora los dichos azúcares y cueros. En los primeros navíos que salieren después de los que están en el puerto lo enviaré todo y las personas con la demás

---

[239] Lee tornado.
[240] Lee IX.

hacienda de Su Majestad.

En lo que vuestras mercedes dicen que el navío de Baltasar Rodríguez no fue a ese río, antes se fue a Portugal, en esto no tengo diligencia que hacer, porque yo le saqué toda la gente portuguesa que en ella venía y metí maestres y piloto y marineros vasallos de Su Majestad. Y demás de esto mandé a Pedro de la Rea y a Alonso Carrillo, maestres de sus navíos, con penas lo llevasen consigo y no lo dejasen y se asentó en el registro y por ésta causa no se tomaron fianzas ni se habían tomado antes de este tiempo, pero de aquí adelante ninguno que no sea maestre examinado y haya dado fianzas en esa casa no se admitirá por maestre sin que *f1v* las dé. De lo que se hubiere cobrado de los azúcares y cueros que se enviaron en el dicho navío y en los otros dos que iban con él me manden vuestras mercedes dar aviso.

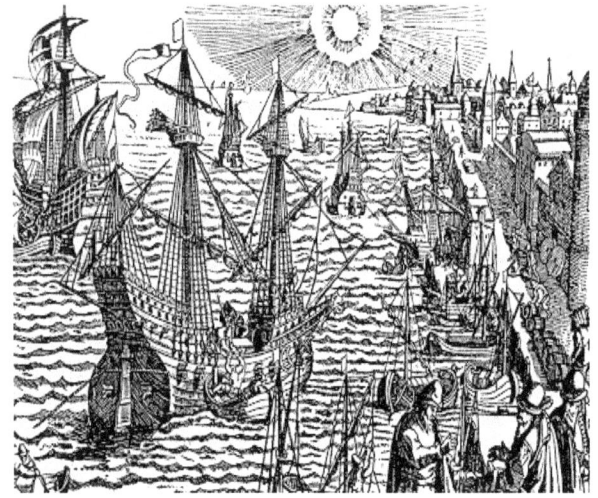

Puerto de Lisboa, Portugal. Siglo XVI, según grabado de De Bry.

En lo que vuestras mercedes mandan no se envíe hacienda de Su Majestad en navío portugués ello se hará así. Y por esta causa no se envía hacienda ninguna de Su Majestad en una carabela portuguesa que de aquí sale cargada; la cual vino con licencia de Su Majestad despachada por vuestras mercedes con treinta piezas de esclavos de los de la licencia de Manuel Caldera. Y si los hallé que habían traído veinte y cinco; de los cuales los dos son grumetes y uno marinero, los cuales retornan[241] a llevar en el dicho navío y de ello dieron fianzas y otros tres parece que se llevaron escondidamente a Santo Domingo a donde tengo enviado carta de justicia para que los oficiales de allí los cobren de dos portugueses que los llevaron estando yo muy enfermo. Los diez y nueve restantes hice vender en pública almoneda y por defecto de no haber dineros con parecer de los oficiales se vendieron a trueque[242] de azúcar y cueros los cuales se enviarán en los primeros navíos que salen. Con la dicha carabela portuguesa se envían cuarenta y cuatro cajas de azúcar, en que van novecientas y dos arrobas y cuatro libras y media de azúcar resumido a bueno y doscientos y cuarenta y dos cueros vacunos para Su Majestad, lo cual todo va en el navío nombrado Nuestra Señora del Antigua, maestre Bartolomé López, de que es señor Juan Rodríguez Tirado. Que las ochocientas y setenta y un arrobas de azúcar y los doscientos y cuarenta y dos cueros proceden de la Real Hacienda de los empleos que están hechos en vecinos de esta ciudad como por el registro que va parece y esta es pacificado y las treinta y una arrobas y cuatro libras y media de azúcar restantes a cumplimiento a las novecientas y dos arrobas proceden de bienes de difuntos abintestato de un depósito que estaba hecho en Manuel de Illanes, vecino de esta ciudad, de contra de ochenta y una arrobas y no se halla la razón de qué difunto sean porque es del tiempo del tesorero Juan de Castellano y entre las

---

[241] Lee tornan.
[242] Lee trueco.

escrituras que se hallaron no pareció otra razón y así se podrá disponer de ellos como de bienes inciertos la demás cantidad se enviará con la brevedad posible.

En el dicho navío van librados para Su Majestad ochenta y un pesos y siete tomines de oro de a 450 maravedís el peso y que van librados sobre cien cueros vacunos que asimismo proceden de la dicha hacienda que los debía Manuel de Illanes.

Va asimismo librados en el dicho navío sobre ciento y veinte arrobas de azúcar, ciento y cincuenta y nueve ducados y medio de a 275 maravedís el ducado que procede de la deuda que debía Sancho de Arcas a Su Majestad.

En la carabela nombrada San Sebastián, maestre Luis Martín de Santana van librados a Su Majestad sobre trece cajas de azúcar que llevan trescientas y veinte arrobas de azúcar trescientos y ochenta ducados según y de la manera que los de arriba y los paga el dicho Sancho de Arcas por la misma razón todo lo cual mandarán vuestras mercedes recibir y de ello dar aviso a Su Majestad y a mi de lo que hubiere en que pueda servir a vuestras mercedes en particular que en ello recibiré merced. Nuestro Señor las muy magníficas personas y casas de vuestras mercedes guarde y acreciente como los servidores de vuestras mercedes deseamos. De San Juan de Puerto Rico a 2 de julio de 1564 años.

Muy magníficos señores
Besa las manos de vuestras mercedes su servidor

El Licenciado
Carasa

[41]
Puerto Rico, Isla de San Juan, 2 de julio de 1564
El gobernador y oficiales reales a la Casa de Contratación

Signatura:
AGI, Contratación 5104

+

Muy Magníficos Señores

Entre los navíos que al presente van de esta isla para esa ciudad va uno nombrado Nuestra Señora del Antigua de que va por maestre Bartolomé López en el cual enviamos a Su Majestad de lo procedido de su Real Hacienda que restaba debiendo Sancho de Arcas, vecino de esta ciudad, de una obligación de mayor cuantía treinta y cinco cajas de azúcar; las diez y seis de pilón y las seis de quebrado y diez de moscabado y las tres de panelas en que van en todas de buen azúcar leal dado setecientas y diez y nueve arrobas que van marcadas del hierro de la corona de fuego en los testeros de las cajas. Y asimismo van en este dicho navío doscientos y cuarenta y dos cueros vacunos marcados de la dicha marca de fuego y de tinta que han pagado diferentes personas. Y asimismo van en este dicho navío nueve cajas de azúcar; las tres de pilón y tres de panelas y tres de moscabados en que en todas van de buen azúcar ciento y ochenta y tres arrobas y cuatro libras y media. Y en éstas van las treinta y una arrobas y cuatro libras y media que Manuel de Illanes, vecino de esta ciudad, paga para en cuenta de un depósito que debe de bienes de difuntos del cual no se ha hallado razón de a dónde proceden por ser cosa muy antigua y no parecer por el depósito claridad el cual procede del tiempo que fue tesorero de esta isla Juan de Castellanos. Y asimismo van librados en este dicho navío sobre seis cajas de azúcar pilón que envía Sancho de Arcas ciento y cincuenta y nueve ducados y medio de a once reales para en cuenta de la libranza que debe a Su Majestad. Y asimismo van librados en la carabela de que va por maestre Luis Martín de Sancta Ana trescientos y ochenta ducados que libra el dicho Sancho de Arcas sobre trece cajas de azúcar que van en esta carabela con que paga la libranza que debía a Su Majestad. En los navíos que quedan a la carga procuraremos enviar a Su Majestad lo que más pudiéremos.

El aviso que vuestras mercedes nos dan por la que al señor procurador se escribió recibimos. Acerca de que no cargasemos hacienda de Su Majestad en navíos portugueses y en que diesen fianzas los maestres y así lo hemos puesto por obra que no hemos querido cargar cosa alguna en una carabela portuguesa que va con estos de Manuel Caldera que vino con despacho de vuestras mercedes que del recibo de lo que ahora a Su Majestad enviamos y de lo que fue el año pasado se nos de aviso para nuestro descargo y de si hay en qué sirvamos. Nuestro Señor guarde las muy magníficas personas de vuestras mercedes con el acrecentamiento que sus servidores deseamos. De Puerto Rico, isla de San Juan, a dos de julio de 1564 años.

Muy magníficos señores.
Besan las manos de vuestras mercedes sus servidores

El licenciado Martín Juan Ponce de
Carasa Aceituno León

[42]
Sevilla, 14 de abril de 1565
La Casa de Contratación a la justicia de Guayanilla

Signatura:
AGI, Contratación 5185
Libro 1, folio 282

+

Magníficos Señores

A la justicia de Guadianilla en la nao maestre Juan Griego

Su Majestad nos ha mandado que enviemos al gobernador de Puerto Rico el pliego que será con ésta con toda la brevedad posible y que para ello despachemos dos carabelas que lo lleven con el duplicado. Y porque al[243] tiempo que lo recibimos estaba para hacerse a la vela ésta, de que es maestre Juan Griego, que va la Nueva España con despachos de Su Majestad, por aventajar tiempo entre tanto que se aprestan las otras, nos ha parecido de entregar al maestre este despacho para que lo de a vuestras mercedes. Y luego que lo reciban lo envíen con persona de recaudo y confianza a Puerto Rico al gobernador de aquella ciudad y tomen certificación del entrego para su descargo la cual nos enviarán con el primer navío que venga a esta ciudad porque nosotros escribimos a Su Majestad como les enviamos este despacho y por entender que en ello habrá todo el buen recaudo que al servicio de Su Majestad conviene no diremos más. Nuestro Señor etc. De Sevilla a 14[244] de abril de 1565 años. A servicio de vuestra merced Francisco Duarte, Pedro Vaca Cabeza de Vaca.

---

[243] Lee a el, sustituido por al.
[244] Lee XIIII.

[43]
Sevilla, 14 de abril de 1565
La Casa de Contratación al gobernador

Signatura:
AGI, Contratación 5185
Libro 1, folio 282-282v

+

Muy Magnífico Señor

Al gobernador de Puerto Rico en la nao maestre Juan Griego

A la justicia de Guadianilla enviamos el despacho de Su Majestad que será con esta para vuestra merced del cual había de ir en una de dos carabelas que nos está mandado que despachemos a ello con toda brevedad y por estar ésta para hacerse a la vela con que aventajará tiempo nos pareció dar este despacho a Juan Griego, maestre de ella. Vuestra merced le mandará recibir y del recibo nos avisará vuestra merced con el primer navío que venga a estos reinos y porque con los *f282v* de la flota que partirán por mayo escribiremos a vuestra merced largo en respuesta de las suyas. No diremos más etcétera. Nuestro Señor etcétera. De Sevilla 14 de abril de 1565 años. Besan las manos de vuestra merced Francisco Duarte, Pedro Vaca Cabeza de Vaca.

[44]
San Juan de Puerto Rico, 24 de abril de 1565
El gobernador a Su Majestad

Signatura:
AGI, Santo Domingo 155
Ramo 5, Núm. 28

+

A la Sacra Cesárea Real Majestad del Rey don Felipe
Nuestro Señor en su Real Consejo de
[Indias]

+

Sacra Cesárea Real Majestad

En la última que escribí por el mes de octubre del año pasado di relación cómo había recibido la cédula de Vuestra Majestad en que manda se vendan los oficios de depositario de los pueblos de esta isla y cómo había vendido el de esta ciudad en cinco mil pesos a Diego Martín Marchena, a el cual supliqué se la hiciese merced del título del dicho oficio. Y que por no ser moneda la que aquí corre, que tiene valor en España, se habían de emplear necesariamente los dichos cinco mil pesos en cueros y azúcar, que son las granjerías de esta tierra, y estaba parte de ellos empleado y se emplearía lo demás y se enviaría en los navíos que de aquí saliesen, lo cual se ha hecho. Y en este navío van cargados de los procedido de los dichos cinco mil pesos del dicho depósito, doscientos cueros vacunos muy buenos y trescientas y diez y siete arrobas y ocho libras de azúcar reducido a bueno. Y no se cargo más en él por ser sólo y no poner a riesgo mucho. Y también porque se ha dicho que otro navío que salió de este puerto el año pasado, en conserva de otros dos, se perdió en el río de Sevilla; en la cual los oficiales y yo enviamos novecientas y dos arrobas de azúcar y doscientos y cuarenta y dos cueros, y aunque dicen que se salvó parte de ello, no se ha enviado la certidumbre. Asimismo en este dicho navío van cargados doscientos y noventa y ocho cueros vacunos que proceden del empleo de los dineros de la Real Hacienda de Vuestra Majestad; de lo cual más por extenso doy aviso a los oficiales de la Contratación de Sevilla. En otros dos navíos que están a la carga, que saldrán en todo el mes de junio que viene, se enviará a la mayor parte de lo procedido del dicho depósito y del empleo que aquí está hecho de la Real Hacienda de Vuestra Majestad.

Por otras tengo dado aviso a Vuestra Majestad cómo se tenía por nueva cierta que La Florida, en la punta que dicen de Santa Elena, estaba poblada de gente extranjera y que de allí salían a correr la Canal de Bahamas para robar a los que por allí pasasen y cómo se les había escapado una carabela por ser muy buena de la vela que aquí trajo la nueva. Después acá ha certificado estar poblada la dicha Punta de Santa Elena de quinientos luteranos de los cuales doce de ellos se huyeron por malos trata*f1v*mientos que les hacían sus capitanes y tomaron un batel y vinieron a la isla de Jamaica a donde cogieron una chalupa y con entre ambos bajeles vinieron a la isla de Santo Domingo al puerto de La Yaguana a donde tomaron un patache.   Y por entender que venía poca gente armaron una carabela para salir tras ellos y al tiempo que querían poner juego a un falcón se pegó fuego en el barril de la pólvora y se quemaron trece hombres de los españoles y así se les escaparon.   Después de lo dicho los luteranos fueron a buscar comida a un puerto, que se llama el Alcay, que es en la dicha isla de Santo Domingo a donde saliendo a tierra mataron tres hombres de ellos y prendieron cuatro de los cuales se supo lo dicho.   Y que habían enviado los dichos capitanes a Francia y a Inglaterra por socorro para proseguir y continuar la dicha población.   Otros han escrito que ya estaban juntos treinta y cinco hombres de los dichos corsarios.   Esto es lo que aquí he sabido y entendido del dicho negocio.   Su Majestad sea servido mandar lo que a su real servicio convenga, que cierto si a ellos se les da lugar de fortalecerse se echarán de allí con gran dificultad y costa.   Asimismo se han desgarrado en este mes de marzo otros navíos de corsarios de los cuales se han visto dos y cada uno de ellos ha tomado un navío de mercancía que venían con vinos cada uno en su paraje a la banda del Sur de esta isla y luego que lo supe por no tener aquí posibilidad ni comodidad para armar contra ellos envié un barco de aviso a la Real Audiencia de Santo Domingo para que los navíos que hubiesen de salir de allí viniesen avisados y con orden y para que si hubiese aparejo se armase contra ellos. Tienese entendido que si no hay quien les refrene se han de desvergonzar a venir por acá muchos. En lo que toca a esta ciudad yo me desvelaré en la guardar el tiempo que aquí estuviere, como lo he hecho en los diez años atrás.

También se me ha escrito de la Nueva Villa de San Germán, que es treinta leguas de esta ciudad a la banda del Sur, cómo en el dicho mes de marzo pasado llegó a el dicho puerto un navío portugués y estando surto a la entrada del paso avistó un navío que había cargado en la isla de La Palma y como le viose llegó a reconocerle y entendido que era de portugueses lo quiso tomar y ellos se pusieron en defensa y pelearon y el portugués hirió a el castellano, tres o cuatro hombres, y a el fin él sin recibir daño se fue.   Y desde a quince días que esto pasó llegó a el dicho puerto otro navío, asimismo portugués, y entendido que no se le habían de dar mantenimientos ni otra cosa, metió gente en el batel que traía armados de espadas y rodelas y montantes y arcos turquescos y otras armas y llegados a tierra hablaron con dos hombres que estaban en la playa y les dijeron que les diesen mantenimientos por sus dineros, sino que los tomarían por fuerza.   Y como aquel pueblo está una legua del puerto, y no hay defensa ni con qué ofender a los que allí vienen, tuvieron este atrevimiento; aunque de allí no llevaron sino agua de un río que entra en aquel puerto.   Y se fueron, según ellos dijeron, la vía de Jamaica porque en otra ninguna parte de Indias hallan acogida sino allí. Sospecha tengo que sino son refrendados se han de desvergonzar a robar por la mar y aún en lugares que no hay defensa como lo hacen y han hecho los otros corsarios franceses e ingleses.   Vuestra Majestad sea servido de mandar poner el remedio que convenía antes que se sigan más daños.   Habrá un mes que tuve noticia cómo en la costa de esta isla, doce leguas de esta ciudad, estaba un navío que venía sin registro ni recaudo alguno y como entendí que era de mercancía y que no venía *f2* armados envié una carabela aparejada para que lo trajese y así dentro de tercero día contra su voluntad lo metió por el puerto; el cual con todo lo que traía, aunque era de vecinos, condené por perdido y lo entregué a los oficiales de Vuestra Majestad los cuales lo vendieron en almoneda pública.   Y se hicieron de lo procedido de él cantidad de diez mil pesos como parece por el inventario almoneda y otros autos que sobre ello se han hecho en lo cual se puso la diligencia y recaudo que era razón.

Como los jueces mayormente en Indias no podemos dejar de tener émulos, no me espanto que yo haya tenido alguno que halla escrito de mi alguna cosa que, aunque halla procedido de pasión, haya dado alguna ocasión a que se piense de mí que en alguna cosa halla dejado de hacer lo que soy obligado; lo cual si así fuese me daría gran pena por haber vivido siempre tan sobre aviso en procurar el servicio de Vuestra Majestad como soy obligado y que se pueda de mi pensar otra cosa. Esto escribo porque me dicen que he sido[245] culpado de dos cosas; la una, que estando yo en esta isla por gobernador han estado los vecinos en bandos y revuelta. Y la otra, que siento más que en la Real Hacienda de Vuestra Majestad no han tenido los oficiales el recaudo, que es razón, por no tomarles las cuentas como se habían de tomar. En cuanto al desasosiego de los vecinos en esta isla no hay hombres ricos ni poderosos, sino que todos tienen tantos trabajos y necesidades que no pueden darse a bandos ni diferencias. Y si algunas ha habido, ha sido después que en la Real Audiencia de la Española de Santo Domingo se ha dado oídos a sus quejas. Y con el favor que allá se les ha dado, han querido subperitar a los demás y estos son los que menos razón han tenido; lo cual hubiera cesado si sus quejas las hubieran vuelto[246] a remitir a mi, que se las raíces de donde cada cosa y manera lo cual no pueden saber allá. Y con todo esto no ha habido infusión de sangre ni cosa que le parezca, sino tinta y papel, y de todo ello y poco de qué echar mano.

En lo que toca al buen recaudo de la hacienda de Vuestra Majestad ello está todo tan bueno y tan verdadero cuanto es justo que lo este porque yo he tomado las cuentas tres veces con toda la diligencia y verdad del mundo y con mucho rigor haciendo luego pagar los alcances y metiéndolos en la caja real. Las dos de las dichas cuentas tomé a Cristóbal de Salinas y la otra a Martín Aceituno, tesoreros que han sido en mi tiempo, y me seguí por las que dio Juan Ponce de León, que es el más antiguo de los que están vivos que han tenido a cargo la Real Hacienda de Vuestra Majestad en esta isla, que al presente es contador, y el dicho oficio de tesorero le fue encargado por el doctor Vallejo, gobernador que a la sazón era por muerte del tesorero Juan de Castellanos. Y asimismo he hecho cobrar con todo rigor posible las deudas viejas que eran muchas y se han metido en las cajas de que tengo a muchos desabridos. Y las deudas que ahora hay son que se van haciendo de cada día y al presente estoy otra vez tomando las cuentas y se cobrará lo que sea justo cobrarse y quedará en todo claridad; lo cual todo parecerá por las cuentas que allá tengo enviadas. Y *f2v* por lo que de las presentes verá el gobernador que viene, pues las ha de ver luego. He sentido mucho esto porque verdaderamente en lo que toca al buen recaudo de la hacienda de Vuestra Majestad he sido[247] extremado y en mi tiempo se ha aumentado por mi industria y buena diligencia en mucha cantidad. Y hallarse sea por verdad que he puesto en ella mucho más recaudo y solicitud que en la mía propia y esto tanto lo encarezco porque se entienda he hecho el deber a que están obligado estoy, como por las mercedes que por ello se me han de hacer que cierto me son bien debidos. Ha me dado ocasión a creer lo dicho, pues antes que

---

[245] Lee seydo.
[246] Lee tornado, sustituido por vuelto.
[247] Lee seydo.

allá llegase mi aceptación de la fiscalía[248] de Panamá de que Vuestra Majestad me hizo merced y me envió a mandar me declarase si la aceptaba y yo la acepté, se haya provisto[249] gobernador para esta isla, aunque para esto pudo haber allá otras causas. A Vuestra Majestad suplico humildemente no permita se de crédito a cosa que nadie escriba porque ninguna puedan decir con verdad sino movidos de pasión; especialmente estando tan notorio que en cerca de diez años que hace[250] que gobierno esta isla, no he pretendido sino trabajar de servir a Vuestra Majestad muy de veras y no en aumentar hacienda, que es cosa a que todos los hombres se suelen inclinar principalmente. Y siempre he tenido delante de los ojos las obras del doctor Escudero, mi tío, fiel criado de Vuestra Majestad a quien en todo procuro imitar. Por cuyos méritos, ya que los míos no sean tan bastantes, suplico a Vuestra Majestad sea servido de me mandar mejorar en parte donde pueda mostrar por obra el deseo que al[251] servicio de Vuestra Majestad tengo. Cuya Sacra y Real Persona Nuestro Señor por muy largos y fidelísimísimos tiempos guarde con aumento de más reinos y señoríos, como por los leales vasallos de Vuestra Majestad es deseado. De San Juan de Puerto Rico a veinte y cuatro días del mes de abril de 1565[252] años.

>Sacra Cesárea Real Majestad
>Humillísimo criado de Vuestra Majestad
>que sus Reales pies beso
>
>El licenciado
>Carasa

+

Puerto Rico a Su Majestad
del licenciado Carasa

24 de abril 1565 años

Vista

---

[248] Lee fiscalería.
[249] Lee proveído.
[250] Lee ha.
[251] Lee a el, sustituido por al.
[252] Lee IUDLXV.

[45]
Sevilla, 14 de mayo de 1565
La Casa de Contratación al gobernador y oficiales reales

Signatura:
> AGI, Contratación 5185
> Libro 1, folio 289v-290

+

Muy magníficos señores

Para el gobernador y oficiales de Puerto Rico en la nao maestre Francisco Hernández de León

Las de vuestras mercedes de dos de julio y primero de octubre pasado recibimos y los pliegos que con ellas vinieron para Su Majestad se enviaron con recaudo al su Consejo de las Indias.

En lo que vuestras mercedes dicen que en esa ciudad se vendieron parte de las mercaderías que iban de Felipe Lucas en la nao de Melchior de Anaya está muy bien la diligencia que vuestras mercedes hicieron y la causa se sigue en el Consejo.

En lo que vuestras mercedes dicen que el navío portugués que nos enviaban con tiempo contrario volvió a arribar a esa ciudad se había vendido en cuatrocientos y ochenta pesos de la moneda de esa tierra y que los emplearon en cueros y azúcares y que nos enviarán las personas que en él habían ido con la demás hacienda de Su Majestad está muy bien y aquí daremos aviso de ello a vuestras mercedes como sea llegado.

En lo que vuestras mercedes dicen que enviarán a esta casa el procedido de diecinueve[253] piezas de esclavos de las veinticinco[254] que tomaron sin registrar en un navío que fue a esa ciudad con real licencia por virtud del asiento de Manuel Caldera está muy bien la diligencia que vuestras mercedes hicieron y en lo de los tres esclavos que vuestras mercedes dicen que se llevaron a Santo Domingo a vender si se han cobrado se enviará con lo demás.

La nao de Bartolomé López donde enviaban vuestras mercedes para Su Majestad cuarenta y cinco cajas de azúcar y doscientos y cuarenta y dos cueros viniendo el río arriba se perdió junto a Los Pilares de él con todo lo que en ella venía, sino fue algunas cajas y cueros que se habían alijado en un barco y parte de ello era de Su Majestad.

---

[253] Lee diez y nueve.
[254] Lee veinte y cinco.

Los quinientos y treinta y nueve ducados y medio que vinieron librados en dos partidas en la nao de Bartolomé López y en la de Luis Martín de Santana por hacienda de Su Majestad se cobraron.

f290

La nao de Francisco Hernández Moreno en que vuestras mercedes enviaron para Su Majestad ocho cajas de azúcar aportó a Cádiz de donde se trajeron a esta ciudad.

En lo que vuestra merced, el gobernador, dice que a Su Majestad se ha hecho relación que habiendo llegado a ese puerto un navío portugués sin registro vuestra merced no lo había tomado por perdido y que se había vuelto a Portugal tenemos entendido que vuestras mercedes habrá[n] hecho en esto como es obligado, como lo hace en todo lo demás y que aunque en el Consejo se ha hecho esta relación aquellos señores no dan crédito a ningún particular y así en esto no tenemos que decir.

Con esta va un pliego de Su Majestad para vuestras mercedes del recibo de él nos darán aviso.

Asimismo va un pliego para vuestra merced, el señor gobernador, del señor licenciado Gerónimo de Ulloa, fiscal del Consejo del recibo nos mande vuestra merced avisar etc. Nuestro Señor las muy magníficas personas y casas de vuestras mercedes guarde con el acrecentamiento de estado que desean. De Sevilla y de mayo 24 de mil y quinientos y sesenta y cinco años.

Besa las manos a vuestra merced Juan Gutiérrez Tello, Pedro Vaca Cabeza de Vaca, el licenciado Mosquera de Moscoso.

[46]
Sevilla, 12 de junio de 1565
La Casa de Contratación al gobernador

Signatura:
AGI, Contratación 5185
Libro 1, folio 301v

+

Muy Magnifico Señor

Al gobernador de Puerto Rico.

En un correo que llegó aquí anoche nos envió Su Majestad mandar que recibiendo los despachos que van con ésta para vuestra merced para el presidente y oidores de Santo Domingo y el gobernador de la Habana se despache luego una carabela con ésta y diesemos aviso a vuestra merced del estado en que queda la partida de

Pedro Menéndez el cual saldrá de la bahía de Cádiz a quince de ésta y lleva muy buenos navíos y muy en orden y mediante Dios hará tan breve navegación con que esta carabela le llevará muy poca ventaja. Vuestra merced mandará proveer que los navíos que hubiere de llevar de ese puerto estén prestos y embarcados los bastimentos y municiones y los caballos y gente a punto para cuando Pedro Menéndez de aviso a vuestra merced de su llegada. Por que conforme a la orden que de acá lleva no ha de entrar ni surgir en ese puerto porque así parece que conviene para el buen efecto de su jornada. Y pues, vuestra merced entienda la importancia de ella y que el remedio consiste en la brevedad no tenemos qué decir en ésta, sino que Su Majestad queda con cuidado particular de este negocio como vuestra merced lo entenderá por su carta y asi se ha provisto[255] y dar partido aquí con la brevedad que ha sido posible. Nuestro Señor, etcétera. De Sevilla, siete de junio de 1565 años. Besan a vuestra merced las manos. Juan Gutiérrez Tello, Pedro Vaca Cabeza de Vaca, el licenciado Mosquera de Moscoso.

[47]
San Juan de Puerto Rico, 21 de julio de 1565
El gobernador a Su Majestad

Signatura:
AGI, Santo Domingo 155
Ramo 5, Núm. 29

+

A la Sacra Cesárea Real Majestad del Rey
don Felipe Nuestro Señor en el su[premo]
[Con]sejo de Indias

+

Sacra Cesárea Real Majestad

A 17 de junio recibí un pliego de Vuestra Majestad y en él una carta por la cual me manda apreste un navío de[256] artillería y munición y todo lo demás que convenía de manera que vaya bien artillado y en orden con la munición necesaria. Y tenga a punto cincuenta hombres prácticos[257] de guerra y hasta veinte caballos y que teniéndolo así a punto aguarde con el dicho navío y la dicha gent[e] y caballos a Pedro Menéndez de Avilés con quien Vuestra Majestad ha tomado asiento para ir a echar los franceses de la costa de La Florida, como en la dicha carta real de Vuestra Majestad se contiene, para que se junte con él allá a la dicha

---

[255] Lee proveido, sustituido por provisto.
[256] Lee de el, sustituido por de.
[257] Lee pláticos, sustituido por práctico.

jornada.   Cinco días después que recibí el dicho pliego, entró en este puerto una carabela de aviso, que trajo otro duplicado del primero.   Y luego comencé a poner porque obra lo que Vuestra Majestad manda, aunque no se puede hacer sin mucho trabajo por la poca posibilidad que en esta isla hay; especialmente de navío conveniente para el dicho efecto.   Y a la sazón que el mandato de Vuestra Majestad llegó, estaban dos navíos en este puerto ya casi cargados de azúcar y cueros para España de los cuales el mayor era conveniente para el dicho efecto y por no haber otro lo hice descargar y aderezar para ir de armada con el cual aderezado y puesto a punto y con la gente y caballos aguardaré al dicho Pedro Menéndez, como Vuestra Majestad lo manda.

Después de ido el dicho navío de aviso para la isla de Santo Domingo donde asimismo iba por mandado de Vuestra Majestad, tuve nueva cierta cómo por la banda del Sur de esta isla habían pasado seis navíos; cuatro grandes y dos pequeños, y no entró ninguno de ellos en el puerto de la Nueva Villa de San Germán, de donde suelen proveerse de mantenimientos los navíos que van adelante.   Por lo cual, y por haberlos visto un día antes que aquí entrase el dicho navío de aviso, se tiene por cierto ser navíos que van en socorro de los de La Florida, porque de la flota que estaba para salir de Sevilla no pudieron ser, porque el tiempo que el dicho navío de aviso partió; que fue a cuatro de mayo, aún no estaban prestos.   También tuve relación cómo en la isla de Santo Domingo, a seis leguas de la ciudad, habían llegado tres navíos franceses y de allí habían ya enviado a pedir mantenimientos a la Real Audiencia para volverse a su tierra porque se habían derrotado y a la demanda se les respondió que aguardasen y se le proveyeron de los necesario a fin de armar contra ellos.   No he sabido en lo que paró este negocio por sospechase *f1v* que sean navíos que van asimismo a La Florida en socorro de los demás.   Sábado 19. del presente entró en este puerto un navío pequeño con 17 hombres y muchachos blancos; el capitán portugués y un hermano suyo y todos los demás ingleses y ciento y dos negros, entre grandes y pequeños.

Dijeron venir derrotados y que queriendo volver de los ríos de Guinea a Portugal se le salieron las pipas de agua y faltó el[258] mantenimiento.   Fueron forzados a venir a buscar tierra de cristianos.   El navío venía bien armado conforme al tamaño, porque traía siete falcones y versos y doce arcabuces y doce hoces a manera de agujas y lanzas, gorguces y espadas y algunas rodelas.   Antes que surgiesen en el puerto envié gente para que viniesen a tierra, capitán, maestre, piloto, escribano.   Y todos estos cuatro se resumieron en dos; que fueron el capitán, que también dice ser piloto, que es el portugués, y otro hombre inglés, que dijo ser maestre.   Y luego tomé su confesión del dicho capitán y del dicho maestre, aunque él no declaró por no entender la lengua.   Y visto por ella que no traían despachos ni licencia de Vuestra Majestad no entender la lengua y visto por ella que no traían despachos ni licencia de Vuestra Majestad condené por perdido el dicho navío con los negros y todo lo demás que en el venía y lo apliqué para la cámara y fisco real.   Y mandé que los oficiales se entregasen en todo ello y lo beneficiasen e hiciesen en todo según como por Vuestra Majestad está mandado en semejantes casos.   Y así ellos fueron luego y sacaron las dichas piezas de esclavos e inventariaron[259] lo demás que en el dicho navío venía.   Y yo mandé prender toda la gente; la cual queda presa.   Y los negros saldrán a la almoneda en estando algo de

---

[258] El, repetido.
[259] Lee inventaron, sustituida por inventariaron.

forzados, porque vienen flacos y maltratados del viaje, para que mejor sean vendido. Y en todo se hará lo que más conviniere al servicio de Vuestra Majestad y pro de su Real Hacienda y de todo ello se enviaba testimonio en el primer navío que de aquí saliere.

En el navío que se tomó para el armada estaba cargado alguna cantidad de azúcar de Vuestra Majestad y se había de cargar más por ser navío bueno. En éste no se envía nada, porque es pequeño y no va artillado lleva azúcar y cueros de algunas personas particulares. En los primeros navíos que salieron se enviará cantidad de azúcar y cueros, así de lo procedido del oficio de depositario, como de lo demás empleado de la Real Hacienda de Vuestra Majestad. Cada día se aguarda la flota y en ella al gobernador que Vuestra Majestad ha sido servido de mandar proveer para esta isla; el cual ya enviará relación a Vuestra Majestad de las cosas de esta isla. Y yo iré a servir a Vuestra Majestad el oficio de fiscal de Panamá de que se me hizo merced; por lo cual beso los Reales Pies de Vuestra Majestad, cuya Sacra y Real Persona Nuestro Señor guarde por largos y felices tiempos con aumento de más reinos y señoríos, como por los leales vasallos y criados de Vuestra Majestad es deseado. De San Juan de Puerto Rico a 21 de julio de 1565 años.

Sacra Cesárea Real Majestad

humillísimo criado de Vuestra Majestad que sus Reales pies beso

El licenciado
Carasa

+
Puerto Rico a Su Majestad
el licenciado Carasa a 21 de Julio <u>1565</u>

vista y provisto[260] /

---

[260] Lee proveído.

[48]
San Juan de Puerto Rico, 15 de febrero de 1566
El licenciado Carasa a Su Majestad

Signatura:
AGI, Santo Domingo 155
Ramo 5, Núm. 30

+

A la Sacra Cesárea Real Majestad del
[Rey] Don Felipe Nuestro Señor
[En el muy] alto Consejo de
[Indias]

+

Sacra Cesárea Real Majestad

Don Pedro Menéndez de Avilés

En una carabela que salió de este puerto para España por el mes de julio del año pasado de sesenta y cinco yo di relación a Vuestra Majestad como había recibido tres cartas de Vuestra Majestad en tres carabelas de aviso por las cuales Vuestra Majestad mandaba tuviese presto un navío bien artillado y con las municiones necesarias y cincuenta soldados diestros y veinte caballos y que teniendo así presto todo lo entregase a Pedro Menéndez de Avilés, Adelantado de La Florida, para que hiciese de ello lo que el ordenase. Y así visto el mandato lo puse por obra en lo que pasé más trabajo que aquí podré significar por el mal aparejo y falta de todas las cosas que en esta isla había para el dicho efecto. Y con ser el negocio tan dificultoso se cumplió lo que Vuestra Majestad envió a mandar y de ello resultó caer en gran desgracia e ira del pueblo los unos porque les descargué las haciendas que tenían metidas en el navío que tomé para España, por no haber otro que fuese conveniente para el dicho efecto. Otros, porque compelí a sus hijos y hermanos y parientes para ir a la dicha jornada porque no hubo quien se ofreciese de su voluntad a hacerla aunque se le daba moderada paga. Y otros porque se les quitaban sus criados y hombres que tenían en sus haciendas. Y tan indignados estaban casi todos los vecinos por esta causa que cuando desembarcó el gobernador que la buena venida que le dieron fue decirle que yo había destruido y asolado esta isla por las dichas causas y tuve harto que hacer mostrar mi disculpa y sacar al gobernador de la opinión en que le habían puesto. Por manera que, teniendo a punto el dicho navío y gente y caballos, en ocho días del mes de agosto llegó a este puerto el dicho Pedro Menéndez con su galeaza muy maltratada de un temporal que le había dado y un patachuelo con ella y estuvo en este pueblo esperando los demás navíos que de él se habían apartado hasta quince del dicho mes de agosto en el cual tiempo llegó a este puerto su almiranta y el día de Nuestra Señora de la Asunción, que es a quince del dicho mes de agosto, salió de aquí con sus tres navíos y el que yo tenía aprestado en trece días según envió a decir llegó a La Florida al río de San Agustín. Y desde[261] a otros siete ganó el fuerte de los franceses, pasó a cuchillo a los que allí halló y los que después hubo que andaban por la mar y en este hecho no tuvo otro socorro de los que Vuestra Majestad le había mandado dar en Santo Domingo *f1v* La Habana y otras partes, sino la gente de esta isla con sus tres navíos, como dicho tengo, lo cual creo que el dicho Pedro Menéndez habrá escrito a Vuestra Majestad y la diligencia que en ello puse.

La cuenta de lo que en la expedición y despacho del dicho navío de armada se gastó di al gobernador el cual la mandó sacar y enviar a Vuestra Majestad que como vino cuatro días después que salió la dicha armada de este puerto no tuve lugar de lo hacer sacar yo.

Entró el dicho gobernador en esta ciudad a 18 días del mes de agosto del año pasado de sesenta y cinco el cual luego apregonó contra mí y los oficiales que había tenido residencia la cual prosiguió y sentenció en el término del derecho y me condenó en algunas penas pecuniarias de las cuales, sintiéndome agraviado, apelé para ante Vuestra Majestad y para ante el su Real Consejo de Indias a donde el dicho gobernador envía la residencia. Y aunque me hizo agravio en lo que dicho tengo en el capítulo final de la dicha sentencia no pudiendo hacer menos conforme a justicia y a los descargos y abonos que yo di y a la averiguación que hice de mi sinceridad y limpieza y el celo que tuve al servicio de Vuestra Majestad y a la administración de la justicia, como por el proceso se verá me pronunció por buen juez, limpio de toda codicia y merecedor de otros cargos de mayor calidad.

Como yo había[262] gobernado esta isla diez años y más aunque he procurado hacer el deber imitando cuanto he podido al doctor Escudero, mi tío, que sea en gloria, no ha podido ser menos en tanto tiempo haber dejado de tener émulos porque todos quieren justicia y ninguno por su casa y así se mostraron algunos contra mí en la dicha residencia y me pusieron capítulos inuminiosos, pero ninguna cosa contra mí probaron que perjudicase a mi honor como por la dicha residencia parecerá en la cual el dicho gobernador envía remitidos algunos capítulos a Vuestra Majestad y vistos mis descargos tengo entendido que Vuestra Majestad me ha de mandar remunerar de lo que aquí he servido.

Yo estoy de camino para Tierra Firme a servir el oficio de fiscal de que Vuestra Majestad me hizo merced. Y aunque se me pudiera hacer merced de otro de más calidad conforme a los servicios que en esta isla a Vuestra Majestad he hecho, voy contento por ser lugar donde podré mostrar por obra el deseo que al servicio de Vuestra Majestad tengo y certifico con toda verdad que de diez años y más tiempo que he gobernado esta isla con haberme hecho Vuestra Majestad merced de quinientos ducados por una vez, en recompensa de la vara de alguacil mayor que se me quitó, no saco de ella si no el aderezo de mi casa y ese moderado y viejo que es el que traje cuando a esta gobernación vine y quince piezas de esclavos negros de servicio que los cinco; son niños desde dos hasta siete años, y otras dos negras viejas que

---

[261] Lee dende, sustituída, por después.
[262] Lee haya. La Y como I, para haia. Sustituído por había

todos ellos pueden valer de buena moneda hasta mil y trescientos ducados. Y aún esto no tuviera sino los hubiera dejado de gastar en vestidos que semejantes personas suelen traer porque yo me he pasado con un sayo y un capúz que de España traje y mi mujer con dos sayas de tafetán y esto se hallará por verdad y es cierto que para salir de aquí y pagar lo que debo tengo necesidad de vender una o dos de las dichas piezas *f2* de todo lo que ha sido a mi cargo. Y el tiempo que aquí he gobernado he dado cuenta al gobernador y queda en su poder todas las provisiones cédulas y despachos que Vuestra Majestad me ha mandado enviar; el cual dará larga y entera relación del estado de esta isla y de las cosas de ella. Y llegado que yo sea a Panamá la enviaré de todas las cosas que conviniere para el servicio de Vuestra Majestad, cuya Sacra y Real Persona Nuestro Señor guarde por largos y felicísimos tiempos con aumentos de más reinos y señoríos, como por los leales vasallos y criados de Vuestra Majestad es deseado. De San Juan de Puerto Rico a .15. de febrero de 1566 años.

Sacra Cesárea Real Majestad
Humillísimo criado de Vuestra Majestad
que sus Reales Pies besa

El Licenciado
Carasa

+
A Su Majestad

El Licenciado Carasa   15 de Febrero 1566

APENDICES DOCUMENTALES

APÉNDICE I
Adelanto sobre el sueldo de gobernador y recogido de la partida en Sevilla

Signatura:
AGI, Contratación 4678

Folio 217v:

El Príncipe.

Oficiales del Emperador Rey, mi señor, que residís en la ciudad de Sevilla, en la Casa de la Contratación de las Indias,

Sabed, que nos habemos provisto[263] por gobernador de la isla de San Juan de Puerto Rico al licenciado Carasa con salario de trescientos y setenta y cinco mil maravedis en cada un año, como vereis por la provisión que se le ha dado. Y porque para aderezarse y proveerse de lo necesario para su viaje tiene necesidad de ser socorrido de algunos dineros, y mi voluntad que para en cuenta del dicho su salario se le de en esa casa trescientos ducados. Por ende, yo vos mando que luego que con esta mi cédula fuere de él requeridos que de cualesquier maravedis del cargo de vos el tesorero deis y pagueis al dicho licenciado Carasa, los dichos trescientos ducados que asi le mandamos dar por en cuenta del dicho su salario y tomad su carta de pago con la cual y con esta mando que vos sean recibidos y pasados en cuenta los dichos trescientos ducados y a presentarlo heis asi en las espaldas de la dicha provisión para que los oficiales de la dicha isla de San Juan se los descuenten y quiten del dicho salario. Fecha en la villa de Valladolid a diez y siete días del mes de noviembre de mil y quinientos y cincuenta y tres años. YO EL PRINCIPE. Por mandado de Su Alteza, Juan de Samano, y en las espaldas de la dicha cédula están cinco señales de firmas.

Folio 218:

Al licenciado Carasa, gobernador de Puerto Rico.

Por virtud de la cual dicha cédula de Su Alteza de suso escrita en cinco de septiembre de mil y quinientos y cincuenta y cuatro años, pasamos en data al dicho tesorero Francisco Tello los trescientos ducados que montan ciento y doce mil y quinientos maravedis que hubo de dar y pagar al dicho licenciado Carasa, gobernador de la isla de San Juan de Puerto Rico, o a quien su poder hubiere conforme a esta dicha cédula de Su Alteza. La cual original con el libramiento y carta de pago ha de tomar el dicho tesorero en su poder para su descargo y decimos que en las espaldas de la provisión y título de gobernador se asentó como se le pagaron en esta dicha casa los dichos trescientos ducados para que los oficiales de Su Majestad que residen en la dicha isla de San Juan de Puerto Rico se los descuenten del dicho su salario que por virtud de ella le hubieren de pagar como su alteza por esta dicha cédula lo

---
[263] Lee proveído.

manda.

Folio 11:

> *Al licenciado Carasa, gobernador de la isla de San Juan*

El dicho once de septiembre del dicho año de mil y quinientos y cincuenta y cuatro años, se sacaron de esta dicha arca trescientos ducados que montan ciento y doce mil y quinientos maravedis que se dieron al licenciado Carasa que va por gobernador de la isla de San Juan de Puerto Rico que se le dieron por cédula de Su Majestad en cuenta de su salario.

Francisco Tello · Diego de Zarate · Francisco Duarte

CXII U D

APÉNDICE II
Título de juez de residencia y gobernador de la isla de San Juan de Puerto Rico en el Licenciado Diego de Carasa

Signatura:
AGI, Justicia 82
Folios 2v-8v

Don Carlos por la divina clemencia, Emperador Semper Augusto, Rey de Alemania y doña Juana, su madre, y el mismo Don Carlos por la Gracia de Dios *f3* Reyes de Castilla, de León, de Aragón, de las dos Sicilias, de Jerusalem, de Navarra, de Granada, de Toledo, de Valencia, de Galicia, de Mallorca, de Sevilla, de Cerdeña, de Córdova, de Córcega, de Murcia, de Jaen, de los Algarbes, de Algeciras, de Gibraltar, de las Islas de Canaria, de Las Indias, Islas y Tierra Firme del Mar Océano, Condes de Flandes y de Tirol, etcétera.

A vos, el licenciado Carasa, salud y gracia.

Sepades que por algunas causas cumplideras a nuestro servicio y ejecutoria de la nuestra justicia nuestra merced y voluntad[264] es de mandar tomar residencia al licenciado Luis de Vallejo, gobernador que ha sido de la isla de San Juan de Puerto Rico y a sus tenientes y oficiales y a las otras justicias que después de él han sido en la dicha isla del tiempo que han usado y ejercido la nuestra justicia en ella y que, entretanto que fuere nuestra voluntad y otra cosa mandamos proveer, haya persona cual convenga que resida en la dicha isla y tenga la gobernación de ella. Y confiando de vos que sois tal persona que bien y fielmente

---
[264] Lee volundad.

entendereis en ello y mirareis las cosas del servicio *f3v* de Dios nuestro señor y nuestro y ejecutorio de la nuestra justicia paz y sosiego y población de la dicha isla y lugares de ella y provereis con toda rectitud y buena conciencia[265] todo lo demás que por nos vos fuere mandado, cometido y encargado y a nuestro servicio convenga nuestra merced y voluntad es de vos lo encomendar acometer y por la presente vos lo encomendamos y cometemos, porque vos mandados que luego que esta nuestra carta vos fuere mostrada vais a la dicha Isla de San Juan y tomeis en vos las varas de la nuestra justicia y residencia al dicho doctor Luis de Vallejo y a sus alguaciles y tenientes y a las otras nuestras justicias que después hubieren sido en la dicha isla por término de noventa días y cumplais de justicia al que de ello hubiere querellosos sentenciando las cosas conforme a derecho y a lo que se ha mandado por las provisiones y ordenanzas que por los autos le corre y el nuestros señores padres y abuelos, que Santa Gloria hayan, y por nos han sido dadas para esas partes la cual dicha residencia mandamos al *f4* dicho doctor Luis de Vallejo y a los dichos sus tenientes y oficiales y otras justicias que hubieren sido en la dicha isla después y él está en ella por nuestro gobernador que la hagan ante vos según dicho es y os den y entreguen luego las varas de la nuestra justicia y no usen más de ellas y parezcan ante vos personalmente en el lugar donde residieredes en el cual estén presentes durante el tiempo de la dicha residencia so las penas contenidas en las leyes y pragmáticas[266] y en nuestros reinos que sobre ello disponen y vos informeis y sepais cómo y de qué manera los susodichos y cada uno de ellos han usado los dichos sus oficios y cumplido y ejecutado la dicha nuestra justicia; especialmente en lo tocante a los pecados públicos, y cómo han guardado las leyes y ordenanzas e instrucciones de los dichos, preminencia y patrimonio Real. Y si en algo los hallaredes culpados por la información secreta denles[267] traslado de ello y llamados y oidas *f4v* las partes a quien tocare averigueis la verdad y apercibiéndoles que acá no han de ser más recibidos a prueba sobre ello y así averiguado hagais sobre ello cumplimiento de justicia y luego hecha pasados los dichos noventa días con toda diligencia y recaudo sin la detener la enviad[268] ante nos, a nuestro Consejo de las Indias, para que seamos con brevedad informados del estado de las cosas de aquella isla. Y asimismo hagais información cómo y de qué manera el dicho doctor Luis de Vallejo y los dichos sus tenientes y oficiales y otras justicias de la dicha isla que hubiesen sido después que él está por nuestro gobernador en ella han usado y entendido y tratado las cosas del servicio de Dios, Nuestro Señor, especialmente en lo tocante a la conversión y buen tratamiento de los naturales de la dicha isla y las otras cosas de nuestro servicio, así en la ejecutoria de la nuestra justicia, como en el buen recaudo y edelidad de nuestra hacienda y bien común de la dicha isla y de las penas que se han condenado a cualesquier consejos y personas *f5* particulares pertenecientes a nuestra cámara y fisco y las hagais cobrar de ellos y de otras cualquier personas que a ello fueren obligadas y entregarlas a nuestro tesorero de la dicha isla o a quien su poder hubiere. Asimismo os informeis y sepais cómo y de qué manera los regidores, mayordomos y escribanos y otros oficiales de aquellas ciudades, villas y lugares han usado y ejercido los dichos oficios después que por nos fueron provistos[269] de ellos y no han hecho residencia o si han ido y pagado contra las

---

[265] Lee consença.
[266] Lee prematicas.
[267] Lee denlesdes.
[268] Lee enviades.
[269] Lee proveidos.

leyes hechas en las cortes de Toledo y contra lo que está ordenado y mandado por los dichos católicos reyes y por nos y si en algo lo hallaredes culpados por la información secreta dadles traslado de ella y recibido sus descargos y averiguada la verdad de todo ello hagais y determineis lo que hallaredes por justicia y enviareis también ante nos la dicha residencia. Y es nuestra merced y mandamos que vos esteis y residais en la dicha isla *f5v* de San Juan de Puerto Rico cuatro años primeros siguientes que corran y se cuenten desde el día que entraredes en ella en adelante y más el tiempo que nuestra voluntad fuere y que durante el dicho tiempo tengais por nos y en nuestro nombre la gobernación de la dicha isla y useis el dicho oficio y administreis la nuestra justicia, así civil como criminal, en las ciudades, villas y lugares que al presente están poblados y se poblaren de aquí adelante en ella y por vuestros lugares tenientes y oficiales que es nuestra merced que para ello podais poner y las quitar y remover[270] cada [vez] que quisieredes y por bien tuvieredes y hacer y hagais todas las cosas y diligencias que por nuestra provisiones y cédulas y despachos cometimos y mandamos que hiciese y cumpliese el dicho doctor Luis de Vallejo conforme a ellas y por esta nuestra carta o por su traslado signado de escribano público.   Mandamos a los oficiales y hombres[271] *f6* buenos de las dichas ciudades, villas y lugares de la dicha isla y a los nuestros oficiales de ella que luego que con ella fueren requeridos sin otra tardanza alguna y sin les más requerir para ello con otra nuestra carta ni mandamiento y reciban de vos el dicho licenciado Carasa y de los dichos vuestros lugartenientes y oficiales, el juramento y solemnidad, que en tal caso se requiere y debeis hacer el cual así hecho vos hayan recibido y tengan por nuestro gobernador de la dicha isla por los dichos cuatro años y por el demás tiempo que fuere nuestra voluntad y os dejen libremente a vos y a los dichos vuestros lugar tenientes y oir y librar y conocer de todos los pleitos y causas, así civiles[272] como criminales, que en la dicha isla hubiere y se ofrecieren y proveer todas las cosas que los gobernadores de ella podían y debían hacer y tomar y recibir cualesquier pesquisas e informaciones en los casos de derecho, promisos y que entenieredes que a nuestro servicio y ejecutoria de nuestra justicia y buena gobernación de la dicha isla convenga *f6v* y llevar y lleveis vos y los dichos vuestros lugartenientes que para lo usar y ejercer y cumplir y ejecutar la nuestra justicia todo sea conforme con vos con sus personas y gentes y vos obedezcan y den y hagan dar todo el favor y ayuda que les pidieredes y menester hubieredes y en todo vos acaten y obedezcan y cumplan vuestros mandamientos y de los dichos vuestros lugartenientes y que en ello ni en parte de ello embargo ni contra dicho alguno vos no pongan ni consientan poner y a nos por la presente vos recibidos y habemos por recibido al dicho oficio y al uso y ejercicio de él y vos damos poder y facultad para lo usar y ejercer caso que en ello so por alguno de ellos a ello seais recibido.   Y, otro si, por esta nuestra carta mandamos a la persona o personas que tuvieren y tienen las varas de la nuestra justicia en la dicha isla que luego que por vos fueren requeridos vos las den y entreguen y no usen más de los dichos oficios so las penas en que caen e incurren *f7* las personas que usan de oficios so las penas en que caen e incurren las personas que usan de oficios públicos y reales porque no tienen poder que nos por la presente los suspendemos y habemos por suspendido de los dichos oficios.   Asimismo, vos mandamos que las penas y condenaciones pertenecientes a nuestra cámara y fisco que vos y los dichos vuestros lugartenientes condenaredes y aplicare de él a ella las ejecuteis y hagais

---

[270] Lee admover.
[271] Lee omes.
[272] Lee seviles.

ejecutar, dar y entregar al nuestro tesorero de la dicha isla y otro si es nuestra merced que si vos el dicho licenciado Carasa entendiesedes ser cumplidero a nuestro servicio y a la ejecución de la nuestra justicia que cualesquier personas que ahora están en la dicha isla salgan y no entren más en ella y se vengan ante nos a presentar que vos se lo podais mandar de nuestra parte y les hagais salir de ella conforme a la pragmática[273] que sobre ello habla dando a la persona que así desterradedes la causa por qué lo desterrais y si vos pareciere que sea secreto darsela liada, cerrada y sellada y por *f7v* otra parte vos nos enviareis otra tal por manera que seamos informados de ellos, pero habeis de estar advertido que cuando hubieredes de desterrar alguno, no sea sin muy gran causa para lo cual que dicho es vos damos poder cumplido con todas sus incidencias y dependencias, anexidades y conexidades. Y mandamos que lleveis de salario con el dicho oficio en cada un año que lo tuvieredes y nos otra cosa mandemos trescientos y setenta y cinco mil maravedís de las cuales hallais de gozar y goceis desde el día que os hicieredes a la vela en el puerto de Sanlúcar de Barrameda para seguir vuestro viaje en adelante todo el tiempo que tuvieredes la dicha gobernación y mandamos a los nuestros oficiales de la dicha isla que vos den y paguen a razón de las dichas trescientas y setenta y cinco mil maravedís por año de cualesquier rentas y provechos que tuvieremos de la dicha isla tomando testimonio signado de escribano público del día que os vieredes hecho a la vela en el dicho puerto de Sanlúcar para seguir el dicho vuestro viaje y tomen asimismo *f8* en cada un año vuestra carta de pago con el cual y con el traslado de esta nuestra provisión signado de escribano público mandamos que le sea recibido y pagado en lo que en ello se montare y que la asienten en los nuestros libros que ellos tienen y sobre escrita y librada de ellos ésta original tornen a vos el dicho licenciado Carasa. Dada en la Villa de Valladolid a trece días del mes de octubre de mil y quinientos y cincuenta y tres años /Yo El Príncipe/ yo Juan de Samano, secretario de Su Cesárea y Católicas Majestades la hice escribir por mandado de Su Alteza. El Marquez, el licenciado Tello de Sandoval, doctor Hernán Pérez, licenciado Briviesca, registrada, Ochoa de Luyando, chanciller Martín de Ramoín.

Asentóse esta provisión Real de Su Alteza en los libros de esta Casa de Contratación de las Indias, que es en esta muy noble y muy leal ciudad de Sevilla, en cinco días del mes de septiembre de mil y quinientos y cincuenta y cuatro años. Y decimos que en esta dicha casa se pagaron al dicho licenciado Carasa trescientos ducados que montan ciento y doce mil y quinientos maravedís los cuales se le pagaron por virtud de una cédula de Su Majestad fecha en Valladolid *f8v* a diez y siete días del mes de noviembre del año pasado de mil y quinientos y cincuenta y tres años en que manda que demos en esta dicha casa para en cuenta trescientos ducados en esta dicha casa para en cuenta de su salario y se asienta así en las espaldas de esta provisión y título de gobernador para que los oficiales de Su Majestad de la Isla de San Juan de Puerto Rico se los descuenten de lo que hubiere de haber del dicho su salario que por virtud de ella le hubieren de pagar como Su Alteza por ella lo manda. Francisco Tello, Diego de Zarate, Francisco Duarte.[274]

---

[273] Lee prematica.
[274] Inició la residencia, el miércoles, 14 de agosto de 1555 por término de 90 días sucesivos.

APÉNDICE III
Real Cédula pregonada en San Germán para que no puedan contratar con franceses

Signatura:
AGI, Patronato 175, Ramo 31
Folios 618-619v

+

Testimonio del pregón de la cédula de Su Majestad para que no puedan contratar con franceses corsarios en la Nueva Villa de San Germán

1556.   San Germán
En Puerto Rico

+

En la villa de San Germán de esta isla de San Juan de las Indias del Mar Océano, en domingo, diez y seis días del mes de mayo de mil y quinientos cincuenta y siete en la plaza pública de esta dicha villa; por ante mí, el escribano público y testigos yuso escritos, se apregonó una cédula real que el muy magnífico señor, el licenciado Diego de Carasa, gobernador de esta isla envió para que se apregonase el tenor de la cual es que se sigue.

EL REY

Nuestro gobernador de la isla de San Juan de Puerto Rico, como quiera que entre nos y el rey de Francia se hayan asentado treguas por cinco años, porque podría ser que sin embargo de ellas hayan pasado y pasen a esas partes algunos corsarios y debajo de color de ir a contratar hurten[275] todo lo que pudieren y hagan otros daños. Y porque conviene que los tales corsarios ni a otro ningún navío francés que a esas partes pasare se les compre en ellas cosa alguna, vos mando que luego que esta veais hagais apregonar en esa ciudad de Puerto Rico y en los puertos que hay en esa isla que ninguna ni algunas personas, vecinos y moradores, estantes y habitantes no sean osados de contratar con ningún navío corsario ni francés que a esas partes pasare ni comprar de ellos cosa alguna, así de las presas que ellos hubieren hecho, como otras cosas que llevaren por vender a esas partes so pena que el que lo hiciere por el mismo caso incurra en perdimiento de la mitad de sus bienes para Nuestra Cámara y fisco y ser desterrado de esa isla y enviado a estos reinos y hecho dar el dicho pregón tendréis[276] muy gran cuidado de saber cómo se cumple lo susodicho y de proveer que se ejecute la dicha pena en las personas y bienes de los que contra ellos fueren y pasaren. Fecha en la villa de Valladolid, diez y seis de mayo de mil quinientos y cincuenta y] *f618v* seis años.   LA PRINCESA.   Por mandado de Su Majestad, su altísima Príncesa, en su nombre Juan de Samano y en las espaldas de la dicha cédula que estaban ciertas firmas.

---

[275] Lee orten.
[276] Lee terneis.

La cual dicha cédula se apregonó en el dicho día, mes y año susodicho por voz de pregonero siendo presentes muchos vecinos de esta dicha villa y otras personas que fueron de ellos testigos. Miguel Sánchez, Martín Rodrigo, Martín Báez, Pedro de Valdepeñas, vecinos de esta dicha villa.

Y yo, Hernán Dianez, escribano público de esta villa de San Germán, lo escribí e hice aquí mi signo que es a tal   [signo]   en testimonio de verdad

Hernán Dianez
escribano público

APÉNDICE IV
Información hecha por el licenciado Carasa gobernador de la isla de San Juan sobre el salario que pide

Signatura:
AGI, Santo Domingo 11, Número 11

+

1557

*277

Información hecha por el licenciado Carasa gobernador de la Isla de San Juan sobre el salario que pide /
(rúbrica)   (rúbrica)
                    (rúbrica)

(rúbrica)   (rúbrica)

+

Santo Domingo 1557   **Puerto Rico**
                Probanza   **Información**

En la ciudad de San Juan de Puerto Rico de esta Isla de San Juan de las Indias del Mar Océano a diez y ocho días del mes de marzo de mil y quinientos y cincuenta y siete años el muy magnifico señor, el licenciado Diego de Carasa, gobernador y justicia mayor en esta isla de San Juan por sus majestades, dijo que por cuanto él ha enviado a algunos hombres de esta isla por casados en España a hacer vida con sus mujeres que allá tienen conforme a lo que Su Majestad mandaba y castigado a otros por sus delitos y podría ser que por haberlos castigado y quitado de sus vicios y amancebamientos pospuesto el temor de Dios por se vengar harán falsa relación a Su Majestad y por corroborarlas se perjurarán e inducirán a otros se perjuren

---

277 Tachadura: Legado de la C segundo.

en su perjuicio y deshonor[278] mio se ha hecho contra otros jueces de Indias y para que a Su Majestad conste de la verdad y de su manera de gobernación y de lo que en esta isla pasa y porque su fama y honor por esta causa no reciba detrimento hizo hacer información siendo preguntados los testigos por la forma del interrogatorio siguiente.

1   Primeramente, sean preguntados los testigos si conocen al dicho señor licenciado Carasa gobernador que al presente es en esta isla y digan la edad que tienen y el tiempo que ha que reside en esta isla y si son allegados o apaniaguados del dicho gobernador.

2   Ibídem, si saben que el dicho licenciado ha gobernado y gobierna esta isla con todo cuidado y diligencia procurando siempre el bien público y aumento de ella posponiendo su propio interés al público y común.

3   Ibídem, si saben que el dicho licenciado es buen cristiano celoso del servicio de Dios y de Su Majestad en esto y recogido templado y moderado en su traer y comer y tal que por si tal que por su ejemplo ninguno será vicioso ni malo.

4   Ibídem, si saben y así es público y notorio en esta isla y vecinos de ella que por ningún respecto ni causa alguna el dicho licenciado dejara de hacer justicia y darla a quien lo tuviere y en tal posesión esta de todos tenido.

5   Ibídem, si saben que al tiempo que el dicho licenciado entró a gobernar esta isla estaba la tierra tan alborotada y alterada que muchos vecinos estaban para dejarla y se ir de ella y con su venida y buena gobernación se apaciguaron y sosegaron todos.

6   Ibídem, si saben que a principio cuando el dicho licenciado Carasa comenzó a gobernar esta isla convino y fue necesario se mostrase áspero para la pacificación de la tierra y que si de otra manera no lo hiciera *f1v* y se mostrara blando la alteración fuera en aumento y se le desvergonzaran y atrevieran como hicieron al licenciado Estévez, su predecesor, porque hubo persona que puso en el las manos haciéndole del pecho diciéndole con ira y saña muchas palabras feas e injurias lo cual es público y notorio y parece por la residencia que el dicho licenciado tomo al dicho licenciado Estévez en el capitulo veinte y seis de la sentencia de ella la cual se envió a Su Majestad.

7   Ibídem, si saben que después que el dicho licenciado Carasa ha pacificado la tierra y puesto la inquietud y sosiego trata a todos con toda humanidad y blandura sobrellevando los vecinos por sustentarlos en la tierra y creen y tienen por cierto que si él no los animase y entretuviese con buenas palabras diciéndoles que la isla ha de tener[279] a su ser muchos vecinos se irían de la isla por estar tan cara y necesitada a causa de no haber en ella buena moneda y valer las cosas que vienen de España a excesivos precios y las granjerías de esta tierra que son azúcares y cueros valer muy poco en España.   Digan lo que saben.

8   Ibídem, si saben que todas las cosas que vienen de España valen a muy excesivos

---

[278] Lee dishonorio.
[279] Lee ternor.

precios cuales nunca en esta isla se han visto ni oído decir y que por lo menos lo que está en España ciento llevan aquí más de quinientos y en algunas cosas mil y más digan lo que sobre esto pasa.

9   Ibídem, si saben que el dicho licenciado siempre ha procurado y procura con toda diligencia y cuidado el aumento de esta isla y concordia entre los vecinos trabajando en todo el tiempo de convenirlos y concertarlos en todos los pleitos y diferencias que entre ellos se ofrecen y que el suele a siempre de perder sus derechos procurando antes su concordia y paz de los vecinos que su propio intereses digan lo que saben.

10   Ibídem, si saben y así es público y notorio en esta ciudad e isla que el dicho licenciado ha tenido mucho cuidado y diligencia en la guarda y defensa de esta ciudad y puerto y en las cosas de la guerra siendo él el primero y delantero en todos los trabajos y costas que en ello se han hecho.   Digan lo que saben.   El licenciado Carasa.

En le ciudad de San Juan de Puerto Rico a diez y nueve días del mes de marzo de mil y quinientos y cincuenta y siete años el dicho señor gobernador hizo parecer ante si a Diego de Cuéllar, vecino antiguo, del cual recibió juramento en forma debida de derecho so cargo del cual prometió de decir verdad y siendo preguntado por las preguntas del dicho interrogatorio dijo lo siguiente.

1   A la primera pregunta dijo que conoce al dicho señor licenciado Carasa gobernador que es por Su Majestad en esta isla de año y medio a esta parte *f2*   que ha que está en esta ciudad, poco más o menos, y que este testigo es de edad de más de sesenta años y es vecino antiguo que ha que está en esta isla desde que se empezó a poblar que ha cuarenta y cinco años, poco más o menos, y que este testigo no es allegado ni apaniguado del señor gobernador ni es su pariente.

2   A la segunda pregunta dijo que este testigo sabe y ha visto que el dicho señor gobernador gobierna y ha gobernado esta isla de San Juan con todo cuidado y con toda diligencia porque siempre este testigo le ha visto tener el dicho cuidado procurando siempre el bien público y común dejando y posponiendo su propio interés al público y común porque así se lo ha visto hacer este testigo con el dicho cuidado y diligencia.

3   A la tercera pregunta dijo que como dicho tiene este testigo ha visto siempre en esta ciudad al dicho señor gobernador después que vino a ella siempre le ha visto vivir como muy buen cristiano y temeroso del servicio de Dios, Nuestro Señor, y como tal ha sido y es amigo de castigar las ofensas que se hacen y asimismo muy celoso del servicio de Su Majestad y es muy honesto y recogido así en su vivir y moderado en su vestir y en el comer y beber en tal manera le ha visto este testigo tratarse que por buen ejemplo ninguna persona será vicioso ni malo ni se atreve a serlo porque saben y tienen entendido de lo cual que lo fuere lo castigaría con todo cuidado como lo ha hecho hasta aquí y esto sabe este testigo porque lo ha visto ser y pasar así.

4   A la cuarta pregunta dijo que lo que de ella sabe es que este testigo ha visto muchos negocios y pleitos tratarse ante el dicho señor gobernador y en ellos ha visto que igualmente siempre ha hecho y hace justicia sin tener adhesión[280] a persona alguna en tal manera que

---

[280] Lee acesion.

se sabe y tiene entendido de él entre todas las personas que hay en esta ciudad y así es público y notorio que por ningún respecto ni otra causa el dicho señor licenciado Carasa no dejará de hacer justicia y darla a quien la tuviere y así se ha entendido y visto de él y lo ha visto este testigo y no ha visto ni oído cosa en contrario.

5   A la quinta pregunta dijo que este testigo sabe que antes que el dicho señor gobernador viniese a gobernar esta isla y siendo gobernador en ella el licenciado Estévez y el doctor Vallejo su antecesores, esta ciudad y vecinos de ella estaban en gran trabajo por los bullicios y escándalos y grandes diferencias de que eran causa que la gente popularse[281] allegaban unos a los unos y otros a los otros de que vino a nacer tanto rencor y odio *f2v* tanto daño que todos los vecinos por sosegarse y quietarse estaban determinados de dejar la tierra e irse estando en este estado esta isla vino el dicho señor gobernador el cual con su prudencia y buena gobernación los redujo a paz y los ha asosegado y apaciguado en tal manera que ellos están quietos y pacíficos y no hay los trabajos de pasiones que solía haber antes que el dicho señor gobernador viniese.

6   A la sexta pregunta dijo que lo de ella este testigo sabe y siente en Dios y en su conciencia que como dicho tiene al tiempo que el dicho señor gobernador vino a esta ciudad e isla los vecinos de ella estaban inquietos y desasosegados y algunos de ellos mal acostumbrados y soberbios en tal manera que al principio de la gobernación del dicho señor gobernador le convino y fue necesario mostrarse áspero con algunos de los dichos vecinos que estaban desasosegados e inquietos porque si de otra manera lo hiciera y sintieran en el blandura la alteración fuere en gran aumentos en tal manera que se le atrevieran y desvergonzaran como vio este testigo que lo habían hecho a otros gobernadores pasados y especialmente con el licenciado Estévez que fue público y notorio en esta ciudad que tal ese hizo con él lo contenido en esta pregunta por mostrarse el muy blando y conversativo con los tales alterados e inquietos y ésto es cosa pública y cierta y notoria.

7   A la séptima pregunta dijo que este testigo, como dicho tiene, ha visto que después que el dicho señor licenciado Carasa ha pacificado y sosegado la tierra y puestola en toda quietud y sosiego ha tratado y trata a los vecinos que están en ella con toda blandura y humanidad sobre llevándolos y animándolos a la población y concertándolos en sus diferencias y debates y pleitos de cuya causa cree y tiene por cierto este testigo que se han sosegado muchos que estaban para irse de ella porque el dicho señor gobernador los anima que la isla volverá a su ser y así se cree no se han ido y se irían muchos por estar la isla tan cara y necesidad a causa de en ella no haber buena moneda y valer todas las cosas que vienen de España a tan excesivos precios que no las pueden los vecinos comprar y por haber abajado en cantidad las granjerías de esta tierra que son cueros y azúcares y valer poco, como valen, y ésto sabe este testigo porque lo ha visto así como lo ha declarado.

8   A la octava pregunta dijo que la sabe como en ella se contiene preguntado como la sabe dijo que porque pasa así como esta pregunta lo dice *f3* y declara y porque van las cosas que vienen de España en tal estado que ganan los mercaderes por ciento a lo que la pregunta dice a muchos más en tal manera que así dura no se han de poder en manera alguna sustentar los vecinos y vendrá[282] la isla en mayor disminución que al presente está.

9   A la novena pregunta dijo que lo que de ella sabe es que este testigo ha visto y se ha hallado muchas veces presente en negocios que se han ofrecido ante el dicho señor

---

[281] Lee popielarse.
[282] Lee verna.

gobernador que ha procurado y procura con toda diligencia y gran cuidado el concierto y conveniencia de los pleitos y diferencias que ante el han traído los vecinos concertándolos en las tales diferencias y pleitos y apartándolos de ellos poniéndolos en toda paz y concordia y siempre huelga del dicho concierto aunque él pierda como pierde sus derechos procurando siempre la paz de los vecinos y toda concordia y pospone a ello su interés y así se lo ha visto este testigo hacer en muchos pleitos y debates y es público que lo hace y ésto sabe.

10   A la décima pregunta dijo que la sabe como en ella se contiene la cual sabe porque así como en la pregunta lo dice y declara lo ha visto este testigo que lo ha hecho el dicho señor gobernador con todo cuidado y trabajo de su persona y costas siendo él el primero y delantero de todos en ello y esto lo sabe porque se ha hallado presente y lo ha visto y esta es la verdad y lo que pasa y sabe para el juramento que hizo y firmolo.   Diego de Cuéllar.

Este dicho día, mes y año susodicho fue tomado y recibido juramento por Dios y por Santa María en forma de derecho a Diego Ramos, vecino y regidor de esta ciudad, so cargo del cual prometió de decir verdad y siendo preguntado por las preguntas del dicho interrogatorio dijo lo siguiente.

1   A la primera pregunta dijo que conoce al dicho señor gobernador de año y medio a esta parte, poco más o menos, que ha que vino a esta isla por gobernador y que este testigo es de edad de más de sesenta y siete años y es regidor de esta ciudad y ha que reside en ella cuarenta y tres años y que no es allegado del dicho señor licenciado Carasa, ni su pariente, ni apaniaguado.
2   A la segunda pregunta dijo que lo que de ella sabe es que después que el dicho señor gobernador vino a esta isla ha visto este testigo que la ha gobernado y gobierna con todo cuidado y diligencia procurando siempre el bien *f3v* público y aumento de ella y este es su deseo y cuidado y así lo ha visto este testigo y posponiendo su propio interés al público y común.
3   A la tercera pregunta dijo que lo que de ella sabe es que como dicho tiene este testigo conoce a el señor gobernador y lo ha tratado y le ha visto vivir y que vive como muy buen cristiano temoroso de Dios, Nuestro Señor, y celoso de su servicio y del servicio de Su Majestad y como tal se trata y es hombre honesto y recogido templado y moderado en tal manera que de su buena vida se toma y puede tomar ejemplo y en su traer y comer y es tal que tiene este testigo por cierto y notorio que por su ejemplo ninguna persona será vicioso ni malo.
4   A la cuarta pregunta dijo que este testigo ha visto que el dicho señor gobernador siempre ha hecho y hace lo contenido en esta pregunta como lo dice la pregunta sin tener respeto a ninguna persona y nunca ha dejado de hacer y hace justicia y darla aquí en la tiene y en tal posesión y reputación esta tenido de todos.
5   A la quinta pregunta dijo que lo que de esta pregunta sabe es que este testigo vio que al tiempo que el dicho señor licenciado Carasa entró a gobernar esta isla estaba la tierra tan alterada y alborotada que muchos vecinos de esta ciudad y todos los más estaban para dejarla e irse de ella y vio este testigo que con la venida del dicho señor gobernador y su buena gobernación los apaciguó y asosegó a todos y puso en paz y ésto sabe porque lo vio.

6   A la sexta pregunta dijo que lo que de ella sabe es que como dicho tiene al tiempo que el dicho señor gobernador entró en esta ciudad los vecinos estaban alborotados y alterados

en gran desasosiego y puestos en gran soberbia en tal manera que yendo este testigo a visitar al dicho señor gobernador le dijo que si entraba en la gobernación blando sería causa que las disensiones y soberbias de algunas personas fuesen adelante y no apaciguaría la tierra lo cual fue mirado por el dicho señor gobernador y visto el estado de la tierra fue necesario y convino mostrarse áspero en alguna manera porque este testigo sabe por cosa cierta por lo que vio de los gobernadores pasados que si así no lo hiciera se le desvergonzaran y atrevieran a hacer con él como se hizo con los gobernadores pasados en especial con el licenciado Estévez contenido en esta pregunta que se hizo con el lo que se dice en la pregunta y aún peor.

7   A la séptima pregunta dijo que lo contenido en esta pregunta es cierto y verdadero y pasa así como esta pregunta lo dice *f4* y declara y así lo ha visto ser y pasar este testigo como vecino de esta ciudad y que reside en ella y ve lo que en ella pasa y es cosa verdadera y cierta tal lo que la pregunta declara.

8   A la octava pregunta dijo que lo que de ella sabe es que este testigo ha visto que todas las cosas que vienen de España valen a muy excesivos precios cuales nunca se han visto ni oído decir que de las mercaderías que vienen de España ganan y llevan los que las traen de ganancia e intereses a quinientas y a mil y a mucha más cantidad por ciento y ésto sabe porque lo ha visto.

9   A la novena pregunta dijo que sabe esta pregunta como en ella se contiene y declara porque lo contenido en esta pregunta ha visto este testigo que siempre ha hecho el dicho señor gobernador y así como ella lo dice y declara y no ha visto ni oído lo contrario.

10   A la décima pregunta dijo que asimismo este testigo ha visto que el dicho señor gobernador ha hecho lo en esta pregunta contenido con toda diligencia y cuidado con excesivo trabajo y costas y siempre ha sido delantero en todos los trabajos que se han ofrecido y ésto sabe y es la verdad para el juramento que hizo y firmolo   Diego Ramos.

Testigo   Y después de lo susodicho en la dicha ciudad de San Juan de Puerto Rico a veinte días del mes de marzo del dicho año se recibió juramento en forma debida de derecho de Juan Ruiz de Arango, mayordomo de la Santa Iglesia de Señor San Juan de esta ciudad, y vecino de ella, so cargo del cual prometió de decir verdad y siendo preguntado por las preguntas del dicho interrogatorio dijo lo siguiente.

1   A la primera pregunta dijo que conoce al dicho señor licenciado Carasa desde que está en esta ciudad e isla que ha año y medio, poco más o menos, y que este testigo es de edad de sesenta y siete años, poco más o menos, que ha que reside en esta isla cuarenta y siete años, poco más o menos, y que este testigo no es pariente, ni allegado del señor gobernador, ni su apaniaguado, ni le tocan las generales.

2   A la segunda pregunta dijo que lo que de ella sabe es que este testigo ha visto y ve que después que el dicho señor gobernador vino a esta isla ha gobernado y gobierna esta ciudad e isla con todo cuidado trabajo y diligencia porque siempre le ve que se ejercita y trabaja en procurar el bien público y aumento de esta ciudad y posponiendo su propio interés *f4v* al público y común y así lo ha visto.

3   A la tercera pregunta dijo que sabe este testigo que el dicho señor licenciado Carasa es muy buen cristiano y temeroso de Dios y de sus santos[283] porque este testigo le ve y ha

---

[283] Al fondo de la página: va enmendado Santos.

visto hacer obras de tal y asimismo le ve muy celoso del servicio de Su Majestad es hombre honesto y recogido y vive muy templadamente en su vestir y comer y tal que ninguna persona tomará de él mal ejemplo antes muy buena manera de vivir.

4   A la cuarta pregunta dijo que este testigo tiene para si creído y entendido y lo tiene por muy cierto y no tiene duda alguna en ello que el dicho señor gobernador hace y hará justicia a quien se la pidiere igualmente sin aceptación de personas porque así lo ha hecho y es público y notorio en esta ciudad y en tal posesión es tenido.

5   A la quinta pregunta dijo que la sabe como en ella se contiene preguntado cómo la sabe dijo que porque este testigo como vecino que es de esta ciudad y hombre sin pasión veía y vio que al tiempo que el dicho señor gobernador vino a gobernar esta isla en esta ciudad había muchos hombres apasionados e inquietos y la tierra y estaban alborotada y alterada a causa de los dichos alborotos e pasiones y por causa de los gobernadores que habían sido antes y de esta causa estaban los vecinos en propósito muchos de ellos de se ir fuera de la tierra y dejarla lo cual cesó con la venida del dicho señor gobernador y su buena gobernación porque se apaciguaron.

6   A la sexta pregunta dijo que lo que de ella sabe es que al parecer de este testigo según estaba la tierra convino y fue necesario que al principio de la gobernación del dicho señor gobernador fuese con algunas personas áspero porque le parece a este testigo que sino lo fuera según las cosas acaecidas le tuvieran no mucho acatamiento y se les desvergonzaran como es público y notorio que hicieron con el licenciado Estévez antecesor del dicho señor gobernador y ésto le parece en Dios y en su conciencia y es la verdad.

7   A la séptima pregunta dijo que la sabe como en ella se contiene porque así pasa como esta pregunta lo dice y declara y así lo ha visto ser y pasar este testigo.

8   A la octava pregunta dijo que lo que de ella sabe es que *f5* como dicho tiene ha tiempo de cuarenta y siete años, poco más o menos, que este testigo está en esta isla y siempre ha residido en ella y no ha visto ni oído decir que en todo este tiempo por necesidad que en esta isla hubiese valiesen los mantenimientos y ropas y otras mercaderías que de Castilla vienen a tan excesivos precios, como el día de hoy valen, porque son tan grandes que no se pueden comprar las dichas mercaderías y si se compran destruyen a el que lo compra porque se gana a lo que la pregunta dice y a mucho más.

9   A la novena pregunta dijo que lo contenido en esta pregunta es cosa pública y cierta y notoria y así este testigo lo ha oído decir a personas que tenían pleitos ante el dicho señor gobernador que los había concertado y quitado de los tales pleitos y ésto sabe y es cosa pública y notoria.

10   A la décima pregunta dijo que la sabe como en ella se contienen porque lo contenido en esta pregunta es cosa cierta y verdadera y así lo ha visto ser y pasar este testigo como la pregunta lo dice y declara y esta es la verdad para el juramento que hizo y firmolo.   Juan Ruiz.

Testigo   Este día, mes y año susodichos fue tomado y recibido juramento en forma de derecho de Cristóbal de Sanabria, el viejo, vecino de esta ciudad so cargo del cual prometió de decir verdad y siendo preguntado por las preguntas del dicho interrogatorio dijo lo siguiente.

1   A la primera pregunta dijo que conoce al dicho licenciado Carasa desde que vino a gobernar esta isla que ha tiempo de año y medio, poco más o menos, y que este testigo será de edad de más de sesenta años y que no es pariente, ni allegado, ni apaniguado del dicho

señor gobernador.

2   A la segunda pregunta dijo que sabe y ha visto este testigo que después que el dicho señor gobernador vino a esta isla y en esta ciudad le ha visto gobernarla con todo cuidado y diligencia y que siempre ha procurado y procura el bien y pro común posponiendo a su propio interés lo cual sabe porque como vecino y hombre ciudadano que reside en el pueblo lo ha visto ser y pasar así y no ha visto ni oído cosa en contrario.

3   A la tercera pregunta dijo que este testigo tiene al señor gobernador por muy buen cristiano y celoso del servicio de Dios, Nuestro Señor, y de Su Majestad y por tal es habido y tenido en toda esta isla porque le hace obras de ello y es muy moderado en su comer y vestir y trato en tal manera que ve este testigo que de él se puede tomar muy buen ejemplo y ningún perjuicio lo puede tomar de él por su buen vivir y honestidad y buenas obras y ésto es cosa cierta y en ello no hay duda alguna.

4   A la cuarta pregunta dijo este testigo que la sabe como en ella se contienen. Preguntado ¿Cómo la sabe?   Dijo, que porque lo ha visto ser y pasar así como la pregunta lo declara y no ha visto ni oído cosa en contrario.

5   A la quinta pregunta dijo que este testigo vio que al tiempo que el dicho señor gobernador vino a gobernar esta isla y esta ciudad y vecinos de ella estaban alborotados y desasosegados y en voluntad muchos de ellos de la dejar e irse por causa de los alborotos y bullicios y escándalos que había entre algunas personas principales que redundaba en daño de todos lo demás las cuales el dicho señor gobernador apaciguó y asosegó con su buena gobernación a los vecinos en tal vía que se pusieron quietos y la ciudad sosegada como ahora lo esté y ésto sabe este testigo porque lo ha visto todo ser y pasar así.

6   A la sexta pregunta dijo que la sabe como en ella se contiene porque lo contenido en esta pregunta ha pasado así como en ella se contiene y declara y al gobernador le convino ser áspero al principio para que conociesen los vecinos que había justicia y que cosa era justicia porque por ser el licenciado Estévez gobernador que antes era hombre pusilánimo le aconteció lo contenido en esta pregunta y pudiera ser que se desvergonzaran al señor gobernador si en el sintieran blandura y así le fue necesario mostrarse algo áspero para allanar la tierra como la allanó y lo está al presente.

7   A la séptima pregunta dijo que este testigo ha visto que después que el dicho señor gobernador ha allanado y apaciguado las pasiones de la tierra y puesto en buen estado de quietud trata a los vecinos y estantes en esta ciudad con toda humanidad y blandura sobre llevándolos y animándolos a la población lo cual no harían ni poblarían los vecinos si así no fuese por estar la tierra tan cara *f6v* y necesitada por las causas y razones que la pregunta dice y así es cosa cierta y verdadera y esto sabe.

8   A la octava pregunta dijo que la sabe como en ella se contiene porque lo contenido en esta pregunta es verdad y cierto y verdadero y así lo ha visto este testigo y que nunca tan necesitada a estado esta isla desde que la conoce que ha más tiempo de quince años.

9   A la novena pregunta dijo que lo contenido en esta pregunta es cosa cierta y pública y notoria en esta ciudad porque así como en ella se declara se ha dicho a este testigo por muchas personas que han traído pleitos que lo ha hecho y hace siempre el señor gobernador y no hay duda en ello alguna.

10   A la décima pregunta dijo que este testigo ha visto que el dicho señor licenciado Carasa después que está en esta ciudad le ha visto tener especial cuidado de ella y que la guarda de los puertos y en las cosas de la guerra siendo en todo ello el primero poniendo su

persona principalmente [284] y después trabajo y costa y en todo lo ha hecho con gran diligencia y cuidado como buen capitán y gobernador y esto sabe y es la verdad para el juramento que hizo y firmolo.   Cristóbal de Sanabria.

Testigo   Y después de lo susodicho en veinte y dos días del dicho mes de marzo y del dicho año el dicho señor gobernador para lo susodicho mando por testigo a Juan Ruiz de Andrada, vecino de esta ciudad, del cual fue tomado y recibido juramento en forma de derecho so cargo del cual prometió de decir verdad en este caso.

1   A la primera pregunta dijo que conoce al dicho señor gobernador y licenciado Carasa desde que vino a esta isla y que este testigo es de más edad de sesenta años y ha más tiempo de cuarenta y seis años que está en esta isla y que no es allegado, ni apaniaguado del dicho señor gobernador.

2   A la segunda pregunta dijo que este testigo sabe esta pregunta como en ella se contiene y declara porque así como lo dice y declara esta pregunta ha visto este testigo que lo ha hecho y hace siempre el dicho señor gobernador.

3   A la tercera pregunta dijo que este testigo ha visto y ve que el dicho señor gobernador es muy buen cristiano celoso del servicio de Dios, Nuestro Señor, y de Su Majestad y es honesto y recogido templado y moderado en todas sus cosas y en su comer y beber y en todo lo demás se trata moderadamente en tal manera que a todos da muy buen ejemplo y ninguna persona lo puede tomar malo de él.

4   A la cuarta pregunta dijo que lo contenido en esta pregunta es cosa cierta y pública y notoria en esta ciudad y así se ha visto y ve a lo continuo[285] *f7* que lo hace el dicho señor gobernador como lo dice y declara esta pregunta y esto sabe de ella y de lo en ella contenido.

5   A la quinta pregunta dijo que este testigo es vecino antiguo de esta ciudad y ha residido en ella mucho tiempo y ha visto como tal vecino que al tiempo y sazón que el dicho señor gobernador vino a gobernar esta isla la tierra estaba tan alborotada y desasosegada por causa de las pasiones que en ella había y pendencias que muchos vecinos y la mayor parte de ellos estaba para dejar la tierra e irse a vivir a otras partes lo cual todo cesó cuando el dicho señor gobernador vino porque lo asosegó y apaciguó todo en tal manera que se asosegaron y quietaron y se dejaron de irse como antes querían.

6   A la sexta pregunta dijo que lo que pasa y sabe de ella es que según estaba alborotada esta ciudad vio este testigo que para la pacificación de ella convino y fue necesario que el dicho gobernador se mostrase áspero porque si de otra manera lo hiciera y se mostrara blando había tanta pasión en algunos vecinos que tiene este testigo por cierto le tuvieran en poco y no se asosegará la tierra porque fue público lo demás contenido en esta pregunta en esta ciudad y habiéndose habido así con el dicho licenciado Estévez tiene por cierto se hubieran con el señor gobernador si él no lo remediara con mostrárseles algo áspero.[286]

7   A la séptima pregunta dijo este testigo que la sabe como en ella se contiene porque así como esta pregunta lo dice y declara pasa y así ha visto ser y pasar este testigo.

8   A la octava pregunta dijo que lo en esta pregunta contenido es verdad así como en ella

---

[284]   Al fondo del folio: enmendado cipalmente.
[285]   Lee contino.
[286]   Tachadura: a la septima pre.   Al fondo del folio lee: va testado a la setima pre.

lo dice porque desde que este testigo conoce esta isla no ha visto ni oído decir tan excesivos precios como el día de hoy valen porque le llevan a los mil por ciento que dice la pregunta y aún a mucho más y esto sabe este testigo.

9   A la novena pregunta dijo que lo que de ella sabe es que este testigo ha visto que siempre el dicho señor gobernador después que está en esta isla le ha visto procurar de concertar los pleitos que ante él se tratan y así ha hecho muchos y juega de perder sus dineros a trueque de que los vecinos estén en paz y sin diferencia porque así lo ha visto hacer y este testigo traía un pleito y el señor gobernador le quitó de él concertándolo con la persona que lo traía y así lo contenido en esta pregunta es verdad y público y notorio.

10   A la décima pregunta dijo que la sabe como en ella se contiene y declara porque así como lo dice esta pregunta lo vio ser y pasar este testigo y no ha visto ni oído cosa en contrario y que lo que ha dicho es la verdad para el juramento que hizo y no firmó porque dijo que no sabía escribir.

Testigo   Este dicho día, mes y año susodichos fue recibido juramento en forma debida de derecho de Diego Sánchez Malpica, vecino de esta ciudad, so cargo del general principio de decir verdad y siendo preguntado por las preguntas del dicho interrogatorio dijo lo siguiente.

1   A la primera pregunta dijo que conoce al señor gobernador de que vino a esta ciudad y que este testigo es de edad de más de setenta años y ha que está en esta ciudad *f7v* más tiempo de veinte y cinco años y que no es pariente, ni allegado, ni apaniaguado del dicho señor gobernador.

2   A la segunda pregunta dijo que la sabe como en ella se contiene y declara porque así ha visto que lo ha hecho siempre el dicho señor gobernador como esta pregunta lo dice y declara.

3   A la tercera pregunta dijo que este testigo ha visto que el dicho señor hace obras de muy buen cristiano celoso del servicio de Dios, Nuestro Señor, y de Su Majestad, y se trata muy moderadamente en tal manera que da buen ejemplo a todos y ninguno lo puede tomar malo de él.

4   A la cuarta pregunta dijo que este testigo tiene entendido del dicho señor gobernador que es tan buen cristiano que no dejara de dar la justicia a quien la tuviere sin ningún respeto y así es público y notorio que lo hace y no ha visto ni oído cosa en contrario.

5   A la quinta pregunta dijo que la sabe como en ella se contiene porque así es como esta pregunta lo dice y declara y así lo vio ser y pasar este testigo y es la verdad.

6   A la sexta pregunta dijo que según había muchas personas inquietas y desasosegadas cuando el dicho señor gobernador vino a esta isla y empezó a gobernarla le convino mostrarse áspero con algunos de ellos y riguroso porque si así no lo hiciera le tuvieran en poco como tenían a otros jueces antes de él especial al dicho licenciado Estévez contenido en esta pregunta y para que le obedeciesen como justicia convino mostrárseles áspero y aun para que la obedezcan hoy día asimismo conviene y esto sabe.

7   A la séptima pregunta dice que lo sabe como en ella se contiene y declara porque así como esta pregunta lo dice lo ha visto ser y pasar este testigo y es verdad y público y notorio.

8   A la octava pregunta dijo que es verdad lo en esta pregunta contenido porque así pasa como en ella lo declara y está la tierra y los mantenimientos que vienen de Castilla tan caros

que con tener este testigo razonable haciendo no se puede sustentar y ha venido la cosa a tanto que los maestres que vienen de Nueva España y de otras partes se espantan y dicen que en el Perú no vale tan caro y ésto sabe.

9   A la novena pregunta dijo que como dicho tiene el dicho señor gobernador trata los vecinos muy bien y ésto sabe.

10   A la décima pregunta dijo que la sabe como en ella se contiene y declara porque así como esta pregunta lo dice ha visto este testigo que lo ha hecho el dicho señor gobernador después que vino a esta ciudad y ésto sabe y es la verdad para el juramento que hizo y no firmó porque no sabe firmar.

Testigo   A veinte y un días del dicho mes de marzo del dicho año fue tomado y recibido juramento en forma de derecho de Alonso de Villanueva, notario público y vecino de esta ciudad, so cargo del cual prometió de decir verdad y siendo preguntado por las preguntas del dicho interrogatorio dijo lo siguiente.

1   A la primera pregunta dijo que conoce al señor gobernador desde que vino de España a gobernar a esta isla y ha más tiempo de año y medio y que este testigo es de edad de *f8* más de cuarenta y cinco años y ha que está en esta isla más de veinte y seis años y que no es pariente, ni apaniaguado del señor gobernador.

2   A la segunda pregunta dijo que la sabe como en ella se contiene y declara porque es así como en esta pregunta se contiene y así lo ha visto ser y pasar este testigo y no ha visto ni oído cosa en contrario.

3   A la tercera pregunta dijo que después que este testigo conoce al dicho señor gobernador le ha tratado y ha visto que ha vivido y vive como muy buen cristiano celoso del servicio de Dios, Nuestro Señor, y de sus majestades porque como tal este testigo le ha visto todos los días que no ha estado enfermo oír misa mayor en la santa iglesia y estar en las horas canónicas todas las fiestas y [a]demás de esto le ve hacer obras de muy buen cristiano y que tiene a Dios por delante en todas sus cosas y en su trato de su persona y en lo demás es muy honesto y moderado en tal manera que da ejemplo a todos.

4   A la cuarta pregunta dijo que este testigo tiene por cierto lo en la pregunta contenido y así se tiene entendido en esta ciudad lo en esta pregunta contenido porque así lo ha hecho el dicho señor gobernador y no ha visto cosa en contrario.

5   A la quinta pregunta dijo que este testigo sabe que al tiempo que vino el dicho señor gobernador a esta isla la dicha isla estaba alborotada y los vecinos inquietos y que después que el dicho señor gobernador empezó a gobernar los ve estar más quietos y sosegados y ésto sabe de esta pregunta.

6   A la sexta pregunta dijo que lo contenido en esta pregunta es público y notorio en esta ciudad y por tal público y notorio lo ha oído y visto tratar este testigo diciéndolo en la pregunta contenido y tratando en ello y que convenía que el dicho señor gobernador lo hiciese así.

7   A la séptima pregunta dijo que lo que de ella sabe es que este testigo ha visto y ve que después que el dicho señor gobernador empezó a gobernar los vecinos están más quietos y asosegados que antes estaban lo cual ve que ha sido la causa la buena gobernación del dicho señor gobernador porque los trata bien y los anima a la población y tiene pacifica la tierra la cual sabe y ve que está tan cara y necesitada a causa de no haber en ella buena moneda y los azúcares y cueros valer en Castilla baratos y las mercaderías que de allí vienen tan caras que

los vecinos no se pueden sustentar y están para dejar la tierra y si los tratasen algo áspero se irían más presto y ésto sabe de esta pregunta.

8	A la octava pregunta dijo que lo contenido en esta pregunta es cosa cierta y pública y notoria y así se trata entre todas las personas que hay en esta ciudad y se tiene por cierto lo en esta pregunta contenido.

9	A la novena pregunta dijo que este testigo sabe y ha visto que el dicho señor gobernador en algunos pleitos que se han tratado ante él ha procurado siempre *f8v* concertar a los vecinos que los traían quitándolos de pleito y así ha concertado a muchos y los ha quitado de los tales pleitos trabajando siempre antes de ponerlos en paz que no que tengan diferencia procurando el bien y pro común y posponiéndolo a su propio interés y ésto sabe.

10	A la décima pregunta dijo que la sabe como en ella se contiene porque así lo ha visto ser y pasar como esta pregunta lo declara y es la verdad para el juramento que hizo y firmolo. Alonso de Villanueva.

Testigo[287]	El dicho Lorenzo de Cardona, mercader, vecino de esta ciudad, del cual en este dicho día, mes y año susodicho se recibió juramento en forma debida de derecho y so cargo del cual prometió de decir verdad y siendo preguntado por las preguntas del dicho interrogatorio dijo lo siguiente.

1	A la primera pregunta dijo que conoce al dicho señor gobernador desde que vino a gobernar esta isla y que este testigo es de edad de más de cuarenta años y que ha que está en esta isla más de treinta años y que no es pariente, ni allegado, ni apaniaguado del señor gobernador.

2	A la segunda pregunta dijo que lo contenido en esta pregunta es verdad como en ella se contiene porque así ha visto este testigo que lo ha hecho el señor gobernador y no ha visto ni oído cosa en contrario.

3	A la tercera pregunta dijo que este testigo sabe que el dicho señor gobernador [ilegible] celoso del servicio de Dios, Nuestro Señor, porque como tal le ha visto y ve vivir y como servidor de Su Majestad con todo cuidado y es hombre honesto templado y recogido, así en su comer como en su vestir, y en todo lo demás vive de manera que de él se puede tomar buen ejemplo y ninguno lo puede tomar malo y ésto sabe.

4	A la cuarta pregunta dijo que la sabe como en ella se contiene porque así como la pregunta lo dice lo ha visto este testigo ser y pasar y es público y notorio en esta ciudad y no ha visto ni oído cosa en contrario.

5	A la quinta pregunta dijo que lo contenido en esta pregunta es cierto y notorio porque este testigo como vecino de esta ciudad vio a muchas personas estar movidos para irse por causa de las grandes pasiones y revueltas que en la tierra había a lo cual todo cesó con la venida del dicho señor gobernador y su buena mano de gobernar.

6	A la sexta pregunta dijo que lo que de ella sabe es que según había vecinos en esta ciudad apasionados y alterados y el estado en que estaba la tierra convino y fue necesario que el dicho señor gobernador se mostrase áspero contra algunas personas porque cree este testigo que si de otra manera lo hiciera no le tuvieran en tanto como es razón porque ya se vio por vista de ojos *f9* lo poco en que tuvieron a el licenciado Estévez que durante su tiempo hubo grandes alborotos y ruidos y fue público que pasó con ello en la pregunta contenido.

---

[287] Testigo, duplicado.

7   A la séptima pregunta dijo que la sabe como en ella se contiene y declara porque así como esta pregunta lo dice lo ha visto ser y pasar este testigo y es cosa cierta y verdadera.
8   A la octava pregunta dijo que lo contenido en esta pregunta es verdad porque así pasa como en ella se contiene y declara.
9   A la novena pregunta dijo que lo contenido en esta pregunta es público y notorio en esta ciudad y así lo ha hecho y hace el dicho señor gobernador como en la pregunta lo dice y lo ha visto hacer este testigo en pleitos que ante el han traído.
10   A la décima pregunta dijo que la sabe como en ella se contiene porque como esta pregunta lo dice lo ha visto ver y pasar este testigo y lo que ha dicho es la verdad y lo que sabe para el juramento que hizo y firmolo.   Lorenzo de Cardona.

Testigo   Este dicho día, mes y año susodicho el dicho señor gobernador recibió juramento en forma debida de derecho de Alonso Pérez Zapata, vecino de esta ciudad so cargo del cual prometió de decir verdad y siendo pregunta por las preguntas del dicho interrogatorio dijo lo siguiente.

1   A la primera pregunta dijo que conoce al señor gobernador desde que está en esta isla y que este testigo es de edad de más de sesenta años y ha que está en la isla diez años, poco más o menos, y que no es allegado ni apaniaguado del señor gobernador.
2   A la segunda pregunta dijo que sabe y ha visto esto testigo que el dicho señor gobernador ha gobernado esta ciudad e isla con todo cuidado y diligencias porque siempre este testigo se lo ha visto gobernar procurando el bien común y trabajando en la gobernación de ella con todo cuidado y diligencia posponiendo su interés y salud al bien pro común y esto sabe porque lo ha visto.
3   A la tercera pregunta dijo que la sabe como en ella se contiene porque según las obras que el dicho señor gobernador hace está como la pregunta lo declara.
4   A la cuarta pregunta dijo que lo contenido en esta pregunta es público y notorio en esta ciudad e islas y no ha visto ni oído cosa en contrario.
5   A la quinta pregunta dijo que lo que de ella sabe es que este testigo es vecino de esta ciudad y ha muchos días que está en ella y ha visto que antes y al tiempo *f9v* que el dicho señor gobernador viniese a gobernar esta isla y esta ciudad y vecinos de ella estaban inquietos y revueltos y desasosegados algunos de ellos y tenían grandes pasiones y enemistades y vio este testigo que con la venida del dicho señor gobernador todos se sosegaron y quedaron en paz y sosiego.
6   A la sexta pregunta dijo que este testigo ha oído decir por cosa pública y notoria y así es cosa pública y notoria en esta ciudad lo contenido en esta pregunta y no ha visto ni oído decir este testigo cosa alguna en contrario.
7   A la séptima pregunta dijo que la sabe como en ella se contiene porque lo contenido en esta pregunta es cosa verdadera cierta y notoria y la verdad y así lo sabe este testigo.
8   A la octava pregunta dijo que lo que de ella sabe es que este testigo después que ha que está en esta isla no ha visto que tanto valiesen las mercaderías como el día de hoy que van a tan excesivos precios como les nunca han valido ni este testigo tal ha visto ni oído decir que hayan valido y ésto sabe y es la verdad.
9   A la novena pregunta dijo que ha oído decir lo contenido en esta pregunta a muchas personas [y no] en contrario y esto sabe.
10   A la décima pregunta dijo que la sabe como en esta pregunta se contiene y declara

porque este testigo ha visto ser y pasar lo contenido en esta pregunta después que el señor gobernador está en esta isla y se ha hallado presente a ella y esto sabe y es la verdad para el juramento que hizo y no firmo porque dijo que no sabía.

Testigo   El dicho Pedro de Arriaza testigo presentado habiendo jurado según derecho y siendo preguntado por las preguntas del dicho interrogatorio dijo lo siguiente.

1   A la primera pregunta dijo que conoce a el señor gobernador desde que esta en esta isla y que es de edad de cincuenta años, poco más o menos, y ha tiempo de veinte y siete años que está en esta ciudad y que no es allegado ni apaniaguado del señor gobernador.
2   A la segunda pregunta dijo que sabe esta pregunta como en ella se contiene y declara porque así como lo dice esta pregunta lo ha visto ser y pasar y así lo ha hecho y hace siempre el dicho señor gobernador.
3   A la tercera pregunta dijo que este testigo siempre ha visto vivir a el dicho señor gobernador como muy buen cristiano temeroso de Dios y amigo del servicio *f10* de Su Majestad y como tal le ha visto y ve hacer obras y es hombre honesto; especialmente en su vestir, y moderado en su traje y vestidos y comida y tal que de él se toma y puede tomar muy buen ejemplo y ninguno por sus ejemplos será vicioso, antes honesto y recogido.
4   A la cuarta pregunta dijo que lo que esta preguntado dice y declara es público y notorio en esta dicha ciudad y no ha visto ni oído cosa en contrario.
5   A la quinta pregunta dijo que la sabe como en ella se contiene porque por estar la tierra de la manera que la pregunta dice al tiempo que vino el señor gobernador había muchas personas movidas para se ir de ella lo cual parece que ha cesado después que el dicho señor gobernador por su buena maña de gobernar que parece que se han sosegado y por ésto sabe la pregunta.
6   A la sexta pregunta dijo que este testigo ha oído decir por cosa pública y notoria y cierta lo contenido en esta pregunta y así se ha platicado y platica entre todos los vecinos de esta ciudad y no tiene duda alguna en ello este testigo.
7   A la séptima pregunta dijo que la sabe como en la pregunta se declara. Preguntado, ¿Cómo lo sabe? Dijo, porque así lo ha visto pasar este testigo como en la pregunta se contiene y declara y no ha visto cosa en contrario porque lo contenido en esta pregunta se ha visto por vista de ojos y por ésto lo sabe.
8   A la octava pregunta dijo que es verdad lo en esta pregunta contenido porque desde que está en esta isla este testigo no ha visto que haya pasado en lo que toca a las mercaderías y pasa lo contenido en esta pregunta y se gana lo en ella contenido y aún más y plega a Dios no venga a peor según está el estado de la tierra y ésto sabe.
9   A la novena pregunta dijo que ha oído decir lo en esta pregunta contenido por cosa pública y notoria y es cierto y verdadero.
10   A la décima pregunta dijo que la sabe como en ella se contiene porque lo ha visto ser y pasar este testigo y es la verdad para el juramento que hizo y firmolo.   Pedro de Arriaza.

Testigo   El dicho Hernán Pérez escribano de cabildo, testigo presentado del cual en veinte y cuatro días del mes de marzo de dicho año fue recibido juramento en forma de derecho so cargo del cual prometió de decir verdad y siendo preguntado por las preguntas del dicho interrogatorio dijo lo siguiente.

f10

1   A la primera pregunta dijo que conoce al dicho señor gobernador desde que vino a gobernar está isla y que es de edad de más de cuarenta y cuatro años y que ha que esta en esta isla treinta años, poco más o menos, y que no es pariente, ni allegado del señor gobernador.

2   A la segunda pregunta dijo que desde que el dicho señor gobernador vino a esta isla siempre le ha visto este testigo que la ha gobernado con tanto cuidado y diligencia teniendo atención y procurando siempre el bien y aumento de ella sin que en ello le haya visto que haya interesado cosa para si sino siempre poniendo delante el bien común.

3   A la tercera pregunta dijo que la sabe como en ella se contiene porque a lo que este testigo ha visto y conocido y entendido del dicho señor gobernador es tal como la pregunta dice y declara y en él no ha visto cosa en contrario de ello.

4   A la cuarta pregunta dijo que este testigo es escribano de cabildo en esta ciudad y como tal ha visto muchos negocios que han pasado ante el dicho señor gobernador en los cuales ve y ha visto que por ninguna persona ni respeto alguno hace otra cosa más de aquello que le parece que es justicia y así lo tiene este testigo que si lo hace con aquel [roto] hacer así siempre.

5   A la quinta pregunta dijo que este testigo vio que al tiempo que el dicho gobernador vino a esta isla la tierra [había alboroto] y estaba muy desasosegada e inquieta y alborotada a causa de algunas personas y con la venida del dicho gobernador y su gobernación después la ha visto que está muy pacífica y quieta y esto sabe.

6   A la sexta pregunta dijo que la sabe como en ella se contiene y declara que es verdad lo en esta pregunta contenido y así es público y notorio en esta isla y también porque según se trató el licenciado Estévez que antes gobernaba por ser blando en la gobernación que si el dicho gobernador lo fuera según la tierra estaba tiene entendido este testigo que también a él se le desvergonzaran y lo tuvieran en poco.

7   A la séptima pregunta dijo que lo contenido en esta pregunta es verdad como en ella se contiene y declara porque así como esta pregunta lo dice así lo ha visto este testigo hacer al dicho señor gobernador como en ella se contiene.

8   A la octava pregunta dijo que este testigo ha visto que lo contenido en esta pregunta pasa en esta isla como en ella se declara y está la tierra y tan cara que después que está en esta tierra nunca el ha visto ni oído decir que haya estado de la manera que ahora está.

9   A la novena pregunta dijo que sabe esta pregunta como la pregunta lo dice porque este testigo ha visto como tal escribano que si en parte lo ha hecho asi *f10v* como lo dice la pregunta y ha concertado muchos pleitos poniendo en paz a las personas que los traían y perdiendo por ello sus derechos y así es verdad y público y notorio lo en esta preguntado.

10   A la diez preguntas dijo que las sabe como en ella se contiene porque lo contenido en esta pregunta lo ha visto hacer este testigo al señor gobernador así como en ella se declara y que lo que a dicho es la verdad para el juramento que hizo y firmolo.   Hernán Pérez.

Testigo   Y este dicho día, mes y año susodicho fue recibido juramento en forma debida de derecho de Juan de Saavedra de Limpias, vecino de esta ciudad, so cargo del cual prometió de decir verdad y siendo preguntado por las preguntas del dicho interrogatorio dijo lo siguiente.

1   A la primera pregunta dijo que conoce a el dicho señor gobernador desde que está en esta isla y que es de edad de treinta y siete años y que ha está en esta ciudad más de cuatro años y que es pariente ni allegado del dicho señor gobernador.

2   A la segunda dijo que la sabe como en ella se contiene porque [roto] porque lo ha visto ser pasar como la pregunta lo dice y declara y no ha visto ni oído cosa en contrario.

3   A la tercera pregunta dijo que asimismo sabe este testigo esta pregunta porque ha visto vivir al señor gobernador como muy buen cristiano haciendo obras como tal y como servidor de Su Majestad y en su traje y trato se trata tan moderadamente que le parece puede tomar ejemplo porque por el ejemplo que él da ninguna persona puede ser viciosa antes virtuosa porque así como tal se trata el dicho señor gobernador.

4   A la cuarta pregunta dijo que lo contenido en esta pregunta es verdad porque así lo ha hecho el dicho señor gobernador especial en negocios que este testigo ha traído lo ha concertado con las personas que lo traían y con hacerles justicia los quitó de pleito y quedaron todos contentos y así en todo lo que ha visto este testigo tiene entendido del dicho señor gobernador que la hace sin tener excepción[288] de persona alguna y ésto es cosa cierta y pública y notoria.

5   A la quinta pregunta dijo que la sabe como en ella se contiene porque así pasó y es como esta pregunta lo dice y declara.

6   A la sexta pregunta dijo que este testigo sabe que al tiempo que el *f11* dicho señor gobernador vino a gobernar la tierra estaba tal cual se declara en la pregunta antes de esta y a causa vio este testigo y le parece y pareció siempre ser así que convino para el remedio de ello mostrarse áspero con algunos vecinos de esta ciudad porque este testigo tiene por cierto según andaban los dichos vecinos y el tratamiento que habían hecho a el dicho licenciado Estévez que si el dicho señor gobernador se mostrara tan blanco como el dicho licenciado Estévez fueran las cosas de mal en peor lo cual se atajó con mostrarse áspero con algunos y fue causa de quietarse la tierra y apaciguarse como al presente lo está.

7   A la séptima pregunta dijo que lo que de ella sabe es que ha visto y ve que después que el dicho señor gobernador ha puesto en sosiego y quietud la tierra trata a los vecinos de ella con toda blandura y benignidad[289] y lo sobrelleva en sus trabajos así a los vecinos como a los que vienen de fuera porque según la tierra está perdida si así no lo hiciese vendría[290] en mucha disminución y todos se irían de ella y los más por su carestía y por las demás cosas contenidas en esta pregunta.

8   A la octava pregunta dijo que sabe este testigo y ha visto que las cosas que vienen de España a causa [ilegible] que no hay persona que se piense sustentar en ella porque se ganan lo que la pregunta dice y a más por ciento y está tal que si un vecino quiere comprar lo que tiene necesidad es destruir la carrera de las dichas cosas y ésto es verdad.

9   A la novena pregunta dijo que la sabe como en ella se contiene porque así lo ha visto este testigo ser y pasar como lo dice la pregunta y fue este testigo uno de los que traían un pleito y diferencia de mucha calidad y muy reñido entre el y otro vecino de donde se esperaba hacerse muy grande costa y trabajo y el dicho señor gobernador se metió de por medio y entre ellos y porque no se destruyesen los apaciguó y dio a cada uno su justicia y los quitó del dicho pleito y concertó y ha visto y oído decir que ha concertado a otros teniendo

---

[288] Lee ecesion.
[289] Lee beninidad.
[290] Lee vernia.

consideración más a la paz y quietud de la tierra que a su propio interés y ésto sabe y es cosa pública y notoria.

10   A la décima pregunta dijo que la sabe como en ella se contiene *f11v* porque así lo ha visto este testigo ser y pasar como la pregunta lo dice y lo ha hecho también y con tanto cuidado que ha pospuesto su salud a la guarda de la tierra así en velar como en trabajar y ser el primero en cualquier cosa de guerra que se ha ofrecido y esta es la verdad para el juramento que hizo y firmolo.   Juan de Saavedra de Limpias.

Y así hecha la dicha probanza en la manera que dicha es el dicho señor gobernador mandó a mí, el dicho escribano, se lo de escrito en limpio y firmado y signado en pública forma y en manera que haga fe para lo presentar allí y donde al derecho de su merced convenga y, yo, el dicho escribano yuso escrito lo saqué del original que ante mi pasó así como en él estaba escrito y asentado sin hacer ni menguar en ello cosa alguna la cual dicha probanza fue acabada de sacar del dicho original en la dicha ciudad de San Juan de Puerto Rico de las dichas Indias del Mar Océano, siendo testigos al corregir y concertar Diego [ilegible] Baltasar Díaz y Rodrigo Ramírez, vecinos y estante en esta dicha ciudad, y, yo, Alonso de Noguera, escribano de Su Majestad y público de la dicha ciudad de San Juan de Puerto Rico presente, fui a lo que dicho es y lo hice escribir e hice aquí este mio signo a tal [signo] en testimonio de verdad

Alonso de Noguera
Escribano Público

APÉNDICE V
Información sobre la paga en mala moneda

Signatura:
AGI, Indiferente General 1214

Información sobre la mala moneda del licenciado Carasa

1558

+

En la ciudad de San Juan de Puerto Rico de esta isla de San Juan de las Indias del Mar Oceano a veinte días del mes de junio, año del nacimiento de Nuestro Salvador Jesucristo de mil y quinientos y cincuenta y ocho años, el muy magnífico señor licenciado Diego de Carasa, gobernador y justicia mayor en esta isla de San Juan por Su Majestad Real dijo: que a su merced le conviene informar a Su Majestad del agravio que ha recibido y recibe de que el salario que se le da con el dicho oficio de gobernador habiendo ser de buena moneda se le paga en cuartos, que es mala y de poco valor que ni al ducado que Su Majestad le manda dar de salario con el dicho oficio pagandoselos en cuartos no vienen a ser ni valen cuatrocientos ducados de Castilla o poco mas y para que de ello conste a Su Majestad y le mande desagraviar hizo hacer la información siguiente:

Y mandó que los testigos que en éste caso presentase se examinen por las preguntas siguientes:

1   Primeramente, si tienen noticia de la moneda corriente que hay en esta isla que son cuartos.
2   Item, si saben que los dichos cuartos que en esta corren no tiene valor ninguno en España y de parte de ésto es mala moneda y que los dichos cuartos es la moneda que comúnmente corre en esta isla.
3.   Item, si saben que de causa de la dicha mala moneda las mercaderías que a esta isla vienen valen a excesivos precios y si algunas personas tienen buena moneda con que comprar compran a moderados precios de manera que con un peso de buena moneda compran lo que con dos pesos y medio en cuartos.
4.   Item, si saben que las mercaderías que en esta isla se descargan los oficiales de Su Majestad teniendo respeto a que los derechos que han de pagar a Su Majestad han de ser de mala moneda, que son los dichos cuartos, avaluan[291] las dichas mercancías a excesivos precios y conforme al avaluo se pagan los derechos a Su Majestad.
5.   Item, si saben que si las dichas mercaderías se avaluasen en buena moneda y los derechos se hubiesen de pagar en buena moneda seria en mucho menos cantidad de lo que son.
5.   Item, si saben que en pagarselo al señor gobernador los dichos mil ducados en cuartos recibe notorio agravio porque queriendolos hacer de buena moneda para sacarlos de esta isla no vienen a ser cuatrocientos ducados.
7.   Item, si saben que habiendosele de pagar al dicho señor gobernador los dichos mil ducados en cuartos con ellos no se puede sustentar de causa del excesivo precio que asi las cosas de vestuario como de mantenimientos tienen en esta isla

f1v

8.   Item, si saben que en mandar pagar Su Majestad al señor gobernador los dichos mil ducados en buena moneda no recibe agravio ninguno en real hacienda, pues sus oficiales en el cobrar de sus derechos tienen atención al interés de la buena moneda y por lo que había de cobrar uno en buena moneda cobrando dos y medio en cuartos.
9   Item, si saben que todos los gobernadores que antes de ahora han sido en esta isla se les ha pagado su salario en oro y reales.
10.   Item, si saben que todo lo dicho es público y notorio.   El licenciado Carasa.

Este dicho día, mes y año susodichos el dicho señor gobernador para la dicha información por ante mí, el escribano yuso escrito, presentó por testigos a Diego Franquez, y Rodrigo Franquez y Juan de Madrid y a Juan Pinto y a Pedro García y a Juan Sánchez, residentes y mercaderes, vecinos de esta ciudad de los cuales y de cada uno de ellos fue tomado y recibido juramento por Dios y por Santa María y por la señal de la Cruz en forma debida de derecho so cargo del cual prometieron de decir verdad en este caso de todo aquello que supieren y les fuere preguntado.

Y lo que los dichos testigos dijeron y depusieron es lo siguiente:

---

[291]   Lee avalian.

Testigo   El dicho Diego Franquez, vecino de esta ciudad, habiendo jurado según derecho y siendo preguntado por las dichas preguntas del dicho pedimento dijo lo siguiente:

1.   A la primera pregunta, dijo que tiene noticia de los cuartos contenidos en la pregunta desde[292] las primeras que a esta isla vinieron.

2.   A la segunda pregunta, dijo que la sabe como en ella se contiene. Preguntado, ¿Cómo la sabe?, dijo que porque podrá haber cinco meses que este testigo partió de la ciudad de Sevilla para esta isla y vio que allá no tenían valor ninguno los dichos cuartos y un Francisco González, dispensero del navío de Francisco Burgalés, en que este testigo vino a esta isla, le enseñó a este testigo una talega de cuartos en que dijo había ochenta o noventa reales que los había comprado por diez reales para traerlos a esta isla y asi vio[293] que los trajo de parte el no valer los dichos cuartos en España es mala moneda y sabe y ha visto que no hay otra moneda corriente ninguna al presente sino son cuartos y si la hubiera este testigo lo supiera por tener trato en la isla y no pudiera ser menos.

3,   A la tercera pregunta, dijo que la sabe como en ella se contiene porque es y pasa asi como la pregunta lo dice. Y declara este testigo ha comprado y vendido muchas veces mercaderías en cantidad y en lo que ha comprado y vendido en buena moneda siempre ha tenido atención a el halle a ciento y cincuenta por cientos, poco más o menos de interés, y con un peso en buena moneda es tanto como dos pesos y medio en cuartos.

f 2

4.   A la cuarta pregunta, dijo que la sabe como en ella se contiene porque a este testigo le han avaluado mucha cantidad de mercaderías que ha traído de España y teniendo atención que la paga de los derechos de Su Majestad han de ser en cuartos se las han avaluado a excesivos precios y conforme al avaluo ha pagado y ha de pagar los derechos a Su Majestad.

5   A la quinta pregunta, dijo que la sabe como en ella se contiene porque este testigo compró en esta ciudad de un Amador Gómez ciento y tantas pipas de vino porque los derechos de los habían de pagar en buena moneda se la avaluaron al precio que las había comprado y si hubiera de pagar los dichos derechos en cuartos se las avaluaran en mucha más cantidad.

6.   A la sexta pregunta dijo que a este testigo le parece que en pagarsele a el dicho señor gobernador los dichos mil ducados en cuartos recibe agravio porque para hacerlos de buena moneda le vendrían[294] a quedar los cuatrocientos ducados que la pregunta dice.

7.   A la séptima pregunta dijo que a este testigo le parece que habiendo de comer y vestir el dicho señor gobernador y su familia de los dichos mil ducados en cuartos que no se puede sustentar con ellos según del excesivo precio que las cosas de mantenimientos y vestuarios tienen en esta isla.

8.   A la octava pregunta dijo que a este testigo le parece que es asi como la pregunta dice que en mandar pagar Su Majestad al dicho señor gobernador los dichos mil ducados en buena moneda su real hacienda no recibe agravio porque sus oficiales en el cobrar de los derechos los tienen atención al interés y de la dicha buena moneda como este testigo tiene declarado en las preguntas antes de ésta.

---

[292] Lee dende.
[293] Lee vido.
[294] Lee vernan.

9	A la novena pregunta dijo que este testigo vio[295] pagar muchas veces su salario al doctor Luis de Vallejo, gobernador que fue de esta isla, y algunas veces este testigo lo cobró por él y le vio[296] hacer pagamento en oro fino y cuando no había oro fino le han pagado en reales.
10.	A la décima pregunta, dijo que lo que ha dicho es la verdad para el juramento que hizo y firmolo. Diego Franquez

Testigo	El dicho Rodrigo Franquez, mercader, testigo presentado habiendo jurado según derecho y siendo preguntado por las preguntas del dicho pedimento dijo lo siguiente:
1.	A la primera pregunta, dijo que este testigo tiene noticia de los cuartos que ha habido y hay en esta isla desde que a ella vinieron.
2.	A la segunda pregunta, dijo que sabe que los cuartos que en esta isla corren no tienen valor ninguno en España porque este testigo ha estado en *f2v* Castilla después que los dichos cuartos corren en esta isla y ha visto que por ellos allá no dan cosa alguna de cuya causa los dichos cuartos son mala moneda los cuales es la moneda que mas comúnmente corre en esta isla y no hay otra y ésto lo sabe este testigo porque lo ha visto.
3	A la tercera pregunta dijo que la sabe como en ella se contiene. Preguntado, ¿Cómo la sabe?, dijo que porque este testigo es [297] mercader y a la continua[298] vende mercaderías que le vienen de España y ha visto y ve que de causa de la dicha mala moneda las dichas mercaderías en esta isla valen a excesivos precios y si algunas personas tienen buena moneda compran las tales mercaderías a moderados precios en tal manera que con un peso de buena moneda compran lo que valen dos y medio o tres si es en cuartos y ésto lo sabe porque como dicho tiene lo ha visto y tratado.
4.	A la cuarta pregunta dijo que asimismo sabe este testigo esta pregunta como en ella se contiene porque a este testigo los oficiales de Su Majestad le han avaluado cantidad de mercaderías que ha descargado de año y medio a esta parte a otras personas asimismo y ha visto que de esta causa de ser los dichos cuartos mala moneda avaluan a trescientos y cincuenta por ciento y aún cuatrocientos que es a excesivos precios y conforme al avaluo que asi hacen se pagan los derechos a Su Majestad pertenecientes.
5.	A la quinta pregunta dijo que sabe este testigo que si las dichas mercaderías se avaluasen a buena moneda y los derechos se hubiesen de pagar a Su Majestad en la dicha buena moneda serían en mucho menos cantidad de lo que se paga en mala moneda lo cual sabe porque como ha dicho lo ha visto este testigo.
6	A la sexta pregunta dijo que sabe este testigo que con pagarsele al dicho señor gobernador los mil ducados que Su Majestad le hace merced con el oficio de gobernador de esta isla en cuartos recibe notorio agravio porque queriendolos hacer de buena moneda para sacarlos de esta isla vienen a ser los cuartos cien ducados que la pregunta dice lo cual sabe porque tiene trato y porque a la continua[299] este testigo compra oro y sabe lo que cuesta y vale.
7	A la séptima pregunta dijo que este testigo sabe que según los vestuarios y mantenimientos y los excesivos precios y lo que valen todas las cosas habiendole de pagar al dicho señor gobernador los dichos mil ducados en cuartos con ello no se puede sustentar como es razón por las causas que dicho tiene y por el excesivo gasto que hay en ella.

---

[295] Lee vido.
[296] Lee vido.
[297] Tachadura: maestre.
[298] Lee contina.
[299] Lee contina.

8   A la octava pregunta dijo que la sabe como en ella se contiene. Preguntado, ¿Cómo *f3* la sabe, dijo que porque en mandar pagar Su Majestad al dicho señor gobernador los dichos mil ducados en la dicha buena moneda su real hacienda no recibe agravio porque sus oficiales en el cobrar de sus reales derechos tienen atención al interés de la dicha buena moneda y por lo que habían de cobrar uno en buena moneda cobran dos y medio en mala y ésto sabe porque lo ha visto.
9   A la novena pregunta dijo que este testigo conoció por gobernador de la isla al doctor Vallejo y vio[300] que en el tiempo de su gobernación se le pagaban su salario en reales y oro y asi ha oido este testigo que se le pagaba a los gobernadores que antes de ellos han sido en esta isla y asimismo vio[301] que al licenciado Estevez vino una provisión real en que le manda se le pague su salario en buena moneda y ésto sabe.
10 A la décima pregunta dijo que lo que dicho es la verdad de lo que de este caso sabe para el juramento que hizo y firmolo y declaró este testigo que es de edad de treinta y ocho años, poco mas o menos. Rodrigo Franquez.

Testigo   El dicho Juan de Madrid testigo presentado habiendo jurado según derecho y siendo preguntado por las preguntas del dicho pedimento dijo lo siguiente:

1   A la primera pregunta dijo que este testigo tiene noticia de la mala moneda que hay en esta isla que son cuartos desde que los hay.
2   A la segunda pregunta dijo que sabe este que los dichos cuartos que en esta isla corren no tienen valor ninguno en España los cuales no valen de parte de ser mala moneda y que los dichos cuartos es mala moneda que comúnmente corre en esta isla.
3   A la tercera pregunta dijo que sabe y ha visto este testigo como mercader que es, que de causa de la mala moneda las mercaderías que a esta isla vienen valen a excesivos precios y ha visto este testigo que si algunas personas tienen buena moneda con que comprar mercaderías las compran a moderados precios de la manera que con un peso de buena moneda compran los que son dos y medio en derecho y asi lo ha visto este testigo.
4   A la cuarta pregunta dijo que la sabe como en ella se contiene lo cual sabe porque ha visto este testigo que los oficiales de Su Majestad en el avaluo de la ropa tienen respeto a la dicha mala moneda que son cuartos y de esta causa avaluan las mercaderías a excesivos precios y conforme al avaluo se cobran los derechos a Su Majestad y se pagan.
5   A la quinta pregunta dijo que la sabe como en ella se contiene porque este testigo lo ha visto asi como esta pregunta lo dice y es cosa cierta y verdadera

f3v

6   A la sexta pregunta dijo que la sabe este testigo que en pagarsele al señor gobernador los dichos mil ducados en cuartos recibe notorio agravio porque queriendolos hacer de buena moneda los dichos mil ducados para sacarlos de esta isla no vienen a ser los dichos cuatrocientos ducados de buena moneda contenidos en la pregunta.
7   A la séptima pregunta dijo que según los excesivos precios que en esta isla vale la ropa y mantenimientos y todas las cosas debiendose de pagar al señor gobernador los dichos mil ducados en cuartos con ellos no se puede sustentar por las causas que tiene declaradas y porque para haberse de sustentar razonablemente ha menester mucha mas cantidad según está la tierra.

---

[300] Lee vido.
[301] Lee vido.

8   A la octava pregunta dijo que la sabe como en ella se contiene porque lo ha visto ser y pasar como la pregunta lo dice y de esta causa sabe este testigo que la Real hacienda de Su Majestad recibe agravio ninguno en pagar al dicho señor gobernador en buena moneda, pues que sus oficiales de esta isla tienen atención al interés de ella y por los que habían de cobrar uno en buena moneda cobran dos y medio de mala y por ésto sabe la pregunta.
9   A la novena pregunta dijo que ha visto este testigo que en las del licenciado Cervantes y el licenciado Vega, el doctor Vallejo, gobernadores que han sido en esta isla, siempre se les ha pagado sus salarios en reales y oro y ésto sabe.
10.   A la décima pregunta dijo que dice lo que dicho tiene y es la verdad para el juramento que hizo y firmolo de su nombre.   Juan de Madrid.

Testigo   El dicho Juan Pinto testigo presentado habiendo jurado según derecho y siendo preguntado por las preguntas del dicho pedimento, dijo lo siguiente.

1   A la primera pregunta, dijo que tiene noticia de la moneda que hay en esta isla que son cuartos desde que las hay en ella.
2   A la segunda pregunta, dijo que este testigo sabe que los dichos cuartos que corren en esta isla por moneda corriente no valen en España ni dan allá nada por ellos porque este testigo ha estado en España y lo ha visto y es mala moneda y los dichos cuartos es la moneda que comúnmente corre en esta isla.
3   A la tercera pregunta dijo que la sabe como en ella se contiene porque este testigo es mercader y ha visto que se ha hecho y hace asi como esta pregunta lo dice y declara.
4.   A la cuarta pregunta dijo que este testigo ha visto avaluar en esta ciudad mucha cantidad de mercaderías a los oficiales de Su Majestad de ella y ha visto que cuando asi avaluan tienen respeto a que los derechos que han de pagar a Su Majestad son de mala moneda que son cuartos y de esta causa ha visto que avaluan las dichas mercaderías a excesivos precios y conforme a la avaluación se pagan los derechos a Su Majestad.

f4

5.   A la quinta pregunta dijo que lo contenido en esta pregunta es verdad así como ella lo dice y declara porque asi es y lo sabe este testigo como persona que conoce las cosas de esta isla y la mala moneda y pagas de ella.
6.   A la sexta pregunta dijo que este testigo sabe que en pagarsele al dicho señor gobernador los dichos mil ducados en cuartos de le hace muy notorio agravio y recibe muy gran perdida porque habiendolos de hacer en buena moneda para sacarlas de la tierra y emplearlos en comprar oro según los precios que valen porque otra manera no hay los dichos mil ducados se le volveran en los cuatrocientos ducados que la pregunta dice y aún menos.
7.   A la séptima pregunta dijo que la sabe como en ella se contiene porque según los excesivos precios que todas las cosas valen y que todo el mantenimiento y ropas tienen excesivo valor no se puede sustentar con el dicho salario habiendose de sustentar moderadamente conforme a como es razón antes le faltarán muchos dineros.
8.   A la octava pregunta, dijo que la sabe como en ella se contiene porque lo contenido en esta pregunta es verdad como en ella se contiene y sabe este testigo lo contenido en esta pregunta porque los oficiales de vuestra majestad como dicho tiene si han de cobrar uno en buena moneda cobran dos y medio en mala y lo recompensan lo uno con lo otro y por ésto sabe la pregunta.

9.	A la novena pregunta, dijo que sabe que en el tiempo que fue gobernador el doctor Vallejo de esta isla siempre le pagaron su salario en oro fino y reales y ésto sabe y es la verdad para el juramento que hizo y declaró que es mas edad de cuarenta años. Juan Pinto

Testigo   El dicho Pedro[302] García, testigo presentado habiendo jurado según derecho y siendo preguntado por las preguntas del dicho pedimento dijo lo siguiente:

1.	A la primera pregunta, dijo que tiene noticia de los cuartos contenidos en la pregunta desde los primeros que a esta isla vinieron.
2.	A la segunda pregunta, dijo que la sabe como en ella se contiene. Preguntado, ¿Cómo lo sabe?, dijo porque podrá haber cinco meses que este testigo partió de la ciudad de Sevilla para esta isla y allá vio[303] que no tenían valor ninguno los dichos cuartos y un Francisco González, dispensero del navío de Francisco Burgalés, en que este testigo vino a esta isla le enseñó a este testigo una talega de cuartos en que dijo que había ochenta o noventa reales[304] y que los había comprado por diez reales para traerlos a esta isla y asi vio[305] que los trajo y de no valer los cuartos en España es mala moneda. Y sabe y ha visto que no hay otra moneda corriente ninguna al presente sino en cuartos y si la hubiere este testigo lo supiera por tener trato en la isla y no pudiera ser menos.

f4v

3,	A la tercera pregunta, dijo que la sabe como en ella se contiene porque es y pasa asi como la pregunta lo declara y este testigo ha comprado y vendido a buena moneda siempre ha tenido atención a echarle ciento y cincuenta por ciento, poco más o menos, de interés a la buena moneda de manera que lo que ha comprado y vendido con un peso en buena moneda es tanto como dos pesos y medio en cuartos.
4.	A la cuarta pregunta, dijo que la sabe como en ella se contiene porque a este testigo se le han avaluado mucha cantidad de mercaderías que ha traido de España y teniendo atención a que la pagada de los derechos de Su Majestad han de ser en cuartos se le han avaluado en excesivo precios y conforme al avaluo ha pagado y ha de pagar los derechos de Su Majestad.
5.	A la quinta pregunta, dijo que la sabe como en ella se contiene porque este testigo juntamente con Diego Franquez compró en esta ciudad de un Amador Gómez ciento y tantas pipas de vino porque los derechos se habían de pagar en buena moneda y se las avaluaron al precio que las había comprado y si hubiera de pagar los dichos derechos en cuartos se las avaluaran en mucha más cantidad.
6	A la sexta pregunta dijo que a este testigo le parece que en pagarsele al dicho señor gobernador los dichos mil ducados en cuartos recibe agravio porque para hacerlos en buena moneda le vendrán[306] a quedar los cuatrocientos ducados que la pregunta dice.
7.	A la séptima pregunta, dijo que a este testigo le parece que habiendo de comer y vestir el señor gobernador y su familia de los dichos mil ducados en cuartos que no se puede sustentar con ellos según el excesivo precio de las costas y mantenimientos y vestuarios que tienen en esta isla.
8-	A la octava pregunta dijo que a este testigo le parece que es asi como la pregunta dice que

---

[302] Lee Pero.
[303] Lee vido.
[304] Sic, deberían ser cuartos.
[305] Lee vido.
[306] Lee vernan.

en mandar pagar Su Majestad asi al dicho señor gobernador los dichos mil ducados en buena moneda, su real hacienda no recibe agravio porque sus oficiales en el cobrar de los derechos tienen atención al interés de la dicha buena moneda como este testigo lo tiene declarado en las preguntas antes de ésta.

9   A la novena pregunta dijo que ha oido decir lo contenido en esta pregunta por cosa pública y notoria en esta ciudad a muchas personas y que se ha hecho así como esta pregunta lo dice con los gobernadores que han sido antes del señor gobernador.

10   A la décima pregunta dijo que lo que ha dicho es la verdad y lo que de este caso sabe para el juramento que hizo y firmolo de su nombre y dijo que es de edad de más de treinta y ocho años.
Pedro García

f5

Testigo   El dicho Juan Sánchez Riquel, mercader, testigo presentado habiendo jurado según derecho y siendo preguntado por las preguntas del dicho pedimento dijo lo siguiente:

1   A la primera pregunta dijo que ha tenido noticia de los cuartos que ha habido y hay en esta isla desde que a ella vinieron.

2.   A la segunda pregunta dijo que este testigo sabe que los cuartos que en esta isla corren no tienen valor ninguno en España porque este testigo ha estado en Castilla después que los cuartos corren en esta isla y ha visto que por ellos allá no dan nada de cuya causa los dichos cuartos son mala moneda los cuales es la moneda que comúnmente corre en esta isla y no hay otra y ésto sabe este testigo porque lo ha visto.

3   A la tercera pregunta dijo que la sabe como en ella se contiene. Preguntado ¿Cómo la sabe?, dijo porque este testigo es mercader y a la continua[307] vende mercaderías que le envían de España y ha visto y ve que de causa de la dicha mala moneda las dichas mercaderías en esta tierra valen a excesivos precios y si algunas personas tienen buena moneda que un peso de buena moneda compran lo que valen dos y medio y tres en cuartos y ésto lo sabe porque como dicho tiene lo ha visto.

4   A la cuarta pregunta dijo que asimismo sabe este testigo esta pregunta como en ella se contiene porque a este testigo los oficiales de Su Majestad le han avaluado cantidad de mercaderías que ha descargado y asimismo a otras personas. Y ha visto que de causa de ser los dichos cuartos mala moneda avaluan a trescientos y cincuenta por ciento y aún a cuatrocientos que es excesivo precio y conforme al avaluo que asi hacen se pagan los derechos a Su Majestad pertenecientes.

5.   A la quinta pregunta dijo que sabe este testigo que si las mercaderías se avaluasen en buena moneda que los derechos de hubiesen de pagar a Su Majestad en buena moneda sería en mucho menos cantidad de lo que se paga en la mala moneda lo cual sabe porque como ha dicho lo ha visto.

6.   A la sexta pregunta dijo que sabe este testigo que en pagarsele al dicho señor gobernador los mil ducados que Su Majestad le hace merced en el dicho oficio de gobernador de esta isla en cuartos recibe notorio agravio porque queriendolos hacer de buena moneda para sacarlos de esta isla no viene a ser los cuatrocientos ducados que la pregunta dice lo cual sabe por el trato que tiene y porque a la continua[308] este testigo compra oro y sabe lo que cuesta y lo que vale.

---

[307] Lee contina.
[308] Lee contina.

f5v

7.   A la séptima pregunta dijo que este testigo sabe que según los vestuarios y mantenimientos que en esta isla tienen los excesivos precios y lo que valen todas las cosas habiendosele de pagar al dicho señor gobernador los dichos mil ducados en cuartos con ellos no se pueden sustentar como es razón por las causas que dicho tiene por el excesivo gasto que hay con ello.

8.   A la octava pregunta dijo que la sabe como en ella se contiene.   Preguntado ¿Cómo la sabe?, dijo que porque en mandar pagar Su Majestad al dicho señor gobernador los dichos mil ducados en buena moneda su real haciendo no recibe agravio porque sus oficiales en el cobrar de sus derechos tiene atención al interés de la dicha buena moneda cobrando dos y medio en cuartos y ésto sabe porque lo ha visto.

9   A la novena pregunta dijo que este testigo conoció por gobernador de esta isla al doctor Vallejo y vio[309] que en el tiempo de esta gobernación se le pagaba su salario en reales y oro y asi ha oido este testigo que se le pagaba a los gobernadores que antes de él habían sido en esta isla y ésto sabe y es la verdad.

10.   A la décima pregunta, dijo que lo que ha dicho es la verdad de lo que de este caso sabe por el juramento que hizo y firmolo y declaró este testigo que es de edad de veinte y siete años, poco más o menos.   Juan Sánchez

Y así hecha la dicha probanza, el dicho señor pidií a mí, el escribano público yuso escrito, se lo de escrito en limpio y firmado y firmado[310] en pública forma en manera que haga fe para lo presentar allí y donde a su derecho convenga y lo firmó.   El Licenciado Carasa.

Y yo, el dicho escribano yuso escrito, saqué la dicha probanza según que ante mi pasó y según que de suso se contiene para la dar y entregar al dicho señor gobernador para guarda de su derecho.

Y yo, Alonso de Nogueras, escribano de Su Majestad y público, de la dicha ciudad de San Juan de Puerto Rico presente fui a lo que dicho es y lo escribí e hice[311] aquí este mi[312] signo a tal.
     [signo]   en testimonio de verdad
          Alonso de Nogueras
          escribano público

Anexo:

+

**Testimonio de la cédula que se dio al licenciado Estevez para que
le pagasen su salario en buena moneda.**

Este es un traslado bien y fielmente sacado de una cédula real de Su Majestad firmada de la Serenísima Princesa y refrendada de Francisco de Ledesma, secretario de Su Majestad, según que por ella parecía, su tenor de la que es esta que sigue:

---

[309] Lee vido.
[310] Lee sinado.
[311] Lee fize.
[312] Lee mio.

El Rey

Nuestros oficiales que residís en la isla de San Juan de Puerto Rico, el licenciado Estevez, nuestro fiscal de la Audiencia Real que reside en la ciudad de Santo Domingo, de la isla Española, me ha hecho relación que el fue provisto[313] por gobernador y juez de residencia de la isla de San Juan de Puerto Rico por provisión de esa dicha audiencia real que nos mandamos dar al gobernador que ha sido de esa dicha isla mil ducados de salario en cada un año los cuales le sean pagados en oro fino y que ahora vosotros no le habeis querido pagarlos en oro fino y que ahora vosotros no le habeis querido pagar el salario que ha de haber con el dicho oficio, según y como lo habeis pagado a los otros gobernadores, sus predecesores y me fue suplicado vos mandasemos que no hiciesedes con el novedad en la paga del dicho salario sino que se lo pagasedes según y como lo habeis pagado a los otros gobernadores que han sido de esa dicha isla ni le contasedes el oro en que le hiciesesdes la paga a más valor de lo que tuviese de ley y ensaye o como la mi merced fuse. Lo cual visto por los del nuestro Consejo de las Indias fue acordado que debíamos mandar dar esta mi cédula para vos y yo tuvelo por bien. Por ende, yo os mando que deis y pagueis al dicho licenciado Estevez o a quien su poder hubiere, el salario que le estuviere señalado con el dicho oficio de gobernador de esa dicha isla todo el tiempo que sirviere en buena moneda a razón de a treinta y cuatro maravedís el real y si se lo hubieredes de pagar en oro se lo daría a este respecto y su justo valor y no hagades ende al. Fecha en la villa de Valladolid a cinco días del mes de junio de mil y quinientos y cincuenta y cinco años

f1v

La Princesa. Por mandado de Su Majestad, Su Alteza, en su nombre. Francisco de Ledesma, la cual mandamos sacar duplicada de los nuestros libros de las Indias en la villa de Valladolid, a catorce días del mes de febrero de mil y quinientos y cincuenta y siete años y vos mandamos que la veais, guardeis y cumplais en todo y por todo como en ella se contiene y declara. La Princesa por mandado de Su Majestad, Su Alteza, en su nombre. Francisco de Ledesma.

Fecho y sacado fue esta dicho traslado de la dicha cédula real en la ciudad de San Juan de Puerto Rico a veinte días del mes de junio de mil y quinientos y cincuenta y nueve años. Testigos que fueron presentes a lo ver sacar, corregir y concertar. Francisco Maldonado, clérigo, y Diego Maldonado, escribano de Su Majestad Real y escribano público en la dicha ciudad de San Juan de Puerto Rico, presente fui a lo ver corregir y concertar y va cierto y verdadero y por ende hice aquí este mi signo a tal

[signo] en testimonio de verdad

Diego Maldonado
escribano publico

---

[313] Lee proveido.

APÉNDICE VI
Salario en buena moneda para el gobernador Diego de Carasa

Signatura
AGI, Santo Domingo 50
Ramo 5, Número 15

+

EL REY

Nuestros oficiales de la isla de San Juan de Puerto Rico, por parte del licenciado Carasa, nuestro gobernador de esa isla, me ha sido hecha relación que él tiene señalado de salario en cada un año con el dicho oficio trescientos y setenta y cinco mil maravedís y que se los pagais vosotros en cuartos, que eran de tan poco valor que no las valían ni con gran parte, de que ha recibido notorio daño porque lo que comprara para provisión[314] de su persona y casa por un peso de oro, en reales de plata de a treinta y cuatro maravedís cada uno, le ha costado y cuesta en cuartos dos pesos de oro y más, como lo podríamos mandar ver por una información de que ante nos en el nuestro Consejo de las Indias se presentó. Y me fue suplicado vos mandase le pagasedes el dicho su salario el tiempo que ha que sirve el dicho cargo y el que más le sirviese en oro fino o en reales de plata de a treinta y cuatro maravedís cada uno y en defecto de no haber oro ni plata, le diesedes en cuartos tanta cantidad que valiesen las dichas trescientos y setenta y cinco mil maravedís de buena moneda o como la mi merced fuese. Lo cual visto por los del dicho nuestro Consejo, juntamente con la dicha información que de suso se hace mención, tuvimoslo por bien. Por ende, yo vos mando que veais lo susodicho y no habiéndose pagado al dicho licenciado Carasa el salario que con el dicho cargo de gobernador *f6* de esa dicha isla le está señalado en buena moneda, a razón de treinta y cuatro maravedís el real, en tal caso cumplirle eis lo que menos se le hubiere dado cada año de manera que él sea pagado enteramente del dicho su salario a razón de los dichos treinta y cuatro maravedís cada real como dicho es y por esta forma le pagaréis el salario que hubiere de haber de aquí adelante. Y sino hubieredes buena moneda para cumplirle lo que hubiere llevado de menos y lo que se le hubiere de dar pagarle eis en cuartos de los que en esa tierra corren tanta cantidad que valgan en buena moneda el dicho salario. Y no hagades ende al. Fecha en Toledo a trece de diciembre de mil y quinientos y cincuenta y nueve años. Yo, el Rey. Refrendada de Eraso, señalado del licenciado Briviesca, Vázquez, Agreda, Castro, Sarava.

Corregida (rúbrica)

---

[314] Lee proveimiento, sustituido por provisión.

APENDICE VII
Probanza de los servicios del licenciado Diego de Carasa

Signatura:
Archivo General de Indias,
Santo Domingo 11, Número 25

+

Puerto - Rico

1560

Probanza que va para ante Su Majestad y señores de su Real Consejo de Indias de pedimento y mandamiento del muy magnífico señor licenciado Diego de Carasa gobernador y justicia mayor en esta isla de San Juan de Puerto Rico va cerrada y sellada

Información de servicios del Licenciado Diego de Carasa, gobernador que fue de la Isla de Puerto-Rico.

f1

En la ciudad de San Juan de Puerto Rico a veinte y tres días del mes de abril de mil y quinientos y sesenta años, el muy magnífico señor licenciado Diego de Carasa gobernador y justicia mayor en esta isla de San Juan por Su Majestad, en presencia de mi, Pedro Maldonado, escribano público, dijo que por cuanto él ha servido en esta gobernación cerca de cinco años, en los cuales él ha tenido mucho trabajo y costa a causa de las guerras que en este tiempo ha habido con Francia y ha hecho otros servicios como buen criado de Su Majestad y para que conste de todo ello y de como ha gobernado esta isla, él ha tenido siempre en paz para que Su Majestad sea servido de le remunerar los dichos servicios y mandar pagar los gastos que en su servicio ha hecho, hizo hacer la presente información y mandó a mí el dicho escribano que los testigos que en esta información dijeren sean preguntados por la forma del interrogatorio siguiente.

1   Primeramente sean preguntados los testigos si conocen a mí, el dicho licenciado Carasa, gobernador que he sido en esta isla cinco años, poco más o menos, y digan los testigos la edad que tienen y el tiempo que ha que residen en esta isla y si son deudos o apaniaguados de mí, el dicho gobernador.

2   Ibídem, si saben que yo el dicho licenciado, me he mostrado siempre celoso del servicio de Dios y de Su Majestad y soy hombre honesto y recogido y moderado en el traer mi persona y gastos y tal que por mi ejemplo ninguno será vicioso ni malo y que siempre he corregido y castigado las personas de mal vivir especialmente a los pecados públicos.

3   Ibídem, si saben que todo el tiempo que yo el dicho licenciado, el gobernador en esta isla, y siempre procurado el servicio de Su Majestad y el bien público y aumento de ella sin

tener ningún respeto a mis propios intereses

4   Ibídem, si saben que por la grande rectitud que siempre los vecinos y los otros litigantes han conocido en mí, el dicho licenciado Carasa, y que por odio ni amistad no dejaría de hacer justicia en todos los cinco años que aquí he gobernado nunca he sido recusado excepto en dos negocios entre ambos tocantes a Su Majestad y a su Real Hacienda y el uno fue Alonso Pérez Martel al tiempo que le saqué treinta *f1v* y ocho piezas de esclavos de su ingenio para hacer pago a Su Majestad de la deuda que le debía y el otro Cristóbal de Salinas, tesorero que ha sido de esta isla, en un pleito que contra él tratan los oficiales de Su Majestad sobre ciertas adiciones que le pusieron de las cuentas que se le tomaron de la Real Hacienda de Su Majestad, en esto digan sus dichos todos los escribanos públicos y den fe de los procesos que en este tiempo se han hecho si en todos ellos ha pasado otra recusación

5   Ibídem, si saben y así es público y notorio que después que esta isla según no ha habido gobernador que tanto haya trabajado en la conservación de ella así en la apertrechar y defender como en procurar el aumento de los vecinos y de ella.

6   Ibídem, si saben que al tiempo que yo, el dicho licenciado, vine a gobernar esta isla hallé esta ciudad y vecinos de ella alborotados y puestos en bandos y la apacigüe con la misma manera que en ello me di sin que a ninguno diese castigo notable, en lo cual hice gran servicio a nuestro señor y a Su Majestad y todo el tiempo que la he gobernado la he tenido en paz y quietud y al presente lo está.

7   Ibídem, si saben que en el dicho tiempo que aquí he gobernado siempre ha habido guerras con Francia y esta ciudad y vecinos de ella han estado puestos en armas para la defensa de ella hasta que Su Majestad mandó enviar aviso de las paces.

8   Ibídem, si saben que en el dicho tiempo, hice un lienzo de cerca en el desembarcadero principal de esta ciudad, que corre desde la Fortaleza hacia el Morro que tiene trescientos pasos en largo y seis ladrillos en ancho con sus troneras por bajo y salteras por arriba con sus andenes y almenas y que del excesivo trabajo que allí pasé yo y dos criados míos estuvimos a punto de muerte.

9   Ibídem, si saben que debajo del Morro antiguo por ser inútil hice otro muro de piedra con siete troneras labradas junto al agua en lugar muy conveniente para poder ofender y echar a fondo los navíos que quisiesen entrar por el puerto.

10   Ibídem, si saben que debajo del Monasterio donde con bonanza *f2* se puede echar gente hice otro baluarte de tapia recia de ancho de tres ladrillos con sus troneras y allí puse dos piezas de artillería para defender que por allí no saltasen enemigos en tierra.

11   Ibídem, si saben que a la entrada de La Puente de esta ciudad por donde podía ser entrada de los enemigos hice un bestión con una casa y con sus troneras fuerza suficiente para defender aquella entrada.

12   Ibídem. si saben que en la playa y desembarcadero del puerto de esta ciudad en los

lugares más convenientes hice bastiones[315] con sus troneras donde la gente se pudiese reparar sin poder ser ofendidos de la artillería de la mar.

13   Ibídem, si saben que de esta ciudad hasta la dicha Puente he abierto muchos caminos secretos por donde la gente de caballo pudiese andar y acudir a la playa a donde está el desembarcadero de Cabrón que para que los caballos pudiesen pasar hice quebrar unas peñas que allí estaban que lo impedían.

14   Ibídem, si saben que todas las susodichas obras son muy provechosas y necesarias para la defensa de esta ciudad y se hicieron a muy poca costa [316] sin que de la Hacienda Real de Su Majestad se gastase un cuarto ni los que lo valiese sino con algunos peones que dieron los vecinos a mi ruego e instancia y con la mucha diligencia que yo el dicho licenciado puse en recoger todos los negros que había en esta ciudad los días de fiesta con licencia del obispo de esta isla.

15   Ibídem, si saben creen y tienen por cierto que por tener noticia los franceses como han hecho a los demás pueblos marítimos siendo el de esta ciudad el primer rencuentro de ellos y esto se ha sabido de personas que han sido tomadas de los dichos franceses y después se han vuelto a esta isla, porque dándoles tormento a los que tomaban para que dijesen la defensa que en esta ciudad había no podían dejar de decir la verdad.

16   Ibídem, si saben y así es público y notorio que en todo el tiempo que duró la guerra siempre he tenido gran cuidado y vigilancia en la guarda de esta ciudad, velando por mí persona, visitando de noche las velas *f2v* y centinelas que estaban puestas en las partes necesarias y en ésto ponía tanto trabajo y diligencia que a todos parecía ser cosa imposible poderlo sufrir tan continuamente y si saben que en todos los rebates de franceses que hubo enfermo y sano siempre me hallé presente de noche y de día dando orden de lo que se había de hacer animando a todos sin lo cometer a persona alguna.

17   Ibídem, si saben y así es público y notorio que en todo el tiempo que duró la guerra, he tenido en mi caballería dos caballos y en el tiempo que más recelo tenían de los enemigos que es desde el mes de enero hasta el de agosto, he tenido cuatro caballos en la caballería los dos para hacer la ronda de noche y otros dos para lo que se ofreciese de día, en lo cual he gastado buena parte del salario que Su Majestad me manda dar porque aún el vasallo que más tiene se le hace de muy de mal mantener un caballo por la gran costa que hace a causa de que los mantenimientos para los dichos caballos se traen por más de dos leguas de esta ciudad, como todo es notorio.

18   Ibídem, si saben que en todo el tiempo que duró la guerra, yo, el dicho licenciado, tuve grande cuidado y diligencia en visitar continuamente la Fortaleza de Su Majestad de esta ciudad y la tuve siempre provista de todas las cosas necesarias para la defensa de ella y en la puerta primera del revellín hice hacer un media bola de piedra labrada para que no pudiese ser batida con artillería de lejos porque de cerca era imposible poderla derrocar ni quemar

---

[315]   Lee bestiones.
[316]   Tachadura: e.

por el buen presidio que en ella tenían.

19   Ibídem, si saben que a causa de las dichas guerras todas las cosas de mantenimientos y vestuarios ha valido a excesivos precios en esta ciudad más que en las partes más remotas de todas las Indias y que el salario que Su Majestad me manda dar no me ha llegado a la mitad del año.

20   Ibídem, si saben y así es público y notorio que a causa de una tormenta o huracán que hubo en el mes de septiembre pasado que destruyó y azoló todas las haciendas de los vecinos, especialmente las comidas, hubieran perecido de hambre muchas personas mayormente los pobres si no fuera por el demasiado cuidado y diligencia que puse en hacer sacar debajo de la tierra el cazabe que había quedado, yendo yo personalmente a las estancias a ver lo que cada uno tenía *f3* para que cada uno trajese conforme a lo que tenía a la casa de Su Majestad, donde siempre por mi mano lo repartí teniendo cuidado de proveer primeramente a los pobres y escribiendo por mí mano a las personas que así se daba y la cantidad que llevaba para que no llevase uno dos veces, sino que cupiese a todos parte y si saben que si no hubiera puesto la tasa que puse en el dicho casave y maíz que fue a dos pesos la carga hubiera valido a más de cinco, de lo cual los vecinos que lo tenían se agraviaban mucho.

21   Ibídem, si saben que yo el dicho licenciado Carasa, soy hábil y suficiente para servir a Su Majestad en otros oficios y gobernaciones de más calidad que ésta así para en tiempo de paz como de guerra.   El licenciado Carasa.

Después de lo susodicho en el dicho día mes y año susodicho el dicho señor gobernador presentó por testigo para la dicha información a Diego Ramos, vecino y regidor de esta ciudad, del cual yo el dicho escribano tomé y recibí juramento en forma de derecho y so cargo de él prometió de decir verdad.

Después de lo susodicho, en veinte y cuatro días del dicho mes y año susodicho el dicho señor gobernador presentó por testigo a Diego de Cuéllar y a Cristóbal de Sanabria, vecinos de esta dicha ciudad, de los cuales yo el dicho escribano tomé y recibí juramento en forma de derecho y so cargo de él prometieron de decir verdad.

Después de lo susodicho en veinte y seis días del dicho mes y año susodicho, el dicho señor gobernador presentó por testigo a Baltasar Esteban, vecino de esta ciudad, del cual yo el dicho escribano tomé y recibí juramento en forma de derecho y so cargo de él prometió de decir verdad.

Después de lo susodicho en veinte y siete días del dicho mes y año susodicho, el dicho señor gobernador presentó por testigos a Juan Ruíz de Arango y a Juan Ruiz de Andrada, vecinos de esta ciudad, de los cuales yo, el dicho escribano, tomé y recibí juramento en forma de derecho y so cargo de él prometieron de decir verdad.

Y lo que los dichos testigos dijeron y depusieron ante mí, el dicho escribano, es lo siguiente:

f3v

Testigo   El dicho Diego Ramos, vecino y regidor de esta ciudad, testigo presentado por el dicho señor gobernador habiendo jurado en forma de derecho siendo preguntado por el tenor del dicho interrogatorio dijo lo siguiente.

1   A la primera pregunta dijo que este testigo conoce al dicho señor licenciado Carasa, gobernador y justicia mayor en esta isla por Su Majestad, el cual sabe que aquel es gobernador casi cinco años y que desde este tiempo acá lo conoce.

Generales   Fue preguntado por las preguntas generales de la ley.   Dijo que es de edad de setenta y tres años, poco más o menos, y que no es deudo, ni apaniguado del dicho señor licenciado, ni concurren en él ninguna de las generales preguntas.

2   A la segunda pregunta dijo que sabe este testigo que el dicho señor gobernador en todo el tiempo que ha que gobierna esta isla siempre ha procurado y procura el servicio de Dios y de Su Majestad, porque es muy buen cristiano y temeroso de Dios y como tal le ha visto y ve vivir muy con esta y recogidamente y ser muy moderado en los tales de su persona y gastos de su casa de tal manera que de su vivir y traerse tomaba ejemplo los vecinos de esta ciudad para vivir virtuosamente y como cristianos y sabe que en todo este testigo como regidor que es de esta ciudad, y persona antigua de ella y es notorio lo que dicho tiene.

3   A la tercera pregunta dijo que sabe que el dicho señor gobernador ha procurado como dicho tiene en la pregunta antes el servicio de Dios y de Su Majestad y el bien público de esta ciudad y aumento de ella sin tener respeto a su interés propio ni a otra persona alguna para dejar de hacer como buen juez lo que era obligado y esto es público y notorio en esta ciudad porque si otra cosa fuera este testigo lo supiera como regidor que es de ella.

4   A la cuarta pregunta dijo que este testigo en todo el tiempo que ha que conoce por gobernador en esta isla al dicho señor licenciado Carasa ha conocido de él y todo el pueblo lo conoce que por odio ni amistad *f4* ni enemistad alguna dejará de hacer y administrar justicia en todos los negocios que ante él se han tratado y así ha visto que lo ha hecho y que ha oído decir a los escribanos públicos de esta ciudad que en todo el tiempo que ha que gobierna no ha sido recusado sino es en los dos negocios contenidos en la pregunta y ésto es notorio.

5   A la quinta pregunta dijo que sabe este testigo que después que esta isla se gobierna por gobernadores no ha habido en ella persona que tanto haya trabajado en procurar el bien de la ciudad y vecinos de ella así en pertrecharla como en defenderla y aumentarla y que esto que lo sabe este testigo como hombre que lo ha visto y tiene noticia de los gobernadores pasados que han sido de esta isla y de lo que hicieron en ella como hombre de los más antiguos que es y regidor de ella.

6   A la sexta pregunta dijo que sabe y es público y notorio en esta ciudad que cuando el dicho señor licenciado Carasa vino por gobernador de esta isla esta ciudad estaba alborotada y los vecinos repartidos en bandos de tal manera que algunos estaban determinados de dejarla e irse y como vino el dicho señor con su buena industria y maña que tuvo apaciguó a los vecinos de esta ciudad y los confederó de tal manera que hasta el día de hoy están todos muy amigos y conformes y quieta y pacifica la ciudad sin que en la confederación se siguiese castigo notable ninguno sino con buen celo del servicio de Dios y de Su Majestad y esto es

público y notorio como dicho tiene y si otra cosa fuera este testigo lo supiera.

7   A la séptima pregunta dijo que la sabe como la pregunta dice porque así lo ha visto como en ella se declara porque como persona que residía en esta ciudad en los alardes que se hacían y recuentos que había se hallaba presente a todo con sus armas y caballo como los demás vecinos y esto es notorio.

8   A la octava pregunta dijo que sabe que luego como vino el dicho señor licenciado Carasa a esta isla hizo el lienzo de cerca en la parte y lugar y de la forma y manera que la pregunta dice y como la guerra andaba tan encendida fue necesario poner toda diligencia en hacer el dicho lienzo y fue tal la diligencia que en hacerlo puso quien muy pocos días se acabó y sabe que trabajó en ello *f4v* tanto que de el puro trabajo y cansancio que tuvo y estar al Sol él y dos criados suyos cayeron en una enfermedad que estuvieron a punto de muerte y esto que lo sabe porque lo vio y porque es muy público y notorio.

9   A la novena pregunta dijo que la sabe como la pregunta dice como persona que se hallaba algunas veces con el dicho señor gobernador en la obra del dicho Morro lo cual hizo y acabó y está en muy conveniente lugar para lo que la pregunta dice lo cual hizo y acabó[317] por no poderse aprovechar de él que primero estaba hecho y ésto es notorio en esta ciudad.

10   A la décima pregunta dijo que la sabe como la pregunta dice porque este testigo como regidor se hallaba presente algunas veces con el dicho señor gobernador a las obras que hacía para la defensa de los corsarios franceses y vio cómo se hizo el baluarte que la pregunta dice en la parte y lugar y de la forma y manera que en ella se declara y que sabe que en tiempo de bonanza se puede echar gente por allí y de esta causa lo hizo el dicho señor gobernador y es público y notorio estar hecho.

11   A las once preguntas dijo que sabe que así como la pregunta dice vio este testigo que lo hizo el dicho señor gobernador y está hecha hasta hoy día y que es parte por donde pueden entrar los enemigos y es cosa importante la dicha fuerza.

12   A las doce preguntas dijo que es verdad lo contenido en la pregunta porque este testigo lo vio hacer como en ella se declara y veía que el dicho señor gobernador andaba dando la industria y mandando a la gente donde se hiciesen las estacadas para no ser ofendidos de los enemigos y hasta hoy están hechas y ésto es notorio.

13   A las trece preguntas dijo que sabe la pregunta como en ella se declara porque este testigo como hombre de a caballo iba y venía por los dichos caminos que así había hecho abrir el dicho señor gobernador a velar y aguardar la costa con otros vecinos y para los abrirse pasó mucho trabajo por romperse como se rompieron unos peñones que estaban en medio con lo cual la gente de caballo podía ir encubiertamente y podía andar a placer lo cual fue por la industria y parecer del dicho señor gobernador y es cosa muy conveniente para esta ciudad los dichos caminos y así es notorio.

14   A las catorce preguntas dijo que sabe que todas las dichas obras[318] *f5* y cada una de ellas son muy provechosas y necesarias para el bien y defensa de esta ciudad las cuales el dicho señor licenciado Carasa ha hecho a muy poca costa porque de la Real Hacienda de Su Majestad no sea sacado un cuarto ni un maravedí para hacerla sino es con algunos peones que daban los vecinos de esta ciudad a ruego del dicho señor gobernador y de que los días de fiestas hacía recoger los negros que había en esta ciudad y los hacía ir a trabajar a las dichas obras con licencia del señor obispo de esta isla y de esta manera las ha acabado y con

---

[317]   Tachadura: y está.
[318]   Al fondo lee: Va testado / y estos / de

andar el dicho señor gobernador a la continua en ellas con dos criados suyos y en esto ha pasado mucho trabajo y lo que dicho tiene es público y notorio.

15   A las quince preguntas dijo que este testigo cree y tiene por cierto que por tener noticia los franceses de las fuerzas de esta ciudad y del mucho recaudo que había en ella de día y de noche y que estaba la gente de ella apercibida ha sido causa para que no la cometiesen y que este testigo vio tres navíos de franceses sobre el puerto de esta ciudad y que venían para entrar en ella y estuvieron amainados para tomar acuerdo si entrarían o no y la gente de esta ciudad y las fuerzas de ella estaba todo muy a punto creyendo que entraran y cuando no se cataron dieron vela y pasaron de largo y la causa porque no entraron a él cree, testigo que fue, por el temor que tuvieron de las fuerzas que había en esta ciudad y que ha oído decir a personas que los han tomado franceses que la causa porque no entraban en esta ciudad era por tener entendido que estaba en todo bien apercibida y que esto lo oyó a personas que les habían dado tormento los franceses y les oía platicar acerca de ello y que sino estuviera tan bien apercibida ya la hubieran tomado y saqueado como han hecho a otras ciudades que están marítimas en estas Indias y ésto es muy público y notorio.

16   A las diez y seis preguntas dijo que sabe que todo el tiempo que la guerra ha durado con franceses el dicho señor licenciado Carasa ha tenido muy gran cuidado y diligencia en la guarda de esta ciudad velando siempre por su persona de día y de noche de tal manera que los vecinos de esta ciudad estaban maravillados de ver como lo podía sufrir *f5v* y en todos los rebates de franceses que hubo en esta ciudad vio este testigo que de noche y de día andaba animando a la gente de ella y aunque estaba enfermo salía a los dichos rebates sin cometerlo a persona alguna por donde los vecinos decían que se maravillaban del ánimo que tenía el dicho señor gobernador y que esto sabe este testigo, como regidor que es de esta ciudad, y como cosa notoria que es en ella.

17   A las diez y siete preguntas dijo que sabe y ha visto que durante el tiempo de las guerras ha tenido el dicho señor licenciado Carasa en su casa y caballeriza a la continua dos caballos muy buenos para afrentar y que cuando era tiempo que se tenía entendido que habían de venir franceses que es por los meses contenidos en la pregunta de más y allende de los dichos dos caballos de caballeriza tenía otros dos para en que hacer la ronda de noche, en lo cual ha tenido muy gran gasto y costa y que para ello había menester la mitad del salario que Su Majestad le manda dar con su oficio de gobernación y ésto que lo sabe este testigo porque él tiene muy buena hacienda y un ingenio y otros vecinos ricos del pueblo que tienen posibilidad según la costa es menester para mantener un caballo se le hace de mal mantenerlo por la costa grande, que es porque el mantenimiento que para ello es menester viene por la mar dos leguas y ésto es público y notorio y por ésto ve y ha visto la gran costa que ha tenido el dicho señor licenciado en lo que dicho tiene.

18   A las diez y ocho preguntas dijo que sabe este testigo que todo el tiempo que ha durado la guerra el dicho señor licenciado Carasa tuvo muy gran cuidado y diligencia en visitar la Fortaleza de esta ciudad porque este testigo iba con él muchas veces y sabe asimismo que la tenía siempre provista de las cosas necesarias para la defensa de ella y que es verdad que hizo hacer la media bola que la pregunta dice muy bien hecho para que no pudiesen batir la puerta de la dicha Fortaleza con artillería desde lejos porque desde cerca, como la pregunta dice, no podían por estar tan bien apercibida en todo y ésto es muy notorio como la pregunta dice.

19   A las diez y nueve preguntas dijo que cosa pública y notoria es *f6* en esta ciudad que después que las guerras se comenzaron, ha valido en esta ciudad todos los mantenimientos

y otras cosas así de vestuario como de otras cosas que son menester para el servicio de una casa a muy grandes y excesivos precios, en tal manera que decían que dentro en el Perú no valían tan caras las cosas como en esta ciudad por donde cree este testigo que el salario que el dicho señor licenciado Carasa tiene no le ha llegado a la mitad del año, por no tener otra hacienda alguna de que poderse sustentar ni valer sino del dicho su salario, y que esto lo sabe este testigo como hombre que tiene muy buena hacienda y sabe los gastos grandes que ha habido y con toda ella no se podía valer como no se podían valer otros vecinos ricos y ésto sabe de esta pregunta.

20   A las veinte preguntas dijo que sabe este testigo que por el tiempo contenido en esta pregunta vino una tormenta en esta ciudad e isla, la cual destruyó las haciendas de los vecinos de ella de tal manera que no se hallaba qué comer y se padecía muy gran trabajo y hambre y sino fuera por la mucha diligencia y cuidado que el dicho señor licenciado Carasa puso en hacer proveer esta ciudad muriera mucha gente de ella; especialmente los que poco podían, porque como buen gobernador y amigo de la república y celoso del servicio de Dios él propio por su persona iba a las estancias y hacía sacar la yuca de que se hace el cazabe debajo de tierra mandando a cada uno conforme a lo que tenía proveyese a la ciudad lo cual hacía con tanto cuidado amor y diligencia que mediante ella se proveyó esta ciudad y vecinos que poco podían para que no pereciesen y asimismo viendo la comida lo alzaban a muy grandes y excesivos precios todo en perjuicio de los pobres mandó poner tasa lo cual puso a dos pesos la carga de casabe, que sino la pusiera valiera a tan crecido precio que no hubiera quien lo pudiera comprar, en especial los que podían poco, y así con esta tasa y con mandar que todo el mantenimiento de casabe y maíz se trajese *f6v* a las casas de Su Majestad, se remedió la gran necesidad, y no pereció nadie porque el señor licenciado lo repartía por su mano de tal manera que todos alcanzaban parte escribiendo las personas que lo llevaban, porque no llevasen dos veces, y con esta buena diligencia y cuidado ser remedio la dicha necesidad y no pereció nadie, lo cual sino hubiera no pudiera dejar de perecer alguna gente pobre por la gran falta y carestía que había en las cosas de mantenimientos y esto es muy público y notorio y lo sabe este testigo como regidor que es de esta ciudad.

21   A las veinte y una pregunta dijo que este testigo tiene por tan hábil y suficiente al dicho señor licenciado Carasa y hombre tan bastante para servir a Su Majestad que no solamente es para gobernar esta isla sino para otros oficios de gobernaciones de muy mayor calidad que está así en tiempo de paz como de guerra y que estando platicando entre él y otros vecinos y extranjeros sobre las cosas del señor licenciado Carasa muchos de ellos y este testigo dijeron que a un hombre de tan buenas y grandes partes como él se espantaban como le dieron tan poco en darle esta gobernación que un reino podía gobernar y que este testigo le tiene por hombre tan buen cristiano y tan amigo del servicio de Dios y de Su Majestad que cualquier cosa de que Su Majestad le hiciese merced de mejorar daría muy buena cuenta de ella como letrado y persona de experiencia que es y esto es notorio y que lo que dicho tiene es la verdad para el juramento que hizo y firmolo de su nombre.   Diego Ramos.

Testigo   El dicho Diego de Cuéllar, vecino de esta ciudad, testigo presentado por el dicho señor gobernador habiendo jurado en forma de derecho y siendo preguntado por el tenor del dicho interrogatorio dijo lo siguiente.

1   A la primera pregunta dijo que este testigo conoce al dicho señor licenciado Carasa, gobernador en esta isla por Su Majestad, desde que vino por gobernador a ella que hará cinco

años por el mes de agosto que vendrá de este año de sesenta.

Generales   Fue preguntado por las preguntas generales de la ley.   Dijo que es de edad de sesenta y cinco años poco más o menos y que no es deudo, *f7* ni apaniaguado del dicho señor licenciado Carasa, ni concurren en él ninguna de las preguntas generales.

2   A la segunda pregunta dijo que sabe que siempre después que el dicho señor licenciado es gobernador de esta isla ha mostrado siempre celoso del servicio de Dios, porque es muy buen cristiano y ha siempre procurado el servicio de Su Majestad y que es hombre muy honesto y recogido y muy moderado en los trajes de su persona y gastos de su casa de tal manera que todos los vecinos tomaban y han tomado ejemplo de él para vivir virtuosamente y ha mostrado en este tiempo haber justicia en esta ciudad, porque ha castigado las personas que mal vivían en ella y los pecados públicos y ésto es público y notorio.

3   A la tercera pregunta dijo que después que el dicho señor licenciado Carasa, es gobernador de esta isla le ha visto gobernar muy bien manteniendo a todos en justicia, lo cual hacía sin tener respeto a nadie y siempre como dicho tiene en la pregunta antes de esta ha procurado el servicio de Su Majestad y el bien público de esta ciudad y aumento de ella como buen juez y gobernador sin tener respeto para dejar de hacer el deber a su propio interés ni otra cosa alguna y que ésto es público y notorio.

4   A la cuarta pregunta dijo que siempre este testigo ha conocido del dicho señor licenciado Carasa, después que es gobernador, que por odio ni amistad ni por otro respeto alguno dejaría de hacer justicia por ser un hombre muy limitado y muy recto en ella y que lo mismo tienen conocido los demás vecinos de esta ciudad, entre los cuales y este testigo se practicaba de cuan recto era en la justicia sin tener respeto a nadie, y que en este tiempo no ha visto ni oído que lo hayan recusado en negocio alguno excepto en los dos negocios tocantes a Su Majestad contenidos en la pregunta y esto es público y notorio en esta ciudad y si otra cosa fuera este testigo lo supiera y no pudiera ser menos por residir a la continua en esta ciudad.

5   A la quinta pregunta dijo que este testigo ha que es vecino de esta ciudad *f7v* cincuenta años, en los cuales ha habido muchos gobernadores en ella y que ha visto que gobernador ninguno tanto hubiese trabajado en la conservación de esta ciudad como el dicho señor licenciado Carasa, así en el pertrecharla como en procurar el aumento de ella, y esto que lo sabe este testigo porque lo ha visto y tiene noticia de lo que los gobernadores pasados hicieron por haber sido teniente de ellos y alcalde ordinario muchas veces, y que esto sabe de esta pregunta y es notorio.

6   A la sexta pregunta dijo que es verdad que cuando vino el dicho señor licenciado Carasa a gobernar esta isla había en esta ciudad muchos bandos en ella y andaba muy alborotada y como vino y supo los bandos que había comenzó luego con muy buen celo y con industria y maña que en ello tubo a apaciguar los vecinos y de tal manera se apaciguaron que hasta hoy día está la ciudad pacífica y puesta en toda paz y tranquilidad sin que de ello resultase ningún castigo notable, en lo cual sabe este testigo que el dicho señor licenciado Carasa hizo gran servicio a Dios, Nuestro Señor, y a Su Majestad y que todo el tiempo que ha que es gobernador la ha gobernado en paz y quietud, y hoy día lo está y ésto es público y notorio.

7   A la séptima pregunta dijo que sabe que todo el tiempo que el dicho señor licenciado

Carasa ha gobernado esta isla siempre ha habido guerras con Francia y ha visto que siempre los vecinos han estado en armas para la defensa de esta ciudad y en hacer que hubiese cuidado en todo el dicho señor licenciado veía que andaba de día y de noche trabajando y poniendo ánimo a todos y que ésto es muy público y notorio.

8   A la octava pregunta dijo que sabe la pregunta como en ella se declara porque este testigo vio hacer el dicho lienzo de cerca en la parte y lugar que la pregunta dice y al presente está hecho de la forma y manera que en ella se declara y sabe este testigo que en hacerlo el dicho señor licenciado Carasa pasó mucho trabajo, porque en todo el día no se quitaba de la obra y del Sol y del trabajo que en hacerlo pasó estuvo muy malo y a punto de muerte él y dos criados suyos que andaban en la dicha obra tanto que decían los vecinos que del puro trabajo que en la dicha obra habían pasado se habían de morir y que ésto es muy público y notorio.

f8

9   A la novena pregunta dijo que sabe que por la causa contenida en la pregunta el dicho señor licenciado Carasa hizo hacer el Morro, que la pregunta dice abajo de él que estaba hecho primero, el cual se hizo junto a la lengua de la agua en cabo muy importante para poder ofender a los enemigos muy a placer y que está tan bueno que todos dicen ser muy provechosa fuerza para la guarda de esta ciudad, el cual se hizo por industria y mandado del dicho señor gobernador y ésto es público y notorio.

10   A la décima pregunta dijo que sabe la pregunta como en ella se contiene porque así lo ha visto como en ella se declara y que la dicha fuerza está hecha en conveniente lugar para la defensa de esta ciudad por ser playa donde con bonanza puede echar gente en aquel sitio y para defenderles la saltada en tierra hizo el dicho señor licenciado Carasa la dicha fuerza con los dichos tiros y ésto es público y notorio.

11   A las once preguntas dijo que sabe que se hizo la dicha fuerza a la entrada de la puente de esta ciudad, de la forma que la pregunta dice, para la defensa de aquella entrada todo por industria del dicho señor gobernador y con andar siempre él en persona en ello y esto es público y notorio y este testigo lo ha visto y ve cada día.

12   A las doce preguntas dijo que lo sabe porque así lo vio hacer, como la pregunta dice, y hoy día está hecho y es público y notorio.

13   A las trece preguntas dijo que es verdad que para que la gente de a caballo pudiese andar y acudir a la playa secretamente sin que los viesen los enemigos, el dicho señor licenciado Carasa hizo abrir caminos por partes convenientes para que pudiese colar la gente de a caballo y para ello hizo quebrar los peñones, que la pregunta dice, y este testigo ha[319] ido y venido por los dichos caminos muchas veces como hombre de a caballo, todo lo cual se hizo por industria del dicho señor licenciado Carasa y andando él en persona haciéndolos abrir y ésto es público y notorio.

14   A las catorce preguntas dijo que sabe y es notorio que todas las dichas obras que el dicho señor licenciado Carasa ha hecho en esta ciudad, que son las contenidas en las preguntas antes de esta, son[320] *f8v* muy provechosas y necesarias para guarda y defensa de esta ciudad, las cuales sabe este testigo que se hicieron a muy poca costa y que el hacerlas no costó cosa alguna a la Real Hacienda de Su Majestad, sino con algunos peones que dieron los

---

[319]   Tachadura: do
[320]   Al fondo lee: Va testado /do.

vecinos para ellas a ruego del dicho señor gobernador que como le veían andar en persona en ellas y trabajan en hacerlas, todos holgaban de darle peones para las dichas obras y con que los días de fiestas y domingos hacía recoger los negros que había en esta ciudad y los llevaba a trabajar, con licencia del señor obispo de esta isla, y que esto es público y notorio en esta ciudad.

15   A las quince preguntas dijo que este testigo a él le tiene por cierto que la causa porque los franceses no han tomado y saqueado esta ciudad ni entrado en ella ha sido porque tenían noticia que estaba muy bien pertrechada y apercibida en todo para se defender y ofender y que este testigo ha oído decir a personas que los habían tomado franceses que los dichos franceses no osaban entrar en este puerto por causa que tenía muchas fuerzas y que la gente de él estaban bien apercibida y que ésto se platicaba por cosa notoria.

16   A la diez y seis preguntas dijo que este testigo sabe y es público y notorio en esta ciudad que después que se comenzaron las guerras con Francia, el dicho señor licenciado Carasa ha tenido muy gran cuidado y diligencia en la guarda de esta ciudad, velando por su persona y visitando las velas y centinelas que estaban puestas en los lugares convenientes para dar aviso, y veía este testigo y otros vecinos del pueblo que ponía tanto trabajo y cuidado en ello que se espantaba cómo lo podía soportar y que en todos los rebates que había siempre salía en la delantera animando a los vecinos de día y de noche como buen juez y gobernador y celoso del servicio de Su Majestad, y aunque estaba enfermo dejaba de salir sin cometer el negocio de la guerra a otra persona alguna y que a trabajado tanto en todo que este testigo no lo puede encarecer con palabras porque es mucho más de lo que puede decir y es notorio lo que dicho tiene.

17   A las diez y siete preguntas dijo que así como la pregunta lo dice lo ha visto este testigo a la continua mientras duraban las guerras tener dos caballos de caballeriza muy buenos para *f9* cosa de afrenta y para requerir las velas y centinelas las tenía otros dos notables y en esto a tenido muy gran costa y gasto porque en esta ciudad es mucha costa mantener un caballo que al más rico de ella se le hace de mal porque el mantenimiento que para ellos es menester viene por mar dos leguas y hay muy gran trabajo en traer al dicho mantenimiento y mucha costa y ésto lo sabe este testigo como vecino antiguo que es de esta ciudad y porque es notorio en ella.

18   A las diez y ocho preguntas dijo que lo sabe este testigo como la pregunta dice y declara porque así lo vio en todo el tiempo que las guerras han durado y que ha visto y vio cómo hizo el dicho señor gobernador hacer la media bola que la pregunta dice para la defensa de la Fortaleza y está tan buena y tan provechosa que fue cosa muy necesaria hacerse para que no pudiese batir con artillería de lejos las puertas de ella y que ésto es notorio y la verdad.

19   A las diez y nueve preguntas dijo que sabe la pregunta como en ella se contiene porque después que este testigo vive en esta ciudad que a los cincuenta y un años que dichos tiene no ha visto tan caros los mantenimientos y cosas de vestir como en éstos que ha habido guerras porque valía todo tan caro que los muy ricos no se podían sustentar sin mucho trabajo por donde a cree este testigo que como el dicho señor licenciado Carasa no tenía otra hacienda más que el salario que tenía con el oficio no le llegaría a la mitad del año por valer todo tan caro como dicho tiene que había fama que en todas las Indias no había parte donde más caro valiese todo que en esta ciudad y la causa de ello era las guerras y también los pocos navíos que a ella venían y que ésto que dicho tiene es muy público y notorio.

20   A las veinte preguntas dijo que sabe que por el tiempo contenido en la pregunta vino una tormenta en esta isla con la cual se destruyeron las haciendas de los vecinos de esta

ciudad de tal manera que no había mantenimientos en ella ni se podían hallar por ningún dinero y como el dicho señor licenciado Carasa vio la gran necesidad que había él propio en persona fue *f9v* a las estancias y mandó que todas las personas a quien les había quedado alguna comida de cazabí la sacasen e hiciesen y lo trajesen a la ciudad para el proveimiento de ella repartiendo a cada uno según lo que tenía y puso en ello tanta diligencia que si no fuera por él hubiera muy gran trabajo y pereciera alguna gente de la que poco podía y todo el mantenimiento de cazabí y maíz que venía a esta ciudad lo hacía poner en las casas de Su Majestad y allí el dicho señor licenciado lo repartía por su persona por la orden que la pregunta dice lo cual sino pusiera según la falta que había de todo se alzara a muy excesivos precios que los que poco podían no lo pudieran comprar y en esto se mostró tan buen cristiano y tan amigo de la república que todos se espantaban del cuidado que ponía en proveer esta ciudad y esto es público y notorio.

21   A las veinte y una preguntas dijo que este testigo tiene al dicho señor licenciado Carasa por tan hábil y suficiente y tan buen letrado que le parece según su habilidad y suerte y manera que tiene de gobernar que es muy poca cosa esta isla para lo cual merece y según las grandes partes que tiene merece que Su Majestad le mejore en otras cosas de más calidad, porque tiene habilidad para le servir en todo tiempo y que esto que lo sabe este testigo porque como vecino antiguo que es tiene experiencia de cosas y conoce que el dicho señor licenciado lo que dicho tiene lo cual todo es la verdad para el juramento que hizo y firmolo de su nombre.   Diego de Cuéllar.

Testigo   El dicho Cristóbal de Sanabria, vecino de esta ciudad, testigo presentado por el dicho señor licenciado Carasa, habiendo jurado en forma de derecho y siendo preguntado por el tenor del dicho interrogatorio, dijo lo siguiente.

1   A la primera pregunta dijo que conoce al dicho señor licenciado Carasa desde que es gobernador en esta ciudad e isla.

Generales   Fue preguntado por las preguntas generales de la ley.   Dijo que es de edad de sesenta y cinco años y que no es deudo, ni[321] *f10* pariente, ni paniaguado del dicho señor licenciado, ni concurren en él ninguna de las preguntas generales.

2   A la segunda pregunta dijo que sabe la pregunta en ella se contiene y porque siempre después que es gobernador en esta isla le ha visto siempre muy celoso del servicio de Dios y de Su Majestad como buen cristiano y buen juez y que le conoce por hombre muy honesto y recogido y en sus trajes de su persona y casa le ha visto vivir como hombre tan honrado que por su ejemplo ninguno dejara de vivir muy virtuosamente y que siempre han conocido haber justicia en esta ciudad porque al presente ha hecho justicia castigando los hombres de mal vivir y los pecados públicos y que ésto es muy público y notorio.

3   A la tercera pregunta dijo que dice lo que dicho tiene en la pregunta antes de esta y que siempre le ha visto al dicho señor licenciado Carasa procurar el servicio de Su Majestad y el bien público de esta ciudad sin tener respeto a cosa alguna para dejar de hacer lo que dicho tiene.

4   A la cuarta pregunta dijo que este testigo tiene al dicho señor licenciado Carasa por

---

[321]   Al fondo lee: Va enmendado /según/ de/

hombre muy recto de tal manera que se a tenido entendido de él que por amistad ni odio no dejaría de hacer justicia y que ésto es público y notorio y que en lo de la recusación ha oído decir que no ha sido recusado más que en los dos negocios contenidos en la pregunta.

5 A la quinta pregunta dijo que este testigo aquí es vecino de esta ciudad veinte años y que en este tiempo no ha visto ningún gobernador en ella que tan bien hubiese o gobernado esta tierra como el dicho señor licenciado Carasa así en procurar la conservación de los vecinos como en lo demás que dice la pregunta y en esto ha trabajado mucho que todos decían y dicen que no ha venido gobernador a la isla que tan bien lo haya hecho y que esto lo sabe este testigo porque a la continua reside en esta ciudad y tiene noticia de lo que ha hecho y de lo que hicieron los gobernadores sus antecesores y ésto que dicho tiene es público y notorio.

f10v

6 A la sexta pregunta dijo que sabe y es público y notorio que cuando el dicho señor licenciado Carasa vino por gobernador a esta ciudad e isla esta ciudad estaba toda revuelta y había muchas diferencias entre los vecinos y todos los demás estaban con bandos y como llegó el dicho señor licenciado Carasa y supo los negocios puso paz entre todos de tal manera que todos holgaron de ser amigos, lo cual hizo con muy buena industria que tuvo para ello en lo cual se mostró muy buen cristiano como lo es, y muy celoso de su servicio y de Su Majestad y amigo del bien público y hasta ahora lo ha tenido en paz y quietud y ésto es público y notorio en esta ciudad.

7 A la séptima pregunta dijo que público y notorio es lo contenido en la pregunta y por esto lo sabe como hombre que siempre como dicho tiene reside en esta ciudad y que todo el tiempo que han durado las guerras ha visto este testigo que el dicho señor licenciado Carasa ha trabajado mucho animando a la gente y viendo su buen ánimo todos holgaban de estar puestos a punto de guerra como lo estaban para defender la tierra de los enemigos y ésto es público como dicho tiene.

8 A la octava pregunta dijo que sabe que el dicho señor licenciado Carasa hizo el lienzo de cerca en la parte y lugar y de la forma y manera que la pregunta dice porque lo vio hacer y lo ve hasta ahora y que en lo hacer pasó tanto trabajo el dicho señor licenciado que de ello él y dos criados suyos que a la continua andaban en la obra cayeron malos y estuvieron a punto de muerte y todos decían esta obra han muerto al señor gobernador y ésto es público y notorio.

9 A la novena pregunta dijo que sabe que el dicho señor licenciado Carasa hizo el Morro que la pregunta dice y que según todos dicen fue cosa muy conveniente y necesaria hacerse porque no puede entrar navío ninguno que de allí no le echen a fondo y ésto es público y notorio.

10 A la décima pregunta dijo que es verdad lo contenido en la pregunta porque así vio que se hizo el dicho baluarte en la parte y lugar y de la forma y manera que en ella se declara y hoy día está hecho[322] *f11* y es cosa muy necesaria para la defensa de esta ciudad según todos dicen.

11 A las once preguntas dijo que así es verdad y público y notorio lo que la pregunta dice y que es cosa muy importante la dicha fuerza según todos dicen.

12 A las doce preguntas dijo que es verdad lo contenido en la pregunta porque así lo ha

---

[322] Al fondo lee: Va testado / de

visto y es notorio.

13   A las trece preguntas dijo que es verdad lo contenido en la pregunta y así es notorio.

14   A las catorce preguntas dijo que todas las dichas obras de suso declaradas que el dicho señor licenciado ha hecho en esta ciudad han sido y son muy necesarias e importantes para la defensa de esta ciudad porque estando pertrechada como ha estado y está después que el dicho señor licenciado Carasa vino todos estaban con ánimo de la defender viendo las fuerzas que en ella había y que ha oído decir y así es público y notorio que todas las dichas obras no han costado cosa alguna a la Real Hacienda de Su Majestad sino con algunos peones que los vecinos dieron para ello y con andar el dicho señor licenciado siempre en persona en ellas con dos criados suyos y con que los días de fiesta hacía recoger los negros que había en esta ciudad y los hacía ir a las obras todo con licencia del señor obispo de esta isla y ésto es notorio.

15   A las quince preguntas dijo que este testigo cree y tiene por cierto que si los franceses no han entrado en el puerto de esta ciudad para tomarla como han hecho otras ciudades que están marítimas en estas Indias ha sido porque tenían noticia los franceses de que estaba bien pertrechada y apercibida para defenderla y para ofender a los enemigos y que esto lo cree este testigo porque tres navíos de franceses estuvieron sobre el puerto de esta ciudad para entrar en ella y así creyó todo el pueblo que entraron y estuvieron amainados y que no se cataron dieron vela y se fueron los cuales fueron los que tomaron a Honduras y de los que allí tomaron se supo en esta ciudad como cuando estaban amainados sobre el puerto estaban tomando acuerdo si entrarían o no y que la causa *f11v* porque no habían entrado era porque Puerto Rico tenía muchas fuerzas y ésto es público y notorio.

16[323]   A las diez y seis preguntas dijo que sabe este testigo que todo el tiempo que duró la guerra siempre el dicho señor licenciado Carasa ha tenido muy gran cuidado y diligencia en guardarla y defenderla de los enemigos andando siempre en los rebates que se ofrecían animando a la gente y visitando las velas y centinelas que estaban velando y todos los vecinos se espantaban del servir que en todo traía del dicho señor licenciado Carasa y como podía sufrir andar de día y de noche porque era mucho el trabajo que ponía en todo diligencia y ésto es público y notorio.

17   A las diez y siete preguntas dijo que sabe que el dicho señor licenciado todo el tiempo que ha durado la guerra ha tenido a la continua dos caballos de caballeriza en esta ciudad muy buenos para afrenta y otros dos tenía para andar la ronda de noche y visitar las velas y que sabe que en esto ha tenido mucha costa porque en esta ciudad es muy gran trabajo y costa mantener un caballo cuánto más cuatro como tenía el dicho señor licenciado Carasa porque él por venir los mantenimientos dos leguas por mar y ésto es muy público y notorio.

18   A las diez y ocho preguntas dijo que el dicho señor licenciado Carasa siempre tenía cuidado en visitar la Fortaleza de esta ciudad y siempre hacía que estuviese fortalecida de las cosas necesarias y que sabe que hizo hacer la media bola que la pregunta dice en la parte y lugar que en ella se declara para que de lejos no la pudiesen batir.

19   A las diez y nueve preguntas dijo que sabe y es cosa notoria que después que las fuerzas se comenzaron hasta hoy día ha visto que en esta ciudad han valido los mantenimientos y vestuarios y otras cosas a muy grandes y excesivos precios de tal manera que los vecinos no se podía sustentar sino con gran trabajo aunque *f12* fuesen ricos porque dentro en el Perú no valían tan caro todo como en esta ciudad lo uno por las guerras y lo otro

---

[323]   Lee XVI.

por no venir navíos sino de tarde y esto es cosa pública y notoria de donde cree que el dicho señor licenciado Carasa no tenía harto para sustentar la mitad del año con el salario que Su Majestad le manda dar por ser grandes las costas y valer tan caro todo y no tener otra hacienda de que se ayudar sino era del dicho su salario.

20 A las veinte preguntas dijo que a causa de la tormenta que vino a esta isla quedaron destruidas insoladas todas las haciendas de los vecinos de esta ciudad de tal manera que no se hallaba bocado de cazabí ni maíz y se padecía grandísima hambre en especial por los pobres y que poco podían y el dicho señor licenciado Carasa vista esta tan gran necesidad proveyó con diligencia que todos los vecinos que les había dejado la tormenta alguna yuca la hiciesen sacar debajo de tierra e hiciesen cazabí y lo trajesen a esta ciudad y él propio iba a las estancias para verlo que cada uno tenía y hacía venir el cazabí a la ciudad y meterlo en las casas de Su Majestad y el propio por su persona lo repartía por los vecinos pobres asentando a cada uno lo que le daban porque no llevasen dos veces y también proveyó que no pudiesen vender cada carga de cazabí más que a dos pesos la carga y en todo trabajaba como buen juez y gobernador de Su Majestad y proveía con diligencia a tan gran hambre como había como celoso del servicio de Dios y buen cristiano y amigo de la república y ésto es público y notorio.

21 A las veinte y una preguntas dijo que este testigo tiene por tan hábil y suficiente al dicho señor licenciado Carasa que no solamente es para gobernar esta isla pero un reino podía gobernador según las grandes partes que tiene y que si Su Majestad le mejorase en hacerle merced de proveerle a otras gobernaciones es hombre que serviría muy bien a Su Majestad en ellas y de quien podría bien confiarlas por ser la persona que es y que lo que dicho tiene es la verdad y público y notorio y pública voz y fama para el juramento que hizo y firmolo de su nombre.   Cristóbal de Sanabria.

f12v

Testigo   A el dicho Baltasar Esteban, vecino y artillero del Morro de esta ciudad, testigo presentado por el dicho señor licenciado Carasa, habiendo jurado en forma de derecho y siendo preguntado por el tenor del dicho interrogatorio, dijo lo siguiente.

1   A la primera pregunta dijo que conoce al dicho señor licenciado Carasa desde que vino a esta isla por gobernador que puede haber cinco años, poco más o menos.

Generales   Fue preguntado por las preguntas de la ley.   Dijo que es de edad de cuarenta y cinco años, poco más o menos, y que no es deudo, ni paniaguado del dicho señor licenciado, ni concurren en él ninguna de las preguntas generales.

2   A la segunda pregunta dijo que todo el tiempo que ha conocido por gobernador en esta isla al dicho señor licenciado Carasa le ha visto siempre celoso del servicio de Dios, Nuestro Señor, porque él es muy buen cristiano y como tal procuraba de mantener a todos en justicia, de tal manera que conocía bien en esta ciudad haberla por castigar como ha castigado los que mal han vivido y viven y los pecados públicos, y que sabe que ha vivido muy honesta y recogidamente y en toda moderación así en los trajes de su persona como en los gastos de su casa, de tal manera que todos tomaban ejemplo en él para vivir virtuosamente y esto que lo sabe este testigo como vecino que es de esta ciudad y por lo que ha oído platicar acerca de su buena gobernación y buen vivir lo cual es notorio.

3   A la tercera pregunta dijo que dice lo que dicho tiene en la pregunta antes de esta y que siempre le ha visto al dicho señor licenciado procurar el bien y pro común de esta ciudad y aumento de los vecinos de ella, porque así lo ha visto y es público y notorio en ella.

4   A la cuarta pregunta dijo que todo el tiempo que el dicho señor licenciado ha gobernado esta isla ha sido muy buen juez y recto en la justicia de tal manera que todos los del pueblo y extranjeros se espantaban como guardaba la justicia a todos igualmente, porque lo veía este testigo platicar y como juez recto en todo nunca ha visto ni oído decir que le hubiesen recusado en negocio alguno, si no es en los contenidos *f13* en la pregunta, y esto lo hicieron porque siempre ha conocido del dicho señor licenciado, que en las cosas que tocaban a la Real Hacienda había de procurar de mirar por ella y aumentarla con justicia y de esta causa lo recusaron y este testigo tuvo a su cargo las piezas de negros que se sacaron al dicho Alonso Pérez Martel para hacer pago a Su Majestad y ésto es público y notorio.

5   A la quinta pregunta dijo que este testigo ha que es vecino de esta ciudad diez y seis años en el cual tiempo ha habido en ella gobernadores y nunca ninguno ha habido que con tanto cuidado y diligencia hiciese ni trabajase tanto en las cosas que tocasen a la conservación de esta ciudad, así en la gobernar con justicia como en la pertrechar y defender de los enemigos, y que ésto que lo sabe como vecino que es y artillero del Morro de esta ciudad y como notoria.

6   A la sexta pregunta dijo que sabe y es público y notorio que al tiempo que el dicho señor gobernador vino a gobernar esta ciudad e isla estaba esta ciudad muy revuelta y repartida en bandos, de tal manera que sino viniera tan presto el dicho señor licenciado Carasa se perdiera y con su venida con su buena industria y maña, que para ello tuvo, y con dar a conocer que había justicia en la tierra la apaciguó y puso en quietud sin que en ello hubiese castigo notable y hoy día está en toda paz y tranquilidad y a donde quiera que el gobernare no la dejará de haber por ser tan buen cristiano y tan recto juez en todo y ésto es muy público y notorio.

7   A la séptima pregunta dijo que sabe la pregunta como en ella se declara, porque este testigo sabe que después que vino el dicho señor gobernador hasta ahora que vino nueva de las paces ha habido guerras con Francia y todo este tiempo sabe y ha visto en esta ciudad y vecinos de ella han estado puestos en armas y a punto de guerra para en lo que se ofreciese animándolos a todos el dicho señor licenciado y andando de noche y de día cuando se ofrecía rebato en las partes y lugares donde era necesario proveer alguna necesidad y esto que lo sabe este testigo, como artillero que es del Morro, y lo veía como dicho tiene y es público y notorio.

8   A la octava pregunta dijo que sabe que el dicho señor licenciado hizo el dicho licenciado de cerca en la parte y lugar y de la forma y manera que la *f13v* pregunta dice, porque este testigo lo vio hacer al dicho señor licenciado y puso en lo hacer tanto trabajo cuidado y diligencia, que como se dijo en esta ciudad que venían de Francia para esta ciudad diez galeones a tomarla y destruirlo, que como era el principal desembarcadero allí el dicho señor licenciado se dio tanta prisa a lo hacer que del puro trabajo que allí pasó él y dos criados suyos estuvieron muy malos y a punto de muerte y todos decían esta obra ha de enterrar al señor gobernador y quedó tan buena y tan bien hecha la dicha fuerza que es cosa muy importante para la defensa de esta ciudad y que lo sabe este testigo, como artillero que es, y como persona que lo ha visto y ve cada día.

9   A la novena pregunta dijo que es cosa cierta y notoria que el señor licenciado Carasa hizo hacer el Morro que la pregunta dice en la parte que en ella se declara, porque este testigo

es artillero de él, y está tan bueno y en tan conveniente lugar que no puede pasar nao que no la eche a fondo por estar como está junto a la lengua del agua lo cual no podían hacer de el que antes estaba hecho y esto es cosa pública y notoria.

10   A la décima pregunta dijo que es verdad que en la parte y lugar que la pregunta dice, hizo el señor licenciado otro baluarte de la suerte y manera que la pregunta lo declara, porque en tiempo de bonanza pueden los enemigos venir a echar gente por allí y por esta causa se hizo la dicha defensa, que es muy útil y provechosa e importante lo cual es cosa notoria.

11   A la once pregunta dijo que la sabe porque este testigo se halló presente algunas veces cuando se hacía y está hecha la dicha fuerza y casa en la parte y lugar que la pregunta dice y es cosa muy conveniente para defender aquella entrada de los enemigos todo lo cual se ha hecho con industria del señor gobernador, porque en pertrechar la ciudad andaba con tanto cuidado y diligencia que no pensaba en otra cosa sino por donde podrían hacer daño los enemigos para proveer allí con diligencia de fuerza y reparo y que ésto lo sabe, como artillero, y que algunas veces andaba con él y es público y notorio.

12   A las doce preguntas dijo que lo sabe porque así lo vio como *f14* la pregunta dice y hoy día hechos los dichos bastiones[324] para el efecto que la pregunta dice lo cual es notorio.

13   A las trece preguntas dijo que sabe la pregunta, como en ella se declara, porque este testigo vio abrir los caminos que la pregunta dice por mandado del dicho señor licenciado y este testigo ha oído y venido por ellos muchas veces y que sabe que para los abrir fue necesario romper los peñones que la pregunta dice, por los cuales los vean hasta salir a la playa y fue cosa bien necesaria para que la gente de caballo pudiese andar lo cual no podía hacer antes con el arcabuco grande que había y ésto es cosa notoria y pública.

14   A las catorce preguntas dijo que sabe que es público y notorio que todas las dichas obras que el dicho señor licenciado ha hecho en esta ciudad han sido muy necesarias e importantes para la defensa de ella, las cuales se han hecho sin haber costado a la Real Hacienda de Su Majestad cosa alguna, sino con algunos peones, que daban algunos vecinos a ruego e instancia del dicho señor gobernador.   Y con el mucho cuidado y diligencia que traía en las dichas obras y en hacer recoger los días de domingos y fiestas los negros y llevarlos a las dichas obras con licencia del señor obispo de esta isla y ésto es muy público y notorio.

15   A las quince preguntas dijo que la causa porque en esta ciudad no entraron franceses a tomarla y saquearla como en otras ciudades que están marítimas en estas Indias que han tomado, ha sido por tener noticia los dichos franceses de que esta ciudad estaba a mucho recaudo y bien pertrechada y apercibida para defenderse y ofender a los enemigos, porque esta ciudad es el primero recuentro de los franceses y que este testigo ha oído decir a personas que los han tomado franceses, que estando platicando los dichos franceses sobre el entrar en Puerto Rico no era bien entrar porque había muchas fuerzas y estaba apercibida y ésto lo oyó este testigo en esta ciudad a personas que los habían tomado franceses y así es notorio en esta ciudad.

16   A las diez y seis preguntas dijo que sabe que todo el tiempo que duró la guerra siempre el dicho señor licenciado Carasa ha tenido muy gran cuidado y diligencia en la guarda de esta ciudad velando por su persona *f14v* visitando las velas y centinelas donde estaban puestas y en esto ponía tanto trabajo y diligencia que este testigo estaba espantado, porque muchas noches estando este testigo en el Morro, como artillero que es de él, veía que

---

[324] Lee bestiones.

dejaba el dicho señor licenciado Carasa el caballo y bajaba a pie secretamente al dicho Morro para visitar las dichas velas y a este testigo también y como lo veían se maravillaban como iba a pie y en ésto y en lo que tocaba a lo demás de la guerra lo hacía con tanto cuidado que todos se espantaban y ésto es público y notorio.

17 A las diez y siete preguntas dijo que siempre que han durado las guerras ha visto tener al dicho señor licenciado a la continua dos caballos de caballeriza muy buenos para afrenta y otros dos para velar de noche, en lo cual ha tenido muy gran costa y gasto y a gastado mucha parte de su salario, porque en esta ciudad es muy gran costa mantener un caballo, que el más rico no lo puede sufrir por estar muy lejos de donde traen el mantenimiento para ellos por mar, y ésto es público y notorio.

18 A las diez y ocho preguntas dijo que lo sabe porque este testigo veía al dicho señor licenciado visitar la dicha Fortaleza y este testigo iba con el muchas veces lo cual sabe que siempre estaba bien provista[325] de las cosas necesarias para el efecto que la pregunta dice y ésto es notorio.

19 A las diez y nueve preguntas dijo que sabe que mientras han durado las guerras y hasta hoy día han valido las cosas de mantenimientos y vestuarios y otras cosas a muy crecidos precios de tal manera que en ninguna parte de las Indias valía tan caro todo como en esta ciudad y de esta causa y con la mucha costa de caballos, que el dicho señor licenciado tenía para lo tocante a la guerra, ha gastado mucho que cree este testigo que no le ha llegado a la mitad del año el salario para lo que dicho tiene.

20 A las veinte preguntas dijo que sabe que vino la tormenta, que la pregunta dice, de que destruyó las haciendas de los vecinos de esta ciudad, de tal manera que no había bocado de cazabí y maíz, de que los vecinos padecían mucho trabajo y hambre, y sino fuera por el mucho cuidado y diligencia que tuvo el dicho señor licenciado en proveer que todos los vecinos, a quien les había quedado alguna yuca lo hiciesen cazabí y lo hiciesen traer a la ciudad lo cual hacía poner en las casas de Su Majestad, y él propio lo repartía por su persona y para que llevase ninguno dos veces lo hacía escribir quien lo llevaba y si esto no hiciera y pusiera *f15* tanta diligencia en proveer de esta manera la ciudad pereciera mucha gente de hambre, en especial los pobres y que poco podían, y también proveyó que no pudiesen vender la carga de cazabí más que dos pesos y si no pusiera esta tasa valiera a más de cinco pesos, en lo cual todo proveyó como buen cristiano y amigo de la república y ésto es muy público y notorio.

21 A las veinte y una preguntas dijo que este testigo tiene al dicho señor licenciado Carasa por hombre muy hábil y suficiente para servir a Su Majestad en otras mayores gobernaciones que ésta, porque es hombre que así, en tiempo de paz como de guerra, haría lo que buen juez y gobernador debía hacer con celo del servicio de Su Majestad y que platicando entre este testigo y otros vecinos se decía que merecía ser gobernador de un reino, por ser la persona que es, y que lo que dicho tiene, es la verdad y público y notorio y pública voz y fama para el juramento que hizo y firmolo de su nombre.   Baltasar Estéban.

Testigo   El dicho Juan Ruíz de Arango, vecino de esta ciudad, testigo presentado por el dicho señor licenciado Carasa desde que vino por gobernador a esta isla, que puede haber cinco años, poco más o menos.

---

[325] Lee proveida.

1   A la primera pregunta, dijo que conoce al dicho señor gobernador, licenciado Carasa, desde[326] que vino por gobernador a esta isla, que puede haber cinco años, poco más o menos.

Generales   Que preguntado por las preguntas generales de la ley. Dijo que es de edad de setenta años, poco más o menos, y que no es deudo, ni apaniaguado del dicho señor licenciado Carasa, ni concurren en él ninguna de las preguntas generales.

2   A la segunda pregunta dijo que después que el dicho señor licenciado gobierna esta isla, le ha visto siempre procurar el servicio de Dios y de Su Majestad y que sabe que es persona muy honesta y recogida y muy moderado en el traer de su persona y gastos de su casa, de tal manera que viéndole a él vivir los vecinos de esta ciudad tomaban ejemplo para vivir virtuosamente y también conocían haber justicia, porque a los que mal vivían los castigaban y también los pecados públicos y ésto es público y notorio.
3   A la tercera pregunta dijo que dice, lo que dicho tiene en la pregunta antes de esta, y que siempre le ha visto al dicho señor licenciado procurar el bien público de esta ciudad y aumento de ella y que ésto es público y notorio.

f15v

4   A la cuarta pregunta dijo que este testigo a conocido del dicho señor licenciado Carasa y asimismo lo tienen conocido otros vecinos según lo que a oído platicar que por ningún odio ni amistad ni por otro respecto ni causa alguno no dejará de hacer justicia en todos los negocios que ante el pudiesen, por tenerle por hombre muy recto en la justicia y limitado en ella, porque es muy buen cristiano y temoroso de Dios y que por ser tal, como dicho tiene, no ha visto ni oído decir que hubiesen recusado al dicho señor licenciado, sino es en los dos negocios que la pregunta dice y ésto es cosa pública y notoria.
5   A la quinta pregunta dijo que este testigo a que es vecino de esta ciudad cuarenta y ocho años y en este tiempo ha habido en esta isla muchos gobernadores, pero no ha conocido ninguno que tanto hubiese trabajado en las cosas que tocaban al servicio de Su Majestad y en la conservación y aumento de esta ciudad, como el dicho señor licenciado, así en procurar por la Real Hacienda, como en pertrechar y defender esta ciudad, y esto lo ha hecho con tanta diligencia y cuidado que todos se espantaban de ver el cuidado que siempre tenía y ésto es público y notorio.
6   A la sexta pregunta dijo que sabe y es notorio que cuando el dicho señor licenciado Carasa vino a esta isla a gobernar estaba esta ciudad muy revuelta y en bandos y tan desasosegados los vecinos que se padecía mucho trabajo y como vino el dicho señor licenciado lo apaciguó y se dio tan buena maña en conformar los vecinos que en pocos días estuvieron todos amigos y se conoció haber justicia en esta ciudad, de cuya causa todos holgaron de ser amigos unos de otros y a todos los apaciguó sin hacerle castigo notable en ello y hasta hoy día está la ciudad en paz y tranquilidad y quietud, lo cual no estuviera sino acertara a venir el dicho señor licenciado Carasa por gobernador y ésto es público y notorio.
7   A la séptima pregunta dijo que es público y notorio que después que vino el dicho señor licenciado Carasa a esta isla, hasta que vino nueva de las paces ha habido guerra con

---

[326] Lee dende.

Francia, y siempre ha estado esta ciudad en armas y puesta a punto de guerra y el dicho señor licenciado ha estado siempre con muy gran cuidado en que estuviese muy apercibida en todo y ésto es pública voz y fama.

8   A la octava pregunta dijo que lo sabe porque lo vio hacer en la parte y lugar que la pregunta dice y que el dicho señor licenciado trabajó *f16* tanto en la hacer con dos criados suyos que estuvo muy malo y a punto de muerte y todos decían que del trabajo que había pasado en hacer aquella obra se había de morir según estaba y ésto es cosa pública y notoria.

9   A la novena pregunta dijo que sabe la pregunta porque vio que el dicho señor licenciado hizo el Morro en la parte y lugar y de la forma y manera que la pregunta declara, porque lo vio hacer y lo ha visto hecho y es notorio ser cosa muy importante para la defensa de esta ciudad.

10   A la décima pregunta dijo que sabe que en la parte y lugar que la pregunta dice hizo hacer el dicho señor licenciado Carasa el baluarte de tapia en la parte y lugar y de la forma y manera que la pregunta dice, como dicho tiene, y ésto es público y notorio.

11   A las once preguntas dijo que la sabe porque así lo vio hacer y lo ve ahora hecho en la parte y lugar y de la forma y manera que la pregunta dice y es público y notorio.

12   A las doce preguntas dijo que es verdad lo contenido en la pregunta porque este testigo vio hacer los dichos bastiones[327] en la parte y lugar y de la forma y manera que la pregunta dice y así es cosa pública y notoria.

13   A las trece preguntas dijo que la sabe porque este testigo vio abrir los dichos caminos se han dado por ellos y para los abrir se rompieron las piedras y peñones que la pregunta dice y con esto andaban muy bien la gente de caballo y fue cosa muy necesaria para las cosas de la guerra y ésto es cosa pública y notoria.

14   A las catorce preguntas dijo que sabe este testigo que todas las dichas obras que dichas tiene en las preguntas antes de esta que el dicho señor licenciado Carasa ha hecho todas han sido muy provechosas e importantes para la defensa de esta ciudad y fue necesario hacerse y con estar hechas la gente tenía ánimo para aguardar los enemigos y todas ellas se hicieron sin costar cosa alguna a la Real Hacienda, sino con algunos peones que los vecinos dieron a ruego del dicho señor gobernador, y este testigo dio para ello algunos peones y con esto y con la mucha diligencia y cuidado que siempre el dicho señor licenciado Carasa tenía en ello y andar sobre las obras *f16v* y con que los días de fiesta hacía recoger los negros que había en esta ciudad para las obras se hicieron y acabaron perfectamente y ésto es muy público y notorio.

15   A las quince preguntas dijo que este testigo cree y tiene por cierto que si los franceses no entraron a tomar esta ciudad fue porque estaba bien fortalecida y pertrechada y tenían miedo de ser ofendidos porque si no tuvieran ellos entendido esto, no hubieran dejado de entrar a destruirla como han hecho en las otras ciudades que están marítimas en estas Indias, y que aquí han venido personas que los tomaron franceses y decían que entre los mismos franceses se platicaba que no entraban en esta ciudad por la noticia que tenían de que estaba muy fortalecida y a recaudo y que ésto se ha tenido y tiene por cierto.

16   A las diez y seis preguntas dijo que siempre que han durado las guerras, ha visto que el dicho señor licenciado ha tenido mucho cuidado y diligencia en lo que tocaba a la guerra para la defensa de esta ciudad, velando por su persona de noche y visitando las velas y centinelas que había y que en todos los rebates que ha habido siempre le veía andar de noche

---

[327] Lee bestiones.

y de día con la gente animándola y poniendo a cada uno donde había de estar y dando orden en todo, y ésto lo hacía con tanto hervor y diligencia que todos se maravillaban de ello porque aunque estaba algunas veces mal dispuesto salía con estar tal a los dichos rebates sin lo cometerá otra persona alguna y ésto es pública voz y fama.

17   A las diez y siete preguntas dijo que la sabe porque así lo ha visto como la pregunta lo dice y que sabe que es muy gran costa mantener un caballo en esta ciudad y que al más rico se le hace de más cuanto más cuatro que mantenía el dicho señor licenciado, porque el mantenimiento que para ellos son menester se trae por la mar dos leguas y ésto es público y notorio.

18   A las diez y ocho preguntas dijo que la sabe porque así lo vio como la pregunta dice y ha visto como se hizo la media bola que la pregunta declara lo cual el dicho señor licenciado hizo hacer por las causas contenidas en la pregunta y está muy buena y bien hecha y ésto sabe.

f17

19   A las diez y nueve preguntas dijo que sabe y es cosa notoria que mientras las guerras duraron en esta ciudad valían los mantenimientos y vestuarios y otras cosas a muy crecidos y excesivos precios y más caros que podían valer en el Perú y otras partes de estas Indias, porque así lo decían los que venían de otras partes a esta ciudad que se espantaban la carestía que había en ella, y esto es notorio por donde cree el dicho señor licenciado según esto no tenía en el salario para la mitad del año, porque el que más tenía trabajo para mantenerse según la costa y carestía que hay en esta ciudad

20   A las veinte preguntas dijo que sabe que hubo en esta ciudad la tormenta que la pregunta dice y de esta causa hubo en esta ciudad muy grande hambre de tal manera que no se hallaba una carga de cazabí por ningún precio y que visto por el dicho señor gobernador esta tan gran necesidad y que la gente pobre y que poco podía perecía, fue en persona a las estancias y vio los conucos que cada uno tenía y les mandó que cada uno conforme a lo que tenía proveyese esta ciudad, lo cual fue parte para que no pereciesen la gente, porque lo que se traía lo hacía el dicho señor licenciado meter en las casas de Su Majestad y allí lo repartía dando primero a los pobres y asentaba por su mano las personas que lo llevaban para que no llevasen dos veces y asimismo puso tasa que no valiese más que dos pesos la carga de cazabí y una fanega de maíz otros dos, lo cual sino pusiera valiera a más de a cinco o seis pesos por la grande hambre y necesidad que había y no se podía hallar por ningún precio en lo cual el dicho señor licenciado puso tanto trabajo y diligencia que mediante ella se remedió la dicha necesidad en lo cual se mostró muy celoso de la república y del bien común como buen cristiano que es y ésto es público y notorio.

21   A las veinte y una pregunta dijo que este testigo tiene al dicho señor licenciado Carasa y aún todo el pueblo le tiene por hombre muy hábil y suficiente para servir a Su Majestad no solamente en esta gobernación pero en otras de otra mayor calidad que ésta, porque es hombre de ciencia y experiencia para gobernar así en tiempo de paz como de guerra, y esto lo tiene por muy notorio en esta *f17v* ciudad y que lo que dicho tiene es la verdad y pública voz y fama para el juramento que hizo y firmolo de su nombre.   Juan Ruíz.

Testigo   El dicho Juan Ruíz de Andrada, vecino de esta ciudad, testigo presentado por el dicho señor licenciado, habiendo jurado en forma de derecho y siendo preguntado por el tenor del dicho interrogatorio dijo lo siguiente.

1   A la primera pregunta dijo que conoce al dicho señor licenciado Carasa desde que vino por gobernador a esta isla que puede haber cinco años, pocos más o menos.

Generales   Fue preguntado por las preguntas generales de la ley.   Dijo que es de edad de setenta años, poco más o menos, y que no es deudo, ni paniaguado del dicho señor licenciado, ni concurren en él ninguna de las generales preguntas.

2   A la segunda pregunta dijo que siempre todo el tiempo que ha que gobierna el dicho señor licenciado Carasa, le ha conocido siempre muy celoso del servicio de Dios nuestro señor y de Su Majestad como muy buen cristiano que es y me asimismo le ha conocido todo este dicho tiempo muy honesto y recogido en su vivir y traer de tal manera que todos tomaban ejemplo para vivir virtuosamente, y que asimismo conocían haber justicia en esta ciudad por castigar, como castigaba, los que mal vivían y los pecados públicos y que lo sabe este testigo, como vecino que es de esta ciudad que a la continua reside en ella y porque es así público y notorio lo que dicho tiene.

3   A la tercera pregunta dijo que dice lo que dicho tiene en la pregunta antes de esta y que siempre ha visto que el dicho señor licenciado ha procurado el bien público y aumento de esta ciudad y vecinos de ella sin tener respeto a otra cosa alguna y ésto es notorio.

4   A la cuarta pregunta dijo que siempre en esta ciudad los vecinos de ella y aún los extranjeros que a ella venían tenían conocido y conocían del dicho señor licenciado que por odio ni amistad ni por otro respeto alguno dejaría de hacer justicia y que nunca ha oído decir que el dicho señor licenciado haya sido recusado sino es en los dos negocios que la pregunta dice y ésto es notorio.

f18

5   A la quinta pregunta dijo que este testigo ha que es vecino de esta ciudad cuarenta y cinco años, en los cuales ha conocido en ella muchos gobernadores y ninguno ha conocido que haya trabajado tanto en la conservación de esta ciudad y vecinos de ella como el dicho señor licenciado, así en la pertrechar y defender, como en la aumento de los vecinos y que esto es cosa pública y notoria.

6   A la sexta pregunta dijo que es verdad que cuando el dicho señor licenciado Carasa vino a gobernar esta isla estaba esta ciudad revuelta y puesta en bandos, de que se padecía mucho trabajo, y como el dicho señor licenciado vino y supo de los negocios como estaban entendió en conformar los vecinos y dióse tan buena maña en ello que a pocos días estuvieron todos amigos y en paz, dándoles a entender que había justicia para castigar al que no viniese, como era razón, y que hoy día está la ciudad en toda paz y quietud; lo cual no estuviera sino acertara a venir el dicho señor gobernador y ésto es cosa pública y notoria.

7   A la séptima pregunta dijo que sabe y es notorio que después que el dicho señor licenciado Carasa vino a esta isla, hasta que vino la nueva de las paces ha habido guerras con Francia, y en este tiempo ha estado la ciudad bien apercibida y puesta en armas y en ello el dicho señor licenciado ha hecho como buen juez y capitán animando a todos los vecinos y ésto es notorio.

8   A la octava pregunta dijo que la sabe como la pregunta dice porque este testigo vio hacer el dicho lienzo de cerca en la parte y lugar y de la forma y manera que la pregunta declara y así lo ha visto y ve ser hecho y es notorio lo contenido en la pregunta.

9   A la novena pregunta dijo que sabe que el dicho señor licenciado hizo hacer el Morro,

que la pregunta dice, en la parte y lugar que en ella se declara, porque lo ha visto y ve que a cada día y es cosa muy importante para la defensa de esta ciudad según todos dicen y así es público y notorio.

10   A la décima pregunta dijo que la sabe como en ella se contiene porque este testigo la vio hacer y está cosa muy conveniente para defender aquella entrada de los enemigos y que ésto es público y notorio.

11   A las once preguntas dijo que la sabe porque así lo vio, *f18v* como la pregunta dice, y este testigo lo ve cada día que va a su hacienda y fue cosa muy necesaria hacerse para la defensa de esta ciudad y así es público y notorio.

12   A las doce preguntas dijo que la sabe porque así lo vio hacer como la pregunta dice y al presente está hecho y fue cosa muy necesaria para ofender a los enemigos sin que los vecinos de esta ciudad recibiesen daño.

13   A las trece preguntas dijo que es verdad lo contenido en la pregunta porque este testigo vio al dicho señor licenciado hacer abrir los caminos, que la pregunta dice, por las partes y lugares que en ella se declara y para los abrir se rompieron ciertos peñones que estaban en el camino y con esto quedó todo tan bueno que la gente de caballo podía andar por ellos hasta salir a la playa a correr la costa, la cual no podían hacer antes y fue cosa muy necesaria para la defensa de esta ciudad, lo cual todo se hizo con industria del dicho señor licenciado y ésto es público y notorio.

14   A las catorce preguntas dijo que sabe y es notorio que todas las dichas obras de suso declaradas que el dicho señor licenciado a hecho todas han sido muy provechosas y necesarias para la defensa de esta ciudad, las cuales no ha costado cosa alguna a la Real Hacienda de Su Majestad, sino con algunos peones que los vecinos de esta ciudad dieron para ellas a ruego del dicho señor licenciado, y con que los días de fiesta y domingos hacía recoger los negros que había en esta ciudad y los hacía ir a las dichas obras y trabajar en ellas con licencia del señor obispo de esta ciudad e isla con andar el dicho señor licenciado sobre ellas dándoles prisa y hasta acabarlas pasó mucho trabajo y ésto es notorio.

15   A las quince preguntas dijo que este testigo cree y tiene por cierto que si los franceses no entraron en esta ciudad a tomarla, como han hecho a otras ciudades que están marítimas en estas Indias, ha sido por tener noticia que esta ciudad ha estado apercibida y a punto de guerra y que sobre el puerto de esta ciudad han estado muchas veces navíos de franceses y no han llegado ni osado entrar dentro, y que a esta ciudad han venido personas que los habían tomado franceses y decían como la causa porque no entraban a quien esta ciudad era por la noticia que tenían de que tenía muchas fuerzas y que estaba bien que percibida y que ésto es notorio.

F19

16[328]   A las diez y seis preguntas dijo que sabe y es notorio que el dicho señor licenciado ha tenido muy gran cuidado y diligencia, todo el tiempo que han durado las guerras, en la guarda de esta ciudad, velando de noche y visitando las velas y centinelas y en ésto trabajaba tanto que todos los vecinos se espantaban de ver el trabajo y cuidado que ponía en todo y de como lo podía sufrir y que algunas veces estaba mal dispuesto el dicho señor licenciado y con todo esto solía a proveer lo que era necesario y dar orden en todo y animando en los rebates, a todos lo cual hacía por su persona, sino lo cometer a otra alguna, y que ésto es notorio y

---

[328] Lee XVI.

pública voz y fama.

17   A las diez y siete preguntas dijo que sabe y es público y notorio que todo el tiempo que ha durado la guerra, siempre ha tenido el dicho señor licenciado Carasa dos caballos de caballeriza, muy buenos para afrenta, y otros dos para velar de noche y andaba visitando las velas y hacer la ronda, en lo cual ha tenido muy gran costa, porque lo es muy grande mantener en esta ciudad un caballo cuánto más cuatro porque el que más rico es no lo puede hacer sin gran trabajo por causa que el mantenimiento que para los dichos caballos se trae viene por la mar dos leguas y más, y por esto cree que el dicho señor licenciado gasto en la costa que tuvo los dichos caballos mucha parte del salario que Su Majestad le manda dar pues él no tiene otra hacienda sino el dicho salario y ésto es muy público y notorio.

18   A las diez y ocho preguntas dijo que sabe que el dicho señor licenciado Carasa siempre muy a menudo visitaba la Fortaleza de esta ciudad y la hacía proveer de las cosas necesarias para su defensa todo con gran cuidado y diligencia, y es notorio que hizo hacer la media bola en la parte y lugar que la pregunta dice, porque este testigo la vio hacer y la ve hecha, y todos decían ser cosa muy importante porque no la pudiesen batir desde lejos y ésto es cosa pública y notoria.

19   A las diez y nueve preguntas dijo que sabe y es cosa notoria que todo el tiempo que las guerras han durado, han batido en esta ciudad las cosas de mantenimientos y vestuarios y otras cosas que son menester para proveimiento de una casa a muy grandes y excesivos precios en esta ciudad, y era tan grande esta carestía que ya no lo podían sufrir los vecinos y decían que no había parte en las Indias aunque fuese el Perú que tan como valiese como en esta ciudad, de donde cree este testigo que el señor licenciado en el salario que tenía no tenía para la mitad del año según la grande carestía de todas las cosas y ésto es público y notorio.

F19v

20   A las veinte preguntas dijo que sabe que en esta ciudad hubo la tormenta, que la pregunta dice la cual destruyó las haciendas de los vecinos de esta ciudad de tal manera que no se podía hallar una carga de cazabí ni maíz por ningún dinero y había tanta hambre que padecían muy gran trabajo y el dicho señor licenciado viendo esto y que la gente perecía él propio fue en persona a las estancias e hizo que todos los vecinos, a quien la tormenta había dejado algún conuco que lo hiciesen cazabí y lo trajesen a esta ciudad, lo cual traído lo hacía meter en las casas de Su Majestad y allí lo repartía por su propia mano y asentaba los que lo llevaban porque no llevasen dos veces, lo cual hizo con tanto cuidado y diligencia que mediante ella se suplió la necesidad grande que había y también puso tasa para que no valiese cada carga de cazabí más que dos pesos, que sino la pusiera según no se hallara subiera más de cinco pesos y fuera causa que la gente pobre y que poco podía pereciera y esto hizo el señor licenciado con muy buen celo del servicio de Dios y como buen cristiano y buen juez y ésto es notorio.

21   A las veinte y una preguntas dijo que este testigo tiene al dicho señor licenciado Carasa por tan hábil y suficiente y de tan buenas partes que no solamente es para gobernar esta isla sino un reino, porque según su buena gobernación y suerte y manera es hombre que si Su Majestad, le hiciese merced de mejor arte en otras gobernaciones sabría dar muy buena cuenta de todo lo que se le encargase y servir a Su Majestad, así en paz como en guerras, y que ésto es notorio según lo que todos dicen de bien del dicho señor licenciado y que lo que dicho tiene es la verdad para el juramento que hizo y no firmo por no saber escribir.   Y, yo,

el dicho Pedro Maldonado, escribano público susodicho, presente fuí a lo que dicho es y doy fe que en los negocios que ante mí han pasado en todo el tiempo que ha que el dicho señor gobernador gobierna esta isla no parece haber sido recusado en negocio ninguno, sino es en los dos negocios contados en la cuarta pregunta, y de ello doy fe y lo hice escribir según que ante mí pasó y por ende hice aquí mi signo a tal

        [signo] en testimonio de verdad
        Pedro Maldonado
        escribano público

f20

Yo, Hernán Pérez, escribano público y del Cabildo de esta ciudad de San Juan de Puerto Rico, doy fe a los señores que la presente fe vieren como en el tiempo que ha que yo he usado el dicho oficio, no he visto que ninguna persona haya recusado al señor gobernador, salvo he oído decir que no se ha recusado sino en los negocios tenidos en la cuarta pregunta de esta probanza, en fe de lo cual lo firmé de mi nombre que es hecho a once días del mes de mayo de mil y quinientos y sesenta años.

        Hernán Pérez
        escribano público

Yo, Diego Maldonado, escribano de Su Majestad y público en esta ciudad de San Juan de Puerto Rico, doy fe y hago saber a los señores que la presente fe vieren, como en el tiempo que aquí yo he sido escribano y he usado el dicho oficio, no he visto que ninguna persona haya recusado al señor gobernador, salvo he oído decir que no se ha recusado, sino en los negocios contenidos en la cuarta pregunta de esta probanza, en fe de lo cual lo firmé de mi nombre, que es fecha a once días del mes de mayo de mil y quinientos y sesenta años.

        Diego Maldonado
        escribano público

f20v

Nos, los escribanos públicos y de Su Majestad que aquí [a]bajo firmamos nuestros, nombres damos fe y hacemos saber a los señores que la presente vieren como Pedro Maldonado, escribano de quien la información de esta otra parte contenida, va signada y firmada, es escribano de Su Majestad y escribano público en la dicha ciudad de San Juan de Puerto Rico, y a las escrituras y autos judiciales y extrajudiciales que ante el dicho Pedro Maldonado han pasado y pasan se ha dado y da entera fe y crédito en juicio y fuera de él, y, en fe de ello, dimos la presente fe que es fecha en Puerto Rico a once días del mes de mayo de mil y quinientos y sesenta años.

Hernán Pérez	Diego Maldonado	Diego Fránquez	Andrés Rojas
escribano público	escribano público	escribano de Su Majestad	escribano de Su Majestad

Al fondo del documento: va enmendado / haber
Al fondo de la página: va enmendado / practi
Al fondo de la pagina: va testado / do   /
Al fondo de la pagina: va enmendando según de la
Al fondo de la pagina: va testado / de /
Al fondo: va enmendado / dijo /

APÉNDICE VIII
Información ante el licenciado Carasa con parecer suyo

Signatura:
Archivo General de Indias
Santo Domingo 164
Documento 40, folios 210-230

+

Puerto Rico

Consejo
Año de 1564

Información hecha ante el
licenciado Carasa con parecer suyo año de [15]62

Gobierno}   Cabildo secular de Puerto Rico   1564.

En la ciudad de San Juan de Puerto Rico, de esta isla de San Juan de las Indias del Mar Océano, en veinte y siete días del mes de julio, año de mil y quinientos y sesenta y dos años, ante el muy magnífico señor el licenciado Diego de Carasa, gobernador y justicia mayor en esta dicha ciudad e isla por Su Majestad Real, y en presencia de, mí, Gaspar Gallegos, escribano público del número de ella, pareció Sancho de Arcas[329], procurador general de esta dicha ciudad, y presentó un escrito y en él insertas ciertas preguntas que su tenor de el cual es éste que se sigue.

| *El pedimento de la información* | Muy magnífico señor, Sancho de Arcas, procurador general de la ciudad de Puerto Rico, digo que a mi conviene hacer cierta información de lo abajo contenido para informar a Su Majestad del estado en que está la |

isla, pido y suplico a vuestra merced mande recibir los testigos que sobre ello presentare y lo que declaren debajo de juramento me lo mande dar en pública forma, en manera que haga fe, con el parecer de vuestra merced para lo enviar a Su Majestad y a los testigos que presentare sean preguntado por las preguntas siguientes.

---

[329] Lee Darcas.

f216v

I   Primeramente, sean preguntados si saben y es cosa pública y notoria en esta ciudad que de seis años a esta parte no ha venido a esta ciudad cuatro navíos de España con registro de Sevilla con mantenimientos para esta isla y en especial de dos años y medio acá no ha venido otro navío, sino el de Juan Agustín que ha que entró en este puerto quince o veinte días, digan lo que saben.

II   Ibídem, si saben etc. que a causa de no haber venido los dichos navíos a habido en esta ciudad y hay muy gran hambre y falta de pan, vino, aceite, jabón, lienzo y otras cosas necesarias para la vida y esto es cosa notoria, digan lo que saben.

III   Ibídem, si saben etc. que ha sido la falta tan grande de lo susodicho que por falta de harina ha venido tiempo de no celebrar y cuando se celebraba alguna misa era con hostia y forma pequeña para que hubiese o durasen algunos días, digan lo que saben.

IV   Ibídem, si saben etc. que de causa de lo susodicho y de no haber venido cobres de España para los ingenios ha venido gran daño así a los señores de ingenios como a las rentas reales por no poder moler los ingenios *f217* sin ellos, digan lo que saben, ni menos sin aceite.

V   Ibídem, si saben etc. que por falta de medicinas se han dejado de curar los hombres enfermos porque el médico no hallaba qué dispensar ni qué hacer por falta de ellos y de su causa han corrido riesgo sus personas.

VI   Ibídem, si saben, etc. que así en los españoles como en los esclavos ha habido y [330] en la ciudad gran falta de vestuarios y lo pasan mal y han pasado peor, en especial los esclavos, que han andado y andan desnudos por falta de ellos.

VII   Ibídem, si saben etc. que para remediar tan gran daño, como el dicho, conviene que Su Majestad sea servido de dar licencia para que de Sevilla y de otra cualquier parte puedan cargar para esta isla un navío cada año y este sea de más porte que los otros que Su Majestad tiene mandado que vengan solo y sin esperar flota en cualquier tiempo que le quieran despachar y sin traer el artillería y las otras cosas que son obligados a guardar los otros navíos.

VIII   Ibídem, si saben etc. que si lo dicho no se hace la *f217v* ciudad y vecinos de ella están en punto de despoblar la tierra porque de causa de no venir navíos y ser proveído si esta de en tarde valen las mercaderías a tan grandes y excesivos precios que los vecinos no los pueden comprar porque piden los mercaderes de ganancia a quinientas y seiscientas y algunas a mil por ciento y así lo venden.

IX   Ibídem, si saben etc. que si Su Majestad no es servido de hacer alguna merced a esta isla para la poder sustentar que según las cosas van en crecimiento[331] se tiene por cierto va

---

[330] Tachadura: en.
[331] Lee entrecimiento.

totalmente a se perder.

Y así presentado el dicho escrito, el dicho señor gobernador dijo que presente los testigos de que se entiende aprovechar y que está presto de los examinar por las preguntas del dicho interrogatorio y porque su merced está ocupado en cosas tocantes al servicio de Su Majestad y de su Real Hacienda, comete a mí, el dicho escribano, la recepción del juramento y examinación y así lo mandó.

Y después de lo susodicho, en veinte y nueve días del dicho mes de julio del dicho año, ante mi el dicho escribano, pareció el dicho *f218* Sancho de Arcas y presentó por testigo a Manuel de Illanes, alcalde ordinario de esta ciudad, y a Hernán Pérez y Felipe de Luca, vecinos de ella, de los cuales y de cada uno de ellos fue tomado y recibido juramento en forma y prometieron de decir verdad.

Y después de lo susodicho en treinta días del dicho mes de julio del dicho año, ante mí, el dicho escribano, pareció el dicho Sancho de Arcas al muy ilustre y reverendo señor don Rodrigo de Bástidas, obispo de esta isla, y a don Diego García de Santa Ana, deán de la Santa Iglesia de esta ciudad, y juraron en forma debida y prometieron de decir verdad.

Y después de lo susodicho en treinta y un días del dicho mes de julio del dicho año, ante mi, el dicho escribano, pareció el dicho Sancho de Arcas y presentó por testigos a Fray Francisco de Robles y Fray Marcos de la Magdalena, frailes de la orden del Señor Santo Domingo, los cuales juraron en forma debida de derecho y prometieron de decir verdad.

Y lo que los dichos testigos y cada uno de ellos dijeron y depusieron en sus dichos y deposiciones *f218v* es lo siguiente.

Testigo   El dicho Manuel de Illanes testigo presentado, habiendo jurado según derecho y siendo preguntado por el tenor del dicho interrogatorio, dijo lo siguiente.

1   A la primera pregunta dijo que sabe de la pregunta como en ella se contiene porque así es verdad todo lo en ella contenido y este testigo ha visto que en esta ciudad no ha venido navío con registro de España de seis años a esta parte, sino cuatro o cinco navíos, y entre ellos de dos años acá que vino la urca de Francisco Rodríguez, no ha venido sino Juan Agustín y que esto sabe de esta pregunta.

Generales   Fue preguntado por las generales.   Dijo que es de edad de cincuenta y cinco años, poco más o menos.

II   A la segunda pregunta dijo que lo que sabe de esta pregunta es que ha muchos días que en esta ciudad no han venido mantenimientos de pan y aceite y jabón y lienzos y paños para sustentar la vida de cuya causa han padecido mucho trabajo y ésto es cosa pública y notoria a toda esta isla e Indias y que ésto sabe.

III   A la tercera pregunta dijo que sabe la pregunta *f219* como en ello se contiene porque es así verdad todo lo en ella contenido y ha visto este testigo que no se ha dicho misa en esta ciudad muchas veces, sino del tamaño de una forma de comulgar porque durase la harina para delante y que ésto sabe.

IV A la cuarta pregunta dijo que es cosa pública y notoria fue y es tanta la grande necesidad que en esta isla ha habido de cobres para los ingenios y en tanta manera, que este testigo como señor de un ingenio que es, deshizo una caldera grande que valía más de seiscientos pesos para adobar otras para moler algo el dicho ingenio, el cual ingenio da de renta en cada un año a Su Majestad en España más de seiscientos ducados por año, y así dicho años por falta de cobres no ha dado la mitad por no haber molido por falta de cobres y así ha visto lo mismo en los demás ingenios de esta isla y así por falta de aceite han templado mas de seis cueces con sebo por falta de aceite lo cual es mucho daños para el dicho azúcar y que ésto sabe.

V A la quinta pregunta dijo que es verdad lo en ella *f219v* contenido porque así ha visto este testigo que por no haber medicinas para curar, los médicos muchos enfermos han corrido a causa de no las haber mucho riesgo y que ésto sabe.

VI A la sexta pregunta dijo que este testigo ha visto que en esta ciudad ha habido mucha falta de vestuarios, así para los españoles como para los negros y en tanta falta que ha venido a valer el cañamazo a diez reales y a este precio las demás mercaderías que tenían valor y que ésto sabe.

VII A la séptima pregunta que es verdad lo en ella contenido porque si Su Majestad no es servido hacer alguna merced a esta isla de dar licencia para que a esta isla puedan venir dos navíos de menos porte, sin flota y sin artillería, como vienen los navíos de las Islas a estas partes por merced que Su Majestad tiene hecha, esta isla padecerá y recibirá gran trabajo y que ésto sabe.

VIII A la octava pregunta dijo que le parece a este testigo que si Su Majestad no hace merced a esta isla [de] dos navíos de menos porte y sin flota como dicho en la pregunta antes de ésta *f220* los vecinos de esta isla se irán a buscar su vida a causa de que por no venir navíos, sino es de dos a dos años, por venir en flota venden las mercaderías a tan excesivos precios que piden por las mercaderías a seiscientas y setecientas por ciento y algunas a mil y aún no lo quieren dar de cuya causa los vecinos no se pueden sustentar en esta isla y que ésto sabe y es público y notorio lo contenido en esta pregunta.

IX A la novena pregunta dijo que dice lo que dicho tiene en la pregunta antes de ésta y lo que ha dicho es la verdad para el juramento que hizo y firmolo.   Manuel de Illanes.

Testigo El dicho Hernán Pérez, testigo presentado habiendo jurado según derecho y siendo preguntado por el tenor del dicho interrogatorio dijo lo siguiente.

I A la primera pregunta dijo que sabe lo contenido en esta pregunta porque de dos años y medio a esta parte no ha venido a esta[332] ciudad navío de España salvo uno que entró había obra de quince o veinte días que es el de Juan Agustín y que ésto sabe.

f220v

Generales Fue preguntado[333] por las generales dijo que es de edad de cincuenta años, poco más o menos, no le tocan las generales.

---

[332] Tachadura: y.
[333] Lee preguntados.

II	A la segunda pregunta dijo que sabe la pregunta como en ella se contiene porque así vio[334] ser y pasar lo en ella contenido y es público y notorio.

III	A la tercera pregunta dijo que este testigo ha visto haber muy gran falta de harina y tanta que no se hallaba para decir misa y algunas veces vio[335] decir misa con hostia de forma de decir misa comulgar y ésto es público.

IV	A la cuarta pregunta dijo que sabe este testigo que ha habido gran falta de cobres para moler los ingenios la cual ha sido mucho daño así para la[s] rentas reales de Su Majestad, como para los señores de ingenios y que ésto sabe.

V	A la quinta pregunta dijo que este testigo ha visto en esta ciudad haber grande necesidad de medicinas para que los médicos curen los enfermos y tan grande que han corrido mucho riesgo por no las haber para curar y que ésto sabe.

VI	A la sexta pregunta dijo que es verdad lo en ella *f221* contenido porque este testigo ha visto en esta ciudad tanta falta de mantenimientos y vestuarios, así para la gente española como para los negros, y tanta que ha venido a valer a muy excesivos precios y que ésto sabe.

VII	A la séptima pregunta dijo que le parece a este testigo que si Su Majestad diese licencia a esta ciudad para que pudiese venir un navío cada año con cosas para proveimientos de esta ciudad de el que pudiese venir sin flota siendo de menos porte a esta ciudad no padecería tanta necesidad como padece y la ciudad estaría proveída de lo necesario y que ésto sabe.

VIII	A la octava pregunta que sabe la pregunta como en ella se contiene porque de causa de venir navío tan tarde a esta ciudad las mercaderías valen a tan excesivos precios que los vecinos no se pueden sustentar y de necesario se han de ir de la tierra y que ésto sabe.

IX	A la novena pregunta dijo que sabe este testigo que si Su Majestad no hace a esta ciudad algunas mercedes para sustentarla se despoblará por los vecinos [por] no se poder sustentar en ella a causa de los grandes y excesivos precios que tienen los negros y mercaderías y lo que *f221v* ha dicho es la verdad para el juramento que hizo y firmolo de su nombre Hernán Pérez.

Testigo	El dicho Felipe de Luca, testigo presentado habiendo jurado según derecho y siendo preguntado por las preguntas del dicho interrogatorio dijo lo siguiente.

I	A la primera pregunta dijo que sabe este testigo que de seis años a esta parte no ha venido a esta ciudad cuatro navíos con registro y así lo ha visto y es público y así de dos años a esta parte no ha venido navío ninguno, sino uno que entró habrá veinte días que es de Juan Agustín y que ésto sabe y es verdad.

Generales	Fue preguntado por las generales dijo que es de edad de treinta y ocho años, poco más o menos.

II	A la segunda pregunta dijo que sabe la pregunta como en ella se contiene porque este testigo ha diez o doce años que reside en esta isla y ha más de siete que está estante en ella y así en este tiempo ha padecido grande necesidad y ha visto pasar a los demás vecinos de ella de mantenimientos de pan y vino y aceite y jabón y de todos los demás vestuarios y ésto es la causa no (tachadura) venir navío de España derechamente por la contratación porque

---

[334] Lee vido.
[335] Lee vido.

en la tierra no *f222* hay mercaderes que tengan posibilidad para poder traer navío despachado por las cédulas reales de Su Majestad y que ésto sabe.

III   A la tercera pregunta dijo que sabe la pregunta como en ella se contiene porque este testigo lo ha oído decir muchas veces misa y visto que se celebraba con forma y ostiales de forma pequeña del tamaño de un real de a cuatro por falta de no haber harina porque durase hasta que viniese.

IV   A la cuarta pregunta dijo que sabe este testigo la pregunta como en ella se contiene porque este testigo ha visto que los ingenios han tenido gran necesidad de cobre de lo cual ha venido gran daño a las rentas reales y a los señores de ingenios por no haber cobres con qué moler y así lo sabe este testigo como persona que le ha debido por el y por particulares cantidad de más de dos mil arrobas de azúcar y no se lo han pagado ni ellos ha podido cobrar por causa de no haber molido los dichos ingenios por falta de no haber cobres.

V   A la quinta pregunta dijo que sabe la pregunta como en ella se contiene porque este testigo ha estado enfermo muchas veces y otros vecinos de esta ciudad y ha visto que no se han curado y se han muerto muchos de *f222v* ellos por falta de medicinas porque no las había.

VI   A la sexta pregunta dijo que así es verdad lo en ella contenido porque este testigo ha padecido y visto padecer a los vecinos y esclavos de esta ciudad mucha necesidad y trabajo a causa de no haber vestuarios.

VII   A la séptima pregunta dijo que si Su Majestad no es servido de dar licencia para que a esta isla pueda venir un navío aunque sea del menos porte y no esté artillado, y que parta sin flota en cualquier tiempo que esta isla se despoblará y los ingenios de ella se despoblarán por el gran valor que tienen las mercaderías a causa de no haber navío, sino de dos a tres años y ésto es público y notorio.

VIII   A la octava pregunta dijo que dice lo que dicho tiene en la pregunta antes de ésta.

X   A la décima pregunta dijo que dice lo que dicho tiene que se afirma y que es la verdad y firmolo de su nombre,   Felipe de Luca.

Testigo   El muy ilustre y reverendísimo señor, don Rodrigo de Bástidas, Obispo de esta Isla y obispado del Señor San Juan, habiendo jurado en forma debida de derecho y siendo preguntado por el interrogatorio dijo lo siguiente.

f223

I   A la primera pregunta dijo que la sabe como en ella se contiene y así es verdad lo en ella contenido y lo ha visto y ve que desde[336] la Pascua de Resurrección de el año pasado de sesenta hasta habrá veinte días que vino el navío que dicen de Juan Agustín, no ha venido navío de España con registro que habrá sido de dos años y más y que ésto sabe.

II   A la segunda pregunta dijo que sabe la pregunta como en ella se contiene porque así es verdad lo en ella contenido y visto por vista de ojos la gran necesidad que ha habido en esta isla de todo mantenimiento y vestuarios y que ésto sabe.

III   A la tercera pregunta dijo que es verdad lo en ella contenido porque ha sido tanta la necesidad que ha[337] pasado esta isla a falta de no venir navíos de España, sino de dos a dos

---

[336] Lee dende.
[337] Tachadura: n.

años, que en la iglesia y su señoría ha dicho misa con formas pequeñas porque durase para adelante y que ésto es lo que sabe.

IV   A la cuarta pregunta dijo que públicamente ha oído quejarse a los señores de ingenios de *f223v* esta isla que no tenían cobres para moler ni aceite para templar de cuya causa le parece que han recibido daño las rentas reales de Su Majestad y los señores de los ingenios por no haber cobres y que ésto sabe.

V   A la quinta pregunta dijo que así es verdad lo en ella contenido porque así ha estado muchas veces mal dispuesto y no se hallar medicinas y los pobres del hospital no se curar por no se hallar medicinas y así han padecido muchos y no se curan por falta de ellas por no venir navíos que las traigan y que ésto sabe.

VI   A la sexta pregunta dijo que sabe la pregunta como en ella se contiene porque así ha visto ser y pasar lo en ella contenido y andar todos desnudos y pasar trabajo por no haber de qué se vestir y que ésto sabe.

VII   A la séptima pregunta dijo que le parece que si Su Majestad no es servido de hacer merced a esta isla y ciudad que a ella pueda venir un navío o dos con mercaderías, aunque sea de menos porte y sin artillería y sin esperar flota, cree que esta isla *f224* se despoblará porque todos los que en ella viven no se pueden sustentar por el gran valor que tienen las mercaderías, que se venden a muy excesivos precios por razón de la mala moneda que corre en esta isla y por venir los navíos que de allá vienen de dos a tres años, como que no ha venido navío a esta ciudad.

VIII   A la octava pregunta dijo que dice lo que dicho tiene en la pregunta antes de ésta.

IX   A la novena pregunta dijo que dice lo que dicho tiene en las preguntas antes de esta y que lo que dicho tiene es verdad para el juramento que hizo y firmolo.   Rodricus Joannis Episcopus.

Testigo   El dicho don Diego García de Santana, deán de la Santa iglesia de esta ciudad, habiendo jurado en forma debida de derecho dijo lo siguiente.

I   A la primera pregunta dijo que sabe la pregunta como en ella se contiene porque así es verdad lo en ella contenido y de dos años y medio no ha venido a esta ciudad navío de España con registro, *f224v* sino uno que dicen de Juan Agustín, habrá veinte días y que esto sabe.

Generales   Fue preguntado por las generales.   Dijo que es de edad de sesenta años y que no le tocan las generales.

II   A la segunda pregunta dijo que es verdad lo contenido en esta pregunta porque por no haber venido navío a esta ciudad de España de dos años y medio acá ha visto padecer a todos los vecinos de ella gran necesidad de mantenimientos y vestuarios y otras cosas necesarias para pasar la vida y esto así es verdad y público y notorio.

III   A la tercera pregunta dijo que es verdad lo en ella contenido porque por falta de harina que ha habido extrema necesidad en especial de harina y tanta que por la falta grande que ha habido a dicho con una forma del tamaño de un real de a cuatro ha dicho misa y este testigo la ha dicho y visto decir porque durase la harina para adelante y que ésto sabe.

IV   A la cuarta pregunta dijo que es verdad que de causa de no venir navíos a esta ciudad *f225* ha habido grande necesidad en esta isla de todo lo necesario y así a visto[338] quejarse a los señores de ingenios de esta isla que no tienen cobres para moler de lo cual ha oído decir que han perdido las rentas reales muchos dineros por no poder mo[ler] sin ellos y que ésto sabe.

V A la quinta pregunta dijo que es verdad que ha sido tanta la falta de todo que aun medicinas no se podían hallar de cuya causa han padecido algunos enfermos por no venir navíos a esta isla que los traigan y que ésto sabe.

VI A la sexta pregunta dijo que le parece a este testigo que si Su Majestad no socorre a esta isla y ciudad con el hacer algunas mercedes en especial darle licencia para que a él pueda venir cada un año un navío de menos porte y sin artillería, y sin esperar flota cuando la pudieren cargar cree que esta isla por la gran necesidad que ha pasado y tiene se despoblará porque los vecinos de ella no lo pueden sufrir ni se pueden sustentar por que es tan grande el valor que tienen las mer*f225v*derías a causa de venir de dos a tres años los navíos que cree que si no la remedia se despoblará y que ésto sabe.

VII A la séptima pregunta dijo que dice lo que dicho tiene en la pregunta antes de esta y que así es verdad que por no venir los navíos sino de dos a tres años, valen tan caras las mercaderías que piden los mercaderes a quinientos y setecientos por ciento y que ésto sabe.

VIII A la octava pregunta dijo que dice lo que dicho tiene en las preguntas antes de esta.

IX A la novena pregunta dijo que dice lo que dicho tiene en las preguntas antes de esta y que lo que ha dicho es verdad para el juramento que hizo y firmolo de su nombre. [Diego García de Santana]

Testigo El dicho fray Francisco de Robles, su prior y predicador del Convento del Señor Santo Domingo de esta ciudad habiendo jurado en forma debida de derecho y siendo preguntado por las preguntas del dicho interrogatorio dijo lo siguiente.

I A la primera pregunta dijo que por cosa pública *f226* y notoria lo ha oído decir este testigo lo contenido en esta pregunta y así es verdad que de dos años y medio a esta parte no ha visto este testigo que hubiese venido navío de España con registro, sino es el que dicen de Juan Agustín que vino habrá veinte días.

Generales Preguntado por las generales dijo que es de edad de más de cuarenta y cinco años.

II A la segunda pregunta dijo que es verdad lo contenido en esta pregunta porque a causa de no venir navíos ha visto este testigo que en esta ciudad ha habido gran falta de mantenimientos y vestuarios y así en el convento de Señor Santo Domingo reside este testigo ha visto que todos los hermanos de la dicha casa han padecido extrema necesidad de las cosas contenidas en este escrito por no las haber en la tierra.

III A la tercera pregunta dijo que es verdad que ha sido tan grande la hambre y falta que de todo había que en el dicho convento ha visto decir misa muchas veces con ostias pequeñas, poco mayor de comulgar, porque durase la harina para adelante y que ésto sabe.

IV A la cuarta pregunta dijo que lo contenido en esta pregunta ha oído decir a muchas personas *f226v* y algunos señores de ingenios de esta isla y que ésto sabe.

---

[338] Lee vido.

V   A la quinta pregunta dijo que es verdad lo contenido en esta pregunta porque este testigo ha estado muchas veces enfermo y visto estar a muchos hermanos de la dicha casa y este testigo y los demás han padecido extrema necesidad en las enfermedad y en pasos de peligrar a causa de no haber medicinas[339] para con qué dispensar los médicos lo mismo ha oído quejarse a todos en esta ciudad y que ésto sabe.

VI   A la sexta pregunta dijo que dice lo que dicho tiene en las preguntas antes de esta.

VII   A la séptima pregunta dijo que le parece y cree que si Su Majestad Real no remedia esta isla y ciudad con le dar si quiera licencia para que a ella puedan venir un navío de menos porte y sin artillado ni esperar flota sino cuando lo pudieren cargar para que traiga a esta ciudad alimentos a los vecinos de ella para remediar tanto trabajo como padece y cree la tierra se despoblará porque en ella no hay vecino que pueda residir ni soportar el trabajo que en ella pasan por el gran valor que tienen las mercaderías por no poder venir navío a ella como no viene *f227* sino de dos a tres años como han venido y que esto le parece y cree y lo que sabe de esta pregunta.

VIII   A la octava pregunta dijo que dice lo que dicho tiene en las preguntas antes de ésta.

IX   A la novena pregunta dijo que dice lo que dicho tiene en las preguntas antes de ésta y que lo que ha dicho es verdad para el juramento que hizo y firmolo de su nombre.   Fray Francisco de Robles, su prior.

Testigo   El padre, fray Marcos de la Magdalena habiendo jurado según derecho y siendo preguntado por el tenor del interrogatorio dijo lo siguiente.

I   A la primera pregunta dijo que lo que sabe de esta pregunta es que ha oído decir a todos los vecinos de esta ciudad lo contenido en esta pregunta y asimismo que de dos años a esta parte desde[340] que vino una urca que dicen de Rodríguez no ha venido a esta ciudad navío ninguno de España con registro, sino el de Juan Agustín que vino habrá veinte días y que ésto es lo que sabe.

Generales   Fue preguntado por las generales dijo que es de edad de más de cuarenta y cinco años.

II   A la segunda pregunta dijo que es verdad todo lo *f227v* contenido en esta pregunta porque de causa de no haber muchos ha visto este testigo que en toda esta ciudad ha habido gran necesidad de todos mantenimientos y vestuarios y así ha visto este testigo que todos los hermanos del convento de Señor Santo Domingo de donde es este testigo han pasado todos extrema necesidad de mantenimientos y vestuarios y que ésto sabe.

III   A la tercera pregunta dijo que es verdad que ha sido tan grande la falta que ha habido en esta ciudad de todo que aun harina no se hallaba para decir misa y así este testigo a dicho y visto decir misa con formas de comulgar porque durase para adelante la harina y que ésto sabe.

IV   A la cuarta pregunta dijo que lo contenido en esta pregunta ha oído decir a algunos señores de los ingenios y que ésto sabe.

V   A la quinta pregunta dijo que lo que sabe es que este testigo ha estado enfermo

---

[339] Tachadura: medezinas.
[340] Lee dende.

muchas veces y ha visto estar a muchos hermanos de la dicha casa los cuales y este testigo han padecido extrema necesidad y corrido riesgo de las vidas a causa de no se poder hallar medicinas con que dispensar el médico y esto asimismo ha oído quejarse a los vecinos de la ciudad.

f228

VI   A la sexta pregunta dijo que sabe que así dotan grande la necesidad que ha habido en esta ciudad de vestuarios en todos en general que aun para los negros no se hallaba cañamazo y que ésto sabe.

VII   A la séptima pregunta dijo que le parece a este testigo que si Su Majestad no remedia esta isla y ciudad con le hacer algunas mercedes en darle licencia para que a ella puedan venir cada un año un navíos sin que venga en flota, aunque sea de menos porte y por artillar, sino que cuando lo pudieren cargar salga cree esta isla se despoblará por el gran trabajo que en ella pasan los vecinos por no se poder sustentar por el gran valor que tienen las mercaderías y van en crecimiento a causa de no venir a ella navíos, sino de dos a tres años y que ésto sabe y le parece.

VIII   A la octava pregunta dijo que dice lo que dicho tiene en la pregunta antes de ésta.

IX   A la novena pregunta que dice lo que dicho tiene en las preguntas antes de esta y que lo que ha dicho es verdad para el juramento que hizo y firmolo de su nombre.   Fray Marcos de la Magdalena.

Y así hecha la dicha probanza en la manera que dicha es el dicho Sancho de Arcas pidió al *f228v* dicho señor gobernador de ella le mande dar un traslado[341], dos o más en pública forma interponiendo en ellos y en cada uno de ellos su merced, su autoridad y decreto judicial para que valga y haga fe donde quiera que fuere presentar según que lo tiene pedido.

Y luego el dicho señor gobernador mandó a mí el dicho escribano de la dicha probanza le de los traslados que el dicho Sancho Arcas pide en los cuales y en cada uno de ellos su merced dijo que interponía su autoridad y decreto judicial y lo firmó de su nombre.

| *El parecer del gobernador* | Y yo, el dicho gobernador, certifico a Su Majestad que todo lo contenido en esta información es verdad así como los testigos lo declaran en ella y así lo he visto después que estoy en esta gobernación que ha ocho años y si Vuestra Majestad no hace a esta isla que a ella pueda venir cada un año un navío como en esta información se declara, los vecinos de ella no se pueden sustentar y pasan gran trabajo y así la tierra vendrá en disminución y esta certificación hago a Vuestra Majestad porque así lo veo cada día *f229* ser y pasar todo como los testigos lo declaran y lo firmé de mí nombre.   El licenciado Carasa.

Y yo, Gaspar Gallegos, escribano público por Su Majestad en esta dicha ciudad lo hice escribir según que ante mí   [firma] El licenciado Carasa pasó y doy fe que conozco al dicho Sancho de Arcas y ser el contenido en esta información e hice aquí este mí[342] signo à tal.

---

[341]   Lee treslado.
[342]   Lee mio.

[signo]   en testimonio de verdad

(firmado)   Gaspar Gallegos
escribano público

Los dichos que aquí firmamos nuestros nombres damos fe que Gaspar Gallegos, escribano de quien va firmado y signada esta probanza es tal escribano público del numerario de ella y a las escrituras y autos que ante el pasan se ha dado y da crédito en juicio y fuera de él. Fecho en Puerto Rico a 18 de agosto de 1562 años

(firmado) Hernán Pérez   (firmado) Diego Maldonado
escribano de Su Majestad   escribano de Su Majestad

La ciudad de Puerto Rico

Al relator

f230

+

Súplica atenta la necesidad que tienen se de licencia para que cada año pueda ir un navío de menos porte sin aguardar a ir en flota y sin artillería y otras cosas que son obligados a llevar y pueda ir a acabar de cargar de vinos a Canaria.

Sebastián Rodríguez en nombre de la ciudad de Puerto Rico de la Isla de San Juan,

Dice que de más de [ilegible] a esta parte a ido a la dicha ciudad ningún navío, sino fue [ilegible] Juan Agustín a cuya causa la dicha ciudad y vecinos han padecido y [ilegible] muy gran hambre y falta de pan y vino y otras cosas necesarias para su sustento en tal manera que ha sido la falta tan grande que por falta de harina ha venido tiempo de no se celebrar el culto de vino y de no haber ido cobres de estos reinos para los ingenios ha venido gran daño así a los señores de ellos como a las rentas reales por no poder moler sin ellos y sin tener aceite por la gran falta que ha habido y hay.   Y asimismo por falta de medicinas han padecido y padecen muchos enfermos y por la gran falta que hay de vestuarios han padecido y padecen gran trabajo especial los esclavos que andan desnudos por falta de ellos y para remediar lo susodicho conviene que cada año a lo menos vaya un navío de la dicha ciudad de Sevilla de menos porte que los otros que[343] Vuestra Majestad tiene mandado que vayan el cual vaya solo y sin esperar flota y sin llevar artillería ni las otras cosas que son obligados a llevar los otros navíos porque si de esta manera no se hace la dicha ciudad y vecinos de ella están a punto de despoblar la tierra porque de causa de no ir navíos, sino de tarde en tarde, valen las mercaderías a quinientos y seiscientos por ciento y a tan excesivos precios que los vecinos no los pueden comprar como todo consta y parece por esta información que presenta con parecer del gobernador de la dicha isla.   Suplica a Vuestra Majestad que acatando lo

---

[343] Tachadura: Su Majestad.

susodicho y porque aquella ciudad no se despueble ni se pierda les haga merced de dar licencia para que cada un año pueda ir a la dicha isla a lo menos un navío de menos porte y sin artillería y sin las otras cosas que son obligados a llevar los navíos y que pueda ir sin flota sino cuando estuviere cargado y sino lo pudieren cargar del todo lo puedan ir a acabar de cargar de vinos en las Islas de Canarias, porque con esto la dicha ciudad irá en crecimiento y los vecinos e ingenios se remediarán y las rentas reales irán en mas aumentos en lo cual les hará merced.

Sebastián Rodríguez

f230v

{ Que por ahora no a lugar.   *Verse lo que pide para la merced*

Se proveerá   *En Madrid a ¿2? de Marzo*

Señor Secretario

APÉNDICE IX
Parecer del gobernador sobre las necesidades y mercedes necesarias para la Isla

Signatura:
AGI, Santo Domingo 164
Número 41, folio 238-239

+

La ciudad de Puerto Rico e Isla de San Juan

Provisto[344] *de Nuestro/*
Al señor licenciado Núñez

+

El parecer del gobernador

En la ciudad de Puerto Rico de esta isla de San Juan de Puerto Rico del Mar Océano en nueve días de junio de mil y quinientos y sesenta y cuatro años estando en cabildo ante el muy magnífico señor, el licenciado Diego de Carasa, gobernador y justicia mayor en esta dicha ciudad e isla por su Real [Majestad] y en presencia de mí, Rodrigo Ramírez, escribano público y del cabildo de esta dicha ciudad parecieron los señores Alonso Pérez Martel y Juan Ponce de León y Francisco Alegre y Martín Aceituno, regidores, y presentaron una Real Cédula de Su Majestad, firmada de su Real nombre y refrendada de Francisco de Eraso[345], su secretario, y pidieron a su merced el dicho gobernador la obedezca y cumpla como en ella se contiene

---

[344] Lee proveido.
[345] Lee Heraso.

que su tenor de la dicha tal cédula es el siguiente.

EL REY

Presidente y oidores de la nuestra Real Audiencia de la Isla Española y nuestro gobernador de la Isla de San Juan de Puerto Rico,

Sebastián Rodríguez en nombre de esa ciudad de Puerto Rico me ha hecho relación que a causa que en las guerras[346] pasadas fueron muchas veces robados de franceses y les mataron muchos negros que tenían en los ingenios ha venido toda la tierra y vecinos de ella en tanta disminución[347] y pobreza que sino la mandasemos proveer de algún remedio se despoblaría y perdería toda y mis rentas reales vendrían[348] en gran disminución y baja por no haber ya casi ingenios algunos; lo cual se podría remediar o a lo menos alguna parte, con que hiciésemos nuestra merced a esa dicha isla que de los azúcares y cueros que de ella sacasen los vecinos de su labranza y alcance para la ciudad de Sevilla no pagasen, sino la cantidad que pagan los que se sacan para ella de esa Isla Española por virtud de la merced que de ello le habemos hecho. Y que asimismo les hiciésemos merced de alguna cantidad de esclavos negros para echar a las minas y a los ingenios de esa tierra dándoles espera por algún tiempo para la paga del valor de las licencias de ellos, pues todo era para más beneficio y aumento[349] de esa dicha isla y crecimiento de nuestras rentas reales como dijo constaba y pareció por cierta escritura e información que ante nos en el nuestro Consejo de las Indias hizo presentación y me suplicó en el dicho nombre que pues nos era tan notoria la necesidad de la dicha isla y la contratación de ella y la de esta Isla Española era toda una le hiciésemos la misma merced que de los dichos cueros y azúcares que de ellas sacasen para estos reinos no pagasen más de lo que pagan por los que se traían de la dicha Isla Española y les diésemos algunas licencias de esclavos para el efecto susodicho fiados por el tiempo que fuésemos servido, o como la mí merced fuese, y porque yo quiero ser informado de la necesidad que la dicha Isla de San Juan y vecinos de ella tienen y con qué se podrían remediar y si haciéndoseles merced que de los dichos cueros y azúcares que de ella se sacaren para estos reinos no paguen[350] más de lo que se da gracia *f238v* por los que se traen de esa Isla Española será bastante remedio que será bien que paguen[351] y si será bien darles[352] algunas licencias de esclavos fiadas por algún tiempo limitado y qué tantas y por qué tiempo y con qué seguridad y qué beneficio o utilidad de lo uno y lo otro se sigue a esa dicha isla de San Juan y vecinos de ella y si en hacerles la dicha merced se sigue y podría seguir algún inconveniente o daño y como vos mando que envíes ante nos, al Nuestro Consejo de las Indias, relación particular juntamente con vuestros pareceres de lo que convendría proveerse cerca de ello para que en él vista se provea lo que más convenga. Fecha en Madrid a diez y ocho de julio de mil y quinientos y sesenta y tres años. YO EL REY. Por

---

[346] Lee gerras.
[347] Lee diminución.
[348] Lee vernian.
[349] Lee abmento.
[350] Lee pagen.
[351] Lee pagen.
[352] Lee dalles.

mandado de Su Majestad Francisco de Eraso[353] y en las espaldas de la dicha cédula estaban seis señales de firmas de los del consejo.

Y presentada la dicha cédula el dicho señor gobernador la tomó en sus manos y la besó y puso sobre su cabeza y dijo que la obedecía y obedeció con el acatamiento debido. Y en cuanto al cumplimiento, que su merced verá lo que conviene al servicio de Su Majestad y bien de esta isla e informará de ello.

El parecer del gobernador Y por mí, el licenciado Carasa, gobernador en esta dicha ciudad e Isla de San Juan por Su Majestad la Real cédula presentada y lo que Su Majestad por ella manda, digo que lo que entiendo en este caso es que yo he residido en este cargo de gobernador nueve años en los cuales la población de esta isla ha venido en disminución[354] y se espera que cada día irá en más y entre otras cosas que lo causan es uno y muy principal la poca posibilidad de los vecinos, porque como se acabaron los indios las granjerías, principalmente eran de las minas de oro, después de los ingenios de azúcar y ganados y estas se han de sustentar con esclavos negros que valen caros y se mueren en cada día y entran muy pocos han se dejado de coger oro y los ingenios se disminuyen y han ya dejado dos perder.

Asimismo en lo que toca a los derechos de los azúcares y cueros como se los llevan doblados que de los que llevan de Santo Domingo no vienen tantos mercaderes a comprarlos de causa de los muchos derechos que de ellos pagan.

Demás de esto tiene en esta isla puesta en mucha necesidad viendo que carecen las cosas de España, porque se pasan dos y tres años que no vienen a ella navío de derecha descarga; en tanto, que acaece no tener qué comer, qué vestir y dejar algunos ingenios de moler por falta de cobres y herramientas y aun a cosas faltar el pan y el vino para consagrar. Y la causa[355] de esto es que Vuestra Majestad tiene mandado que no salga navío sin flota y que sea de mayor porte y con cierta cantidad de artillería y con estas condiciones no quieren los mercaderes enviar aquí navíos, porque no se sufra la costa y así[356] pasan de largo.

Lo que me parece es que en lo que toca a los negros esclavos que Vuestra Majestad le hiciese merced de seiscientas licencias y que estas se les fíen a los vecinos por dos años y se repartan por esos por la justicia, oficiales y regimiento conforme a la posibilidad de cada vecino y que por cada una de ellas paguen en este dicho tiempo doce pesos de la moneda de esta tierra con que se obliguen y den fianzas en parte cuando los negros que así[357] trajeren en virtud de las dichas licencias y que en el tiempo que se las fiaren vayan pagando *f239* por sus plazos, porque no vengan las pagas juntas que sería ponerlos[358] de nuevo en necesidad con tanto que los vecinos sean obligados a echar los cuatrocientos de ellos a las minas y los doscientos

---

[353] Lee Heraso.
[354] Lee diminución.
[355] Lee cabsa.
[356] Lee ansi.
[357] Lee ansi.
[358] Lee ponellos.

hagan comida y labranza y han de ir a los ingenios y cogerse oro que será un bien general y harto acrecentamiento para las rentas reales.

Y de más de esto como se metan algunos negros en los ingenios como ahora hacen con los esclavos que hay veinte mil arrobas de azúcar, poco más o menos, hacerse han treinta mil que para lo poco que se esta[roto] y la sin el oro que se cogerá se acrecentarán de los azúcares setecientas y cincuenta arrobas a las rentas de Vuestra Majestad que, aunque no se pague más de los que pagan los de Santo Domingo, son mil y quinientos ducados en cada un año. Entiendo sea así[359], porque como en este año se tomó un navío de negros por perdido y de él y de otros que han pasado se han metido en la isla doscientos negros con sólo éstos que se han acrecentado se ha hecho mucho más azúcar y se ha fundido un partido de quinientos pesos de oro.

En lo que toca no llevarse más derechos de los azúcares y cueros que van de esta isla, que se llevan de los que van de la Isla Española, paréceme será mucha parte de remedio porque vendrían[360] mercaderes a comprarlos y traer mercaderías; lo que ahora no hacen; antes todos huyen de tratar en esta isla y se pasan a Santo Domingo.

En lo que toca a la gran necesidad que en esta isla hay de cosas de España[361] por falta de navíos me parece que en ninguna manera se pueden sustentar si han de esperar que los navíos vengan en flota y sean de mayor parte y hayan de traer artillería, sino que Vuestra Majestad permita que para esta isla puedan cargar navíos pequeños y venir solos y aun a media carga para venir a acabar de cargar en las Islas de Canaria de vinos y otras cosas de la cosecha de la tierra, porque de otra manera padecerán las necesidad que tengo dicho y no se podrán sustentar y también ser[362] mucha ayuda para cargar sus azúcares y cueros.

En la misma cédula me manda Vuestra Majestad que avise si de hacer las mercedes dichas se podría seguir algún inconveniente o daño. En esto podría haber sólo uno y es que como en la isla hay pocos españoles metiéndose la dicha cantidad de negros no habría con ellos la seguridad que era razón y paréceme que ello se atrae remedio consigo, porque metiéndose tantos negros que puedan echar cantidad de ellos a las minas y algunos en los ingenios forzado han de procurar españoles para mineros y otro si para gobernar los ingenios y así[363] como crezcan los negros, también crecen los españoles. Y [364] esto Sacra Majestad [es] lo que parece cerca de lo que Vuestra Majestad manda por su Real Cédula de lo que conviene para la conservación de esta isla.

---

[359] Lee ansi.
[360] Lee vendiran.
[361] Lee despaña.
[362] Tachadura.
[363] Lee ansi.
[364] Tachadura.

Y yo, Rodrigo Ramírez, escribano público por Su Majestad y escribano del cabildo en esta dicha ciudad de Puerto Rico lo escribí e hice aquí este mí signo a tal

[signo] en testimonio de verdad

Rodrigo Ramírez
escribano público y de cabildo

f

No se me pagaron derechos de la vista
y de ello juro a Dios en forma
(rúbrica)

APÉNDICE X

1564. Probanza hecha por don Diego de Carasa, gobernador de Puerto Rico, de los servicios que hizo y gasto que se le ocasionó durante su gobierno por razón de los muchos corsarios franceses e ingleses que[365] atacaron a esta Isla.

Signatura:
Archivo General de Indias
Contaduría 1086, Número 1

+

En la ciudad de San Juan de Puerto Rico a diez y siete días del mes de junio de mil y quinientos y sesenta y cuatro años, el muy magnífico señor licenciado Diego de Carasa, gobernador y justicia mayor en esta Isla de San Juan por Su Majestad Real, y en presencia de mí, Pedro Maldonado, escribano público, dijo que por cuanto ha servido en esta gobernación a Su Majestad nueve años en los cuales ha tenido mucho trabajo y costo a causa de las guerras que en este tiempo ha habido con franceses y frecuencia de otros corsarios ingleses que han venido a esta isla y ha hecho otros servicios como fiel criado de Su Majestad especial en guardar y aprovechar y cobrar su Real Hacienda y para que conste de lo susodicho y Su Majestad sea servido de le mandar remunerar los dichos servicios hizo hacer la presente información y mandó a mí el dicho escribano que los testigos que en esta causa dijeren y depusieren se lo de por testimonio para el dicho efecto.

---

[365] Tachadura: arribaron.

1   Primeramente, sean preguntados los testigos si conocen a mí, el dicho licenciado Carasa, gobernador que he sido y soy en esta isla de nueve años a esta parte. Digan los testigos la edad que tienen y si son deudos o criados y paniaguados de mí, el dicho gobernador.

2   Ibídem, si saben que en la mayor parte del tiempo de los nueve años que aquí he gobernado ha habido guerras con Francia y han frecuentado esta isla muchos navíos de franceses y de otros corsarios ingleses y en todo el dicho tiempo he tenido en mi caballeriza cuatro caballos y a la continua dos en lo cual he gastado buena parte del salario que Su Majestad me manda dar porque aun el vecino que más hacienda tiene se le hace muy de más sustentar un caballo por la gran costa que hace a causa de que los mantenimientos para ellos se traen por mar y una fanega de maíz vale comúnmente tres castellanos.

3   Ibídem, si saben que por tener más y mejor fortificada esta ciudad hice hacer un lienzo de cerca en la parte más necesaria para la defensa de ella, que es en la caleta, que dicen de Piñón, que tiene trescientos pasos en largo y seis pies en ancho con sus troneras y salteras y asimismo debajo del Morro antiguo que está a la entrada del puerto de esta ciudad hice otro Morro por ser aquel inútil de cal y canto con siete troneras labradas junto a la agua en lugar conveniente para poder defender y echar a fondo los navíos que quisieren entrar en el puerto y asimismo hice otro baluarte debajo del Monasterio de Santo Domingo de esta ciudad y otro a la entrada de la puente y otros muchos bastiones[366] al surgidero del puerto que todo fue muy necesario para la defensa de ella.

4   Ibídem, si saben que todas las dichas obras son muy provechosas para la defensa de esta ciudad y se hicieron a muy poca costa de los vecinos y sin que de la hacienda Real de Su Majestad se gastase un real, sino con algunos peones que los vecinos dieron a mí ruego e instancia y con la mucha diligencia que yo puse.

5   Ibídem, si saben y así es público y notorio que en todo el tiempo que ha habido guerras y después en los tiempos que hay sospecha que pueden venir corsarios he tenido gran cuidado y vigilancia en la guarda de esta ciudad velando en persona sin lo cometer a otros visitando[367] las velas y centinelas que estaban puestas en las partes necesarias en lo cual he pasado muy gran trabajo.

6   Ibídem, si saben y tienen por cierto que por tener noticia los franceses f1v y otros corsarios del mucho recaudo y guarda y vigilancia que había en esta ciudad para la defensa de ella fue causa a que no la entrasen los tres navíos que vinieron de propósito sobre esta ciudad que de aquella vez fueron a [en blanco] y robaron y quemaron a Trujillo y Puerto de Caballos en cabo de Honduras y asimismo han venido otros navíos y no han osado acometer por la dicha causa y por ver desde la mar la buena ordenanza o concierto que la gente en tales tiempos tenía.

---

[366]   Lee bestiones.
[367]   Al fondo del folio: va enmendado cometer a otros visi.

7   Ibídem, si saben que de el excesivo trabajo que tuve en hacer las dichas obras y de la fatiga que di a los de mí casa yo y dos criados míos caímos enfermos y llegamos a punto de muerte y asimismo saben que de la continuación que siempre he tenido en velar las noches, esta ciudad y puerto y entradas de ellas, de quebrantamiento del dicho trabajo por el mes de febrero próximo pasado me dieron cámaras de sangre y me llegaron tan al cabo que no se tuvo esperanza que escapara con la vida.

8   Ibídem, si saben que en guardar y aumentar la hacienda de Su Majestad he puesto la diligencia posible y recobrado deudas antiguas y rezagadas que Su Majestad se debían de tiempo de otros gobernadores como fue una de Alonso Pérez Martel de seis mil y quinientos pesos y otra del contador Luis Pérez de Lugo de más de otros seis mil y de Juan Ponce de León siete mil y tantos y de otras personas.   Digan lo que saben.

9   Ibídem, si saben que después que Su Majestad envió a mandar se empleasen los cuartos que aquí tenía en azúcar y cueros por aviso que yo di a Su Majestad puse tanta diligencia y cuidado de hacer el dicho empleo que se ha aumentado en grande cantidad porque ocho mil y tantas arrobas de azúcar que se compraron por trece mil y tantos pesos valen más de cuarenta y ocho mil pesos y mil y seiscientos cueros que costaron mil y ochocientos pesos valen el día de hoy ocho mil pesos de la cual dicha cantidad se envía al presente en los navíos que ahora van para España mil arrobas de azúcar y más y doscientos y cuarenta y dos cueros.

10   Ibídem, si saben y así lo creen y tienen por cierto los testigos que yo, el dicho licenciado Carasa, en mis propios dineros y hacienda no he puesto tanta diligencia en aumentarla como en la Real Hacienda de Su Majestad ni en mí se ha conocido ni entendido codicia alguna.   Digan lo que saben.

11   Ibídem, si saben que en el tiempo que aquí he gobernado he tomado tres veces cuenta de la hacienda real de Su Majestad a sus tesoreros dos veces a Cristóbal de Salinas, tesorero que fue en esta isla, y a Martín Aceituno, que al presente lo es, como por las dichas cuentas parece.   El licenciado Carasa

El dicho señor gobernador presentó el dicho día por testigo para la dicha información a Baltasar Esteban y a Diego Martín Marchena, vecinos de esta ciudad de los cuales se recibió juramento por mí, el dicho escribano, en forma de derecho *f2* y so cargo de él prometieron de decir verdad.

Y después de lo susodicho en diez y nueve días del dicho mes y año susodicho el dicho señor gobernador presentó por testigo para la dicha información a Francisco de Morales Camacho y así el dicho escribano y a García de Toledo y a Alonso Moreno, vecinos de esta ciudad de los cuales se recibió juramento en forma de derecho y so cargo de él prometieron de decir verdad.

Y lo que los dichos testigos dijeron y depusieron es lo siguiente:

Testigo   El dicho Baltasar Esteban, vecino de esta ciudad, testigo presentado por el dicho señor gobernador habiendo jurado en forma de derecho y siendo preguntado por el tenor del dicho interrogatorio dijo lo siguiente.

1   A la primera pregunta dijo que conoce al dicho señor gobernador desde que vino a esta isla por gobernador que ha los dichos nueve años.

Generales   Fue preguntado por las preguntas generales de la ley.   Dijo que es de edad de cuarenta y ocho años, poco más o menos, y que no es criado ni paniaguado[368] del dicho señor gobernador ni le empece ninguna de las generales.

2   A la segunda pregunta dijo que sabe que desde[369] que vino el dicho señor gobernador a gobernar esta isla hasta ahora siempre ha habido guerras con Francia y siempre esta ciudad e isla ha sido frecuentada con navíos de franceses[370] y otros corsarios y el dicho señor gobernador ha tenido mucho trabajo y costa porque a la continua[371] ha tenido cuatro caballos en la caballeriza en lo cual ha tenido muy gran costa por valer, como valen, en esta isla muy crecidos precios los mantenimientos y una fanega de maíz vale comúnmente y ha valido tres pesos o cuatro y esto lo sabe este testigo porque así lo ha visto y ve como vecino que es en esta ciudad y como lombardero del Morro de ella.   Y ésto es público y notorio.

3   A la tercera pregunta dijo que sabe que el dicho señor gobernador en el tiempo que ha que está en esta gobernación ha hecho la cerca y lienzo junto a la mar a la Caleta de Piñón de la suerte y manera que la pregunta dice.   Y asimismo hizo en el Morro de esta ciudad un Morro; otro más abajo [del] que estaba hecho, porque de el otro no se podían aprovechar de los navíos que quisiesen entrar y de éste se aprovechan muy bien y no puede entrar navío que no le eche a fondo y es fuerza muy necesaria y conveniente.   Y asimismo hizo otro baluarte abajo del monasterio del Señor Santo Domingo de esta ciudad y otro a la entrada de la Puente y otras muchas fuerzas de bastiones[372] al surgidero de esta ciudad.   Todo lo cual era muy necesario e importante para la defensa de esta ciudad y lo ha hecho hacer el dicho señor gobernador con muy gran cuidado y diligencia residiendo con su persona mientras se hacían y con sus criados al Sol y al agua todo con muy gran trabajo de tal manera que todos los vecinos se maravillaban como *f2v* lo podían sufrir y en ésto todo lo sabe este testigo como tal vecino que lo ha visto y ve por vista de ojos.   Y ésto es público y notorio.

4   A la cuarta pregunta dijo que sabe que todas las dichas obras y fuerzas que así ha hecho el dicho señor gobernador son muy importantes para la defensa de esta ciudad como dicho tiene en la pregunta antes de ésta, las cuales sabe que se hicieron a muy poca costa con algunos peones que algunos vecinos[373] dieron a ruego e intercesión del dicho señor gobernador y ésto es muy público y notorio y lo sabe como tal vecino y lombardero que es del dicho Morro.

5   A la quinta pregunta dijo que sabe y así es público y notorio que el dicho señor

---

[368] Tachadura: a.
[369] Lee dende.
[370] Tachadura: otros.
[371] Lee contina.
[372] Lee bestiones.
[373] Tachadura: y.

gobernador en todo el tiempo que ha que gobierna esta isla cuando había guerras y después cando se ha tenido sospecha vendrán[374] corsarios siempre el dicho señor gobernador ha tenido muy gran cuidado y vigilancia en velar la ciudad y fuerzas de ella para que todo estuviese apercibido y a punto de guerra visitando las dichas fuerzas y velas por su persona y velando del propio sin lo cometer a persona alguna de día o de noche, en lo cual el dicho señor gobernador ha pasado mucho trabajo y los vecinos se maravillaban de cómo lo podía sufrir anda todas las noches velando y ésto lo sabe este testigo como artillero que es del Morro que él obra como dicho tiene y que ésto es público y notorio.

6   A la sexta pregunta dijo que a esta ciudad han venido muchas personas que decían que habían sido tomados de franceses y que a los dichos franceses les oían decir hablando de esta ciudad que no habían venido a ella, ni osaban entrar, por el mucho recaudo que en ella había y por esta causa no habían entrado los tres navíos que habían arribado y quemado a Trujillo y Puerto de Caballos en Honduras aunque estuvieron sobre el puerto de esta ciudad los cuales no habían osado entrar porque les habían dicho personas que iban en su compañía portugueses la guarda y defensa que había en esta ciudad y aún ellos propios habían visto la gente de guerra desde[375] la mar y no habían osado entrar y se habían ido y que ésto es público y notorio y pública voz y fama.

7   A la séptima pregunta dijo que sabe y es verdad que el dicho señor gobernador trabajó tanto en hacer y continuar las dichas obras él y la gente de su casa que del continuo trabajo que en ellas pusieron el dicho señor gobernador y dos criados suyos cayeron enfermos y llegaron tan al cabo que estuvieron a punto de muerte y todo el pueblo decían que del continuo trabajo que puso en hacer y acabar las dichas obras y andar al Sol y al agua le sucedió la dicha enfermedad. Y que asimismo sabe que por el tiempo contenido en la pregunta le dio al dicho señor gobernador una enfermedad de cámaras de sangre que estuvo a punto de muerte y que ésto le sucedió *f3* del quebrantamiento y trabajo que tenía en velar la ciudad de noche y de día y que ésto muy público y notorio.

8   A la octava pregunta dijo que sabe que el dicho señor gobernador ha tenido siempre mucho cuidado y diligencia en guardar y aumentar la hacienda real de Su Majestad porque siempre ha visto que ha mirado por ella en procurar que se cobren deudas antiguas que se debían como son las deudas contenidas en la pregunta y ésto es público y notorio.

9   A la novena pregunta dijo que sabe que el dicho señor gobernador en el aviso que dio a Su Majestad para que la moneda de cuartos que en esta isla tenía se empleáse en azúcar y cueros y ganado Su Majestad mucha cantidad de dineros por haber empleado el dicho dinero al tiempo que se empleó lo contenido en la pregunta y ahora llevan[376] a Su Majestad en estos navíos cantidad de azúcar y cueros que se ha oído decir que es la cantidad que la pregunta dice y que se remite al registro y que todo ésto que así se ha aumentado en la Real Hacienda de Su Majestad ha sido por la industria y cuidado del dicho señor gobernador y que ésto es notorio.

10   A la décima pregunta dijo que dice lo que dicho tiene en la pregunta antes de ésta y que sabe y es notorio que ha tenido tanta diligencia el dicho señor gobernador en lo tocante a la Real Hacienda en procurar de guardarla y aumentarla más que en la suya propia porque

---

[374] Lee vernan.
[375] Lee dende.
[376] Lee levan.

no ha visto ni entendido del dicho señor gobernador ser hombre codicioso[377] de adquirir hacienda propia y esto lo sabe como persona que lo ha visto y entendido de él y porque así es público y notorio.

11 A la oncena pregunta dijo que sabe y es verdad que el dicho señor gobernador en el tiempo que ha que gobierna esta isla ha tomado tres veces cuenta a los tesoreros que han sido y son que esta isla como fue Cristóbal de Salinas, tesorero que fue en ella, y a Martín Aceituno, tesorero que al presentes es y que se remite a las dichas cuentas que por ellas parecerá y que todo lo que dicho y declarado tiene es la verdad para el juramento que hizo y firmolo de su nombre.   Baltasar Esteban

Testigo   El dicho Diego Martín Marchena, vecino de esta ciudad, testigo presentado por el dicho señor gobernador habiendo jurado en forma de derecho y siendo preguntado por el tenor del dicho interrogatorio, dijo lo siguiente.

1 A la primera pregunta dijo que conoce al dicho señor licenciado Carasa, gobernador por Su Majestad en esta isla de los nueve años a esta parte que la pregunta dice que ha que gobierna esta isla.

Generales   Fue preguntado por las preguntas generales de la ley.   Dijo que es de edad de cincuenta años, poco más o menos, y que no es paniguado, ni deudo del dicho señor gobernador, ni le empece ninguna de las generales.

2 A la segunda pregunta dijo que sabe que de los dichos nueve años a esta parte ha visto muchas veces venir navíos de franceses junto al puerto de esta ciudad con intención[378] de entrar en él y ha visto que el dicho señor gobernador ha tenido mucho cuidado y vigilancia y mucha costa porque a la continua[379] ha tenido dos y tres caballos en su caballeriza y a las veces cuatro en lo cual ha gastado mucho por valer los mantenimientos que para ellos se traen a excesivos precios y que los vecinos más ricos de esta ciudad tienen por muy gran costa mantener un caballo y no lo pueden sustentar porque los mantenimientos para ellos vienen por mar y vale una fanega de maíz a la continua[380] tres y cuatro pesos y ésto lo sabe este testigo como vecino que es y lo ha visto y ve y ésto es público y notorio.

3 A la tercera pregunta dijo que sabe que el dicho señor gobernador para que estuviese esta ciudad más bien pertrechada y a recaudo ha hecho hacer las fuerzas y cercas contenidas en la pregunta en las partes y lugares y de la forma y manera que en ella se declara porque este testigo las ha visto todas y todo ello ha sido cosa muy importante y necesaria para la defensa de esta ciudad y el dicho señor gobernador por su persona andaba con mucho trabajo con los oficiales y personas que andaban en ellas dando la prisa posible hasta acabarlas y ésto es muy público y notorio.

4 A la cuarta pregunta dijo que sabe que las dichas fuerzas y obras son muy necesarias e importante para la defensa de esta ciudad, como dicho tiene en la pregunta antes de ésta, las cuales se hicieron a muy poca costa de los vecinos y sin que de la Real Hacienda se gastase

---

[377] Lee cubducioso.
[378] Lee intincion.
[379] Lee contina.
[380] Lee contina.

cosa alguna porque se hicieron con algunos peones que algunos vecinos dieron para ellas a ruego e intercesión del dicho señor gobernador y para que mas en breve se acabasen las dichas fuerzas vio que pidió licencia al señor obispo de esta isla para que en algunas fiestas después de comer se pudiese trabajar en ellas lo cual se dio y el dicho señor gobernador juntaba los negros y negras de la ciudad para ello y así con ésto y con la mucha diligencia que ponía en andar sobre ellos se acabaron con brevedad y a poca costa y ésto es notorio.

5   A la quinta pregunta dijo que sabe que todo el tiempo que han durado las guerras con Francia y en el tiempo que puede haber habido sospecha de corsarios, el dicho señor gobernador ha tenido muy gran cuidado y vigilancia en que esta ciudad y vecinos de ella estuviesen muy apercibidos y a recaudo velando por su persona sin lo cometer a nadie y visitando de noche las velas, centinelas a donde estaban puestas todo con mucho cuidado y trabajo de su persona de tal manera que todo el pueblo tenía que decir del cuidado que tenía en velar y guardar la ciudad y ésto lo sabe como vecino que lo veía[381] por vista de ojos porque algunas veces fue a velar y a acompañar al dicho señor gobernador y ésto es público y notorio.

f4

6   A la sexta pregunta dijo que sabe que a esta ciudad ha venido personas que habían sido tomados de franceses que habían oído platicar a los dichos franceses que no habían venido a esta ciudad a tomar el puerto de ella porque eran certificados de la mucha defensa y guarda que en ella había y así tres navíos que estuvieron sobre el puerto de esta ciudad que eran de corsarios franceses, no osaron entrar en el puerto porque fueron informados de portugueses que venían en su compañía que la ciudad no se podía tomar por estar a mucho recaudo y así se habían ido a Honduras y quemaron y robaron a Puerto de Caballos y Trujillo y que ésto es la verdad y público y notorio.

7   A la séptima pregunta dijo que sabe que el dicho señor gobernador de las continuas ocupaciones que tubo en las dichas obras en hacerlas y acabarlas él y dos criados suyos cayeron enfermos de tal manera que llegaron a punto de muerte de estar al Sol y al agua y sereno. Esto lo sabe porque lo vio y es público y notorio y asimismo sabe y es público y notorio que por el tiempo contenido en la pregunta el dicho señor gobernador cayó mal dispuesto de una enfermedad de cámaras de sangre que estuvo a punto de muerte y desgraciado[382] y todo decían haberle sucedido del continuo[383] trabajo y quebrantamiento que había tenido en velar de noche y de día esta ciudad y fuerzas de ella y andar al agua y Sol y sereno y ésto sabe porque lo vio enfermo muy al cabo y es público y notorio haberle sucedido de lo que dicho tiene.

8   A la octava pregunta dijo que sabe que el dicho señor gobernador ha tenido siempre durante el tiempo de su gobernación cuidado y vigilancia mucha en aumentar la Real Hacienda de Su Majestad y en guardarla y cobrarla como ha sido en hacer cobrar deudas antiguas y recargadas que se debían a Su Majestad de tiempo de otros gobernadores como son las deudas que la pregunta dice y otras que debían otras personas y ésto es muy público y notorio.

9   A la novena pregunta dijo que sabe que por aviso que el dicho señor gobernador dio

---

[381] Lee via.
[382] Lee desafraciado.
[383] Lee contino.

a Su Majestad para que se emplease el dinero de cuartos que en esta isla tenía en azúcar y cueros y en el cuidado que en hacer el dicho empleo ha tenido se ha aumentado a la Real Hacienda la cantidad que la pregunta declara y sabe y es notorio que de ello se envía ahora a España en estos navíos que están de partida para allá cantidad de azúcar y cueros que es remite al registro que de ello se ha hecho y así en esto, como en lo demás, se ha mostrado el dicho señor gobernador muy fiel criado y servidor de Su Majestad y que ésto es notorio.

10   A la décima pregunta dijo que sabe que el dicho señor gobernador como dicho tiene en la pregunta antes de ésta ha tenido mucho cuidado y diligencia en guardar y aumentar la dicha Real Hacienda de Su Majestad mucho más que aumentar la suya propia porque este testigo le conoce por hombre *f4v* que no tiene codicia[384] ni inteligencia para aumentar su hacienda como otros suelen hacer y que ésto es notorio.

11   A la oncena pregunta dijo que la sabe como en ella se declara porque así lo ha visto como la pregunta dice y que se remite a las cuentas que por ellas parecerá y que lo que dicho tiene es la verdad para el juramento que hizo y firmolo de su nombre.   Diego Martín

Testigo   El dicho Francisco de Morales Camacho, maestre de navíos examinado, estante en esta ciudad, testigo presentado por el dicho señor gobernador habiendo jurado en forma de derecho y siendo preguntado por el tenor del dicho interrogatorio dijo lo siguiente.

1   A la primera pregunta dijo que conoce al dicho señor gobernador de diez años a esta parte, poco más o menos.

Generales   Fue preguntado por las preguntas generales de la ley.   Dijo que es de edad de cuarenta años, poco más o menos, y que no es pariente ni deudo del dicho señor gobernador ni le empece ninguna de las generales.

2   A la segunda pregunta dijo que sabe que del dicho tiempo de los nueve años que ha que el dicho señor gobernador gobierna esta isla a esta parte ha habido guerras con Francia y han venido muchas veces navíos de franceses y otros corsarios sobre el puerto de esta ciudad porque los ha visto y se ha hallado en esta ciudad al tiempo que venían y sabe que todo este dicho tiempo el dicho señor gobernador ha tenido en su caballeriza dos o tres caballos y cuatro para en lo tocante a las dichas guerras en lo cual no puede dejar de haber gastado mucho por valer los mantenimientos que para los caballos hay a muy crecido y excesivos precios porque una fanega[385] de maíz vale comúnmente y ha valido a tres y a cuatro pesos y el mantenimiento de yerba se trae por la mar y de esta causa no puede haber dejado de gastar mucho y que el vecino más rico se le hace de mal mantener un caballo por la gran costa que tiene en sustentarle y que ésto sabe de esta pregunta porque lo ha visto como dicho tiene.

3   A la tercera pregunta dijo que sabe que después que el dicho señor gobernador está en esta gobernación ha hecho el licenciado de cerca y las demás fuerzas que la pregunta dice en las partes y lugares que en ella se declaran porque vio hacer la mayor parte de ello y en hacer las dichas obras y fuerzas vio que puso muy gran vigilancia y cuidado en que se acabasen con brevedad y ésto es público y notorio.

---

[384] Lee cobdiçia.
[385] Lee hanega.

4   A la cuarta pregunta dijo que sabe que todas las dichas fuerzas contenidas en la pregunta antes de esta todas ellas son muy importantes *f5* y necesarias para la guarda y defensa de esta ciudad y que oyó decir este testigo que en hacer las dichas obras no se había gastado cosa alguna de la Real Hacienda. Antes, con algunos peones que vecinos de esta ciudad daban para ellas a su ruego e intercesión se acabaron mediante la diligencia y cuidado que en ellas puso el dicho señor gobernador y ésto es muy público y notorio.

5   A la quinta pregunta dijo que sabe y ha visto que el dicho señor gobernador en todo el tiempo que ha habido las dichas guerras y tenido sospecha de que había algunos corsarios siempre el dicho señor gobernador ha tenido muy gran cuidado y diligencia en la guarda y defensa de esta ciudad velando de día y de noche visitando las villas y centinelas que estaban puestas en los lugares necesarios el propio por suyo sin lo cometer a otra personas algunas en lo cual pasaba mucho trabajo y que ésto lo sabe porque lo ha visto y así es público y notorio.

6   A la sexta pregunta dijo que al tiempo que los tres navíos de Francia llegaron sobre el puerto de esta ciudad este testigo se halló en ella y vio como los dichos tres navíos quisieron entrar en este puerto e hicieron todas las señas y acometimientos que suelen hacer los navíos para entrar en los puertos y vio como el dicho señor gobernador andaba con mucho cuidado y diligencia proveyendo en cada parte lo que era necesario para que todo estuviese a punto de guerra y vio como andaba animando la gente, así de caballo como de pie, y poniéndola en ordenanza la cual sacó hacia el Morro a vista de los navíos y estando así creyendo que los dichos navíos entraran dieron vela y se pasaron de largo y que ha oído decir que la causa porque no habían entrado había sido por ver la gente que habían visto en tan buena ordenanza y ésto sabe de esta pregunta.

7   A la séptima pregunta dijo que este testigo al tiempo que el dicho señor gobernador hacía las dichas obras para la defensa de esta ciudad le vio que cayó enfermo y decían este testigo y otros que había sido su enfermedad de el demasiado trabajo que en las dichas obras había pasado y que después de ésto oyó decir este testigo que por el mes de febrero de este año había caído enfermo el dicho señor gobernador de una cámara de sangre que había llegado a punto de muerte y que asimismo decían que le habían sucedido de el quebrantamiento que había tenido en velar de noche la ciudad para que estuviese con toda guarda y ésto es público y notorio.

8   A la octava pregunta dijo que sabe que el dicho gobernador *f5v* ha siempre tenido mucho cuidado en cobrar la Real Hacienda de Su Majestad y aumentarla y que ha hecho cobrar o cobrado las deudas que la pregunta dice que eran deudas antiguas y recargadas y que en todo ha tenido especial cuidado y diligencia como buen gobernador de Su Majestad y ésto es público y notorio.

9   A la novena pregunta dijo que sabe que por el aviso que el dicho señor gobernador dio a Su Majestad para que el dinero de cuartos que en esta isla tenía se empleasen en azúcar y cueros y por el cuidado y diligencia que en hacer dicho empleo tubo se ha aumentado en la Real Hacienda mucha cantidad de dineros por las causas que en ella se declaran y que es notorio que ahora en estos navíos que al presente están de partida envía el dicho señor gobernador a Su Majestad cierta cantidad de azúcar y cueros que se remite a las partidas del registro que por ellas parecerá la cantidad que es y que ésto sabe.

10   A la décima pregunta dijo que sabe que el dicho señor gobernador ha tenido y tiene especial cuidado en guardar y aumentar la Real Hacienda de Su Majestad como lo tiene dicho en la octava pregunta antes de esta de tal manera que en su propia hacienda no tiene tanto

cuidado en aumentarla como lo tiene en la de Su Majestad porque le conoce ser hombre sin codicia[386] y no amigo de granjerías ni otras cosas y ésto es notorio.

11   A las once preguntas dijo que este testigo se halló en esta ciudad en tiempo que el dicho señor gobernador tomo cuenta de la Real Hacienda a Cristóbal de Salinas, tesorero que fue en esta isla, y ha visto las cuentas que tomó a Juan Ponce de León y ahora ha visto las que ha tomado a Martin Aceituno, tesorero que al presente [es] y que se remite a las dichas cuentas que todo lo que dicho y declarado tiene es la verdad para el juramento que hizo y firmolo de su nombre.   Francisco de Morales Camacho.

Testigo   El dicho García de Toledo, vecino de esta ciudad, testigo presentado para en la dicha información habiendo jurado y siendo preguntado en razón del dicho interrogatorio y por las preguntas de él dijo lo siguiente.

1   A la primera pregunta dijo que conoce al señor licenciado Diego de Carasa, gobernador que es en esta isla por Su Majestad, el tiempo contenido en la pregunta a esta parte.

Generales   Preguntado por las generales, dijo que es de edad como de más de cuarenta años y no es pariente ni criado del dicho señor gobernador.

2   A la segunda pregunta dijo que sabe que todo el más tiempo de los dichos *f6* nueve años que ha que el dicho señor gobernador reside y gobierna esta isla ha habido guerras y ha habido corsarios por esta isla así que han pasado por la costa de esta ciudad en frente de su puerto como por la costa del Sur o San Germán, El Viejo, y que asimismo sabe y ha visto que todo el tiempo el dicho señor gobernador ha tenido caballeriza con dos caballos y algún tiempo y especialmente cuando las guerras de Francia andaban muy vivas tenía cuatro caballos en la dicha caballeriza en lo cual no puede dejar de haber gastado mucha cantidad del salario que Su Majestad le manda dar en esta isla lo cual este testigo sabe porque por experiencia ha visto que es muy gran costa en esta ciudad sustentar un caballo en caballeriza y que aún a los muy ricos y que tienen posibilidad para ello se les hace muy de más tener caballo en caballeriza a la continua.[387]

3   A la tercera pregunta dijo que este testigo vio hacer y ve que esta hecho el lienzo de cerca en el lugar y de la manera en la pregunta contenido lo cual hizo y mandó hacer el dicho señor gobernador en la caleta que dicen de Piñón el cual tendrá,[388] al parecer de este testigo, el largo y anchura en la pregunta contenido y asimismo vio que el dicho señor gobernador hizo y mandó hacer el Morro a la entrada del puerto y el baluarte y reparos en la pregunta contenidos lo cual al parecer de este testigo todo fue muy necesario para la defensa de esta ciudad.

4   A la cuarta pregunta dijo que le parece a este testigo que todas las obras y baluartes que el dicho señor gobernador hizo en esta ciudad contenidas en la pregunta antes de este fueron muy necesarias para la defensa de ella y que asimismo este testigo no sabe en ello haberse gastado cosa de la Real Hacienda ni de los vecinos más de algunos peones que los

---

[386]   Lee cubdiçia.
[387]   Lee contina.
[388]   Lee terna.

vecinos para ello dieron.

5   A la quinta pregunta dijo que este testigo ha visto lo contenido en la pregunta ser y pasar como en ella se contiene porque las más noches ha visto al dicho señor gobernador velar y visitar las velas y que a lo que tiene entendido no puede dejar de haber pasado en ello mucho trabajo porque muchas o las más noches iba de prima noche a requerir las velas y estaba hasta medianoche y después al cuarto del alba volvía a visitarlas.

6   A la sexta pregunta dijo que le parece a este testigo que de causa de estar esta ciudad muy apercibida por el gran recaudo que el dicho señor gobernador ha tenido siempre en ella han dejado de venir a esta ciudad como vinieron a otras de estas partes y que este testigo vio llegar al puerto de esta ciudad los tres navíos contenidos en la pregunta los cuales llegando muy cerca del Morro, que es a la entrada del puerto *f6v* les tiraron un tiro del dicho Morro y que luego se hicieron a lo largo de donde fueron a Honduras y quemaron y robaron a ciertos pueblos de la provincia de Honduras y que ésto sabe de esta pregunta.

7   A la séptima pregunta dijo que este testigo vio al dicho señor gobernador y a Diego de Viguera y a Juan de Tejada en el tiempo que se hacían las dichas obras muy enfermos y que cree fue del trabajo que pasaron en el hacerlas en entender en ello por causa de estar siempre al pie de la obra y hacer muy gran Sol y estar siempre a él y que asimismo este testigo vio al dicho señor gobernador en el tiempo contenido en la dicha pregunta muy malo de cámaras de sangre de que llegó muy al cabo y cree y tiene por cierto fue del quebrantamiento de la visita que cada noche hacía a las velas y guardas que siempre están puestas por causa de los corsarios.

8   A la octava pregunta dijo que este testigo sabe que el dicho señor gobernador ha cobrado deudas viejas que se debían a Su Majestad de tiempo de otros gobernadores que le parece a este testigo son las en la pregunta contenidas.

9   A la novena pregunta dijo que le parece a este testigo que de haber hecho los empleos contenidos en la pregunta Su Majestad y su Real Hacienda ha ganado mucha cantidad porque al tiempo que se hicieron los dichos empleos valía el azúcar y cueros a muy bajos precios y ahora vale a muy excesivos precios y que si ahora va la cantidad de azúcar y cueros en la pregunta contenidos en los navíos que están de partida para España que este testigo no lo sabe que se remite a las partidas de los registros de ellos.

10   A la décima pregunta dijo que este testigo ha visto que en lo que toca a la Real Hacienda siempre el dicho señor gobernador ha puesto muy gran diligencia y que no le conoce ni ha visto que en cosa suya propia haya puesto tanta diligencia como en lo que toca a la Real Hacienda.

11   A la once pregunta dijo que este testigo vio tomar cuentas al tesorero Cristóbal de Salinas no se acuerda cuentas veces y al presente sabe que está el dicho señor gobernador tomando cuenta a Martin Aceituno, tesorero de la Real Hacienda, y que se remite a todas las dichas cuentas y que lo que ha dicho es la verdad y lo que sabe y lo firmo.   García de Toledo.

Testigo.   Yo, el dicho Pedro Maldonado, escribano público de esta ciudad, testigo presentado que soy por el dicho señor gobernador habiendo jurado y visto por mí el dicho interrogatorio digo lo siguiente.

f7

1   A la primera pregunta digo que conozco al dicho señor licenciado Carasa, gobernador por Su Majestad en esta isla, donde vino por gobernador de ella que puede haber los nueve

años que la pregunta declara.

Generales   Por las generales digo que soy de edad de treinta y seis años, poco más o menos, y que no soy deudo, ni criado, ni paniaguado del dicho señor gobernador, ni me empece ninguna de las generales.

2   A la segunda pregunta digo que se y así es público y notorio que del dicho tiempo de los dichos nueve años que ha que gobierna el dicho señor gobernador a esta parte ha habido guerras con Francia y siempre esta ciudad ha estado muchas veces con rebatos de franceses y otros corsarios que han venido sobre el puerto de ella y siempre ha visto en todo este dicho tiempo que el dicho señor gobernador ha tenido a la continua[389] dos y tres caballos en su caballeriza para en lo tocante a las guerras o algunas veces cuatro en lo cual puede haber dejado de haber gastado mucho por haber sido excesiva la costa y valer tan caros los mantenimientos que para los dichos caballos son menester por traerse por mar y valer como ha valido continuamente a tres y a cuatro pesos la fanega de maíz o ser muy gran costa mantener un caballos cuando más tanto que el vecino más rico de esta ciudad no lo quiere tener por la gran costa que tiene y que ésto lo se como persona que lo he visto y veo y es público y notorio.

3   A la tercera pregunta digo que sé que el dicho señor gobernador hizo hacer el lienzo de cerca y el Morro y las otras fuerzas y baluartes que la pregunta declara en las partes y lugares y de la forma y manera que la pregunta dice porque los vio hacer las cuales ha dicho de todo el pueblo son fuerzas muy importantes para la guarda y defensa de esta ciudad en las cuales el dicho señor gobernador trabajo mucho hasta acabarlas y lo se porque lo vi como la pregunta dice y es notorio.

4   A la cuarta pregunta digo que digo lo que dicho tengo en la pregunta antes de ésta y que todas las dichas obras y fuerzas se hicieron y acabaron a muy poca costa y sin que de la Real Hacienda de Su Majestad se gastase cosa alguna, sino con la mucha y buena diligencia que el dicho señor gobernador puso en ellas y algunos peones que los vecinos dieron para ellas a ruego del dicho señor gobernador y o el dicho escribano fuí uno de los que dieron peones para las dichas obras y ésto lo se porque lo ví y así es público y notorio lo contenido en la pregunta.

5   A la quinta pregunta digo que se y así es público y notorio que el dicho señor gobernador en todo el tiempo que ha que gobierna esta isla ha tenido muy gran cuidado y diligencia en la guarda y conservación de ella velando todas las más de las noches en persona *f7v* sin lo cometer a persona alguna visitando las velas y centinelas que había para que estuviesen a recaudo y proveyendo de lo que de lo que era menester a donde era necesario en lo cual se como testigo de vista que ha pasado mucho trabajo en velar y estar siempre

---

[389] Lee contina.

sobre aviso para que los enemigos no nos tomasen descuidados y ésto es muy público y notorio.

6   A la sexta pregunta digo que a esta ciudad vino un piloto que se llamaba Suárez que había estado con los franceses que tomaron a Trujillo y Puerto de Caballos en Honduras y tratando este de los dichos franceses y como habían llegado sobre el puerto de esta ciudad con propósito de entrar en ella para robarla y quemarla no habían osado entrar porque dicen[390] que habían sido avisados de portugueses que venían con ellos que la ciudad estaba muy a recaudo y con muchas fuerzas y pertrechos y que no la podrían tomar y así con esto se fueron estos navíos, que eran tres, a Honduras donde habían robado y quemado al dicho Trujillo y Puerto de Caballos y que sé que luego como asoman navíos de corsarios al puerto el dicho señor gobernador hace apercibir la gente y poner lo necesario en las fuerzas y con toda ordenanza sale a la visita de los navíos que así vienen y como ven la gente no entran y pasan delante y ésto asimismo lo ha oído platicar a personas que lo habían oído decir a los tales corsarios.

7   A la séptima pregunta digo que se y así es notorio que el dicho señor gobernador y dos criados suyos al tiempo que hacían y continuaban las dichas obras contenidas en la tercera pregunta del mucho trabajo y cuidado que en ellas puso cayeron enfermos y estuvieron a punto de muerte y todo el pueblo decía que por el mucho trabajo que habían pasado con Sol y agua y serenos en lo que tocaba a las dichas obras les había sucedido las dichas enfermedades y asimismo sé que por el mes de febrero de este año en que estamos de sesenta y cuatro, el dicho señor gobernador cayó enfermo de cámaras de sangre y estuvo tan al cabo que ninguno creyera que escapara lo cual todos dicen haberle sucedido del continuo trabajo y quebrantamiento de andar velando a la continua[391] todas las noches y ésto es muy público y notorio.

8   A la octava pregunta digo que siempre el dicho señor gobernador ha tenido muy gran cuidado y vigilancia en guardar y aumentar la hacienda de Su Majestad *f8* y hacer que se cobrasen las deudas antiguas y recargadas como son las contenidas en la pregunta por tener como tengo noticias de ellas y de lo demás como escribano de Su Majestad y público de esta ciudad y ésto el dicho señor gobernador lo ha hecho y hace con muy gran cuidado y diligencia porque así lo ha visto y veo y es así público y notorio.

9   A la novena pregunta digo que por el aviso que el dicho señor licenciado Carasa dio a Su Majestad para que el dinero de cuartos que en esta isla tuviese se emplease en azúcar y cueros y por el cuidado y diligencia que tuvo en hacer el empleo se ha aumentado mucho a la Real Hacienda de Su Majestad que hecho la cuenta de lo que costo cada arroba de azúcar y cada cuero y lo que vale ahora vienen a valer lo contenido en la pregunta y de ello envió ahora a Su Majestad en estos navíos cierta cantidad de azúcar y cueros y ésto es notorio.

---

[390]   Lee diz.
[391]   Lee contina.

10   A la décima pregunta digo que el dicho señor gobernador ha puesto y pone tanto cuidado y diligencia en lo tocante a la Real Hacienda de Su Majestad más que en la suya propia porque yo el dicho escribano no siento ni he sentado del dicho señor gobernador ser codicioso en aumentar hacienda suya y esto es por la mucha comunicación que con el tengo como escribano que soy.
11   A las once pregunta digo que la se como en ella se contiene porque he visto las dichas cuentas y que me remito a ellas y que lo que dicho tengo es la verdad para el juramento que hice y fírmelo de mí nombre.   Pedro Maldonado

Testigo.   El dicho Alonso Moreno, vecino de esta ciudad, testigo presentado por el dicho señor gobernador habiendo jurado en forma de derecho y siendo preguntado por el tenor del dicho interrogatorio dijo lo siguiente.
1   A la primera pregunta dijo que conoce al dicho señor gobernador desde[392] que vino a esta isla por gobernador que ha los dichos nueve años.

Generales   Fue preguntado por las generales de la ley y dijo que es de edad de treinta y nueve años, poco más o menos, y que no es criado, ni paniaguado, ni deudo del dicho señor gobernador, ni le empece ninguna de las generales.

2   A la segunda pregunta dijo que sabe que desde[393] que vino el dicho señor gobernador a gobernar esta isla hasta ahora siempre ha habido guerras con Francia y siempre esta ciudad e isla ha sido frecuentada con navíos de franceses y otros corsarios y el dicho señor gobernador ha tenido mucho trabajo y costa porque a la continua[394] ha tenido dos caballos en caballeriza y a veces tres y cuatro en lo cual *f8v* ha tenido muy gran costa por valer como valen en esta isla muy crecidos precios los mantenimientos y una fanega[395] de maíz vale comúnmente y ha valido a tres y cuatro pesos y ésto lo sabe porque así lo ha visto y ve como vecino que es de esta ciudad.
3   A la tercera pregunta dijo que sabe que el dicho señor gobernador en el tiempo que ha que esta en esta isla ha hecho y mandado hacer la cerca y lienzo junto a la mar, a la Caleta de Piñón, de la suerte y manera que la pregunta dice y asimismo hizo en el Morro de esta ciudad otro Morro más debajo de él que estaba hecho porque de el otro no se pidan aprovechar para los navíos que entraban y salían y de éste que al presente se hizo se aprovechan muy bien que cualquier navío se puede con el echar a fondo y es fuerza muy necesaria y conveniente y asimismo hizo otro baluarte debajo de el monasterio de Santo Domingo de esta ciudad y otro a la entrada de la Puente de Aguilar y otras muchas fuerzas de bastiones[396] al surgidero de esta ciudad en la Caleta del Tejar todo lo cual era muy necesario e importante a la defensa de esta cuidad y lo ha hecho hacer el dicho señor gobernador con muy gran cuidado y diligencia residiendo con su persona y criados al Sol y

---
[392]   Lee dende.
[393]   Lee dende.
[394]   Lee contina.
[395]   Lee hanega.
[396]   Lee bestiones.

al agua[397] y con muy gran trabajo de manera que este testigo y los más vecinos se espantaban como lo podía sufrir y algunos vecinos le dijeron que mirase por su persona y no tomar tanto trabajo y respondía que en más tenía y así lo que era obligado que no su salud y ésto sabe este testigo como tal vecino que lo ha visto y ve por vista de ojos y ésto es público y notorio.

4   A la cuarta pregunta dijo que sabe que todas las dichas obras y fuerzas que así ha hecho el dicho señor gobernador son muy importantes para la defensa de esta ciudad como dicho tiene en la tercera pregunta las cuales sabe que se hicieron sin que de la Real Hacienda de Su Majestad se gastase nada sino que se hicieron con muy poca costa con algunos peones que algunos vecinos dieron a ruego e intercesión[398] del dicho señor gobernador y ésto es muy público y notorio y lo sabe como tal vecino.

5   A la quinta pregunta dijo que sabe y así es público y notorio que el dicho señor gobernador en todo el tiempo que ha que gobierna en esta isla cuando había guerra y después cuando se ha tenido sospecha que venían corsarios siempre el dicho señor gobernador ha tenido muy gran cuidado y vigilancia en velar la ciudad y fuerza de ella para que todo estuviese apercibido en punto de guerra visitando las dichas fuerzas y velas por su persona y velando el propio sin lo cometer a persona ninguna de día y de noche *f9* a lo cual el dicho señor gobernador ha pasado mucho trabajo que este testigo se maravillaba como la podía sufrir y lo mismo muchas vecinos a quien este testigo lo oía decir pues todo lo más de el tiempo el dicho señor gobernador de día estaba en las obras que dicho tiene y las noches siempre velaba por su persona y este testigo lo sabe como vecino que algunas veces iba acompañando al dicho señor gobernador y ésto es público y notorio.

6   A la sexta pregunta dijo que a esta ciudad han venido algunas personas que habían sido tomados de franceses y hablando de esta ciudad le oían decir a los dichos franceses que no habían venido a ella ni osaban entrar por estar ciertos del mucho recaudo que en ella había y por esta causa no habían entrado los tres navíos que dicen haber quemado a Trujillo y Puerto de Caballos y Honduras aunque estuvieron sobre el puerto de esta ciudad y no habían osado entrar porque estaban informados de las guardas y defensa que en esta ciudad había y aún ellos propios llegaron tan cerca de este puerto y vieron la gente a punto de guerra y no habían osado entrar y ésto es público y notorio.

7   A la séptima pregunta dijo que este testigo al tiempo que el dicho señor gobernador hacía las dichas obras para defensa de esta ciudad vio que cayó enfermo y este testigo y todos los más vecinos decían ser su enfermedad de demasiado trabajo que en las obras había pasado y que después de ésto vio este testigo que por el dicho tiempo contenido en la pregunta cayó malo el dicho señor gobernador de cámaras de sangre y llego a punto de muerte y se tenía por cierto ser del quebrantamiento que había tomado en velar de noche la ciudad para que estuviese con toda guarda y ésto es público y notorio.

8   A la octava pregunta dijo que sabe que el dicho señor gobernador ha tenido mucho cuidado en cobrar la Real Hacienda de Su Majestad y aumentarla y que ha hecho cobrar y ha cobrado las deudas contenidas en la pregunta que eran bien antiguas y en todo ha visto que ha tenido y tiene el dicho cuidado como buen gobernador de Su Majestad y ésto es público y notorio.

9   A la novena pregunta dijo que por el aviso que el dicho señor gobernador dio a Su

---

[397] Lee algua.
[398] Lee interseción.

Majestad para que los cuartos que en esta isla tuviese se empleasen en azúcar y cueros y por el cuidado y diligencia que tuvo en el hacer el del empleo se ha aumentado mucho la Real Hacienda de Su Majestad que hecha la cuenta de lo que cuesta cada una arroba de azúcar *f9v* y cada un cuero y lo que ahora valen viene a ser lo contenido en la pregunta y de ellos envía ahora a Su Majestad en estos navíos cierta cantidad de azúcar y cueros y ésto lo sabe este testigo como vecino y persona que ha pagado parte de ello y es notorio.

10 A la décima pregunta dijo que el dicho señor gobernador ha puesto y pone tanto cuidado y diligencia en lo tocante a la Real Hacienda de Su Majestad más que en la suya propia ni este testigo ha sentido ni siente en el dicho señor gobernador ser codicioso[399] en aumentar hacienda y ésto lo sabe este testigo por ser muy público y notorio.

11 A las once preguntas dijo que sabe este testigo que el señor gobernador ha tomado cuenta a los en la pregunta contenidos y este testigo ha visto algunas veces tomarse las dichas cuentas con el cuidado y diligencia que buen gobernador y servidor de Su Majestad es obligado y que lo que ha dicho es la verdad para el juramento que hizo y firmolo de su nombre.   Alonso Moreno.

Y, yo, el dicho Pedro Maldonado, escribano de Su Majestad y público del número de la dicha ciudad de San Juan de Puerto Rico, presente fui a todo lo que dicho es y de mandamiento del dicho señor gobernador lo hice escribir según que ante mí pasó y por ende hice aquí este mí signo a tal

[signo] en testimonio de verdad

    Pedro Maldonado
    Escribano público

Nos, los escribanos públicos de esta ciudad de San Juan de Puerto Rico que aquí abajo firmamos nuestros nombres damos fe y hacemos saber a los señores que la presente vieren como Pedro Maldonado de quien va firmada y signada esta escritura de información es escribano de Su Majestad y escribano público del numero de esta ciudad de San Juan de Puerto Rico y a las escrituras y autos que ante el han pasado y pasan se ha dado y da entera fe y crédito en juicio y fuera de él y en fe de ello dimos la presente que es fecha en Puerto Rico a treinta de junio de mil y quinientos y sesenta y cuatro años.

(firmado)   Fernando Ramírez   (firmado)   Diego Maldonado
escribano público   escribano público

---

[399] Lee cubdicioso.

APÉNDICE XI
Nombramiento del Licenciado Núñez de la Cerda de fiscal en la Audiencia de Panamá por muerte del Licenciado Diego de Carasa

Signatura:
AGI, Panamá 236
Libro 10, folios 261-262

El Licenciado Núñez de la Cerda/

*Don Felipe, etcétera. Por cuanto el licenciado Carasa, nuestro fiscal que fue de la nuestra Audiencia Real de la ciudad de Panamá de la provincia de Tierra Firme es fallecido y pasado de esta presente vida, por lo cual el dicho oficio de nuestro fiscal está vaco y porque a nuestro servicio y ejecución de la nuestra justicia conviene que en su lugar haya persona que sirva el dicho oficio; por ende, por hacer bien y merced a vos, el licenciado Núñez de la Cerda acatando vuestra suficiencia, habilidad, letras y conciencia es nuestra merced que ahora y de aquí adelante, cuanto nuestra voluntad fuere, seais nuestro fiscal de la dicha nuestra Audiencia Real de Panamá en lugar y por fin y muerte del dicho licenciado Carasa, nuestro fiscal que fue de la dicha audiencia y como tal podais estar, entrar y residir en ella y pedir y demandar, acusar y defender todas aquellas cosas y cada una de ellas que cumplan a nuestro servicio y a la guarda de nuestro Patrimonio Real y a la ejecución de la nuestra justicia en la dicha nuestra audiencia y acrecentamiento de nuestras rentas reales según lo pueden y deben hacer los **f261v** otros nuestros oficiales de las nuestras audiencias reales de estos reinos y que podais gozar y goceis de todas las honras, gracias, mercedes y franquezas, libertades, preminencias, prerrogativas, e inmunidades que por razón del dicho oficio debeis haber y gozar y vos deben ser guardadas de todo bien y cumplidamente en guisa que vos no mengue ende cosa alguna y que en ello ni en parte de ello, embargo ni impedimento alguno, vos no pongan ni consientan poner que nos por la presente os recibimos y habemos por recibido al dicho oficio y al uso y ejercicio de él y vos damos poder y facultad para lo usar y ejercer con todas sus incidencias y dependencias, anexidades y conexidades y es nuestra merced y voluntad que hayais y lleveis de salario en cada un año otros tantos maravedís como tenia y llevaba el dicho licenciado Carasa los cuales vos sean dados y pagados por los nuestros oficiales que residen en la dicha ciudad de Panamá desde el día que os hicieredes a la vela en el puerto de Sanlúcar de Barrameda para ir a servir el dicho oficio de fiscal de la dicha audiencia en adelante y mandamos a los dichos oficiales de la dicha ciudad de Panamá que asienten esta nuestra provisión en los nuestros libros que ellos tienen en su poder y sobre escrita y librada de ellos devuelvan[400] este[401] original a vos, el dicho licenciado Núñez de la Cerda, para que la tengais por título del dicho oficio el cual dicho salario vos mandamos dar por cuanto no **f262** habeis de abogar en negocios, ni pleitos algunos sino fuere en cosas de nuestro fisco, ni habeis de tener granjerías de ninguna suerte, ganados mayores ni menores, ni estancias, ni sembranzas, ni minas, ni habeis de tener trato de mercadurías, ni otras negociaciones de tratos por vos ni en compañía, ni por interpósitas*

---

[400] Lee tornen, sustituida por devuelvan.
[401] Lee esta, sustituido por este.

personas, directos ni indirecta ni os habeis de servir de los indios de agua, yerba, ni leña, ni otros servicios ni aprovechamientos y habeis de guardar en todo esto lo que por nos está mandado que guarden los nuestros oidores de la dicha nuestra audiencia real. Dada en Madrid a treinta de octubre de mil y quinientos y setenta y un años. YO EL REY[402] y para que vos, el dicho licenciado Núñez de la Cerda estais en el servicio del dicho oficio es nuestra voluntad que goceis del dicho salario desde el día que tomaredes la posesión de el en adelante no embargante lo arriba dicho, YO EL REY. Refrendada de Antonio de Eraso, y las espaldas firmada del licenciado Juan de Ovando, presidente del Consejo Real de las Indias, y a traslado YO EL REY, refrendada de Antonio de Eraso, el licenciado Juan de Ovando, no valga

        Corregida   *Joan de Ledesma (firmado)*

---

[402] Tachadura: refrendada de Antonio de Eraso, el licenciado Juan de Ovando.

INDICE ONOMÁSTICO

A

Aceituno de Estrada, Martín (tesorero)   107, 108, 111, 157, 237, 243, 246, 250, 251
Aceituno de Estrada, Juan   130
Agreda   (licenciado)   200
Aguilar, Alonso de   17
Aguilera (doctor)   22
Aguirre, Lope de   43, 45, 116
Agustín, Juan (maestre)   44, 122, 125, 228, 229, 230, 231, 232, 233, 234, 235, 236
Alava, Francés de   25
Alegre, Francisco   57, 107, 237
Alonso, Martín   120
Anaya, Melchior de   47, 159
Anoeta, Joanes de (maestre)   16
Arcas, Sancho de   40, 42, 44, 45, 48, 84, 88, 99, 111, 112, 126, 227, 229, 235
Arriaza, Pedro de   187,
Artalecu, Martín de maestre)   16
Arzobispo de Santo Domingo   45
Ávila, Hernando de (maestre)   46

B

Baez, Juan (portugués)   27
Baez, Martín   (como testigo)   174
Baez, Salvador   45, 155
Bahamón de Lugo, Francisco (gobernador de Puerto Rico)   13, 17, 18
Barbosa, Baltasar   (maestre)   43, 115
Barbosa, Gaspar   45
Barros   (licenciado)   20
Bástidas, Rodrigo de (Obispo de Puerto Rico)   228, 231, 233
Beltrán, Juan (maestre)   125
Botello   (licenciado)   22
Briceño   (licenciado)   144, 148
Briviesca (licenciado)   172, 200
Buisa, Bartolomé (mayordomo)   75
Burgalés, Francisco (maestre)   36, 37, 38, 40, 74, 75, 78, 79, 80, 84, 91, 99, 192, 196
Bustillo, Juan   105

C

Caldera, Diego   109
Caldera, Manuel (portugués)   48, 159,
Camacho, Diego   (maestre)   42
Cardona, Lorenzo de (mercader)   185, 186
Carlos III (Rey de Francia)   28
Camacho, Diego (maestre)   41, 106, 110, 112
Carasa, María de   16
Carlos IX, Rey de Francia   28
Carrillo, Alonso   (maestre)   46
Carvajal, Gonzalo de (Capitán General)   16, 17, 33, 34, 53, 54
Carvajal (maestre)   146
Castán, Luis   105
Castellanos, Juan de (tesorero)   48, 98, 157
Castellón, Tomás de   27
Castro (licenciado)   200
Cavallón Arboleta, Juan (licenciado)   17, 18
Cayado, Juan   (portugués)   129, 144
Cayado, Pedro   (portugués)   123
Clifford, George   (Conde de Cumberland)   25
Conbde de Nieba (Virrey del Perú)   110, 111
Cuéllar, Diego de   17, 157, 159, 176, 178, 204, 208, 212,

D

Dávila, Hernando de (ver Ávila, Hernando)
Dianez, Hernán (escribano público)   174
Díaz, Baltasar   190
Díaz Mimoso, Francisco (portugués)   27, 28, 43, 44, 117, 124
Diez (Díaz) de Villalobos, Hernando (maestre)   42, 109, 111, 112
Domínguez, Alonso   17
Duarte, Francisco   16, 120, 150, 169, 172

E

Eguiluz, Pedro de   63
Enríquez, Cristóbal   111, 113
Eraso, Antonio de   22, 257
Eraso, Francisco de   237, 239
Escobar, Juan de   40, 100
Escudero (Doctor/Licenciado)   65, 90, 98, 104, 119, 158
Escudero, Antonio de   22
Escudero, Gaspar (licenciado)   104, 105
Espinosa, Francisco de   38, 87, 110
Esteban, Baltasar de   41, 42, 106, 112, 204, 216, 219, 243, 244, 246,

E

Estévez, Alonso de (licenciado, gobernador de Puerto Rico)   17, 33, 34, 38, 53, 57, 59, 60, 80, 88, 90, 93, 97, 98, 108, 156, 158, 175, 177, 179, 180, 181, 182, 183, 186, 189, 194, 198, 199,
Estrada Rávago, Juan de   17, 18

F

Felipe II, El Príncipe   17, 33, 54, 56, 172
Fernández, Gaspar   (piloto) 27
Fernández, Jácome   (ver Hernández, Jácome)   39, 44, 93, 123
Franquez, Diego   (escribano público) 35, 61, 68, 105, 191, 192, 193, 196, 226
Franquez, Rodrigo   61, 97, 191, 193, 194
Freites, Domingo (maestre)   41, 42, 106, 110, 112
Fuente, Alonso de la   58, 78

G

Gallegos, Gaspar   (escribano público) 41, 108, 227, 235, 236
Gama, Antonio de la   16
García, Baltasar (procurador general de Santo Domingo)   119
García, Pedro (mercader)   196, 197
García de Paredes, Diego   116, 117
García de Santana (Santa Ana), Diego   (deán de la Orden de Santo Domingo)   40, 103, 229, 233, 234
Gasca (licenciado)   22
Gamboa (licenciado)   22
Gómez, Amador   192, 196
Gómez, Esteban   36, 37, 74, 75, 78, 79, 80
Gómez, Luis   97
González, Amador (maestre)   64
González, Francisco   192, 196
González, Sebastián (maestre)   64
Griego, Juan   (maestre)   48
Gutiérrez Tello, Juan   160, 161

H

Hernández, Jácome   (portugués)   45, 47
Hernández, Salvador (maestre)   41, 42, 106, 110, 112
Hernández de León, Francisco   (maestre)   159
Hernández de Lizana, Francisco   94
Hernández Moreno, Francisco   49, 160

H

Hernando, Gaspar   117
Herrera, Alonso de   (licenciado)   19
Herrera, Francisco de   50
Herrera, Diego de (maestre)   64

I

Illanes, Manuel de   41, 45, 48, 64, 85, 106, 229

J

Jorge, Gaspar (maestre)   45, 46, 125
Juana, Princesa de Portugal   33, 34, 56

L

Ledesma, Francisco de   199
Ledesma, Juan de   257
Lerrazabal, Juan de (maestre)   126
Lezo, Guillén de (maestre)   16
López, Bartolomé (maestre)   49, 159, 160
López de Cervantes y Loaíza, Iñigo   (licenciado, gobernador de Puerto Rico)   13, 94, 195
López de Zubiarrete, Juan   16
López de Zúñiga y de Velasco, (Conde de Nieba)   112
Luarte   20
Luca(s), Felipe de   45, 46, 47, 49, 159, 229, 231, 232
Luyando, Ochoa de (secretario)   45, 95, 102, 107, 172

M

Madrid, Juan de (mercader)   191, 194, 195
Magdalena, Marcos de la (fray dominico)   235
Maldonado, Diego (escribano)   105, 199, 226, 236, 256
Maldonado, Francisco (clérigo)   199
Maldonado, Pedro (escribano público)   105, 251, 201, 226, 254, 256
Mariño, Juan   (portugués)   126
Mariño de Ribera, Gonzalo   39, 44, 85, 93, 107, 108, 111
Marquez, Gerónimo   42, 112
Martín, Vicente (maestre)
Martín de Santana (Santa Ana), Luis   (maestre)   48, 49, 160,

M

Martín, Diego 248
Martín Marchena, Diego   48, 243, 246
Martínez, Diego (mercader)   109
Martínez, Francisco   99, 109
Martínez Caro, Francisco   98
Melgarejo, Alonso (vecino de Santo Domingo)   60
Méndez, Alonso (maestre)   40, 100
Meléndez de Avilés, Juan   (Capitán General)   46
Meléndez de Avilés, Pedro   48, 49, 162, 164, 165, 161
Menéndez de Valdés, Diego   (gobernador y capitán general de Puerto Rico)   49
Mondragón, Ximón de   (maestre)   100
Morales Camacho, Francisco de   (maestre)   243, 248, 250
Morales, Francisco de   (maestre)   43, 115
Moreno, Alonso   242, 254, 256
Moscoso, Mosquera de   (licenciado)   161

N

Nieba, Conde de   42, 110, 111
Noguera(s), Alonso de   (escribano público)   35, 61, 190, 198
Núñez, Baltasar   (maestre)   27
Núñez de la Cerda, Gonzalo (fiscal)   21, 257

O

Obispo de Panamá   33, 54
Olaegui, Juan de   28
Ontiveros, Aldonza de   16
Orsúa, Pedro de   130
Ovando, Juan de (licenciado)   22, 257

P

Pantoja de Monrroy, Pedro   131, 132
Paz, Sancho de   114
Pérez, Hernán (escribano público y de cabildo)   58, 105, 187, 188, 226, 229, 230, 231, 236
Pérez, Hernán, (doctor)   172
Pérez, Sebastián   60
Pérez de Lugo, Luis (contador)   34, 39, 39, 41, 44, 57, 64, 87, 95, 97, 106, 124, 243,
Pérez Martel, Alonso   38, 38, 57, 60, 87, 88, 94, 95, 202, 217, 237, 243
Pérez Zapata, Alonso   186,
Pinto, Juan   (mercader)   61, 191, 195, 196

P

Ponce (Troche) de León, Juan   38, 39, 44, 57, 78, 87, 89, 92, 93, 95, 97, 124, 157, 237, 243, 250
Portugal, Príncesa de   54, 56, 154

Q

Quadra, Alvaro de la   28

R

Rama, Pedro   109
Ramírez, Fernando   (escribano)   257
Ramírez, Rodrigo   (escribano público)   190, 237, 241
Ramos, Diego   57, 78, 178, 179, 204, 205, 208
Ramoin, Martín de   (chanciller)   172
Rea, Pedro de la   46
Reina de Inglaterra   33, 53
Rey de Francia   64, 71, 85, 101, 154, 173
Roberto, el flamenco   (artillero)   54, 55
Robles, Francisco de   (fray dominico)   229, 234, 235
Roelas, Pedro de las   (Capitán General)   40, 41, 85, 95, 99, 101, 106, 110, 114
Rodrigo, Martín (como testigo)   155, 174
Rodríguez, Baltasar   (maestre)   45, 47
Rodríguez Farfán, Cosme   33, 34, 53, 54, 57
Rodríguez, Francisco (maestre)   229
Rodríguez, Gaspar (maestre)   45, 125
Rodríguez, Pedro   141
Rodríguez, Sebastián (procurador)   104, 105, 236, 237, 238
Rodríguez Tirado, Juan   149
Rojas, Andrés   (escribano)   226
Romero, Francisco   (piloto)   27
Ruíz Delgado, Pedro   (licenciado)   131
Ruíz de Andrada, Juan   182, 204, 222
Ruíz de Arango, Juan   (mayordomo)   179, 180, 204, 219
Ruíz de Uzcarrate, Juan   (platero)   59

S

Saavedra de Limpias, Juan de   188, 190
Saenz de Carasa, Juan   15

S

Salinas, Cristóbal de   37, 38, 39, 57, 74, 78, 79, 85, 88, 89, 93, 94, 95, 97, 157, 202, 243, 246, 250, 251
Salvatierra, Pedro de   57, 74, 78, 79, 97, 103
Samano, Juan de   168, 172, 173
Sanabria, Cristóbal de   182, 204, 212, 215
      El Viejo   180
Sánchez, Diego   (maestre)   47, 126
Sánchez, Juan   (mercader)   191, 198
Sánchez Malpica, Diego   183
Sánchez, Miguel   (como testigo)   155, 174,
Sánchez, Pero   (Pedro)   138
Sánchez de Ortega, Diego   126
Sánchez de Santiago, Rodrigo   (maestre)   43, 45, 120
Sánchez de Tejada, María   15
Sánchez Riquel, Juan   (mercader)   197
Sandoval, Tello de   172
Santa Gadea, Gabriel de   114
Sarava   (licenciado)   200
Suárez   (piloto)   253

T

Tejada, Juan de   (alguacil mayor)   104, 105,, 251
Tello, Francisco   150, 153, 169, 172
Tello de Guzmán, Juan   (Capitán General)   36, 38, 41, 74, 79, 86, 106. 110
Toledo, García de   243, 250, 251
Torregrosa, Pedro Luis   114
Troche (Ponce) de Leon, Juan.   (Ver Ponce (Troche) de León, Juan).

U

Ulloa, Gerónimo de (fiscal)   49, 160

V

Vaca Cabeza de Vaca, Pedro   120, 160,, 161
Valdepeñas, Pedro de   (como testigo)   155, 174
Vallejo, Luis de (licenciado/gobernador de Puerto Rico)   13, 33, 53, 55, 61, 94, 151, 152, 157158, 169, 170, 171, 177, 193, 194, 195, 196,
Vargas, Alonso de   17, 60
Vargas Zapata, Juan de   130

V

Vázquez (licenciado)   200
Vega   (licenciado, gobernador Letrado de Puerto Rico)   195
Velasco, Juan de   46
Velasco de Barrio, Juan de   (Capitán General)   46
Velázquez, Melchor   (maestre)   40, 84, 99
Velázquez, Sancho   16
Venegas   (licenciado)   27
Villasante, Blas de   27
Villa de Barrio, Juan de   46
Viguera, Diego de   251
Villanueva, Alonso de   (notario público)   184, 185,
Virrey del Perú   (Conde de Nieba)   110, 111

Y

Yáñez Osorio, Juan   60

Z

Zapata, Gómez   22
Zarate. Diego de   150, 153, 169, 172

INDICE TOPONIMICO

A

Abra Nova (Francia)   124
Aguada (Puerto Rico)   81
Alcay (isla Española)   156
Algarve (Portugal)   146
Antillas   28, 29
      Menores   29
Añasco   84
América   27, 28, 29
      del Sur   27
      del Norte   29
Azores   28, 84

B

Badajoz (España)   21
Bahamas, Canal de   29, 69
      Archipiélago de   29
Bayona (Bayonne, Francia)   39, 96
Bermuda (isla de)   63, 121, 125
Borburata (Venezuela)   116
Brasil   45, 118
Burdeos (Francia)   28

C

Cabeza de San Juan (Puerto Rico)   176
Cabo de Cruz (Cuba)   146
Cabo de San Antón (Cuba)   146
Cabo de San Vicente (Portugal)   28
Cabo Rojo (Puerto Rico)   81, 86
Cabo Verde   114
Cádiz   16, 37, 49, 160, 161
Caleta de Piñón (Puerto Rico)   28, 244, 250, 254
Caleta de Santa Catalina (San Juan, Puerto Rico)   28
Caleta del Tejar (San Juan, Puerto Rico)   254
Campeche   117
Canal de la Mona   29, 44, 47

C

Canarias, islas de   27, 28, 29, 31, 43, 44, 45, 65, 122, 236, 237, 240
Caribe   30
Carolina del Sur   (Estados Unidos de América)   29
Cabrón (San Juan, Puerto Rico)
        Desembarcadero de   203
Cartagena de Indias   (Colombia)   19, 30, 95, 101
Castilla   73, 90, 95, 98, 180, 184, 185, 191, 193, 197
Castilla del Oro   (Colombia) 21
Colombia   31, 39
Confines   (Guatemala)   27
Costa Rica,   17
Cuba   30, 47, 98

D

Diepa   (Dieppe, Francia)   116
Dominica, isla de   (Antillas Menores)   130

E

España   15, 16, 25, 26, 28, 29, 31, 35, 36, 37, 40, 49, 50, 53, 55, 58, 65, 67, 82, 85, 90, 97, 101, 102, 115, 121, 155, 158, 162, 164, 166, 174, 175, 176, 177, 179, 184, 189, 191 192, 193, 194, 195, 196, 197, 228, 229, 230, 231, 232, 233, 234, 235, 240, 243, 248, 251
El Escambrón   (San Juan, Puerto Rico)   203
El Morro   (San Juan, Puerto Rico)   33, 34, 35, 54, 57, 62, 65, 77, 96, 106, 117, 202, 206, 213, 217, 218, 219, 221, 223, 244, 245, 249, 250, 251, 252, 254
Estados Unidos de América   29

F

Faro   (Portugal)   27, 124
Florida   27, 47, 48, 49, 117, 161, 162, 164, 165, 166
Fortaleza   (San Juan, Puerto Rico)   33, 34, 36, 57, 62, 65, 67, 77, 92, 96, 106, 117, 202, 203, 207, 214,
Francia   27, 28, 35, 37, 40, 64, 96, 101, 122, 156, 201, 202, 210, 211, 217, 221, 242, 244, 247.248, 249, 250, 252, 254
Fuenterrabia (España)   16
        Pasaje de   16
Fuerteventura (Islas Canarias) 45, 122

G

Guadianilla   (Guayanilla, Puerto Rico)   31, 48
Guatemala   17
Guayama   (Puerto Rico)   31, 62
Guinea   162

H

Habana   (Isla Fernandina/ Cuba)   25, 30, 38, 61, 117, 160, 165
Honduras   27, 117, 214, 242, 245, 247, 251, 253, 255

I

Inglaterra   34, 122

J

Jamaica   47, 156

L

La Española   15, 16, 29, 30, 31, 33, 35, 36, 55, 67, 69, 70, 97, 118 , 199, 238
La Palma   (Islas Canarias)   119, 122, 124, 126, 156
La Puente de Aguilar   (San Juan, Puerto Rico)   28, 62, 96, 203, 244, 254,
La Vega   (Isla Española)   103
La Yaguana   (Isla Española)   156
Las Azores   29, 31
Lisboa   40, 46, 91, 100, 125
Logroño   15
Lóndres   (Inglaterra) 28
Los Pilares   49, 159

M

Madrid   18, 22, 237, 238, 257
Margarita, isla   (Venezuela)   30, 37, 38, 40, 43, 69, 81, 84, 86, 103, 116, 117, 123
Mar Atlántico   29
Mar Caribe   29
Matanzas, Bahía de   (Cuba)   30
Méjico   14, 18, 31

M

Mona, isla de la   29, 63, 69, 124
Monasterio de Santo Domingo   (San Juan, Puerto Rico)   61, 95, 242, 244, 254

N

Nombre de Dios   19, 20, 30, 44, 124
Nueva España   (Méjico)   30, 46, 68, 184
Nuevo Reino de Granada   39, 95

O

Orduña (España)   63

P

Panamá   15, 17, 18, 19, 20, 21, 23, 30, 49, 158, 166, 257
París   (Francia)   28
Patillas   31
Perú   40, 100, 122, 184, 206, 214, 222
Portsmouth   (Inglaterra)   122
Portugal   27, 28, 34, 40, 46, 100, 160, 162
Puente de Aguilar   (San Juan, Puerto Rico)   54, 65, 202 210,
Puerto de Caballos   (Honduras)   27, 82, 117, 242, 245, 247, 253, 255
Puerto de Plata   (isla Española)   109
Puerto de Santa María   (Cádiz, España)   16
Puerto Rico, isla de   15, 16, 19, 20, 23, 25 26, 27, 29, 30, 31, 33, 35, 35, 38, 43, 45, 63, 76
Punta de Santa Elena   (Carolina del Sur, E.E.U.U.)   47, 146, 147, 154

R

Rentería   (España)   16
Rincón   (Puerto Rico)   35
Río de San Agustín   (Florida)   164
Río Marañón   130

S

San Agustín, río de   165
San Germán   31, 63, 81, 124, 173, 174
    Bahía de   80
    El Viejo   28, 31, 35, 36, 44, 46, 67, 123, 250
    Nueva Villa de   38, 47, 156, 162, 173
San Juan, isla de   28, 38, 45, 49, 53, 73, 81, 86, 118, 154, 168, 169, 171, 172, 199
    ciudad de   84
    puerto de   31, 36, 38, 40
San Juan de Luz   (Francia)   39
Sanlúcar de Barrameda   153, 172, 257
Santa Catalina
    Caleta de   (San Juan, Puerto Rico)
    Desembarcadero de   (San Juan, Puerto Rico)   34
    isla de   (La Española)   29
Santa María, puerto de   (España)   16
Santa Marta   85, 86
Santo Domingo   27, 29, 30, 31, 42, 43, 47, 68, 71, 76, 81, 86, 88, 90, 101, 103, 110, 112, 113, 117, 118, 119, 124, 239, 156, 157, 159, 160, 162, 165, 240
Saona, isla de   (La Española)   28, 29
Sevilla   31, 46, 58, 64, 67, 69, 70, 78, 82, 84, 85, 87, 94, 103, 108, 118, 119, 121, 123, 149, 161, 168, 196, 228, 238
Sur América   27

T

Tenerife, isla de   (Islas Canarias)   122
Tierra Firme   36, 41, 50, 76, 89, 93, 98, 101, 106, 117, 123, 165
Toledo   73, 171, 200
Trujillo   (Honduras) 82, 117 242, 245, 247, 253, 255
Turcas y Caicos, islas de   (Bahamas)   29

V

Valladolid   168, 172, 199
Venezuela
Vigueras (España)

Y

Yucatán (Méjico)   43, 117

Correspondencia bajo el gobierno del licenciado Diego de Carasa 1555-1565

REFERENCIAS

Primarias

Real Academia de la Historia, Madrid

Colección de Manuscritos de Juan Bautista Muñoz, Tomo 84

Museo Naval, Madrid

Colección Navarrete, Tomo XXI, folio 147, documento 45.

Archivo General de Indias, Sevilla

Contaduría

 1051
 1086
  Número 1

Contratación

 434
  Número 2
 4678
 5104
 5185
  Libro 1
 5537
  Libro 1

Indiferente General

 427
  Libro 30
 1214
 1887

Justicia

 82
 94

Justicia

857
> Número 1

863
> Número 1

Panamá

12
> Ramo 9, Número 23
> Ramo 10, Número 30

13
> Ramo 7, Número 8
> Ramo 8, Número 11
> Ramo 11, Número 35

236
> Libro 10

245
> Libro 1

Patronato

29
> Ramo 18

175
> Ramo 17
> Ramo 31
> Ramo 32
> Ramo 33
> Ramo 36

181
> Ramo 35

267
> Número 1, Ramo 38

Santo Domingo

11
> Número 6
> Número 11
> Número 25

49
> Ramo 11, Números 1-70

Santo Domingo

    49
        Ramo 24, Números 1-151

    50
        Ramo 4, Número 1
        Ramo 5, Número 15

    115
        Libro de Correspondencia Isla de Cuba

    155
        Ramo 5, Número 15-27, 27ª-30
        Ramo 6, Número 32

    164
        Documento 31
        Documento 34
        Documento 40

    166

    168
        Documento 39

Archivo General de Simancas

Guerra Marina, 71.   Documento 184

Guerra Marina, 142.   Documento 151

Secundarias

Libros

Alejandro Tapia y Rivera. **Biblioteca Histórica de Puerto Rico.** (San Juan, Puerto Rico: Instituto de Literatura Puertorriqueña, 1945).

Alvaro Huerga. **Historia Documental de Puerto Rico, Tomo XVIII: La Familia Ponce de León**. (San Juan, Puerto Rico: Academia Puertorriqueña de la Historia y el Centro de Estudios Avanzados de Puerto Rico y El Caribe 2009).

Alvaro Huerga. **Historia Documental de Puerto Rico, Tomo XIX: Cartas de los Gobernadores, Volúmen 1 (1550-1580)**. (San Juan, Puerto Rico: Academia Puertorriqueña de la Historia y el Centro de Estudios Avanzados de Puerto Rico y El Caribe, 2010).

Antonio Rumeo de Armas. **Piratería y Ataques Navales contra las Islas Canarias**. (Madrid, España: Instituto Jerónimo Zurita, 1947).

Cayetano Coll y Toste. **Boletín Histórico de Puerto Rico**. (San Juan Puerto Rico, Tip. Cantero y Fernández & Co.) Tomos VIII y IX.

Cipriano de Utrera, Fray. **Noticias Históricas de Santo Domingo, Volúmen VI**. Edición de Emilio Rodríguez Demorizi. (Santo Domingo, República Dominicana: Fundación Rodríguez Demorizi, 1983).

Cristóbal Bermúdez Plata. **Catálogo de Pasajeros a Indias durante los siglos XVI, XVII y XVIII, Vol. III (1531-1559)**. (Sevilla, España: Imprenta de la Gavidia, 1946).

Elsa Gelpí Baíz. **Siglo en Blanco: estudio de la economía azucarera en el Puerto Rico del siglo XVI (1540-1612).** (Río Piedras, Puerto Rico: Universidad de Puerto Rico, 2000)

Gilberto R. Cabrera. **Puerto Rico y su Historia Intima, 1500-1996**. (San Juan, Puerto Rico: Academia de la Historia y el Centro de Estudios Avanzados de Puerto Rico y El Caribe, 1997)

Huguette y Pierre Chaunu. **Séville et l' Atlantique.** (París, Francia: SEVPEN, 1955)

Jean-Pierre Moreau. **Pirates, flibuste et piraterie dans la Caraïbe et les mers du sud 1493-1725** (Paris, Francia: Editions Tallandier, 2006).

Luis de Matos. **Les Portugais en France au XVIe siécle: Etudes et Documents**. (Lisboa, Portugal: Universidade, 1952)

María del Carmen Mena. **La Sociedad de Panamá siglo XVI**. (Sevilla, España: Artes Gráficas Padura, S. A., 1984)

Salvador Brau y Asencio. **Historia de Puerto Rico**. (San Juan, Puerto Rico: Editorial Coquí, 1966).

Salvador Perea Roselló. **Historia de Puerto Rico, 1537-1700**, (San Juan, Puerto Rico: Instituto de Cultura Puertorriqueña/Universidad Católica de Puerto Rico, 1972)

Tomás Sarramía Roncero. **Los Gobernadores de Puerto Rico** (San Juan, Puerto Rico: Publicaciones Puertorriqueñas, 1993).

Vicente Murga Sanz. **Historia Documental de Puerto Rico, Volúmen II: El moderador democrático: Juicio de Residencia del licenciado Sancho Velázquez, juez de residencia y justicia mayor de la isla de San Juan de Puerto Rico, por el licenciado Antonio de la Gama, 1519-1520)**   (Río Piedras, Puerto Rico: Universidad de Puerto Rico, 1957).

Vicente Murga Sanz. **Puerto Rico en los Manuscritos de Don Juan Bautista Muñoz.** (Río Piedras, Puerto Rico: Universidad de Puerto Rico, 1960).

Walter A. Cardona Bonet. **Islotes de Borinquen: Notas para su Historia** (San Juan, Puerto Rico: Oficina Estatal de Preservación Histórica, 1985)

Walter A. Cardona Bonet. **Shipwrecks in Puerto Rico's History, Volume 1 (1502-1650)** (San Juan, Puerto Rico: Model Offset Printing, 1989).

Artículos

Antonia Heredía Herrera y Juan José Real Díaz. "Las cartas de los virreyes de Nueva España a la corona Española en el siglo XVI. (Características diplomáticas, indices cronológico y de materias}" En: ***Anuario de Estudios Americanos***, 1976, Tomo XXXI, pp. 441-596.

Arturo Ramos Llompart. "Catálogo de los Gobernadores de Puerto Rico". En: ***Boletín de la Academia Puertorriqueña de la Historia***, (San Juan, Puerto Rico: Academia Puertorriqueña de la Historia, 1978).Vol. V, Núm. 20, Julio 1978, pp. 69-84.

Aurelio Tió Nazario. "Notas sobre varios gobernadores de Puerto Rico." En: ***Boletín de la Academia Puertorriqueña de la Historia***, (San Juan, Puerto Rico: Academia Puertorriqueña de la Historia, 1978). Vol. V, Núm. 20, Julio 1978, pp. 85-90.

Aurelio Tió Nazario. "Primer regimen autonómico en América: Sistema de los Alcaldes Gobernadores 1537-1544 y 1548-1550)" En: ***Boletín de la Academia Puertorriqueña de la Historia***. (San Juan, Puerto Rico: Academia Puertorriqueña de la Historia, 1978). Vol. V, Núm. 20, Julio 1978, pp. 25-67.

Aurelio Tió Nazario y Arturo Ramos Llompart. "Catálogo anotado de los Gobernadores de Puerto Rico y los alcaldes de San Juan y San Germán" En: ***Boletín de la Academia Puertorriqueña de la Historia***. (San Juan, Puerto Rico: Academia Puertorriqueña de la Historia, 1988). Vol. X, No. 40, 1 de julio de 1988, pp. 17-45.

Aurelio Tió Nazario y Arturo Ramos Llompart. "Catálogo anotado de los Alcaldes Gobernadores de Puerto Rico" En: ***Boletín de la Academia Puertorriqueña de la Historia***. (San Juan, Puerto Rico: Academia Puertorriqueña de la Historia, 1988). Vol. X, No. 40, 1 de julio de 1988, pp. 52-55.

Cayetano Coll y Toste. "Rectificaciones Históricas: Catálogos de los Gobernadores de Puerto Rico." En: ***Boletín Histórico de Puerto Rico***. (San Juan de Puerto Rico: Tipografía Cantero y Fernández & Co., 1921) Tomo VIII, pp. 135-141.

Cayetano Coll y Toste. "Por qué las naves que salían de Sevilla para las Indias en el siglo XVI, no tocan en Puerto Rico." En: ***Boletín Histórico de Puerto Rico*** (San. Juan, Puerto Rico: Tip. Cantero Fernández & Co., 1922), Tomo IX, pp. 383-384.

Elsa Gelpí Baíz. "Las familias poderosas de San Juan en el Siglo XVI" En: ***Boletín de la Sociedad Puertorriqueña de Genealogía***. (San Juan, Puerto Rico, 1992). Vol. IV, No. 1, pp. 19-42.

Leon Bourdon. "Francisco Dias Mimoso, le "pilote borgne (1559-1569)". En ***Revista da Facultade de Letras de Lisboa***, 11ª serie, Tomo XXII, No. 1, 1956, pp. 88-171.

Walter A. Cardona Bonet   "Los alardes militares fuentes para el estudio genealógico" En ***Hereditas***.   (San Juan, Puerto Rico: Sociedad Puertorriqueña de Genealogía,   2009) Vol.10, No. 2, pp. 3-11.

www.ingramcontent.com/pod-product-compliance
Lightning Source LLC
Chambersburg PA
CBHW081127170426
43197CB00017B/2775